浙江大学文科高水平学术著作出版基金资助出版

真形

白謹慎題

中青年艺术史学者论丛

薛龙春　主编

圖寫眞形

传统中国的道教视觉文化

Picturing
the True Form

Daoist Visual Culture
in Traditional China

黄士珊　著　　祝逸雯　译

ZHEJIANG UNIVERSITY PRESS
浙江大学出版社
·杭州·

图书在版编目（CIP）数据

图写真形：传统中国的道教视觉文化 / 黄士珊著；祝逸雯译.
-- 杭州：浙江大学出版社, 2022.12（2024.6重印）
书名原文: Picturing the True Form:Daoist Visual Culture in Traditional China
ISBN 978-7-308-22982-1

Ⅰ.①图… Ⅱ.①黄… ②祝… Ⅲ.①道教－视觉艺术－研究－中国
Ⅳ.①B958②J062

中国版本图书馆CIP数据核字(2022)第159156号

Picturing the True Form: Daoist Visual Culture in traditional China, by Shih-Shan Susan Huang, was first published by the Harvard University Asia Center, Cambridge Massachusetts, USA in 2012. Copyright © 2012 by the President and Fellows of Harvard College. Translated and distributed by permission of the Harvard University Asia Center.

浙江省版权局著作权合同登记图字：11—2022—420

图写真形
——传统中国的道教视觉文化

TUXIE ZHENXING：
CHUANTONG ZHONGGUO DE DAOJIAO SHIJUE WENHUA

黄士珊　著　祝逸雯　译

策划编辑	殷　尧
责任编辑	徐凯凯
责任校对	蔡　帆
责任印制	范洪法
封面设计	项梦怡
出版发行	浙江大学出版社
	（杭州市天目山路148号　　邮政编码　310007）
	（网址：http://www.zjupress.com）
排　　版	云水文化
印　　刷	浙江海虹彩色印务有限公司
开　　本	787mm×1092mm 1/16
印　　张	28.5
字　　数	680千
版 印 次	2022年12月第1版　2024年6月第3次印刷
书　　号	ISBN 978-7-308-22982-1
定　　价	268.00元

总　序

本丛书所收录的作者都来自东亚，大多出生于20世纪六七十年代，如今正值盛年。他们多在海外取得博士学位，目前又都供职于美国、日本与中国港台地区的高校或博物馆，身处研究与策展的一线。

在世纪之交，北京生活·读书·新知三联书店策划了"开放的艺术史"丛书，由尹吉男教授主编，翻译出版了高居翰、雷德侯、巫鸿、包华石、白谦慎、乔迅等众多海外学者的研究成果。"开放的艺术史"丛书并没有收录更年轻一辈学者的研究成果，于是，我们这套"中青年艺术史学者论丛"就有了一个很好的出版契机。

收入本丛书的著作，涉及书法、绘画、器物、宗教美术、视觉文化与中外艺术交流，这些研究成果与"开放的艺术史"丛书中所收录的著作形成了一种接力。收入"开放的艺术史"丛书中的著作今天已经为中文学界所熟知，在深化中国艺术史研究方面，功绩卓著。希望本丛书能承前启后，担负起在此领域内推动开放与交流的职责。

这批作者的研究各有特点，读者在阅读中不难发现。他们处于强调"原物"的前辈学者与强调跨学科、跨文化的后辈学者之间，故而也有一些共同的特点。他们大多接受过良好的视觉训练，擅长处理形式与风格的问题，这种能力无疑得益于前辈学者。而在当下的学术风气中，是否懂得鉴定的技巧，能否作出审美判断，似乎已经不那么重要，具备这种能力的学者也越来越少。本丛书中的作者在研究中也寄寓了理论关怀，善于借助社会理论来观察艺术史现象。概言之，这批中青年学者既有对形式的敏感力与分析力，也能娴熟运用现代理论，对于解释力的提升有强烈的渴望，这或许是20世纪六七十年代出生的艺术史学者的特点。期望这些著作的出版会引起相关领域的关注，并刺激中国艺术史研究的反思与新变。

在我们开始策划这套丛书后不久，疫情便开始在全球肆虐，学界的很多交流被迫中断，甚至联络都变得困难起来。而本丛书中的作者克服了巨大的时空障碍，及时完成了书稿的写作、翻译与打磨，在此我谨代表编者感谢他们的信任与付出。愿疫情尽早结束，愿作者和广大的读者因为这套丛书成为知音。

薛龙春

2022 年元旦

致 谢

我们不应停止探索
在所有探索的尽头
我们会回到起点
重新认识这个地方
——T. S. 艾略特

　　我最喜欢的故事之一是一个人进入不可思议的道教洞天之旅，这是由中世纪的道士叙述的故事。从外部来看，这似乎是一个普通的洞穴。但是，一旦进入，他开始发现蕴藏在这个微观宇宙中的奇妙事物——人们在这里生活；有河流、山岳和村庄的景观；还有日、月和星辰。他穿梭于山洞里，道路蜿蜒，似乎没有尽头，直到有一天，他突然出现在距离自己入洞之处数千里之外的地方。脱离俗世的山洞是道教洞天的一个隐喻，这是对凡人隐而不显的人间天堂。这个人的洞天之旅是一次道教启示的经验，象征着对"道"的追寻。

　　十多年来，就像上述道教故事中的主角一样，我也踏上了一条曲折而又无尽的旅途。早期，在我还是一个中国艺术专业的学生时，我就被道教的视觉形式所吸引。就读研究生时，我的关注点是"标准的"道教艺术——历史文物，主要是宫观壁画和道教神像卷轴画。博士后期间，我开始深入道教艺术和原典资料，这令我遇上了一座道教知识宝库，对我而言，所有一切都是新鲜的。本书尝试着综合并理解我在旅途中所看到及学习到的精彩事物。

　　一路走来，我得到了无数人的帮助。若要列举一份完整的感谢名单，恐怕会太长，无法在这里展开，不过，我特别感谢以下的老师、学者、同事、朋友、学生和家人。首先，我要感谢我的导师石守谦教授和班宗华（Richard Barnhart）教授，他们教会了我中国绘画的基础知识。感谢石教授，他是我的第一位中国画老师，也正是他将我送上了这次旅程，建议我研究道教绘画。班教授的渊博知识和创造力，尤其是他对无名款的画作及非主流艺术品的解读，一直是我的灵感源泉，同时提醒着我，好的学问来自冒险的精神。我也要感谢康豹（Paul Katz）和韩森（Valerie Hansen），两位是我在道教和中国宗教方面的启蒙老师。我在台湾攻读硕士学位的最后一年中，康豹的洞见使我受益良多，他认为有必要辨认某种特定原材料的目标观众。之后，他对书稿一丝不苟的建议帮助我形成了本书中更为宏大的观念。韩森，以她开拓新研究领域的无限活力和热情，成为我的榜样。初到美国之际，韩森教授及其一家给予我的照顾和支持，我将永远感怀于心。最后，若不是有幸曾经受教于李玉珉教授、陈葆真教授、江文苇（David Sensabaugh）教授和 Mimi Yiengpruksawan 教授，我将远远不够资格成为一位艺术史学者。

我还要感谢华盛顿大学和莱斯大学的诸多同事，他们是伊沛霞（Patricia Ebrey）、德野京子、司马富（Richard Smith）、Diane Wolfthal、钱南秀、Linda Neagley 和 Anne Chao。他们出色的学术研究为我树立了典范。我尤其感激伊沛霞和德野京子，拥有这样的良师益友是我的荣幸。六年来，她们无数次阅读过本书的章节，并提供了极具洞察力的看法和珍贵的建议。

以下诸位学者通过不同方式，为我的研究计划提供了帮助，在此一并致谢：阿部贤次、安保罗（Poul Andersen）、华澜（Alain Arrault）、白谦慎、柏夷（Stephen Bokenkamp）、贾晋珠（Lucille Chia）、Sun-ah Choi、柏刚（Paul Copp）、魏希德（Hilde de Weerdt）、范华（Patrice Fava）、韩文彬（Robert Harrist）、古原宏伸、谢世维、许雅惠（Ya-hwei Hsu）、巫鸿、Fusae Kanda、劳格文（John Lagerwey）、黎志添、Seunghye Lee、林丽江（Li-chiang Lin）、林圣智、林伟正、刘和平（Heping Liu）、刘迅、卢慧纹（Hui-wen Lu）、陆於平、倪雅梅（Amy McNair）、李清泉、罗伯松（James Robson）、施杰（Jie Shi）、曾蓝莹、Katherine Tsiang、尹翠琪、王正华（Cheng-hua Wang）、汪悦进、薛磊（Lei Xue）、张丹丹和葛兆光。我要特别感谢孟久丽（Julia Murray），在她于 2011 年春天访问莱斯大学时，为我的书稿提供了颇具价值的反馈。第一次遇见孔丽维（Livia Kohn），是在2009 年的湖北武当山国际道教会议上。她的学问和许多其他尝试，以光速向前发展，给予了我很大启发。她编辑了本书的第一稿，使之更具可读性，同时提供了很多有用的建议，展现了其丰富的道教知识。

在前往世界各地的博物馆和图书馆调研的过程中，我得到了一群来自全球的收藏家、馆长、图书馆员和学者的襄助，他们还协助我申请本书插图的使用授权。我特别感谢他们：翁万戈、Yien-koo King、白彬、陈韵如、艾思仁（Soren Edgren）、Jacque Giès、高万桑（Vincent Goossaert）、何慕文（Maxwell Hearn）、何大伟（David Helliwell）、何恩之（Angela Howard）、Graham Hutt、景安宁、Michael Lee、Natalie Monnet、梅玫（Mei Mei Rado）、史明理（Clarissa Von Spee）、Jan Stuart、Hao Sheng、傅飞岚（Franciscus Verellen）和谢继胜。我也尤其感激井手诚之辅，他不遗余力地帮助我获得来自日本的图像复制的授权。我亦有幸获得莱斯大学的特别行政工作人员和图书馆员的支持。要将此书付诸枣梨，需要许多人的共同协力。我要感谢 Lucinda Cannady 对财务状况的监督；Anita Cantu 和 Michael Domeracki 在复印和借阅图书方面提供的方便；Jet Prendeville、Anna Shparberg 和 Michael Meng 在购书方面的帮助；Randy Tibbits、Francine Arizmendez 和 Angela Brown 提供的馆际互借服务；Tom Oster 协助处理计算机问题；Andrew Taylor 在图像扫描与编辑工作上所花费的心力。一路走来，华盛顿大学和莱斯大学的研究生、本科生们给予了鼓励和帮助，我对他们也心怀感恩。特别是 Ka Ka Chan、Hsiao-wen Cheng、Alex Chermside、Euri Huang、Jeong Won Hyun、Nagisa Leonard、Tal Moriah、Adrian To、Lanzhen Wang 和 Li Yang。当书稿将要完成时，我的密友、毕业生夏安（Anne Saliceti-Collins）阅读了大部分章节，并给了我宝贵的建议。

在此，不得不提及给予我支持的朋友们。他们是陈佳佳、陈清育、Chih-Sheng Chu、James Clifton、Tom Ebrey、Anne Feng、温妃兰和 Fred Hsu、黄冰逸、黄立芸、Codi James、Hsin-wei Li、Ting-yu Lin、林宛儒、林怡年、刘宇珍、卢宣妃、卢慧珍、Ken Mackie、梅韵秋、Roxane Offner、彭盈真（Ying-chen Peng）、Lynn Niannian Sima、蔡君彝、王静灵（Ching-ling Wang）、Ammon Wang 和余玉琦。最后但同样重要的是，待我如姐妹一般的 Christine Starman 和 Linda Singer。在研究计划遇到挑战时，正是她们的创造性、对艺术的热爱和音乐激励着我。

莱斯大学对我的研究一直给予特别的包容。艺术史系和人文学院院长办公室都大力支持本研究。此外，若没有以下基金的慷慨解囊，我也无法完成本书：The Royalty Research Fund（University of Washington）、The Mary and Cheney Cowles Endowed Professorship（University of Washington）、The Junior Scholar Award and Publication Subsidies（The Chiang Ching-kuo Foundation）、The Millard Meiss Publication Fund（College Art Association）和 The Geiss Subvention Awards（The James P. Geiss Foundation）。

在过去几年，我有幸在多个公开演讲和国际会议上分享本书的研究成果。听众和与会者的反馈帮助我打磨论点。就这一点而言，我要感谢首都师范大学、台湾"中央研究院"、华盛顿大学、芝加哥大学以及在夏威夷举办的亚洲研究协会年会，在武当山举行的第五届国际道教会议，在香港中文大学举办的宋代道教研究会议，在上海复旦大学举办的图像与仪式研讨会。

能与一个具有耐心、富有创造性、有效率的编辑、设计师和艺术家团队一起工作，是我的荣幸。哈佛大学亚洲中心的编辑 William Hammell 和 Kristen Wanner，以及文字编辑 Deborah Del Gais 所展现出的专业技能，让我看到要将一部书稿变成出版物需要花费的心血。设计师 Peter Holm 负责文字和所有图像的排版，最后成果令人赏心悦目。

若不在此提及家人，将是我的遗憾。感谢我的祖母——已是 91 岁高龄的黄秀莲，我的小阿姨颜美伶，我的姐姐和其他亲人，感谢他们始终如一的支持，并一直容忍我这稍稍不合常规的学术生涯。我生长于台湾南部新营的一个小城镇，在那里，父亲黄忠勇为我提供了一个极好的环境，让我能够尽情探索音乐和人文。对于他所给予的一切，我深深感激。我的母亲颜艳芳是我的启蒙老师，带领我进入艺术和历史的世界。她于 1995 年去世后，我感觉她转化成了一位身中神，永远与我同在，守护着我，我要将本书献给她。最后，我要与我的男友 David Brody 分享书稿出版的喜悦，他为本书英文版设计了精美的封面，也曾帮助编辑了多稿文字。他是我最好、最亲密、最有才智的朋友。

黄士珊

2012 年 2 月

目 录

绪 论

作为中国 11 世纪最有影响力的艺术批评家，郭若虚（约 1041—1098）在其画论专著《图画见闻志》的结尾部分，将他所记录的画法与道士的"术画"加以区分：

> 国初有道士陆西真者，每画花一枝，张于壁间，则游蜂至。向使边黄徐赵辈措笔，定无来蜂之验。此抑非眩惑取功，沽名乱艺者乎？至于野人腾壁，美女下墙，禁五彩于水中，起双龙于雾外，皆出方术怪诞，推之画法，阙如也，故不录。[1]

郭若虚坦言，回避记录术画是因为它们无法与当时标准的"艺画"相比拟。在他看来，这些术画既未展示任何公认的风格或技巧，也不宜被列入艺术史的领域。即使从观众接受的角度来看，[2] 这些画作也未能激发由学习累积而产生的知性回应。相反地，它们在环境和被激活的仪式表演之上强加了超自然力量。[3]

1　郭若虚，《图画见闻志》，6:495b，收入卢辅圣等编，《中国书画全书》第一册，页 465—496。可比较英译，见 Soper，1951，页 104。在此感谢孔丽维（Livia Kohn）、钱南秀和程晓文对该段文字英译的建议。郭若虚还记载了一位 10 世纪道士厉归真绘鹞的故事，由于这幅壁画过于逼真，吓走了遗粪于三官殿纸绢塑像上的雀鸽；见《图画见闻志》，2:473a。更多对兼具画师身份的道士的研究，可参见 Ebrey，2008，页 296—297；以及本书的第五章。

2　西方艺术史经典著作强调研究图像引起的共鸣，尤其是普通受众的重要性，相关研究可参见 Freedberg，1989；Morgan，1998，2005。更多参考资料，可见 Morgan，2004，页 43，注 30。

3　S. Huang，2005，页 63。

虽然郭若虚所谓的术画未必是道教的，但它们都与道教视觉文化中大量的图像有关，其中大部分是佚名作品。无论是在图像创作之时，或是在仪式实践中，此处所言的"术"都比风格、技法或艺术史的标准格套还要重要，其处于道教艺术的核心地位。几个世纪以来，郭若虚的评价标准对中国艺术史的影响甚巨，道教叙事与图像也因此不见记载，乏人问津。

有感于此，本书将探讨在中国土生土长的宗教——道教的视觉文化[1]，集中于10世纪至13世纪，并参考诸多更早期或晚期的资料。对道教经验而言，所有基本而又独特的绘画、图稿、插图、图表、地图、符箓、天书真文，等等，构成了本书的关键资料。本书将这些多元的视觉材料置于不断变动的中国历史、文化和仪式的背景中，以全方位视角呈现道教艺术的视觉、物质、意义和功能。

视觉维度

作为一门学科，道教艺术仍处于摇篮期[2]，诸多材料尚待探讨。利特尔（Stephen Little）是这一研究领域的佼佼者。他认为造成这种局面的原因之

1　道教成形于2世纪，崭露头角于4世纪至5世纪之时。它与道家（philosophical Daoism）不同，后者以老子（约公元前6世纪）哲学及其经典《道德经》（约公元前350）为特征。尽管如此，早期道家哲学中的诸多面向，以及其他古老信仰仍然影响着道教的世界观与实践活动。因此，5世纪时，老子信仰已发展成熟，作为道的化身，他以圣像的形式接受崇拜。同样，道教将人体看作一个小宇宙，与可追溯至早期阴阳概念和五行宇宙观的大宇宙类似。此外，道教召神的存想仪式以及遨游天地和地下世界的旅程都受到了古老的萨满主义的启发。对道教在2世纪至5世纪的阶段性发展的研究，可参考 Strickmann, 1977；Mather, 1979；Robinet, 1993, 1997, 页53—153；Kohn, 1992, 页8, 81—95, 1993a, 页161—188, 2000；Bokenkamp, 1996—1997, 页64, 1997；Kohn 和 La Fargue, 1998；Little 和 Eichman, 2000, 页14—15, 18；Gregory 和 Ebrey, 1993, 页23—24；Ware, 1933, 页248；Hendrischke, 2000, 2006；Nickerson, 2000；Raz, 2004, 2005, 2009；谢世维, 2010b。
2　道教艺术的部分研究，可参考王育成, 1991a, 1991b, 1996, 2000a, 2000b, 2003a, 2003b, 2006；Katz, 1993, 1999；谢世维, 1994；A. Jing, 1994a, 1994b, 1996, 2002b, 2007, 2008a, 2008b；胡文和, 1994, 2004；山田利明, 1995；Abe, 1996—1997；Bokenkamp, 1996—1997；王宜娥, 1997, 2011；Little, 1998, 2000；苏启明, 1999；李丰楙和谢宗荣, 1999；Lin Sheng-chih, 1999a, 2003, 2007；Little 和 Eichman, 2000；Wu Hung, 2000, 2002a；Eichman, 2000；S. Huang, 2001, 2005, 2010, 2011a；张明远, 2002；尹翠琪, 2003, 2010, 2011, 2012；X. Liu, 2004；张勋燎和白彬, 2006；Verellen, 2006；刘昭瑞, 2007；孟嗣徽, 2008, 2011；Komjathy, 2008, 2009；Arrault, 2008；Arrault 和 Bussotti, 2008；Fava, 2008a, 2008b；游子安, 2008；Mollier, 2008, 2010；许宜兰, 2009；斋藤龙一, 2009；李丰楙和张智雄, 2010；Arrault 和 Wang, 2010；Delacour 等, 2010；斋藤龙一等, 2010；Gesterkamp, 2008, 2011；李凇, 2008, 2011；许蔚, 2011。

一在于，相较丰富的东亚地区的佛教图像而言，能够被明确归类于道教的存世艺术作品则相对匮乏。[1]索安（Anna Seidel）将道教文物的少量存世与它们在仪式中的运用，以及这些文物的瞬间即逝性（ephemerality）相联系，例如许多立轴、纸扎与仪式用品会被焚化或埋葬，以标志它们被送入了超自然的世界中。[2]此外，正如鲍菊隐（Judith Boltz）与其他学者所指出的，涉及宗教与仪式实践的道教经典通常晦涩难懂，"浩如烟海，又杂乱无章"[3]，因此容易限制学者们前进的步伐。

在道教艺术研究领域中，研究者们承认造像是道教的"薄弱之处"[4]，因此他们倾向于运用发展成熟的佛教艺术研究模式：图像志（iconography）、图像学（iconology）与形式分析。[5]关于道教圣像的研究，学界也借鉴了佛教艺术研究领域的主要关注点。[6]如画卷或造像描绘的是什么神祇？这些形象

---

1 Little，2000，页709。主要的道教艺术展览图录，可见苏启明，1999；Little和Eichman，2000；游子安，2008；斋藤龙一，2009；Delacour等，2010。

2 Seidel，1989—1990，页272。

3 Seidel，1989—1990，页228；Boltz，2006，页496。傅飞岚（Franciscus Verellen）从一个稍稍不同的角度，建议将艺术史的研究与宗教史的研究作一个更深入的学科整合，见Verellen，1995b，页330。

4 Verellen，1992，页256。有关佛教对早期道教艺术的影响，可参看Little，1998。

5 中国佛教艺术发展自1世纪佛教进入中国时确立以像立教的观念，中世纪时更是达到巅峰。6世纪时对于"像（象）教"一词的阐述，可见《魏书》，114:11a。以图像志、风格、制作者、供养人和特定受众为研究对象的代表性佛教艺术英语著述，可见Soper，1966；Weidner，1994，2001；Howard，1996，2001；Abe，2002；Fraser，2003；D. Wong，2004；Q. Ning，2004；McNair，2007。西方艺术史学家对于图像志和图像学的古典艺术史研究，可参见Panofsky，1972，1982；Mitchell，1986；Cassidy，1993。有关图像志与图像学在中国宗教艺术中的运用，可见汪小洋和姚义斌，2008，页98—124。虽然造像在佛教艺术中占据了显要的位置，研究者们也在讨论佛教传统中的其他视觉形式，如叙事画、佛经抄本、符、舍利以及密教传统中使用的物品。相关研究可见Murray，1982，2000；H. Shen，2001；李际宁，2002；Robson，2008；Harrist，2008，页157—217；S. Lee，2009，2010；Ledderose，2004。林圣智对1999—2008年的英语、日语学界中国佛教美术的研究动向作过综述，Lin Sheng-chih，2010a。孟久丽（Julia Murray）认为，儒家"立体雕像的发展"也"与佛教的刺激有关联"，参Murray，2010，页19。有关儒家造像的研究，可见Murray，2001，2009，2010。

6 有关道教艺术研究借鉴佛教图像学、风格和仪式的研究路径，其例证可见Seidel，1989—1990，页269—273；A. Jing，1994a，1994b，2002b，2007，2008a；Abe，1996—1997；Bokenkamp，1996—1997；Little，1998，2000；Little和Eichman，2000；重庆大足石刻艺术博物馆，1999，第四册，页1—4，14—19，23，25—28，32；L. Yang，2001b；胡文和，1994，2004；小林正美，2006，2007；Gesterkamp，2008，2011；汪小洋等，2010；Y. Luk，2010；李淞，2011。各类现存道教艺术品的调查，可见Little，2000；王育成，2006。道教造像和道教艺术的相关文本研究，可参考Reiter，1988；王宜娥，1997；Kohn，2003a，页163—170，2004，页97—102。与女丹相关的道教艺术研究，可参考X. Liu，2004。更多参考资料，可见Verellen，1995b，页330。

所反映的宗教经典、教义或信仰是什么？它们具有怎样的风格特征？谁是制作者、赞助者和预设的观众？上述以及一些相关问题，亦与亚洲之外的宗教、艺术、视觉文化之主流研究所提出的问题一致。[1]但当我们将这些有效问题应用于道教图像研究时，也产生了明显的局限。

在佛教图像研究模式下被检视的道教图像，大部分是偶像性、表现人物形象、具象式的神祇和神仙图像，展现在卷轴画、宫观壁画、雕塑和石刻造像碑上。而最能够展示这种研究路径之局限的一个有趣例子，则是一块6世纪的造像碑（图0.1），其上刻有两位相似的神祇。[2]这是一位中国北方的女性道官王阿善为其亡夫冯阿櫚、亡子冯义显出资所建的造像碑。[3]基于造像碑的小型尺寸与单一施主，阿部贤次（Stanley Abe）认为这也许是一件"更适用于个人奉献的私人物品"[4]。

将两位造型几乎相同的神祇造像成对地表现，这样的灵感来自佛教造像中的"二佛并坐"——流行于5世纪至6世纪，出自《妙法莲华经》场景中释迦佛与多宝佛对坐说法的标准组合。[5]527年造像中两位神祇的身份已多为学界讨论。潘义年（Arthur Pontynen）将它们解读为老子的化身与圣灵的双重体现。[6]索安则将两尊坐像视为早期道经中所描述的左、右真人。[7]造像碑左侧存有一则题记，称左边的神祇为玉皇，引起学者们的争议。利特尔认可了该铭文的可靠性，又将右边的神祇视为老子。[8]另一些学者们则认为这则题记是之后添加的。[9]上述对于神像身份的热烈讨论，反映了中国宗教艺术研究

---

1 Plate, 2002, 页5, 11—12。

2 Little 和 Eichman, 2000, 页170—171（图版33）; W. Yu, 1997, 页298—299（图版344）; 大村西崖, 1915—1920, 页168—169; 松原三郎, 1966, 页218（图190）; Pontynen, 1980b, 页309—312（图4）; Seidel, 1984, 页333—335（图版53—56）; Abe, 1996—1997, 页69—70, 80; 刘昭瑞, 2007, 页192（图88）。

3 胡文和, 2004, 第一册, 页118。造像碑上的其他题字记录，尤其是供养人王阿善的信息，可见陈垣, 1988, 页28; 山田利明, 1995, 页25。

4 Abe, 1996—1997, 页80。

5 T. 9.262:27c-33b。云冈石窟及龙门石窟中仍可见到这种造像组合，还有一些便携的青铜造像留存。有关这个问题的更多讨论，可参见林宝尧, 1989, 1991; E. Wang, 2005a, 第一章。傅飞岚曾经讨论过一则记录了佛道造像争论的唐代轶事，有人认为长安道观柱子上所雕刻的道教天尊像是维摩诘（Vimalakirti），见 Verellen, 1992, 页251—255。

6 Pontynen, 1980b, 页312。

7 Seidel, 1984, 页334—335。

8 Little 和 Eichman, 2000, 页170—171（图版33）; Arrault 和 Wang, 2010, 页46（图3）。

9 石夫, 1962, 页54; Abe,1996—1997, 页70（注3）; 胡文和,2004, 第一册, 页118—120（图

图0.1 《王阿善道教造像碑》，北魏，527年，砂岩，27.8厘米×27.5厘米

主流中对神像身份的关心（icon-driven concerns）。

除了上述图像学的问题，一块源自陕西最南部的类似的造像碑（图 0.2a−b，现藏于美国波士顿美术馆），引发了制作道教神像所涉及的工作坊与视觉格套的问题。[1] 波士顿造像碑与王阿善造像碑有诸多相似处：两者都刻有以绵长而紧密的平行线条所构成的长袍；两者都以相同的砂岩制成；两者几乎一样大小。甚至人物设计的细节部分也相似，如女侍腰间衣饰的拱形样式，发髻

28）；张勋燎和白彬，2006，第二册，页 629—630（图 5.13）；刘昭瑞，2007，页 192。

1 Sirén，1970，第二册，图版 126B；Abe，1996—1997，页 80（图 1）。另可比较最早的道教石碑：魏文朗石碑（424 年，其中的主神龛有两位神祇的坐像，一为道教，一为佛教），图版见胡文和，2004，第一册，页 28—29（图版 1）。有关魏文朗石碑的更多研究，可参考 D. Wong，2004，页 109—114（图 7.3）；E. Wang，2005a，页 29—31，41—45（图 1.22，1.23）；缪哲，2006b。

a   b

图0.2a-b 《焦采造道教二尊并坐像》，北魏，515年，砂岩，28.3厘米×28.3厘米：a.碑阳：造像正面；b.碑阴：题记

中央的杯状装饰。两者的类似之处暗示着，或许它们同出自6世纪的陕西南部。[1]

上述两块6世纪道教造像碑上神祇的共同设计，反映了一种受佛教影响的视觉格套[2]也许已经通过那些同时从事佛道造像的工作坊艺术家之手，传递给了道教。一旦从其原本的佛教脉络中抽离出来，这种设计就缺乏了特定的图像志特色，成为适合大量生产的一般类型的道教神祇的现成模板。在这里，我们看到一个灵活运用人物形象类型的例证，其方式迥异于有着严格规定的图像志。这种趋于一般制式化的特点在515年的题记（图0.2b）中，表现得更为突出。其中并未明确界定图像的身份，仅仅标识出造像主焦采（陕西最南部大阳县令）"敬造像一铺"，以祈皇帝万寿，臣宰福康，家庭和睦。

承认道教与佛教图像学研究之间存在灰色地带，并将这种含糊性作为一种文化现象加以研究，其实是一个很好的出发点。日本京都寺庙所收藏的南

1　对于中国中古早期佛教造像的地方性特色的研究，见松原三郎，1966（道教雕像，见页211—229）；Abe，2002；D. Wong，2004，页71—134。明代绘画工作坊的更多信息，见Barnhart，1998；宋元时期宁波和山西南部的宗教绘画工作坊的研究，见S. Huang，1995；Steinhardt，1987；Baldwin，1994；井手诚之辅，1992，1993；Ledderose，2000，页163—185；孟嗣徽，2008，2011，尤其是页151—160。墓葬艺术工作坊的研究，见曾蓝莹，2000；李清泉，2004；林圣智，2008。
2　可参考四川绵阳玉女泉的唐代双老子石刻造像，汪小洋等，2010，页79（图2-1-14）。

图0.3 《骑象老子像》，南宋，立轴，绢本设色，金粉，131.9厘米×54.4厘米，日本京都真正极乐寺藏

宋佚名圣像画（图 0.3）就是个有趣的例子。[1] 在貌似空无一物的背景之上，该画描绘了一位坐在由大象承载的宝座前部的老人，他头顶上的精致华盖表明这是一幅圣像。存世的多幅明代摹本显示出该图像的流行程度。[2] 在佛教艺术中，普贤菩萨圣像的主题通常伴有大象与异域侍者，但是这幅卷轴中的老人完全不同于传统的菩萨形象。[3] 最近在日本举行的道教艺术展收录了这幅作品，并认为其中的老人其实是老子。[4] 画中顶部隐约可见许多金色的圆形母题，这也支持了上述推断。正如井手诚之辅所指出的，这些母题可能代表星宿。[5]

对于某些圣像身份的传统界定，正在受到越来越多的挑战。林圣智重释翁万戈家藏的南宋梁楷（约 13 世纪）的白描画（图 0.4），将之与道教度亡仪式相联系，而在过去，它被看作是道教《黄庭经》的插图。[6] 在元代佛道论争的历史背景下，景安宁将两幅疑似道教的壁画残片重置于佛教史脉络中，认为它们是佛教徒的作品，以颂扬佛教为目的。[7] 最近，穆瑞明（Christine Mollier）提醒我们注意唐代四川摩崖佛道石刻造像，她提出老子居观者右、释迦居观者左的组合，正反映了造像主有意且心照不宣地将道教置于佛教之上。[8] 图像志研究的复兴对于大量 14 世纪佛教画作的研究大有裨益，这些作

1　该画收藏于京都真正极乐寺。图版可见斋藤龙一，2009，页 32，347（图版 27）；米泽嘉圃和中田勇次郎，1971，页 86（图版 80）。

2　共有四个存世的后期版本，其中三个为明代，见 Weidner，1994，页 400—402（尤其是页 401，图 22），页 78—79（图版 29[图录编号：65]）。另有一幅清代刺绣版本，或许是乾隆年间的宫廷制品，见台北故宫博物院，1992，页 88—91（图版 29）。1992 年出版的图录认为，位于中央的圣像是以罗汉身显现的普贤菩萨，见台北故宫博物院，1992，页 134。在此，感谢井手诚之辅提醒笔者注意这些资料，并分享他的研究。

3　可比较宋、西夏和元代佛教艺术中具有代表性的坐在大象上的普贤图像，见奈良国立博物馆，1996，页 128，130，135（图版 136，138，140）。

4　参看宫崎法子为《道教の美术》中的图版 27《普贤菩萨像（老子像）》所作的图释，斋藤龙一，2009，页 347。户田祯佑引用了窪德忠的看法，也认为其可能是老子，见米泽嘉圃和中田勇次郎，1971，页 104。

5　与井手诚之辅的私人通信，2011 年 3 月 6 日。他指出，清代刺绣本的构图与宋代老子图非常相似，后者画卷的上部有六个圆形母题，每个圆形中都有一个极小的大象图案。台北故宫博物院，1992，页 88（图版 29）。类似的构图还出现在两幅明代绘画中（一幅藏于京都国立博物馆，另一幅藏于加拿大多伦多皇家安大略博物馆[Royal Ontario Museum]），可参考 Weidner，1994，页 402（注 5）。这种带有小象的圆形母题究竟是出自更早的原型，还是稍后的再创造，仍是一个未知数。

6　Lin Sheng-chih，2003，2007。可比较景安宁，2002b，页 77—79，2007。

7　A. Jing，1994b，2002b，页 26—58。对于现存于皇家安大略博物馆的这两块残缺壁画图像的不同解读，可参考 Gesterkamp，2011，页 97—105。在山西佛教青龙寺可见到一幅绘于 14 世纪，并具有相近官僚表现形式的壁画，这些具有道教特征的神祇排列在更正统偶像式的佛和菩萨圣像的下方，象征着佛教吸纳道教神祇，并将他们置于下位。见戴晓云，2009，页 132（图版 5.3）。

8　Mollier，2010。

图0.4　梁楷《地狱救济图》，南宋，13世纪，手卷，纸本，26.0厘米×74.3厘米

品与极少被关注的中国摩尼教艺术（图0.5）重新联系了起来。[1] 耶稣的"真形"有时可伪装成佛祖的形象，这更凸显了传统中国宗教艺术的复杂性与灵活性。[2]

　　虽然我们肯定了图像志研究的价值，但是并非所有绘画或造像所表现的道教神祇图像都可以按照图像志的理论，与道教文献所述之众神对号入座。原本文字记载的道教神祇所具有的无形无象的特点，使得要创作出一尊尊各具图像特色的神像的逻辑出现问题，甚至不可能。[3] 因此，正如现存艺术作品所反映的，大部分道教神祇的图像有一般制式化的特性，这使得我们在没有任何题记的情况下，很难分辨各个神像的身份。[4] 即使某些神像具备独特的图

1　图版可见 Gulácsi，2009，页113（图1a）。有关栖云寺绘画的研究，可见泉武夫，2006；Gulácsi，2009。Gulácsi 将之断代为12世纪至13世纪的作品，而现在大部分日本学者将其看作是14世纪元代摩尼教的作品。

2　另一幅存于奈良大和文华馆的摩尼教绘画，可见 Gulácsi，2009，页118（图6），从前被视作是佛教绘画（如井手诚之辅，2001，页11［图版20］），现在则被推断为14世纪的摩尼教作品。中国元代摩尼教绘画的最新研究，可见吉田丰等人的论文，收入《大和文华》第119号（2009年2月）和第121号（2010年3月）中。此外，大和文华馆于近期举办的一次展览，从摩尼教的角度重新审视这些绘画，见大和文华馆，2011。在此感谢井手诚之辅和黄立芸提供此条信息。

3　7世纪的道教制度经典对道教造像有所规定，将神祇无形无色的理想形象与绘画所捕捉的神祇的短暂显现作比较，见《洞玄灵宝三洞奉道科戒营始》（DZ1125），《道藏》（北京：文物出版社；上海：上海书店；天津：天津古籍出版社，1988），第24册，页747c—749a；Kohn，2004a，页97—102；Verellen，2006，页160，165。对于无形神祇的更多讨论，见李刚，2007，页155。

4　视觉资料表明特定的道教神祇具有相较他者而言更强烈的图像志特征。如明代道教神真武的造像，见林圣智，1999a；Giuffrida，2008；Little 和 Eichman，2000，页291—311。金元时期八仙

像志特征，但在多元的道教经验中，它们不仅仅作为神像存在，比如，它们有时也代表法师在仪式中所存想的身中神。[1]

概念性结构

道教图像的新研究基本上是一种跨学科的研究。[2] 本书脱离专注于界定与诠释神像的图像志框架，试图将多元的道教图像放在克利福德·格尔兹（Clifford Geertz）称之为象征的文化系统之内，既是反映现实的模式，也是现实所追求的典范。[3] 通过这种文化视镜所观察到的道教是构成中国视觉文化之网的经纬。它们并非孤立的，与其他文化范畴并非毫无联系，如"佛教""民间宗教""科学"或是"医学"。[4] 相反，研究者应该超越教派、

的造型，见 A. Jing, 1996；S. Huang, 1995，页26—31。北斗的形象，则见井手诚之辅，2000，页373—374，2001，页63；Mollier, 2008，页134—173；S. Huang, 2010，页81—84。有关道教神祇一般制式化的表现形式，可见14世纪山西南部的永乐宫三清殿壁画上所描绘的道教万神殿，萧军，2008。永乐宫壁画中的许多人物母题可与山西南部邻近地区的佛寺壁画人物像作比较，也许是出自当地传统或当地工作坊的艺术家之手，见 S. Huang, 1995（尤其是页1—6）；Steinhardt, 1987；孟嗣徽，2008，2011。对壁画采取不同的诠释途径，注重判定其中神祇身份的研究，可见王逊，1963；A. Jing, 1994a（特别是页285—318），1994b。按神祇类型制作，并配有标明其身份的题记的南宋—元绘画作品集合，可参考克利夫兰艺术博物馆（Cleveland Museum of Art）所藏的《道子墨宝》（*Album of Daoist and Buddhist Themes*），图版曾刊于余毅，1979。

1　Reiter, 1988，页66。
2　可比较大卫·摩根（David Morgan）"宗教图像新研究"的跨学科性质的概念，Morgan, 2000，页42。
3　Geertz, 1973，页87—125（尤其是页93—94）。
4　Morgan, 2008，页5；Asad, 1993，页27—54；

图0.5 《耶稣的摩尼教画像》，元代，14世纪，立轴，绢本设色，金粉，153.5厘米×58.7厘米，日本甲府栖云寺藏

媒材和方法学的限制，以多元的视角来研究道教图像，避免令相关的讨论陷入汪悦进所说的"强加界分的孤营"（entrenched enclaves）。[1]

虽然格尔兹所提出的象征文化系统的概念有助于我们从更广阔的文化语境审视道教，但我们同时也要留意阿萨德（Talal Asad）对格尔兹的批评。他认为格尔兹在处理宗教信仰时，太过强调它"作为一种思想的优先性，而不是建构世界的一种活动"[2]。为了更强调信仰与行动，实践派的理论概念鼓励了另一种转向思潮，即"从对文本与图像的神学和知性义涵之研究，转向对它们的制造、消费和实体性的探究"[3]。与此相关的是皮埃尔·布迪厄（Pierre Bourdieu）的"惯习"概念（habitus）[4]，凯瑟琳·贝尔（Catherine Bell）认为这是"一种无法化约的文化'单位'"，或者说是一套习以为常的原则，"个人与群体实践由此产生，它也是一个模型，客观结构在其中实现，并且受到产生行为的（主观）性格限制"[5]。布迪厄有关行为的看法，对于道教宗教行为的观察很有裨益。例如，孔丽维（Livia Kohn）即将惯习看作是那些"在文化上已确定、定型的生活方式中习得并培养起来的"道教经验。[6]惯习还可用来指称与道教仪式有关的各种精神上和物质上的日常活动，其中不仅包括动态的仪式表演，还囊括了不同种类的物质对象、建筑元素和神圣场所中的空间设计。例如，劳格文（John Lagerwey）极妙地指出，仪式就是以舞蹈、念诵的形式表现出来的另类经典；他强调道教仪式表演重于写下来的道教经典，后者不过是"零散传授的残篇"。[7]再者，以一种对道教实践的物质与视觉面向表现出敏感的态度来研究道教图像，正积极契合了人类学家韦伯·基恩（Webb Keane）的修正主义立场："宗教人类学将关注重点放在'物'上，并不只是将它们作为某些隐藏在背后、鲜被触及的东西——

Clunas，2007，页15。有关中国中世纪药物与宗教的近期研究，可见Despeux，2010。有关传统中国的道教、科学和技术的最新研究，可见姜生和汤伟侠，2002，2010。

1　E. Wang，2005a，页xix。

2　Asad，1993，页47；Keane，2008；Morgan，2010，页1。

3　Klassen，2008，页136。

4　Bourdieu，1977。运用布迪厄的实践理论来研究道教仪式理论与实践，可见Bell，1992b；Andersen，2001。对布迪厄的实践理论和宗教视觉文化研究的更多反思，可见Morgan，2010，页67—68。

5　Bell，1992b，页79，148（注51—52）；Bourdieu，1977，页78—83。

6　Kohn，2003a，页113。

7　Lagerwey，1985；1987，页276；2005，页55—56。另可见Johnson，1989，页31。

如信仰——的佐证。"[1]

　　本书提出以独特的"真形"概念来概括道教视觉理论的重要主题。[2] 真形概念并非静止不动。恰恰相反，它意味着一种充满活力的诉求，它是一场可以通过一系列的变化而窥探背后之秘密及真相的动感之旅。这种使修炼者能够见到隐藏和未知事物的培养过程，和他们为了与宇宙合一而修"道"的过程是相似的。在此意义上，道士确立了自身对图像富有道教知识涵养的回应，这与郭若虚所贬低的大相径庭。道教的实践活动——存想，以及类似的仪式活动——提供给修炼者具体的修炼方法，以达到"道教式的观看"。

　　真形的概念也展示出道教通过知识传授保留神秘与权力的策略。[3] 正如休·厄本（Hugh Urban）令人信服地指出的，世界宗教的秘传传统最常用的基本策略之一即是："声称拥有最珍贵、罕见、有价值的知识，同时却只是揭示小部分，而隐藏大部分。"[4] 此外，秘传主义（esotericism）意味着精英主义；包括有意且系统地运用"晦涩的语言"[5]，"巧妙地利用模糊性"，以"控制宗教意识形态"[6]，用布迪厄的话来说，这是一个"误识"的过程，它反过来赋予某些人具有"合法性权威"的神秘属性。[7] 与真形相关的多样化的图像、象征与书写正是道教中最有成效，且能够加以灵活使用的"晦涩的语言"。

　　真形不断变化的特质在7世纪道经《洞玄灵宝三洞奉道科戒营始》（DZ1125）中被突出。据此经，天尊拥有五百亿相[8]，但无一可与其无形的真形相比：

1　Coleman，2009，页360。

2　Robinet，1993，页163。更多关于道教真形的探讨，可见本书第三章。道教中"形"概念的相关研究，可见李刚，2007，页154—156。

3　对于秘传宗教传统中神秘与权力策略的理论及跨文化研究，可参见 Urban，1997，1998。将该理论运用于中国宗教研究的例证，可见 Campany，2006（特别是页293—294）；Hudson，2007（特别是页25—26）。

4　Urban，1998，页235。更多内容，见 Urban，1997，1998。休·厄本提出的七条策略原理的概要，可参见 Hudson，2007，页25—26。

5　Urban，1998，页238，也可见 Hudson，2007，页26。在对1880—1920年代欧洲艺术的研究中，现代艺术史学家达里奥·甘博尼（Dario Gamboni）提醒我们注意"潜在图像"的存在，以及现代艺术中的"模糊性和不确定性"，见 Gamboni，2002。马克·A.奇塔姆（Mark A. Cheetham）于2008年评论道，甘博尼"从他所宣称的作品的创作者与其受众之间相互连接的视域出发，解析了偶然的、隐藏的和不确定的图像的多样性"。

6　Urban，1998，页238。

7　Bourdieu，1990，页141。有关秘密、权力和知识的更多概念框架，可见 Bellman，1984；Bourdieu，1991。另可见 Hudson，2007，页25（注74）。

8　《道藏》，第24册，页748a。

> 大象无形，至真无色……应变见身，暂显还隐。[1]

与此类似，8 世纪道经《三洞法服科戒文》（DZ788）中记载，三清上境及诸凡界圣真的仙衣可分为九等，皆由飞云流霄、自然妙气结成。[2] 神祇的地位愈高，其仙衣的变化也愈快：

> 一者，大罗法王，元始天尊冠，须臾万变，九色宝冠，衣千种离合自然云帔，著十转九变青锦华裙……以上皆飞云流霄，自然妙气结成衣……随境应形……千变万化，不可得名。[3]

上述对于神祇及其仙衣的描述，显示出道教对于真形的解释与宇宙之"气"及"化"相联系。用贺碧来（Isabelle Robinet）的话说，这种转化"将某种具有既存形式的存在转变成另一种新形式的存在"[4]。换言之，一个既存的实体可以通过一种不同的方式及媒材被重塑，如此一来，最原始、本源、不可见的神祇可以一种物理的形式被塑造，如木、金、石等。[5] 同时，可见并以物质形式存在的人体则可以通过仪式及修炼，转化成纯然的气和隐微的宇宙神灵。[6] 因此变形不仅适用于神灵，也适用于道教徒。对于后者，追求真形意味着通过修炼，精炼内在之气，使得他们能够超越形体，练就神圣而无形的"真形"。[7]

与前述道教真形的变化特质相应，道教图像不可避免地被视为在"内"与"外"两个世界之间徘徊变动，两者之间既有联系，又互相区别，这也是本书分为"内篇"与"外篇"的基础所在。道教视觉文化中的内外之分有其

---

1 《道藏》，第 24 册，页 747c。此处的英译参考了 Kohn，2004b，页 97。道教创世神话对无形大尊的另一则相近的描述，可见《云笈七签》，2:19。
2 Kohn，1993a，页 333—343（尤其是页 340）。
3 《道藏》，第 18 册，页 228b-c。另可参见 Kohn，1993a，页 337—340。
4 Isabelle Robinet，1993，页 163。
5 7 世纪的制度经典列举了十八种造像之法，分为十八个等级。最高一等为"雕诸宝玉琼瑶，琅玕七珍之类"，第十八等为"印纸范泥，刻砖团土，镂瓦磨骨，雕牙刻木，聚雪画灰"。素画和壁画则分别位列第十二与十三等。见《道藏》，第 24 册，页 747c—748a，另可参见 Kohn，2004a，页 98。
6 在书法的宏观宇宙价值中，人体是其中微观宇宙的来源，与之相关的艺术史研究，可见 Hay，1983。
7 李刚，2007，页 156。

仪式基础。[1] 内在仪式指"心"的洁净，相对地，外在仪式则表现在"形"之上。[2] 道教内斋可以追溯至儒家所主张的"心斋"。[3] 原则上，它的目标是达到"恬澹寂寞，与道翱翔"[4]。实践上，道教仪式的内在层面与外在的仪式表现密切对应，通过存思与观想，在信徒的内心世界产生。这也促使学者们从内部与外部两个渠道检视道教经典的传授：内部经典指内部流传的文本，而外部经典则指可在外界普遍流传的文本。[5]

　　在上述不同语境下被使用及观看的道教图像，亦意味着不同的观者反应。它们反映了道教实践的一个总体特征，借用贝尔的话来说，即是"重现或重构世界力量秩序的想象"[6]。秘传的图像唤起内心世界的经验，并引人通向想象世界中的身体、宇宙、宇宙构造（cosmography），以及绘有天地、地狱的图形。同时，它也接向外部经验，展示了物质性（包括绘画）、空间性，以及在可见的道教神圣空间中的仪式表演。在道教感应及变化的规则下，内部与外部经验互相印证，两者之间的界限是浮动的。这种灵活性生动体现在它们时常互相融合、彼此依赖之中，正如心灵图像（mental images）的产生参照了仪式坛场中悬挂的画像，这些仪式用画中的神像同时又反映了行道法师进行召神时的存想状态。然而，内部或秘传的部分高于外部或公开的一面。

　　道教内部与外部图像之间的张力令人联想到基督教崇拜所论及的心灵图像与物理图像（physical image）两者间的紧密关联。汉斯·贝尔廷（Hans Belting）引用法国哲学家伯纳德·斯蒂格勒（Bernard Stiegler）的话，并进一步将心灵与物质置于互惠的关系中，因为心灵图像是客观图像的"回归或剩余"（rémanence），而物理图像的存在必须依赖于心灵图像的参与，

1　例如，在《金箓大斋启盟仪》（DZ485）中所讨论的"内斋"与"外斋"。

2　例如，在南宋道经《太上洞玄灵宝无量度人上品经法》（DZ93）中对"内""外"斋的定义，《道藏》，第2册，页477a。

3　《金箓大斋启盟仪》，《道藏》，第9册，页93a。这部经典似属于与北宋朝廷有关的11世纪的一系列仪式手册之一，见Schipper和Verellen，2004，页998—999。更多有关内斋与心斋的资料，可见《灵宝无量度人上经大法》（DZ219），《道藏》，第3册，页618b；《元始无量度人上品妙经内义》（DZ90），《道藏》，第2册，页377a；《玉清无极总真文昌大洞仙经注》（DZ103），《道藏》，第2册，页620b，640a。

4　《金箓大斋启盟仪》，《道藏》，第9册，页93a。

5　施舟人（Kristofer Schipper）与傅飞岚将《道藏》中的经典分为两个大类：在"外界普遍流传"与在"内部流传"的道经，见Schipper和Verellen，2004，页1347—1392。

6　Bell，1992b，页81。

因为"从定义上而言，一幅图像就是它被看到的样子"[1]。

同样地，大卫·弗里德伯格（David Freedberg）在其对图像力量与观众的回应理论（the theory of response）的经典研究中，描述了信徒如何通过可见的物质图像，产生不可见的心中意象（invisibilia per visibilia），他将某些形式的存想解释为一种仰赖"真实图像及其相关储存知识再收集"的意识活动，无论存在"一个现存的图画对象"与否。[2]弗里德伯格提出了在图像与观赏者之间的双向沟通。他鼓励学者去思考以下的问题，包括："不仅是观赏者的征兆与行为，也包括图像本身的有效性、效验和生命力；不仅是观赏者的所作所为，也包括图像想要做什么；不仅是人们根据其与某种图塑形式（imaged form）的关系所做出的反应，也包括他们对图塑形式的期望，以及为什么他们会有这样的期待。"[3]一方面，图像携带着某种意义，可以激发观赏者或使用者特定的视觉预期；另一方面，观者在观看图像时的所作所为，也在决定图像的功能方面起到了决定性的作用。弗里德伯格的图像研究注重其中的互动成分，这同样适用于道教图像研究。观看有助于个人存想修炼的存思图像，积极鼓励了道教徒想象他们自身与星宿之间的能量转换。道教仪式所用的神像画与之类似，其栩栩如生的神像充满着互动的效果，在仪式过程中，这些画像活灵活现的动态使人联想到法师召请的神祇的降临与飞升。

同样重要的是，道教视觉文化研究大大有利于理解文本与图像的多层面关系。[4]大量的道教象征存在于图像与文本之间的灰色地带。一幅图像可以是一个文本，不仅因为它是对书写的模仿，也由于道教将"视"看作是一种解码文本的必要技能。此外，从道教的神圣经典观来看，图像正是一种文本：任何物质化的形式都反映了文本的最高形式——来自天上的文字，或天书[5]，在宇宙初创之时，它们由如云纹般生动的宇宙纯气凝结而成。因此，文字与具象的图像表现之间并无严格区分。它们被看作是与一只鸟、一座山或

---

1 Belting，2005，页51；Stiegler，1996，页165—182。
2 Freedberg，1989，页162。在古典时代晚期和中世纪早期见到无形之物的更多有关研究，见Nie，2005。
3 Freedberg，1989，页xxii。
4 以往对中国艺术的文本和图像所进行的研究，可参考Murray，1980，1982，1993，1998，2000，2007；陈葆真，2005，2007，2010，2011；Murck，2000。也可参考古原宏伸对中国叙事画轴的一系列早期研究，修订版收入古原宏伸，2005（尤其是页153—191，297—450）。
5 有关中古早期道教天文发展的综合性研究，见Hsieh Shu-wei，2005。

人体形象类似的对应物；它们在宇宙中也拥有一个空间维度。文本与图像之间的交错关系丰富了我们对米歇尔（W.J.T. Mitchell）极富创造性的图像理论（picture theory）的理解。[1] 在强调西方文化中视觉与口头语言之间的张力时，米歇尔鼓励读者走出比较或两极化的模式，考虑一种"复合文字图"（imagetext）的存在，它或是"一种复合、综合的形式"，或是"表征中的一道鸿沟或裂缝"。[2] 借用米歇尔的定义，道教"复合文字图"的变动与超越的特质使得道教视觉拥有巨大的自由度，跨越抽象的、模仿的、人物形象的、图解的、视觉的、文本的等等预先设定的种类。

从方法论上而言，本书的探索也回应了对物质和视觉文化日益增长的兴趣——这种跨学科倾向对于中国艺术史研究有着重要意义。越来越多的艺术史学家将目光转向了非经典的风格以及所谓的艺术衰败期。他们从名作与大师转向普通的作品，甚至一些无名之作。[3] 其他领域的研究者也渐渐表示出对物质文化的兴趣，提倡在一个更广阔的文化背景下检视视觉作品。物质文化研究是一个相对年轻的学科；它研究的是"由人类行动转化成文化表现的物质，无论是未经加工或是经过加工的"，探究"文化信仰系统，某些人在某时某地的信仰模式"。[4] 在这个框架下，研究者已经开始发掘一个从未被发表过、庞大而广博的图像库，包括从佚名图画、三维造像、洞穴，到织品、衣物、家具、仪式用具和印刷品。与此相应，宗教视觉文化研究也日益兴盛：它将视觉性与物质性看作是宗教的必要成分。一些汉学家正在探讨宗教空间、

1　Mitchell, 1994。

2　Mitchell, 1994，页83。

3　例证可见Cahill, 1994；Barnhart, 1993；Wu Hung, 1996, 2010；Ledderose, 2000；Stuart 和Rawski, 2001；Clunas, 1997, 2007；Howard, 2001；Abe, 2002；Fraser, 2003；D. Wong, 2004；E. Wang, 2005a；McNair, 2007；Murray, 2007；Harrist, 2008。方闻对于风格的校正分析充满了丰富的文化与历史洞见，见W. Fong, 1994；石守谦，1995b；井手诚之辅，2001；古原宏伸，2003, 2005。也可见海老根聪郎等，1997—2001，第1—7册的图释与论文。

4　Prown, 1982，页6。有关十九位艺术和建筑史学家、电影理论家、文学批评家以及艺术家所提出的视觉文化调查问卷，可见Alpers等，1996。西方对于视觉和物质文化的更多研究，可参见Prown, 1982；Bryson等，1994（尤其是页xv—xxix）；Mirzoeff, 1999；Appadurai, 1986；Kingery, 1996；王正华，2001。汉学界其他领域的学者也开始注意视觉及物质文化的研究，如Ebrey, 1999a, 1999b, 2008；Teiser, 1994, 2006；C. Yü, 2001；Kieschnick, 2003；Weidner, 2001中的部分章节。对于中国墓葬的新近研究大多集中于以下问题："为何某些材料、媒材、尺度、形状和色彩被墓葬特别选用，以及这些物质的和视觉的元素如何被运用、转化和组合，以满足墓葬艺术中宗教和美学的不同需求"，见Wu Hung, 2010，页85—148。有关道教天文的物质方面的研究，可参考谢世维，2010b，页254—293。

实践和物质文化的课题，而不是集中于教义或精神层面；另一些则强调宗教交流与挪用（appropriations），揭示出一个更为复杂的中国传统宗教图景。[1]

在中国研究领域之外，主攻基督教材料的艺术史家大卫·摩根（David Morgan）将这个框架扩展到对信仰的思考，强烈支持"物质宗教"研究。摩根与他的同事赞同人类学家基恩的观点："宗教也许并不总是需要信仰，但它们总是关乎物质形式"[2]，在一系列发人深省的研究中，他们直接将物质性与视觉性放在宗教的中心位置，提出了关键的概念，如视觉中的虔诚（visual piety）、神圣的凝视（sacred gaze）、视觉宗教（visual religion）和宗教的物质性（the materiality of religion）。[3]在这些论述中，视觉材料成为宗教研究的主要材料：

> 眼前的机会即是阐明视觉性在社会实体的建构中所担当的角色。我们希望历史学家和宗教学家最终能将图像与视觉实践视为宗教研究中的主要证据，而不仅仅是附带的图解……宗教视觉文化的新型研究始于一个前提：视觉作品不可与仪式经验……或祈祷分离。视觉实践有助于世界的建构……并且……为我们提供了一个加深理解宗教作品如何运作的有效途径。[4]

对视觉与物质文化研究主流进行挑战的一些关键问题已被提出，这有益于艺术与宗教研究的进一步发展。例如，摩根提出一个修正方案，不仅要研究"物质客体"，也要探讨非物质和精神世界，以期"在一个更广阔的精神、身体、社会和文化的背景中去评价客体"。[5]此外，宗教与电影的研究专家，同时也是宗教视觉文化的热诚拥护者——布伦特·普雷特（S. Brent Plate）[6]

1 Teiser, 1994, 2006；Katz, 1999，Eichman, 2000；C. Yü, 2001；Zhiru, 2007；Mollier, 2008；Arrault, 2008；Fava, 2008；Robson, 2008, 2009。
2 Keane, 2008，页124；Morgan, 2010，页8。
3 Morgan, 1998, 2000（尤其是页42—43, 51），2008, 2010（尤其是页7—8）；Plate, 2002（尤其是页5，10—11），2004（尤其是页51）；Keane, 2008，页124。同时可参见由摩根和布伦特·普雷特（S. Brent Plate）等于2005年创立发行的新刊物《物质宗教：物品、艺术和信仰》（Material Religion: The Journal of Objects, Art, and Belief）。
4 Morgan, 2000，页51。Plate, 2002，页10—11；2004，页51。
5 Morgan, 2010，页13。
6 方法论方面的相关出版物，可参见Plate, 2002, 2004。

在这个日渐壮大的跨学科领域内，确定了四个未来的研究主题：媒材的相关性（intermediality）与转换性（transmediality），文本的视觉性与表演性（performativity），整合性（synopticism）和瞬间即逝性。[1]媒材的相关性与转换性分别是指对于"积极塑造与重塑宗教和文化的"多媒体之间的相互关系与共同性的研究。[2]文本的视觉性与表演性则是突出神圣文本的视觉维度，强调这些文本是如何"被表演"的，而不仅仅是"被阅读"。[3]整合性承认了宗教传统的变形与融合，通过共享某些"象征、偶像和设计"。[4]最后但同样重要的是瞬间即逝性，提醒人们注意业已消失的视觉性，它意味着图像具有"多媒材的互动维度"，"正式的、图像学的研究路径"似乎只能"触及其中可能意义的皮毛"。[5]本书中所研究的瞬间即逝的仪式物品，包括既相关又转换的图像以及表演性的动作，超出了道教艺术、图画与三维造像研究的传统范畴，米尔恰·伊利亚德（Mircea Eliade）将它们称之为创造历史的"硬件"。[6]

　　因此，本书对道教真形的追索正是建立在上述多面向的理论框架之上，本研究同时也得益于越来越多图册和考古资料的出版，如敦煌和墓葬品的资料。[7]从另一个角度来看，道教视觉文化的新观点，有助于我们在"更活泼、有弹性、积极的"语境下，重新检视原始资料。当我们特别关注仪式表演、动作及身体与空间和物质文化的关系时，我们将对以往在出版品或考古发现中所见的貌似静止不动的道教文物和图像有焕然一新的认识。[8]从这个更广阔的视角来看，所有类型与来源的道教绘画都可以被重新理解。

非偶像的、非物质的和瞬间即逝的

　　本书的研究将涉足未经开垦的领域，希望能引起大家注意处于道教象征

1　更多讨论，见 Plate，2004，页51—62。

2　Plate，2004，页51。

3　Plate，2004，页57。

4　Plate，2004，页58。

5　普雷特以纳瓦霍人（Navajo［Dineh］）沙画以及西藏沙坛城作为转瞬即逝的宗教艺术视觉例证，见 Plate，2004，页61—62。

6　Plate，2004，页60；Eliade，1958，页216。

7　用考古资料来研究道教视觉文化，可见王育成，1991a，1991b，2003a；胡文和，1990，1994，2004；张勋燎和白彬，2006；刘昭瑞，2007；A. Jing，2008a；Wu Hung，2010，页57—61。

8　蒂莫西·英索尔（Timothy Insoll）为"考古学和物质宗教"专号所撰写的导言对笔者有很大的启发，见 Insoll，2009，页262。

中心位置的三种图像模式：非偶像的、非物质／不可见的、瞬间即逝的。非偶像的图像通常是非人形的、非模仿的，或许因为这正呼应了神秘和无形的"道"的特点。这一点不仅在充斥于道经中的符、天书真文和图表式的、形似文字的图像中很明显[1]，同时也体现在书写于幡、镜和纸制品等道教仪式用品上繁复的符图之中。[2]

非偶像的模式是道教对中国视觉文化最有意义的贡献，也是道教视觉有别于以偶像形塑为主要模式的佛教视觉之最大不同。这也反映了道教对于书写的尊重与爱好，并将书写视为一种与变幻无穷的宇宙之气相连的神圣物质形式。对于某些经过道教训练的人而言，一些令人困惑的象征是可以辨识的，然而更多的象征是难以理解的。[3]正是图像的这种费解性引起了超越此时此地的神秘视觉性，从而引导信徒在存想或仪式中达致他界。进一步而言，图像与文本之间互相交织的紧密联系，已远远超出米歇尔所提出的复合文字图的概念[4]，有力地连接起了图像与文本。与真形最相关的道教视觉特征是其非物质性、不可见性，真形因而高于其他任何物质客体：后者往往只是前者的反映。[5]存思是信徒使不可见的形式可视化或反之的关键方法。[6]对图像和大脑的最新研究揭示了可视化的运作机制。[7]孔丽维认为内在的图像"是联系大脑最深层的最早的认知形式之一"，"相比由言语交流或抽象思考所传递的更遥远的经验"，它创造了一种更直接的视觉。[8]视觉图像存在于右半脑中，与无意识及神秘相关，而左半脑正相反，与意识及抽象相关。更令人惊奇的是，正如约翰·瑞迪（John Ratey）所指出的，与视觉化有关的认知行为是"由负责实际运动的大脑区域执行的"[9]。事实上，最近越来越多探究神经科

1　Legeza，1975；Chaves，1977；Y. Tseng，1993，页75—96；刘晓明，1995；李远国，1997，2000；Despeux，2000；Mollier，2003；Verellen，2006；Robson，2008，页135—138，163—166。

2　本书第四章将会对此进行更深入的探讨。

3　可比较摩根将伊斯兰教《古兰经》段落抄本作为视觉图像的讨论，Morgan，2000，页45。伊斯兰书法中的词与图像的研究论文和书目，可见 Plate，2002，页89—124。

4　Mitchell，1994。

5　Robinet，1993，页163。对无形和变化的老子的研究，可见 Kohn，1996，2003a，页164；Wu Hung，2002a。对于"形"的更多讨论，见李刚，2007，页154—156。

6　4世纪的道教经典《抱朴子内篇》（DZ1185）列举了尸解的精彩实例，见 Robinet，1993，页163。

7　想象与大脑的相关研究，见 Korn 和 Johnson，1983，页4—11；Ratey，2002，页97—108；Kohn，2008b，页130—132；Gregory，1998。也可参考刘永明，2004；刘永明和程容，2005。

8　Kohn，2008b，页130。

9　Ratey，2002，页147；Kohn，2008b，页130。

学与观想之间关系的研究已经提供了观想如何改变身体和大脑生理机能的证据[1]，并展示了处于观想状态中的大脑活动的复杂性。运用神经可塑性这个概念，即"大脑会随不同的经验而发生改变"[2]，学者发现在观想过程中，大脑对内部发生的事件会产生更强和更持续的关注。[3]正如卡雅·鲁比亚（Katya Rubia）所观察到的，"观想中经历的精神平静和积极情绪的主观经验，与大脑中调节内在注意力和正向情感两个区域的激活和连通，具有特定的神经机能联系"[4]。对藏传佛教徒的实验也让戴须穆克（V.D. Deshmukh）总结到，在冥想状态中，大脑结构中出现明显增长的信号，"关乎注意力、感情和想象力的产生"[5]。

　　从这个角度而言，信徒的存想活动所产生的心灵图像在道教图像制作中具有重要的作用。因此，道教法师制作带有插图的存想指导手册，是为了帮助信徒在存思练习中更好地理解"它是什么""它在哪里"。[6]甚至不具插图的手册也在鼓励信众积极产生心灵图像，并将之与实际图像加以比较。[7]道教存想与仪式文本中所保留的大量插图描绘了道教宇宙结构，从人身内部至星宿、天堂、人间仙境，以及地下世界。这些描绘终究预示着控制并产生力量。道教宇宙结构图提供了信徒漫步这个世界的路径，赋予他们控制宇宙的力量。但是，这些混杂图像中所反映出的道教宇宙图景绝不是一个有系统的组合。它在一个"异托邦"（heterotopia）里混合了真实与想象、具象与抽象。米歇尔·福柯（Michel Foucault）从乌托邦的概念中创造了这个与之相反的词汇，用以指"实际起作用的乌托邦"，一方面它与现实场所并存，另一方面又"同时重新表象、对比和颠覆"后者。[8]

1　Rubia，2009，页1。神经科学与观想的部分研究，可见 Deshmukh，2006；Cahn 和 Polich，2006；Lutz、Dunne 和 Davidson，2007；Davidson 和 Lutz，2008；Rubia，2009；Raffone 和 Srinivasan，2010。感谢肯·麦凯（Ken Mackie）提供这些资料。

2　Davidson 和 Lutz，2008，页171。

3　这导致了"θ 波和 α 波的低频率活动的增长"，见 Rubia，2009，页3；Cahn 和 Polich，2006。

4　Rubia，2009，页1。

5　Deshmukh，2006，页285。感谢孟久丽给予的提示。Lutz、Dunne 和 Davidson，2007；Davidson 和 Lutz，2008。

6　道教上清派存想的相关研究，见 Robinet，1989、1993；Kohn，1989b。存想中所运用的插图，可见 S. Huang，2010。

7　傅飞岚注意到一些中世纪道教灵验记中"圣像叙事"的显著特点，它们"既是崇拜的对象，同时也是一种媒材"。Verellen，1992，页257。

8　Foucault，1986，页24。福柯的异托邦概念在中国佛教艺术研究中的运用，可参见 E. Wang，除了非偶像与非物质性，我们也要同样重视多媒材的仪式用品，以及瞬间即逝、一次性使用的神圣空间和仪式表演，这正回应了普雷特所提出的研究路径。[1] 道教视觉文化的瞬间即逝性，与在道教视觉理论中显然作为支柱概念的真形转化密切相关。这在仪式消费、活动和表演中特别突出，它们往往被立足于文字记录的传统历史研究排除在外。[2] 一些仪式用品可能不会留存下来，而是在仪式过程中被有意销毁。[3] 在仪式中，物品会被四处移动，或由行持者随身携带，用以吸引和邀请神祇、灵魂或鬼怪，或者与它们进行交流。同样地，临时搭建的仪式坛场，例如神位或灵位，在仪式完毕后通常会被拆除。这些特定的空间设计将道教仪式空间建构成一个微观宇宙，反映了道教的世界观，同时满载着空间与时间的意涵。因此，本书的研究会将由时间、行动、表演和实践所带来的道教视觉性的动态维度纳入考虑范围。仪式物品与仪式空间帮助戏剧性的仪式表演营造出一个互动的场所，其短暂的表演场景有助于理解诸如绘画或神像等客观物品中所展现出的道教视觉性。[4]

道教面面观

大部分的道教视觉和文本材料都撰写或编集于 10 世纪至 14 世纪，这构成了本项研究的主要资料库，但它们以各种形式继承了首现于汉末及唐末之间，或说是大约 3 世纪至 10 世纪的样式和宇宙观。[5] 在此期间，道教发展出了自己的核心思想与实践活动：与神祇交通的仪式，作为存思技术的存想和内丹，科仪文本的编撰，救度仪式的流行以及统治者的支持。

在道教的发展史中，三个主要的道派扮演着重要的角色：2 世纪兴起于四

2005a，页 317—397。

1　Plate，2004，页 60—62。

2　Eliade，1968，页 216；Plate，2004，页 60—62。

3　有关被焚化的现代宗教用品，可见 Laing 和 H. Liu，2004。

4　道教仪式研究，可参看 Lagerwey，1987，1995；吕锤宽，1994；刘枝万，1994；蜂屋邦夫，1995；Dean，1998；大渊忍尔，2005；浅野春二，2005。关于道教绘画和造像的宗教及仪式面向，可参考 Katz，1993；谢世维，1994；A. Jing，1994a，1994b，2002a，2008a；景安宁，2002b；S. Huang，2001，2002；李小强，2003；Gesterkamp，2008，2011；丸山宏，2010。

5　六朝和宋代在道教历史上的重要性，可参见 Schipper，1967，1975b；Strickmann，1977，1979，1980，页 211—217；Stein，1979；Lagerwey，1981，2009；Van der Loon，1984；Boltz，1987；Robinet，1997；Bokenkamp，1997；Davis，2001；陈国符，1963；陈垣，1941；Ebrey 和 Gregory，1993；Verellen，1995b。

川的天师道，之后在 4 世纪传播到了中国的北方和东南地区；4 世纪中期，降示于江南地区寒门士族的一系列道经构成了上清经的基础；400 年左右出现的灵宝经以其对佛教观念的挪用、宣扬普度、整理道教仪式而著称。[1]

　　4 世纪至 5 世纪，道教徒与神祇之间的文书交流形式逐渐形成。天师道民认为人生病的原因是由于道德上的过错，以至于鬼怪侵入人身。为了得到有效的治疗，他们必须通过向天上的神祇官僚机构呈上法师准备的章文，进行首过。[2] 他们与神祇的交通方式与传播理论学家詹姆斯·凯瑞（James Carey）所称的"传播的文化研究取向"相应。它的目的在于建构与维系"一个有秩序、有意义的文化世界，可以用来控制、容纳人类行动"，而不是传递"智力信息"。[3] 道教传统所产生的丰富文书系统，从章文、箓到敕令、与超自然世界所结成的契约，构成了令人叹为观止的视觉材料宝库，本研究正是从中取材。[4]

　　与神祇之间的沟通是双向的。通过向神祇祈求，道教徒相信神祇的回答可以通过灵媒笔录，或是通过藏在山洞里的神圣经文显示。[5] 最常见的例子就存在于所谓的上清启示中。[6] 从公元 364 年至 370 年间，为活跃于茅山精英圈的贵族许氏家族服务的灵媒杨羲（330—386），手抄了一系列现在以上清经之名为人所知的降授经典。[7] 这些文本以优美的文学形式写就，折射出江南士族对于存想活动的热衷，包括对升天飞游的神秘存想和体内的神化，这两个包罗万象的主题对道教神秘图像的制作至关重要。通过强调个人对精神集中

1　Strickmann, 1977；Mather, 1979；Robinet, 1993, 1997，页 53—183；Kohn, 1992，页 8, 81—95, 1993a，页 161—188, 2000；Bokenkamp, 1996—1997，页 64, 1997；Kohn 和 Lafargue, 1998；Little 和 Eichman, 2000，页 14—15, 18；Gregory 和 Ebrey, 1993，页 23—24；Ware, 1933，页 248；Hendrischke, 2000, 2006；Nickerson, 2000；Raz, 2004, 2005, 2009；谢世维, 2010b。
2　Seidel, 1989—1990，页 266；S. Huang, 2001，页 8；黎志添, 2002a，页 8；Kohn, 2004a，页 5。有关天师道的更多研究，参见陈国符, 1963，页 98—101, 260—261, 275—276, 308—369；Kleeman, 1998，及他撰写的简介，收入 Pregadio, 2008，页 981—986。
3　Carey, 1989，页 18—19；Morgan, 2008，页 3。
4　道教文书的最近研究，可见丸山宏, 2004；李志鸿, 2009, 2011a，页 183—195, 2011b。对于道箓（以符或图的形式）的研究，可见 Y. Luk, 2010, 2011, 2015。
5　Seidel, 1989—1990，页 266。有关乩童的研究，见 Davis, 2001。中世纪道经的隐世和出世模式，见 J. Tsai, 2006。可比较 11 世纪首度发现藏传佛教在"深山、洞穴、圣像内部、寺院墙壁中"藏匿和挖掘宝经的传统，见 Gyatso, 1993。感谢德野京子提供此条资料。
6　Strickmann, 1977, 1979；Ledderose, 1983。
7　Robinet, 1993；1997，页 114—148。茅山上清经的相关研究，可见 Strickmann, 1977。上清经目可见尾崎正治所撰介绍，收入福井康顺等, 1983，第一卷，页 103—108。

的投入，它们也反映了上清的实践活动。[1]

最后，灵宝派阐明了仪式，并整理了道教科仪。[2]与此相应，陆修静（406—477）编集了仪式戒律经典集合，类似《道藏》的原型。[3]他使用了一个独特的编目方法，将经典分类为"三洞"[4]，这是"许多后续道教传统的基础"[5]。

上清派与灵宝派皆将天文看作神圣经典的原始雏形，它们是"来自天界的蓝图"或者"所有现象的原始象征"。[6]对于他们而言，天文先于宇宙起源，无法为人类所目见，这样的观念在道教中一直持续到今天。汗牛充栋的道教符命反映了对来自天上的神秘天文的这种根深蒂固的迷恋。[7]

宋代道教经历了一场"蓬勃的复兴"，为古老的传统注入了新力量。[8]由于当代道教的许多实践活动都可以追溯至宋代，一些学者将这个时期定义为道教"近代"历史的开端。[9]

北宋朝廷在将早期道教文本整合入道经合集中起着主导作用。成书于11世纪的《云笈七签》（DZ1032）是其中之一，它是一部"浓缩版的"、由朝廷支持编纂的《道藏》。这部宋真宗（998—1022年在位）时期的《道藏》（今已亡佚）或许保存了大量"在唐代经过分类整理、编辑、注释及扩充的"六朝经典。[10]此外，随着印刷术的逐渐普及，徽宗（1100—1125年在位）时

1　Robinet，1997，页121；Strickmann，1980，页211—212；Hsieh Shu-wei，2005。

2　有关灵宝经的研究，可参考大渊忍尔，1974；Bokenkamp，1983，1997；Bell，1988；Raz，2004；Hsieh Shu-wei，2005，页325—413。柏夷（Stephen Bokenkamp）曾对一块吸收了灵宝经内容的道教造像碑作过富有启发性的解读，见Bokenkamp，1996—1997。

3　Bell，1988；陈国符，1963，页62—70；Bokenkamp，1983，页440—441；Strickmann，1980，页214；尾崎正治所撰介绍，收入福井康顺等，1983，第一卷，页108—110；Schipper和Verellen，2004，页11—17；Raz，2009。

4　"三洞"指洞真部、洞玄部与洞神部，见Schipper和Verellen，2004，页15；Strickmann，1980，页212；尾崎正治所撰介绍，收入福井康顺等，1983，第一卷，页75—89。

5　Bell，1988，页366。可比较中国佛教经录，Tokuno，1990。

6　Hsieh Shu-wei，2005，页325—413（尤其是页325，345）；2007a。

7　经典在道教中的地位，可见Andersen，2005，页13 17。对丁符文的研究，可参考王育成，1991a，1991b，1996；萧登福，1993；Drexler，1994；刘晓明，1995；Andersen，1996；李远国，1997，2000；庄宏谊，1999；Despeux，2000；Mollier，2003；任宗权，2004；姚周辉，2004；坂出祥伸等，2005；Verellen，2006；Hsieh Shu-wei，2005，2007a；土屋昌明，2010；李丰楙和张智雄，2010。

8　Strickmann，1978；Seidel，1989—1990，页234；Van der Loon，1984；Gregory和Ebrey，1993，页26—27；松本浩一，2001a，2006a，2006b；黎志添，2011，2016。

9　Strickmann，1980，页211；Lagerwey，1987；Schipper，1993；Maruyama，1995；Davis，2001，页231。

10　或许《云笈七签》反映了宋真宗敕令编撰的《大宋天宫宝藏》的部分情况，见陈国符，1963，页

期，第一部《道藏》得以付梓刊行。当时主要的印刷中心福州是它的制作地，11 世纪时，许多版本的佛藏也在当地印刷。[1] 零散的材料也表明徽宗十分热衷于道教图像的制作，创作和赞助道符和神像画，如一套三清画像。[2]

许多新兴的道派也在宋代时期粉墨登场。[3] 徽宗于 12 世纪推动了神霄运动的发展；[4] 天心正法[5] 与清微法勃兴于 12 世纪至 13 世纪。这些法派的全新经典涉及治疗、驱邪和救度仪式，其中包含着新产生的宇宙图式与道符。[6] 仪式在 12 世纪至 13 世纪时期的增长进一步促成了一些大型仪式文本的编撰，尤其是灵宝仪式。[7]

同时，在内丹新技术发展之时，存想仍旧是新编仪式经典中的支柱。若将内丹描述为呼吸与存想活动的一项革新发展，"一种微妙的出神状态"，目的在于养生与成仙，是最合适的。[8] 它构成了一种新式身体想象出现的背景，这种想象与医学中的身体构造有着共通的生理学特点。即便宋代道教如此重

134；Seidel，1989—1990，页 234；Van der Loon，1984，页 33；Schipper 和 Verellen，2004，页 27—28。更多有关宋真宗与道教关系的研究，见 Cahill，1980；刘静贞，1995；景安宁，2002b，页 59—99。

1 《通鉴长编纪事本末》，127:1b，2a；Strickmann，1978，页 342—344；Ebrey，2000，页 68—69。道教与宋代印刷的互动已超出朝廷支持的范围，可参见贝尔对 11 世纪的善书——《太上感应篇》（DZ1167）的研究，Bell，1992a。更多有关道教与印刷业的研究，见 Strickmann，1993。有关宋代福州佛藏的印制情况，可参考中村菊之进，1985。司马虚（Michel Strickmann）在一篇作于 1979 年的未发表文稿中指出，12 世纪正值北方前线受到外敌威胁之际，道藏经在当时的首次印刷是它回归本土高级宗教的一部分；见 Seidel，1989—1990，页 234。对道教山水画的研究，参 Neill，1981；石守谦，1995b；黄立芸，2003。

2 徽宗的三清画像描绘了老子、元始天尊和太上道君。在与道士刘混康的书信来往中，他兴致勃勃地讨论了刘所使用的道符，见《茅山志》（DZ304），《道藏》，第 5 册，页 568c，569c，667c。同时可参见 Gyss-Vermande，1995；Ebrey，2000，页 99，2011，页 61。徽宗对龙形象的运用及其与道教符印的关系，可见 Ebrey，2011，页 60—63。

3 Gregory 和 Ebrey，1993，页 26—27；Davis，2001。

4 Boltz，1987，页 26—30；Ebrey，2000；李远国，2001，2002b，2003b，2007。司马虚将徽宗支持新兴的道教神霄运动的原因归于"国家对中国宗教信仰的觉悟"，其针对的对象是佛教，后者正是威胁着宋朝北方国土的契丹辽人统治者所虔诚信奉的宗教，见 Seidel，1989—1990，页 234。

5 李志鸿，2011a。

6 Boltz，1987，页 33—41；Hymes，2002。

7 Strickmann，1980，页 211，1978；Boltz，1987，页 41—46。编撰于 12 世纪至 14 世纪的仪式手册包括：《灵宝领教济度金书》（DZ466）、《无上黄箓大斋立成仪》（DZ508）、《灵宝玉鉴》（DZ547）、《道法会元》（DZ1220）、王契真《上清灵宝大法》（DZ1221）和金允中《上清灵宝大法》（DZ1223）。

8 Baldrian-Hussein，1989—1990；Kohn，1993a，页 313—319；Robinet，1997，页 212—256，2011；Pregadio，2006b；Hudson，2007；Kohn 和 R. Wang，2009。

要，这仍是一个有待深入探索的研究领域[1]，因此也是本书的主要关注对象。

原始资料

本书所使用的最综合性的原始资料是在明正统十年（1445）、得到朝廷支持而编撰刊印的《道藏》，其中囊括了大量的存思插图、身体内景图、仪式坛图、宇宙地图、道符与天书真文。[2] 在近 1500 种文本中，许多源自中世纪的经典曾被收入现已亡佚的、由宋徽宗敕令编撰的 12 世纪的《道藏》中；超过一半的经典属于仪式文本，编著于 10 世纪至 1445 年之间。此外，《道藏》的编排方式（如三洞的分类方式）可追溯至 5 世纪时由陆修静所编辑的首部系统的藏经集合。[3] 虽然《道藏》中拥有最为丰富的道教图像资源，却很少有学者进行研究。[4]

明版《道藏》的木版一直保存于清廷的大光明殿中，后在战争中被焚毁。[5] 明帝曾于 1448 年颁赐一部《道藏》予北京白云观，这是当时幸存的为数不多的明刻本之一。[6]1926 年，上海涵芬楼依据白云观藏本，出版了影印本。[7]20 世纪 60 年代开始，台北新文丰出版社发行了六十册缩印本，之后，中国大陆的

1　2011 年，于香港中文大学召开的"宋代道教研究国际学术研讨会"正反映了这样的学术关心，该会所讨论的话题涉及：道教历史与传承谱系、道教仪式、道教与驱邪、道教与政治、道教与文学、道教考古与圣地、道教与民间信仰、内丹、道教宫观以及道教与佛教。

2　有关《道藏》的编撰历史，可参见福井康顺，1952；陈国符，1963，页 174—189；Strickmann，1980，页 211—213；尾崎正治撰写的简介，收入福井康顺等，1983，第一卷，页 75—120；Andersen，1990a；施舟人撰写的介绍，收入 Schipper 和 Verellen，2004，页 1—52，尤其是页 32—51。

3　陈国符，1963，页 189；以及傅飞岚为《道藏通考》（Schipper 和 Verellen，2004）所撰序言。李福（Gil Raz）曾讨论过陆修静著作中所隐含的仪式理论，见 Raz，2009。

4　对《道藏》图像的最近研究，可见 Despeux，2000；Verellen，2006；S. Huang，2010，2011a。

5　陈国符，1963，页 174，181；Goossaert，2007，页 346。

6　陈国符，1963，页 174；Goossaert，2007，页 346。虽然白云观版《道藏》被认为是明代刻本，但在 1845 年时经过重修，其形式为经折本（宽 14 厘米，高 38 厘米），帙和封面为黄色，见尾崎正治撰写的简介，收入福井康顺等，1983，第一卷，页 97—99。当时的白云观监院孟永才（？—1881）负责主持重修工作。孟永才与北京及沈阳的多次《道藏》重修工作有关，感谢刘迅提供此则讯息。帝国晚期及近代北京的《道藏》研究，可见 Goossaert，2007，页 345—351；更多关于孟永才的信息，见页 144，155，172，注 346，348。

7　涵芬楼是上海商务印书馆的一部分。更多有关涵芬楼印刷计划的资料，见此出版系列开首的编者前言。500 套 1926 年涵芬楼重印版《道藏》向全世界的汉学图书馆出售，见 Schipper 的介绍，收入 Schipper 和 Verellen，2004，页 40。有关巴黎法国国家图书馆所藏 1598 年版《道藏》，见 Monnet，2004，页 116—119。

三家出版社又根据涵芬楼影印本，出版了三十六册本。[1] 如今在大陆与台湾，还能看到越来越多的光碟出版物和其他电子形式的出版品。[2] 尤其值得一提的是，台湾"中央研究院"自 2009 年起即已在他们自己的数字资源库中加入了可进行文字检索的《道藏》电子版。上述发展都使得现代学者更容易读到《道藏》。

本书的研究得益于一部里程碑式的著作：由施舟人（Kristofer Schipper）与傅飞岚（Franciscus Verellen）合编的《道藏通考》（*The Taoist Canon: A Historical Companion to the Daozang*）。[3] 它汇集了多位道教研究者自 20 世纪 70 年代开始的长期合作成果，提供了相关道经的最新研究成果以及文本的断代。[4] 正如绘有插图的《道藏》一样，这部著作也展现了各式的图像，因此也凸显了文本多样的视觉维度。[5] 编者更进一步区分了在道教修行者之间内部流传的秘密指导文本以及可以在外界普遍流传的文本。[6] 例如，上清的存思文本和灵宝的仪式手册都被归入了秘传一类，本草书籍和内丹经典则可以传授给普通受众。这种将道教经典分为内部或外部流传的划分方式，为我们思考道教图像的不同观众群，提供了一个有用的模型。

《道藏》中的"图"

从视觉角度而言，《道藏》中所保存的大量符图都属于"图"，这个广义的范畴包括图画、绘图、插图、图表、图形、地图、设计图及各种非线性文本，它们在传统中国知识传递系统中所担当的角色往往被低估。[7] 对这些道

1　1977 年在中国台湾刊行的另两种版本经常被使用，见 Schipper 和 Verellen，2004，页 1485—1526。日本所藏的《道藏》（有残缺），见尾崎正治撰写的简介，收入福井康顺等，1983，第一卷，页 97—99。2004 年，由张继禹主编的《道藏》标点本《中华道藏》问世。

2　例如，2009 年 6 月 19 日，在武当山举行的第五届国际道教会议上，洪百坚向大家介绍了他制作的光盘，其中囊括了部分道经以及从《道藏》中截取的图表。有关该计划的进展，可参考以下网页：http://www.ctcwri.idv.tw/。

3　Schipper 和 Verellen，2004。对该书的评论可参见 Boltz，2006。

4　可比较，任继愈和钟肇鹏，1991。针对道教关键词与关键概念的定义与近期研究，可参看《道教手册》（*Daoism Handbook*，Kohn，2000）与《道教百科全书》（*The Encyclopedia of Taoism*，Pregadio，2008）。

5　也可见 Verellen，2006。

6　Schipper 和 Verellen，2004，页 1347—1392。

7　关于中国图的研究，可参见 Reiter，1990；Hegel，1998；Despeux，2000；Dorofeeva-Lichtmann，2004；Fraser，2003；Verellen，2006；Bray 等，2007，页 1—78；Murray，2007；Wu Hung，2007a；E. Wang，2007；S. Huang，2010，2011a。

教图像进行系统的研究，不仅可以裨益于理解道教，也有助于认识图在中国视觉文化和知识传承中的作用。其中，戴思博（Catherine Despeux）和傅飞岚已揭示出道教图像的一个共同点，即在于向信众展示"在最原始与纯粹状态中的宇宙运作"的"内在结构"或"真形"。[1]

如何使用《道藏》中的图，仍旧是一个挑战。为其中的图像进行断代是艰难的，然而一些暂定的假设仍可以成立，它们会引起更多的争论，促进学术研究的发展。一方面，正如傅飞岚所提醒的，一幅插图未必与相配的经文同属一个时代，我们很难推定它的制作早于1445年，即《道藏》付梓之年。[2]另一方面，我们更应该跳脱明代的视野束缚，着手为《道藏》图像寻找更多的历史参照，将它们与藏经之外的其他视觉资源联系起来。

《道藏》的编辑者将符图置于不同类型的文本中。[3]繁杂的道经被编目在三洞之下，三洞再各自分为十二类，图像存于其中的八个类型中：本文、神符、玉诀[4]、灵图、威仪、方法、众术和记传。[5]此外，图像也见于"四辅"之中，包括太玄部、太平部、太清部和正一部的经典。[6]

对于《道藏》而言，上述编目方式有利于在总体上展示道教图像与不同功能和教派传统之间的联系，但是对于从视觉角度来归类图像类型，并没有多大帮助。例如，符和天书真文不仅仅存在于神符类经典中，它们几乎遍布全书。类似地，带有强烈叙事元素的视觉插图在本文类、灵图类、方法类和正一经典中，出现得最为频繁。总之，对于现代读者来说，理解它们很具有挑战性，尤其是当我们运用图像、文本的传统二分法时，会将这些特定的象征符号归入"图像"阵营，而在道士的眼中，事实上它们是神圣的文本。这正反映了道教独特的知识框架，傅飞岚称其表现了"道教经典中文本元素与

1　Despeux，2000，页499。戴思博将道教的图分为符、箓以及其他三种分别与"地理真形"、《易经》、人身相联系的图，见Despeux，2000，页498—499。傅飞岚则道教象征符号分为"视觉的"，"图形隐喻"和"动态的象征"，见Verellen，2006，页160。与天师（或正一）有关的符与象征符号的研究，可见李丰楙和张智雄，2010。道教授箓及箓的研究，可见Y. Luk，2010，2011，2015。

2　Verellen，2006，页159。近来的研究开始挖掘道教绘画的历史，如林圣智，1999a；尹翠琪，2010；L. Chia，2011。

3　《道藏》经典的分类索引，可见Schipper和Verellen，2004，页1302—1438。

4　可比较《道藏通考》中对于"玉诀类"的翻译，Schipper和Verellen，2004，页1396，1406，1415。

5　Schipper和Verellen，2004，页21，36；Verellen，2006，页159，176—182。

6　福井康顺等，1983，第一卷，页85—88。Schipper和Verellen，2004，页1423—1438。Verellen，2006，页160。

图像元素之间的交错联系"[1]。

11世纪成书的《云笈七签》中的"符字"观念将"交错联系"变得更为复杂。在这里，符、书和图被特别指为三种互相关联的象征：

> 符者，通取云物星辰之势。书者，别析音句铨量之旨。图者，画取灵变之状。然符中有书，参似图象；书中有图，形声并用。[2]

在对中国图的研究中，一些学者将之与"画"及"书"对应。例如，柯律格（Craig Clunas）将图定义为文本中经常看到的混合的形塑，与画相对应，后者在英语中通常译为"paintings"。[3]另一些知识、文化与科学史的研究者将图定义为一种可供选择的知识系统，是对书，即传统意义上的书写文本系统的补充。[4]每当比较图与书时，主流学者们会引用南宋文献学家郑樵（1104—1162）的话：

> 图，经也；书，纬也；一经一纬，相错而成文……见书不见图，闻其声不见其形；见图不见书，见其人不闻其语……古之学者为学有要，置图于左，置书于右，索象于图，索理于书。[5]

虽然郑樵将图像的地位提高到与文本一般，但他仍将图像与文字看作是两个互不关联的系统。然而，文本、图像二元论的看法无法解释道教经验的符号学复杂性。[6]在这方面，米歇尔的复合文字图概念有助于本项研究。因为道教图像通常展示出"表现与论述的纠缠交织"，"文字与图像之间灵活、实验性和'高度紧张的'关系"。[7]读者将从这部书稿中看到，道教图中所蕴含的文本与图像之间复杂的互联性和灵活的互换性，将大大丰富我们对于中

1　Verellen, 2006，页160。
2　《云笈七签》，7:116。可比较 Verellen, 2006，页179 的翻译。傅飞岚留意到，描绘符字的语言让人想起《易经》中的话语。Verellen, 2006，页179；Lewis, 1999，页262—278。
3　Clunas, 1997，页104—111。
4　Reiter, 1990，页314—316；葛兆光，2002，页74—75；Bray 等，2007，页1；Murray, 2007，页3。
5　《通志》，72:1b—2a。可参考白馥兰（Francesca Bray）的翻译，见 Bray 等，2007，页1。
6　笔者更倾向于摩根提出的宗教视觉文化的概念，见 Morgan, 2000，页43。
7　Mitchell, 1994，页83, 91。

国视觉文化中文本与图像关系的了解，并扩展米歇尔对于复合文字图的定义。

章节概要

本书共分为两大部分：第一部分（第一至第三章）将检视与存思和呼吸技术相关的内部或秘传的道教图像；第二部分（第四至第五章）则考察外部或公开的道教作品，尤其是道教仪式空间、仪式表演和仪式用画的物质文化与空间设计。内部与外部的划分对应了道教知识的传授方式。[1] 总体来看，这五章提供了进入道教"洞天"的不同途径，那是一个隐蔽在高山深处的神秘他界。

第一章回顾道教对于身体与宇宙的感知是如何发展起来的。它集中于探讨四种图像：身中神、登涉星宿之旅、精怪和尸虫，还有内丹修炼引起的身体转化。大多身中神和星界之旅的图像只可在道教选民之中流传的经典里找到，这解释了即便它们出现在《道藏》中，仍被看作是秘传的。相反，内丹家们所使用的尸虫与身体图像可在外部流传，这些图像与世俗文本有所交集，更似医学经典中的疾病描述和解剖图。

第二章采用微观宇宙的视角，分析道教宇宙构造的形成。宇宙图志，特别是那些保存在南宋—元仪式手册中的图像，提供了另一个既抽象又生动的道教宇宙。绘画、建筑和法衣揭示了道教对于天地和地下世界的更多想象。虽然研究表明其中一些宇宙模型与佛教的或更早的原型一致，但另一些则是道教独有的。

第三章深究道教图像中的特有类型——"真形"图，特别是那些与洞天福地有关的图像。这些图像展示了称为真形的道教理念，代表着透过存思或神启而达到更高阶的形体。对于道教的最终目标——与道合真而言[2]，它们象征性的视觉特质是至关重要的。道教特有的这些图像具有令人费解的构型，使它们与制图学、风水、书法、道符和草药相联系。

第四章开启本书第二部分的序幕，研究道教仪式空间的物质性，展现摆

1　有些道经流传着两种不同版本，并以"内""外"命名，与它们的传授方式相应，例如《太上黄庭内景玉经》（DZ331）与《太上黄庭外景玉经》（DZ332），《抱朴子内篇》（DZ1185）与《抱朴子外篇》（DZ1187）。

2　Kohn，1992，页8。

设在充满象征意味的空间中的大量而丰富的仪式用品、文书和其他行头。此章将带领读者穿越神圣空间，包括神位、茭廓、通天桥，进行一次虚拟旅行。在仪式中使用的物品通常会被焚化或掩埋，就像为了举行仪式而临时搭建的坛场一般会被拆除。不过，我们仍然可以研究这些物品的外观和材质，以及如何使用它们。

第五章研究道教绘画，探讨它们的制作过程、视觉格套，以及它们在仪式中所扮演的角色。南宋套画《天地水三官图》为此提供了一个出发点，它们描绘了动的神明形象，生动地反映了法师的存想过程。由此，仪式用画主要用作表现法师存想神祇正在降临坛场的物质载体。

本书对道教视觉文化世界的探究之旅并非线性的，而是迂回曲折的，就像探索洞天的路径一样。这趟道教视觉之旅将从身中神、星宿之旅的想象开始，结束于道教神明的物质表现。同时，所有这些多元的道教图像，也都应被理解为瞬息变化的"道"之真形的万种化现。

第一章

身体与宇宙的图像

最初的道教仪式并未使用图像，以往的研究者以"道"的哲学定义来解释这种做法："（道是）一，是宇宙的中心，是负责世界的诞生与持续存在的力量"，道是神秘而无形的。[1] 因此，道教在本质上是非偶像崇拜的宗教。[2] 陆修静将奉道之家素简的靖室与"杂俗之家"作对比，后者饰以"床、座、形像、幡、盖"等华繁之物。[3] 晚唐时，佛教的法琳（572—640）引用著名的茅山上清道士陶弘景（456—536，以编集道经及广博的道教、佛教、医学和草药学知识而闻名）的著作[4]，进一步指出道堂与佛堂的不同。陶弘景在茅山中立佛道二堂，隔日朝礼，且"佛堂有像，道堂无像"[5]。有鉴于此，大部分学者认定 5 世纪至 8 世纪的雕像与造像碑是最早的道教图像，它们受到了佛教造像传统的强烈影响。[6]

虽然早期道教仪式空间中并未设置神像，但是在个人修炼中使用身体与宇宙的图像，从早期的道教存思活动中即已开始，且非常重要，对上清派而言尤其如此。这种存思活动有时简称为"存"，指"使思想中的某些东西呈现出来，

1　Kohn，1992，页 109。

2　以此观念作为出发点的老子造像研究，可参见 Wu Hung，2002a。老子的神秘化身，可见 Kohn，1996，1998。

3　《陆先生道门科略》（DZ1127），《道藏》，第 27 册，页 780c。

4　Strickmann，1979；石井昌子，1980；吉川忠夫，1998。

5　《辩正论》（T.52.2110），535a；陈国符，1963，页 268。

6　Bokenkamp，1996—1997；Abe，1996—1997；L. Yang，2001b；Kohn，2003a，页 164—168。

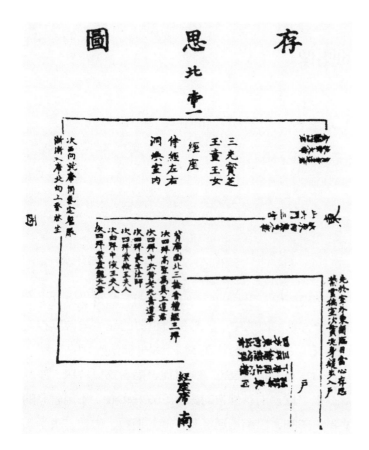

图1.1 《存思图》（局部），明《道藏》（1445），木版印刷，纸本

想象它"，换言之，即使内在的物件实体化或形象化。[1] 道教徒利用存思这个"中介世界"中的图像去"转化精神上的内容"，由此构建了一个全新的内境之体的观念。[2] 一部六朝道经中的《存思图》（图1.1）描绘了一个方形的存思静室，整张图上写满了如何在这个空间中存思神祇及其形象的指引。[3]

1　Kohn，2008a，页129。更多道教身体的早期观念及其与"多神居住的身体隐喻"之间的联系，参见Bokenkamp，2007b。

2　Robinet，1989，页159—160；1993，页48—54；Kohn，2009a，页6—9；Verellen，1992，页256。道教存思图像的新近研究，可见许宜兰，2009，页151—217。中古佛教的观想与阿弥陀佛的净土有关。《佛说观无量寿佛经》（T. 12.365）提供了"十六观"的详细指导；见龙谷翻译中心（Ryukoku Translation Center），2004，页xiv—xvii。唐宋时期，十六观想曾经激发了大量艺术作品，见施萍婷，2002，页100—107，141，145，149，157，177，181—182，193—194，201，214，235，237（图版73—85，115，120，136，162，167—168，184—185）；赵声良，2002，页110—111，142—143，145—146（图版90—91，118—119，121—122）。也可见E. Wang，2000，页117—119（图12a—b）。

3　《大洞玉经》（DZ7），《道藏》，第1册，页558a。丸山宏讨论了六朝道教静室中存思神祇与空间的关系问题，见丸山宏，2004，页215—217。

　　道教存思图通常表现的是"个人求仙的神秘追寻"，而另一些作品则集中于"对神祇、圣人和祖先的崇拜"。[1] 为存思而作的大部分现存图像在道经中作为插图，并被冠以"图诀"的名称。另外，这些图像似乎大多不是在公开流传的道经中，而只限于在特定教徒间传授。[2] 因此，现代学者对这些图像的忽视，或许正是源自它们的秘传性质及特定的有限受众。使用这些图像的早期信众被建议宜独自进行存思活动，勿为他人所知。

　　道教徒将中介图像的世界理解为自己身体内的微观宇宙，与外在宇宙的时空相似。这样的观念最早可见于《礼记》与《易经》[3] 中所展现的古代中国的阴阳宇宙论和五行理论。指称人体某部位的名称同时也指涉天上的某一位置，因此信徒通过存思而进行的游走于自身体内的出神旅行，也象征着他在天际的漫游。相应地，这样的存思活动和积极的想象力能够将信徒的人体转化成一个宇宙之体，一出"活动神灵的戏剧"。[4] 描绘人体和宇宙的道教图像揭示了人体的神圣性，大量神灵游走往复于其中。直至宋代，甚至在一些全新编撰的科仪中，存想仍是其支柱[5]，接着发展为内丹，一种新型的身体图像出现了，它与医学中所用的身体图像共享着某些生理学特征。

　　借助于人体和宇宙的道教图像，本章将检视在存思活动和呼吸练习中凸显人体和宇宙关系的四种主要图像类型：身神的表现形式，登涉星宿的存思图，居住于人体中的有害魂魄和尸虫的图像以及内丹象征。有关人体和宇宙的道教图像极其丰富，且具有独特性，大大拓展了信徒的宗教体验，向他们展开了一个迄今为止仍是谜的世界。同时，它们也有助于理解中国的神秘主义、鬼怪学（demonology）和医学的视觉文化。[6]

1　这两个方面构成了 5 世纪以来道教文本传统的基本类别，见 Schipper 和 Verellen，2004，页 16。

2　关于《道藏》中"公开流传的经典"与"内部传授的经典"的区分，可见 Schipper 和 Verellen，2004，页 1347—1392。

3　对《易经》的研究，可见 Smith，2009。

4　Robinet，1993，页 52。

5　一种内部的或个人的仪式，道教徒独自进行存想，并被视为高于外部的或公共的仪式。有关雷法中内丹的研究，见 S. Chao，2009。

6　Kohn，1992，2009b；Despeux，1994，2005，2007；Mollier，2006。有关敦煌医籍，包括其中一些图解的最近研究，可见 V. Lo 和 Cullen，2005。

身神

在道教史上有记载的最早图像之一就是身神，这些神圣之物居于人体的不同部位，从主要的头部、眼睛、肚脐，到心、肝、肺、肾、脾等五脏。虽然身神能够、也的确出入于身体内外，但若长期不返回身体，则会引起疾病，甚至死亡。因此，细致存思这些身神以及与他们相联系的身体部位是一种保证他们居于原位的有效方法，可达致健康与长生。[1]

早期神祇

存思身神的相关文字记载要早于视觉记录，如最早的道经之一《太平经》（DZ1101）。[2]该经的最早文本成书于2世纪，其中提议运用身神画像作为存思的辅助，抵御疾病。身神的形貌需用全彩绘画，展示于一间空旷并能照射到阳光的静室中。信徒要独自正面画像，正确存想身神。[3]"悬像还神法"如此描绘：

> 夫神生于内，春，青童子十。夏，赤童子十。秋，白童子十。冬，黑童子十。四季，黄童子十二。
>
> 此男子藏神也，女神亦如此数。男思男，女思女，皆以一尺为法。画使好，令人爱之。不能乐禁，即魂神速还。[4]

《太平经》中还有"斋戒思神救死诀"，建议信徒利用五脏神和其他相应的宇宙神祇图像，进行存思，以致长生。[5]在素色的丝绸上，这些神祇身着

1　Robinet，1993，页64—65。

2　王明，1960。有关《太平经》的研究，可见林富士，1993,1998,2009；Hendrischke,2006；刘昭瑞，2007，页63—98。此部经典流传多个版本，并在3世纪与6世纪被重新编辑，见李刚，1994。它在10世纪至13世纪的传布见于多部文本中，如《云笈七签》，6:98，6:104，7:12，11:223，12:227，49:1087，119:2628；《太平御览》之"近世图书总目"，44a；《宋史》，158：15a。

3　林富士，1993，页236—238，2001；Hendrischke，2006；S. Huang，2010，页61—62；Gesterkamp，2011，页186—187。

4　王明，1960，页21—22。中国传统丈量单位，分、寸（1寸为10分）、尺（1尺为10寸）、丈（1丈为10尺）的比值总是在变化，但通常而言，1分相当于0.2—0.3厘米，1寸相当于2.14—3.15厘米，1尺相当于21.35—31.6厘米。

5　王明，1960，页292—293。

长袍，袍色则分别与五方之色相对应。与五脏神配对的二十五位人形神，安坐于各自的坐骑之上，因应五个方向，分成五组。[1]他们皆戴冠帻，手持不同种类的武器，包括矛、戟、弓弩斧、镶楯刀和剑鼓。

另一部记载了内在神灵的早期道经是《老子中经》。[2]这部中世纪初期的作品将神圣的地理与神祇融入人类身体。施舟人推测经中原来或许还有插图，也许属于"纯粹抽象"的类型，因为它们是存思的道具。[3]其中的身神不仅是宇宙神祇，同时也是模仿东汉行政系统的天上行政机构的官员。他们有着完整的生平介绍，包括姓、名、号、出生地、外貌、衣着、身高和在人体内的居所。[4]处于人身中的万神们的麾下还有一万八千从官。例如，居于最高位的神祇是泥丸中的"上上太一"，他有着人首鸟身的形象。其次是"西王母"，通常与昆仑山上的世界中心相联系，但在人身，她居住在人的右眼，与掌管左眼的"东王公"形成一对。另外，还有居于脾（亦称"太素宫"）的"太阴玄光玉女"。她的夫君是"道君"——住在胆囊（称为"紫房"）里的"太一"的另一化身，由手持芝草与青幡的"老君"相待。他们的孩子叫作"真人子丹"，在"太仓"胃管中（诸神皆在此处饮食），坐珠玉床。若信徒按经文指示，存思诸神，长达九年，"天师大神"将另外派遣一万八千从官下著人身，给予保护。这些从官将骖驾青龙，或乘白鹿、无极之马，神龟、鲤鱼之车，相助信徒之身"白日升天"。[5]

在身神所处的诸多居所中，腹部恐怕是最有风景可看的，其间藏山孕水，汇集了诸多神祇。例如，其中的六丁玉女是一组守护肾部的女性仙官，主记人的罪过。[6]她们经常游弋于两肾之间的"大海"，驾驭金黄外壳上刻有秘字的神鲤与神龟，服食纯阴精华的元气。[7]除了这些女神，风伯和雨师也同样行

1　王明，1960，页293。

2　收入《云笈七签》卷18—10，另可见《太上老君中经》（DZ1100），《道藏》，第27册，页142—156；P.3784背面。Schipper，1993，页108—112，1995a；加藤千惠，1996，2002，页68—70；刘永明，2006；Neswald，2009，页30—33。

3　Schipper，2005，页95。另可见Gesterkamp，2011，页188。

4　《云笈七签》卷18—19。

5　《云笈七签》，18:433。

6　《云笈七签》，18:423。这些女性神祇是六十甲子中的天干"丁"与不同地支的六种组合的人格化结果。见Andersen，1989—1990，页34；麦谷邦夫所撰介绍，收入Pregadio，2008，页695—697。有关《六阴玉女图》，可见《云笈七签》，80:1835。

7　《云笈七签》，18:423，429—430，434；19:449。

游于大海之中[1]，分别在肚脐和小肠附近。[2]在大海深处，脐下三寸，附着在两肾附近、脊膂之上的正是人身最重要的部位丹田。被称作"人之根本"或"藏精宫"的丹田是男子藏精、女子藏月水之处。[3]居于丹田赤气之中的是长九分的小童子，身着朱衣。[4]

行星与官僚

描绘道教身神的最常见的视觉格套是突出他们向星神报告的官僚扮相，南宋茅山道士蒋宗瑛（？—1281）所编辑的上清《大洞真经》（DZ6）是一个很好的例子。[5]信徒在存思身神和宇宙神祇时，会背诵这部由章组成的经典。[6]它强调了身中之神与天庭神祇的联系，鼓励信徒开启一段出神的旅行，遨游天际，服食元气，与道合一。通过集中精神、存思和控制呼吸，修道者叩齿、咽液，闭目存想不同的身神。随后，这些神祇将从头部降临，通过"死门"，这是"身体中的一些定点，死气进入的地方"，如乳头、耳朵、内脏、膀胱和双足。[7]以此方式控制身体，神祇将会"关闭身体的关窍，使它变成一个密封的世界"[8]。

《大洞真经》中的五十幅插图拥有共同的图版，盘膝而坐的信徒正面或背面朝向读者，存想从头中升起一组腾云驾雾的神祇（图1.2a–d）。与行星相关的神祇，如金星、水星、火星、木星、土星和日月构成了身神的主体部分。[9]这些神祇以官员的形象出现，两手执笏板于胸前（图1.2a）[10]，他们也会表现为帝王形象，身着皇袍，头戴冕旒冠（图1.2b）。其他身神，包括守卫和神将，

---

1 《云笈七签》，18:430。

2 《云笈七签》，18:425。

3 《云笈七签》，18:428—429；Schipper，1993，页106。

4 《云笈七签》，19:441。赤子的隐喻在另一部上清古道经《黄庭经》的身神存想中也很关键。该经被分为《黄庭外景玉经》和《黄庭内景玉经》（DZ331，《云笈七签》卷11—12）。相关研究，可见Schipper，1975a；Robinet，1993，页55—96；Kohn，1993a，页181—188；Baldrian-Hussein，2004。

5 Robinet，1983；1993，页97—117。有关《大洞真经》在六朝的情况，见金志玹，2006。

6 Robinet，1993，页104。

7 Robinet，1997，页133。

8 Robinet，1993，页103。

9 每颗行星对应的神祇数目不同，木星为九，火星为八，金星为七，水星为五，土星为十二。见《大洞真经》，《道藏》，第1册，页516—518。

10 《大洞真经》中还能找到更多插图，见页516—518，521，524，527—529，543。

图1.2a-d　存想身神，取自《大洞真经》（局部），明《道藏》（1445），木版印刷，纸本：a.火星八神；b.土星十二神；c.六护卫神；d.手持武器的神将

身披盔甲，手持武器，一幅武将打扮（图 1.2c-d）。[1] 神祇服饰的样式和颜色，会根据其官位品阶和身中居所的不同而变化。

这种图像组合，即一位端坐的修炼者，以及众多从他头中升起并立于云端的身神，成为了之后道教存想图像的一种标准样式，如现存于大英博物馆的《玉枢宝经》（图 1.3）[2] 和《性命圭旨》（图 1.4）中的插图。[3]

我们还可以将《大洞真经》中所表现的存思图样式与佛教观想的绘画母题作比较，如现存于京都知恩院的南宋绘画《阿弥陀净土图》（图 1.5）。[4] 在该画中，净土世界通过一个莲花池表现出来，池中布满了端坐于莲花座中

1　如在存思某三位为一组的神祇中，有一神状如天蓬大将，插图可见《大洞真经》，《道藏》，第 1 册，页 520a。

2　可与无插图的《九天应元雷声普化天尊玉枢宝经》（DZ16）作比较。感谢大英博物馆的葛翰（Graham Hutt）让笔者有幸在 2008 年 7 月亲睹该藏品。此插图本有一个具有争议的创作年份：1333 年，见 Eichman 所撰介绍，收入 Little 和 Eichman，2000，页 237—239（图版 73）；Eichman，2000，页 40—42。大英本末尾的牌记提到了道士蔡法耸重修于龙飞之年，我们无法确知龙飞之年的具体指涉，这是明清古籍常用的一种纪年方式，见饶宗颐，1970，页 5；尹翠琪，2010，页 144—145。尹翠琪怀疑 1333 年的这个推断，她根据双勾云纹和"五供"的供器组合，推测插图本制作于 15 世纪的明初，见尹翠琪，2010。关于其制作年份的判定，需要从其他绘图样式的角度作进一步的研究。

3　可参见《性命圭旨》，《藏外道书》，第 9 册，页 509b；《性命圭旨》，页：330。大英博物馆藏本中的更多插图，可见 Little 和 Eichman，2000，页 348—349（图版 132）。其他版本的信息，可见 Needham 等，1983，　页 43、48、58、64、96、101、104、125、202、230（　图 1546、1548、1552、1554、1574、1577、1580、1591、1609、1615）；X. Liu，2009，页 78、97、99（图 5—7）。《性命圭旨》的更多研究书目，可见白井顺，2004。

4　更多讨论，见井手诚之辅，2000，页 78、381—382，2001，页 52—53（图 8）；奈良国立博物馆，1996，图 138、142，2009，图 57、64。13 世纪的《南诏图卷》中所描绘的许多场景中都有相似的母题，一位僧侣的头顶上方放射出他正在观想的观音图像，见 Chapin，1944，页 190—192（图版 8—9、10），1972，页 27（图 6）；李霖灿，1967，图版 41。有关中国西南部的南诏和大理国的佛教艺术，可参见李玉珉，2005、2010。有关黑水城出土的西夏弥陀画的研究，可见李玉珉，1996。

图1.3　存想身神，取自《玉枢宝经》（局部），元至明代，约14世纪—15世纪，木版印刷，纸本

图1.4　存想身神，取自《性命圭旨》（局部），明代，17世纪，木版印刷，纸本

图1.5 《阿弥陀净土图》，南宋，1183年，立轴，绢本设色，150.5厘米×92.0厘米，日本京都知恩院藏

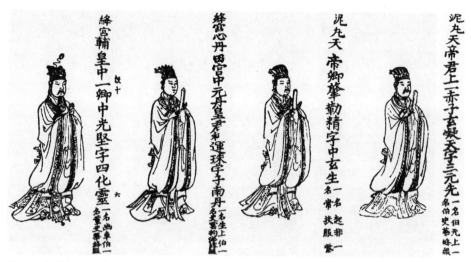

图1.6 解结身神图像，取自《上清太一帝君太丹隐书解胞十二结节图诀》（局部），明代，1445年，木版印刷，纸本

的重生之众，妙音鸟飞舞在镶嵌珍宝的雕栏周围。阿弥陀佛立于画面中央，两边各有一位菩萨侍立。佛祖的白毫中放射出两组化身，各由诸如来、菩萨和十四声闻众组成。[1] 视觉上的比较表明，也许明代所印制的《大洞真经》插图正是源自与蒋宗瑛编辑真经同时代的南宋原型。

　　大部分早期资料都倾向于将更高级的道教神祇描绘成身着官服的样子，六朝道经中的《上清太一帝君太丹隐书解胞十二结节图诀》（DZ1384）就是一个好例子（图1.6）。[2] 此经建议信徒存思成组的身神，解开天生的结，因为它们会滞碍身中之气流动，导致疾病。[3] 经中所绘身神逐一以官员的类别排列，他们着宽袖长袍，戴礼冠。一些神祇双手执简，有一些则只是简单地将手握成茶杯状于腰间。每幅图像配有题记，记有该神的头衔、姓名以及服色。

　　道教官僚架构式的神谱中也有女神。虽然解结时存思的身神都是男性官僚装束，但在另一部更早的东晋上清经典中，主角是一群被称为"灵飞六甲玉女"的身中女神（图1.7a-f），她们负责时间的运行。[4] 信徒个人存思的六

1　感谢井手诚之辅提供与此画有关的研究资料。

2　《道藏》，第34册，页98a。早期的《道藏》目录中未著录此经，或许自宋代开始增入《道藏》中。见 Schipper 和 Verellen，2004，页32。

3　这些"固有的结"是一出生就形成的。见《道藏》，第34册，页96；Robinet，1993，页139—143；加藤千惠，2002，页74—88。

4　《上清琼宫灵飞六甲左右上符》（DZ84），《道藏》，第2册，页171b，172b，173a，174a，175a，

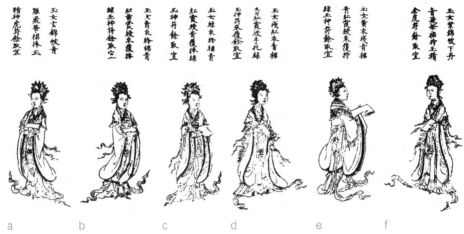

图1.7a-f 六甲玉女手持绿玉神符，取自《上清琼宫灵飞六甲左右上符》（局部），明《道藏》（1445），木版印刷，纸本

位人物形象象征着六十位持符的女神[1]，每一位玉女手捧长形的"绿玉神符"。解结身神图像（图1.6）的样式也出现在此处，六甲玉女的画像上方配有题记，详录了服色，经中符命的名字也与六十位女神的头衔和名讳相关。

开坛仪式

存思身神在道教仪式中也具有重要地位，尤其是法师在开坛仪式里的内功作用之中。他将进入一个深层存思的状态，召出其体内的诸神——仪式开首的部分环节也包括"发炉"和"出官"。[2]成书于12世纪的《无上玄元三天玉堂大法》（DZ220）由路时中（约12世纪上半叶）编集，描述了此类仪式中召出的身神（图1.8a-d）。[3]他们表现为标准的官将（图1.8a）、玉女（图1.8b）、功曹（图1.8c）

176a。关于此经的断代，可见 Robinet 撰写的介绍，收入 Schipper 和 Verellen，2004，页174—175。该经的另一部唐代子抄本（738年，无插图），可见 W. Fong，1992，页130—131（图版17，17a）。

1 《道藏》，第2册，页170a-b，176c。

2 浅野春二，2003，页170—172；Davis，2001，页307—308；Andersen 所撰写的介绍，收入 Pregadio，2008，页400—401。存思与仪式之间的这种联系可见于15世纪的《道藏阙经目录》（DZ1430）中所记载的多部亡佚经典中。其中两部经典《出官图》与《功曹出官图》都冠有"正一"的名号，即指天师道。它们也许曾经是法师在仪式中召出身神的视觉辅助；可参见《正一出官章仪》（DZ795）。其他连缀有"正一法文"名号的经典与孟安排（活动于699年）有关。见《云笈七签》，6:18a；Schipper 和 Verellen，2004，页467。

3 Boltz，1987，页33—38；Hymes，2002；Andersen 撰写的简介，收入 Schipper 和 Verellen，

a   b   c   d

图1.8a-d　身神图像，取自《玉堂大法》（局部），明《道藏》（1445），木版印刷，纸本：a.官将；b.玉女；c.功曹；d.天吏

和天吏（图 1.8d）。这些神祇图像与宋代道箓中的功曹（图 1.9a）、童子（图 1.9b）和将军（图 1.9c）图像相似，后者记录了"受箓者可以指挥的"诸多神祇，是用于授箓仪式中的一种主要的道教复合文字图。[1]

　　身神的典型表现形式不仅对应着仪式中所召请的神灵的图像，也与道教石窟与宫观中的供养神像类似，例如重庆大足石门山上的 12 世纪石刻（图 1.10）[2]，以及山西南部全真丛林永乐宫中的 14 世纪壁画（图 1.11a-b）。[3]

2004，页 1070—1073；Andersen 撰写的简介，收入 Pregadio，2008，页 715—716；Davis，2001，页 56—57；松本浩一，2006a，页 360—362。更多有关天心正法的研究，可见李志鸿，2011a。

1　可见 Miller 所撰写的介绍，收入 Pregadio，2008，页 39—42。此处所描绘的人物母题来自一部与正一传统相关的宋代道箓合集，见《太上三五正一盟威箓》（DZ1208），《道藏》，第 28 册，页 426a—480c。有关此经的年代，见 Schipper 和 Verellen，2004，页 971—972。该经中所保存的另一个合成的道箓，或许受到了宋徽宗双龙印设计的启发，见 Ebrey，2011，页 62（图 21）。更多有关道箓的研究，可见 Benn，1991；Despeux，2000，页 501；Kohn，2003b；丸山宏，2004，页 137—169；丁煌，1995，1996，1997；Y. Luk，2010，2015。

2　重庆大足石刻艺术博物馆，1999，第四册，页 68（图版 71）。该洞主壁上刻有三皇，两边侧壁上刻有文官武将。左壁上层较小的神祇官僚石刻群为二十八宿神，图可见同书，页 64—85（图版 68—89）。更多石门山石刻，见 Suchuan，2007。

3　萧军，2008，页 135。对永乐宫的更多研究，见 Katz，1998；A. Jing，1994a；谢世维，1994；S. Huang，1995；Gesterkamp，2011，页 76—97；李凇，2011，页 33—114。

图1.9a-c　童子与小神图像，取自《正一盟威篆》（局部），明《道藏》（1445），木版印刷，纸本：a.绛服皂履的功曹；b.童子；c.赤帻黄袍朱履将军

图1.10　道教神像，石门山10号洞（局部），南宋，12世纪，重庆大足

a   b

图1.11a-b　朝元男女神像（局部），永乐宫三清殿西壁，元代，14世纪，壁画，山西芮城

　　一部唐代存想手册《太上老君大存思图注诀》（DZ875）中的一系列插图（图 1.12a-b）提供了身神的另一种表现形式，这部手册指导信徒如何在不同时间存思身神，以达到不同目的。[1] 其中的每一部分经文都以"其形如左"一句作结。在《道藏》本中，此句之后紧跟着一幅插图，如图 1.12a 中画面左上方还有一段对于服色的额外说明："真人碧冠绿帔，余人物云气各取宜。"[2] 此图描绘了信徒在亭中坐定存思，神官灵兽乘云气降临在他们周围的场景，

1　插图可见《道藏》，第 18 册，页 719a—723a。《云笈七签》卷 43，页 953—956，963—966 中保存了无插图版经文。可见 Lagerwey 所撰介绍，收入 Schipper 和 Verellen，2004，页 498。对于这些插图的更多研究，可见许宜兰，2009，页 156—167；Gesterkamp，2011，页 154；吕鹏志，2008，页 259—260。
2　《道藏》，第 18 册，页 721a。

图1.12a-b 召请身神存思图，取自《太上老君大存思图注诀》（局部），明《道藏》（1445），木版印刷，纸本：a.存神官灵兽参罗前后左右；b.登高座存侍卫

其是为了指导信徒如何在"行道时存云气兵马"[1]。相应经文提到，这些从信徒的五脏中唤出的动态神灵包括仙童玉女、天仙地仙、日月星宿、五帝兵马、九亿万骑。[2]同经中的另一幅图像（图1.12b）展示了如何"登高座存侍卫"，存见眼前有驭马的官将浮于细云之间。[3]据此，我们可以推测南宋法师在仪式中召请身神时，会存想这些场景。[4]若与《大洞真经》中的图像（图1.2a-d）作比较，该经所描绘的身神集会的场面更为宏大，也更为动感，而后者的内容则偏向于自我修炼和存思。

1 《道藏》，第18册，页719c。
2 《道藏》，第18册，页719c—720b。关于道教的"行道"概念，见松本浩一，1983，页218—220；浅野春二，2003，页169—170。
3 《道藏》，第18册，页722a。
4 宋代神霄法师在雷法行持中存思升入天庭，可见S. Chao，2009。

图1.13　驾驭北斗状御辇的国王，武梁祠画像石（局部），汉代，山东嘉祥

存思星宿

有关身体和宇宙的第二种道教图像描绘了对星宿的存想，信徒得以"使自身与道、身体和宇宙在更高的层次上达到合一"[1]。这一系列的图像可以再进一步细分为四类：登涉北斗的叙事性插图、罡图、人体中的星宿以及人形化的星宿神像。它们的共同点在于突出了北斗的重要地位，北斗是中国视觉文化中最重要的星群之一，甚至超出了宗教范畴。

现存的中国早期及中古艺术中的北斗图像非常多，且并不限于道教。汉代的北斗图像表现为以直线相连的七个点，形成勺状，或模仿御辇的样子，如武梁祠画像石（图1.13）。[2] 敦煌历书中的一幅10世纪绘图（S. 2404）上有一个有趣的场景，被称作"葛仙公礼北斗法"（图1.14）。[3] 官员打扮的葛

1　Robinet，1989。Kohn，1992，页96—116；1993，页257。

2　中国社会科学院，1980，页51（图49）；L. Tseng，2001，页173，226；2011，页4（图0.3a）。可比较 A. Jing，1991，页155（图12）；2002a，图版4—24。将汉代星座描绘为以线相连的点的更多视觉格套，可见陕西省考古研究院，2008，第一册，页22—26（图版21—26），页29（图版28）；L. Tseng，2011，页241，244，249，272，320—321，325—327，330—331（图4.5，4.8—4.10，4.14，4.34a-b，4.35，5.17—5.19，5.22b，5.24，5.27b-c，5.33a-b，5.35a-b）；A. Jing，1991，页156—157（图13）。更多武梁祠的画像石资料，见 Wu Hung，1989；C. Liu 等编，2005。有关北斗与御辇关系的唐宋材料，可见《北堂书钞》，150:7b；《太平御览》，7:3b；《新仪象法要》卷28；《玉海》，1:2a。有关道教星宿，见 Schafer，1977。

3　Arrault 和 Martzloff，2003，页190—193，209（图7）；Mollier，2008，页149—152（图4.3）。

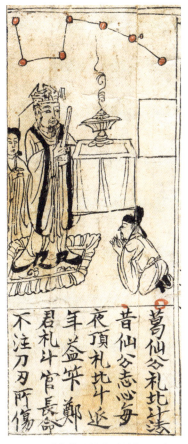

图1.14 《葛仙公礼北斗法》，取自敦煌经卷（局部），924年，纸本水墨，9.5厘米×71.0厘米

玄[1] 双膝跪于站在垫子上的两位天官面前，上方是呈勺状的北斗图案。北斗星神身着帝袍，头戴冠，双手执简，身后有女仙侍立。图下的文字解释了当晚所发生的事情。[2] 这幅图像让我们想起另一幅已经亡佚的作品，画家孙知微（约10世纪晚期至11世纪初）的《写彭祖女礼北斗像》，其名见录于反映了宋徽宗绘画藏品的《宣和画谱》之中。[3]

登涉北斗

北斗既是宇宙的轴心，又是连接日月的桥梁，因此它在中古道教的仪式与存想中占有举足轻重的地位。[4] 登涉北斗存思图的主要例证见于一部六朝上清经典《上清金阙帝君五斗三一图诀》（DZ765），其中描述了信徒于八节之日，即立春、春分、立夏、夏至、立秋、秋分、立冬和冬至，存思飞向北斗，甚至天际的方法。此图（图1.15）展示了在春分日登上北斗第一星阳明星的旅程，插图右侧是盘膝而坐的道士，他面对着左上方的北斗。而北斗的形象正是由直线相连的七个黑点，形成一个带柄的勺状，立于北斗下的年轻女子或许就是阳明星的侍女。[5] 在道士与北斗中间绘有两组各七位、跪坐于云间，且行进方向相反的人物。这个数目正好对应了可见的北斗七星[6]，每一组

1　可参见 Bokenkamp 撰写的简介，收入 Pregadio，2008，页444—445。
2　Mollier，2008，页141—142，149。中国人对于灾星的信仰，可见 C. Hou，1979。
3　《宣和画谱》，4:73a。有关此画谱的更多研究，可见 Ebrey，2008，页257—310。
4　Kohn，1992，页110，114；Mollier，2008，页134—173。《老子中经》中已提到人体的头部、胸部和腹部是北斗的居所。见 Schippcr，1993，页100。中古道士可通过不同手诀，存思登涉北斗五星，或与北斗七星交通。道士在自我修炼、治疗及其他仪式中运用这些手诀。天心正法经典中记录了这些手诀，可见《太上助国救民总真秘要》（DZ1227），《道藏》，第32册，页107a-b；Mitamura，2002，页244（图11.2.）。
5　Kohn，1993a，页213。可比较《上清天关三图经》（DZ1366），《道藏》，第33册，页808b—818c；Robinet，1989，页178；Kohn，1993a，页257—267。学者已指出，明《道藏》中的《上清天关三图经》来自宋版《道藏》，见 Schipper 和 Verellen，2004，页32。星宿神伴有星座几何图案的格套也许有更古老的起源，诸如西汉墓葬出土壁画的相似图案，见陕西省考古研究院，2008，第一册，页22—26（图版21—26），29（图版28）。
6　北斗由七颗可见之星与两颗不可见之星组成，其图案可见 Kohn，1993a，页213。

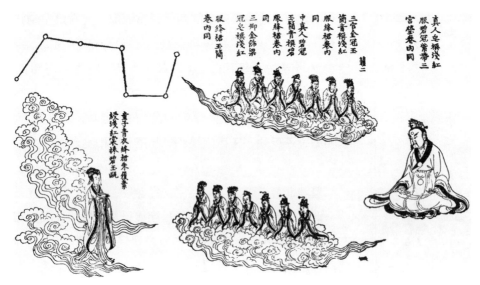

图1.15　春分日存思登北斗第一星，取自《上清金阙帝君五斗三一图诀》（局部），明《道藏》（1445），木版印刷，纸本

人物都身着官服，手执朝简，乘云而行。插图上部的解释文字称位于中间的存思道士为"真人"，其服饰不同于其他人物。[1] 下方正在升向北斗的组合代表了道士及其体内的诸多神灵，包括"三一"[2]，而上方正在从北斗降下的组合或许暗示了道士的回程之旅。从视觉研究的角度来看，这些文字极有价值。正如在类似经典中的材料（图1.6—1.9，图1.12a）一样，图释向插图绘制者提供了用色指导。我们甚至可以推测这些插图的原本是手工上色的图画——这是在印刷时代到来之前的宗教插图的主要形式。[3]

拟星辰的罡图

道教中有关星宿的存思同样表现在拟星辰的罡图之中。安保罗（Poul Andersen）以活跃于宋徽宗时期的天心法师所编集的罡图（1116年，图1.16）为例，指出道教的步罡踏斗可追溯至4世纪。[4] 这幅插图可与另一幅在中世纪

1　《道藏》，第17册，页218a。

2　Robinet，1993，页124—127；Kohn，1989a，2007。

3　Drège，1999。

4　此罡图出自由元妙宗所编的天心正法经典《太上助国救民总真秘要》，《道藏》，第32册，页103c。另可见Andersen，1989—1990，页18，37；Andersen所撰写的条目，收入Schipper和Verellen，2004，页1060；Little和Eichman，2000，页200（图版52）；Legeza，1975，页113（图

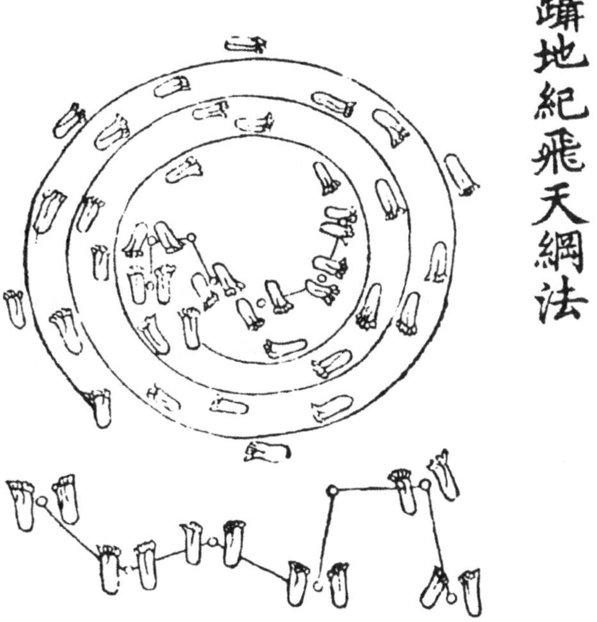

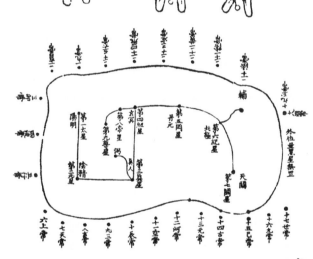

图1.16　《蹑地纪飞天纲法图》，取自《太上助国救民总真秘要》（局部），明《道藏》（1445），木版印刷，纸本

图1.17　北斗罡步，取自《太上五星七元空常诀》（局部），明《道藏》（1445），木版印刷，纸本

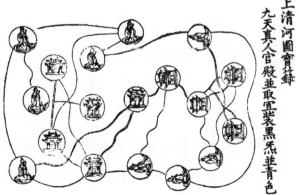

图1.18　九天真人宫殿，取自《上清河图宝箓》（局部），明《道藏》（1445），木版印刷，纸本

存想活动"步空常之道"中使用的罡图（图 1.17）相比较。[1]除了七颗可见的恒星，此图还在北斗星群范围内标示出了两颗不可见的星星：帝（或辅）星和尊（或弼）星。[2]若道士能够见到它们，将寿达三百，甚或六百。[3]步虚踏斗的视觉体验还可见于唐代道经《上清河图宝箓》（DZ1396，图 1.18）[4]，展现了九位男性星宿神及其居住的宫殿，每位真人配有头饰，执有一简。[5]这些圆形的定点由蜿蜒的曲线相连，显示了道士所存思的天上通道。

人体中的星宿

另一种与星宿存思相关的图像突出了人体内存在的星座。在 13 世纪的《上清灵宝大法》（DZ1221）中有一幅存思图（图 1.19），飘浮在云上的道士的头部上标注着九宫。[6]

流传于唐至北宋时期的《上清洞真九宫紫房图》（DZ156）中也存有这样的九宫内视图（图 1.20a–b），并以剖面图的样式展现。[7]《云笈七签》称

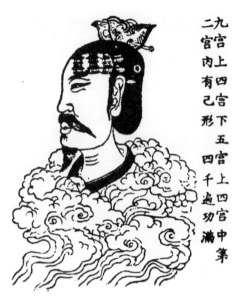

图1.19　道士存思九宫图，取自《上清灵宝大法》（局部），明《道藏》（1445），木版印刷，纸本

18）; E. Wang, 2000, 页 129—130（图 18）; 2005a, 页 379—380（图 6.27）; Clunas, 2007, 页 72（图 52）。另有模仿北斗排列而制作的"破狱罡式"。

1　《太上五星七元空常诀》（DZ876），《道藏》，第 18 册，页 725a-b。"空常"是指看不见的星宿，见 Robinet 所撰介绍，收入 Schipper 和 Verellen, 2004, 页 172。

2　Robinet, 1989, 页 172—173。

3　《云笈七签》，24:547—548；25:563。

4　《道藏》，第 34 册，页 245a；Mollier, 2008, 页 166, 170（图 4.11）; Schipper 和 Verellen, 2004, 页 602—603。中世纪墓葬中也保留了丰富的星座图像，虽然与道经中的并非完全一样，见 Wu, 2010, 页 160—162, 175（图 153—155, 164）。

5　在圆圈中表现出九位星神及其宫殿的图案，也见于其他两部唐代道经《太上正一盟威法箓》（DZ1209），《道藏》，第 28 册，页 478a；《上清曲素诀辞箓》（DZ1392），《道藏》，第 34 册，页 174c—175b; Mollier, 2008, 页 168—169（图 4.10）。

6　Esposito 撰写的简介，收入 Pregadio,2008, 页 775—777。这与《上清金书玉字上经》（DZ879）里的人体躯干图很接近，《道藏》，第 18 册，页 743c—744a; Mollier, 2008, 页 164（图 4.8）。莎拉（Sara Neswald）认为《黄庭经》中提到的头部九宫与西王母居住的昆仑山上的某些点是对应的，见 Neswald, 2009, 页 30。

7　《道藏》，第 3 册，页 128b。Schipper 和 Verellen, 2004, 页 612。《九宫紫房图》的视觉传统可以回溯至六朝，可见 5 世纪道经《洞玄灵宝二十四生图经》（DZ1407），《道藏》，第 34 册，页 338c。然而，正如马克（Marc Kalinowski）指出的那样，这个更古老的传统的特色是以九个为一组的抽象图表，而不是人物形象，见 Kalinowski, 1997。

图1.20a-b　九宫紫房存思图，取自《上清洞真九宫紫房图》（局部），明《道藏》（1445），木版印刷，纸本

修道者得此类图像，可"致天神"。[1] 若将该图水平展开，可似手卷那样，从右至左观赏。就像前文讨论过的其他存思经文（图 1.12a，图 1.15），插图配有简短的图释文字，指示了存想的过程，也暗示了人体与宇宙的关联。图像右侧先后有道士的侧面与正面像，表现出他正集中于头部九宫，旁边的两座高塔是对前图中九宫的细致描绘，高塔之后是一系列的存思图，可与图 1.15 比较。

　　一部 4 世纪的经典首次记录了上述存思技术的前驱"卧斗法"。[2] 经文中描写了道士卧于安有北斗画像的席上[3]，行之，可见到"九星之精变成上帝九老之公，并俱来下迎"，"光照一身，洞彻五内"。[4] 相配套的图像（图 1.21）

1　《云笈七签》，80:1833。

2　《上清金书玉字上经》，《道藏》，第 18 册，页 743c，745a-c。

3　Robinet，1993，页 207。

4　Mollier，2008，页 163。

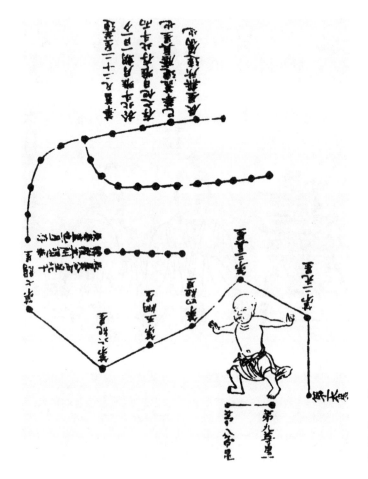

图1.21　卧斗法，取自《上清金书玉字上经》（局部），明《道藏》（1445），木版印刷，纸本

上有一童子立于北斗星座之下 [1]，其双足分踏第八与第九星，双手分指第二与第四星。

　　南宋时期，同样的方法又见于天心正法经典《无上三天玉堂正宗高奔内景玉书》（DZ221，图 1.22a-g）。[2] 经中插图依次描绘了北斗七星一一飞入口中的场景，七星照彻修炼者的器官及双目，其中六幅图画出了人首与身体内的相关器官部位。例如，第六幅图（图 1.22f）显示了第六星与双肾的关系，人首与脊柱构成了身体，并突出了人身下部双肾的位置。

1　《道藏》，第 18 册，页 743c；Mollier，2008，页 164（图 4.8）。
2　《道藏》，第 4 册，页 133b—134c；Robinet，1993，页 208；Mollier，2008，页 163—164。相似的卧斗法记录以及插图原本，可见《道藏》，第 4 册，页 132a—134c。

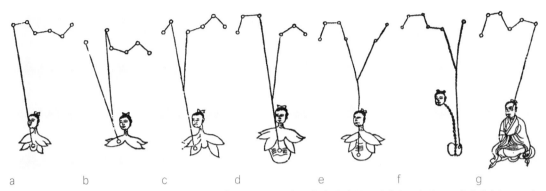

图1.22a-g　北斗七星降于人体器官，取自《无上三天玉堂正宗高奔内景玉书》（局部），明《道藏》（1445）。木版印刷，纸本：a.第一星降于心中；b.第二星降于肺中；c.第三星降于肝中；d.第四星降于脾中；e.第五星降于胃中；f.第六星降于肾中；g.第七星降于目中

神像式的星图

　　在《无上三天玉堂正宗高奔内景玉书》的其他卷目中，北斗还被拟人化为九位人物形象（图1.23a）[1]，他们是七位长发的男性神祇，身着飘逸的道袍，双手执简于胸前。[2] 另两位跟随七星的王者形象的人物，头戴冕旒冠，双手执简，这与经文中所提到的帝星与尊星相应[3]，他们正是看不见的第八与第九颗星。13世纪的其他道经中也存有类似的北斗九星神图像（图1.23b-c）。[4] 穆瑞明（Christine Mollier）注意到此图像与佛教的关联，因为他们与元代《佛说北斗七星延命经》（T. 21.1307）中的七位星神的图像（图1.24）非常接近。[5]

　　日本滋贺县宝严寺所藏南宋佚名绘画（图1.25）中的北斗星神与之前提到的宗教经典中的北斗形象十分相近。[6] 每位神祇所执的简上刻有相应的星名。[7]

1　《道藏》，第4册，页129b—130b。

2　可比较《云笈七签》中对北斗七星神形象的描写："头戴宝冠，身披霞帔，手执玉简。"（25:563）

3　《道藏》，第4册，页130b。北京白云观保留着两尊辅星、弼星的神像。更多资料，可见 Fava 和 Kalinowski，2008。感谢范华（Patrice Fava）与笔者分享此条资料。

4　《无上玄元三天玉堂人法》，《道藏》，第4册，页10a—11a；《太上玄灵北斗本命延生真经注解》（DZ751），《道藏》，第17册，页53a—54b；Mollier，2008，页157（图4.5）。可比较东京早稻田大学图书馆所藏的1615年版《太上玄灵北斗本命延生真经注解》中的插图，见斋藤龙一，2009，图版208，166。

5　T. 21.1307；见萧登福，1993，页109—113，尤其是页112；Mollier，2008，页136—140，尤其是页139（图4.1）；Robson，2008，页150—152（图7）。可比较本书图5.4，根据唐代样式复制、日本平安时代的佛教绘画中北斗神的不同图像（1148年）。

6　井手诚之辅，2000，页373—374，2001，页60—64（图版14）；奈良国立博物馆，2009，页172（图121）。可比较以相似形式描绘星神降临的一对立轴，见井手诚之辅，2001，页61（图69）。

7　井手诚之辅，2000，页373。

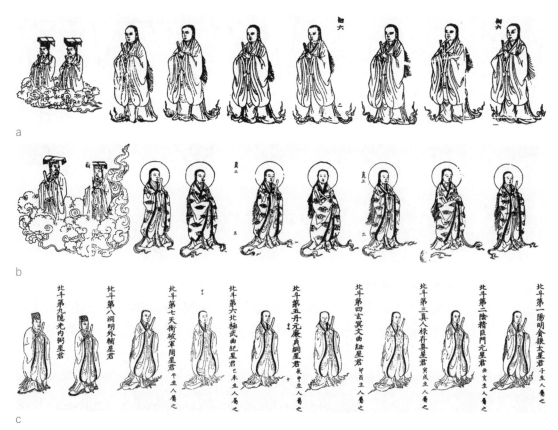

图1.23a-c　北斗神存思图：a.取自《无上三天玉堂正宗高奔内景玉书》(局部)，b.取自《无上玄元三天玉堂大法》(局部)，c.取自《太上玄灵北斗本命延生真经注解》(局部)，明《道藏》(1445)，木版印刷，纸本

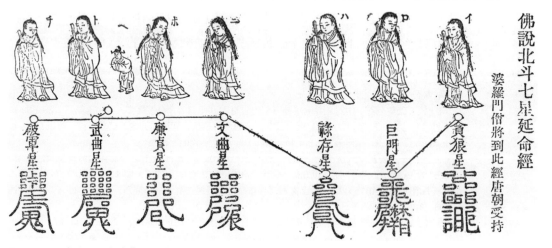

图1.24　北斗神，取自《佛说北斗七星延命经》(局部)，木版印刷，纸本

图1.25 《北斗众神像》，南宋，12世纪下半叶，立轴，绢本设色，112.5厘米×54.1厘米，日本滋贺县宝严寺藏

在模拟夜空的背景之上，一组神祇以对角线的形式排列，乘云降临，仿佛勺状的北斗星座。[1]七位长发神祇身着镶有金色精致云纹的白袍，这与他们的衣领与衣袖上端的金色装饰物一样，其红色双履则与白袍和深色背景形成鲜明对比。追随七位之后的是两位官员打扮的侍神，身披由红、黑、白、金色构成的礼袍。位于画面前景的是两位持剑的女侍。一侧的金色小字题记显示她们是北斗的侍者，右边那位是手执剑与盘状莲叶的擎羊，左边那位则是手执剑与花束的陀罗尼。[2]14世纪，道教清微派在召请神灵的仪式经文中，首次提到这两位北斗使者。[3]

井手诚之辅认为，七位白袍神祇的衣着风格与13世纪道教经典插图中的形象（图1.23c）相似。并且，日本滋贺县宝严寺所藏绘画以12世纪晚期南宋宫廷画风格绘制，其图像很可能反映了北宋末宋徽宗时期的星宿神形象的形成。[4]井手诚之辅还将该画与日本爱知瑞泉寺所藏的一套残缺不齐的星宿神祇绘画（也许为13世纪的作品，图1.26a-b）联系起来。[5]与宝严寺藏画一样，此画中官员装扮的神祇下降的画面呈现出对角线的构图形式。然而，其中有一位显眼的秃顶老者是宝严寺藏画中所没有的，这让人联想到了老子的典型形象（图1.26b）。[6]

1119年，宋徽宗颁行《图写九星二十八宿朝元冠服颁行天下诏》[7]，旨在

1　感谢大卫·布洛迪（David Brody）提醒笔者注意宝严寺所藏立轴的构图。对于画中每位神祇的身份鉴定，可见井手诚之辅，2000，页373。以乘云而下的动态佛道教神祇为特色的更多南宋构图，见S. Huang，2005；井手诚之辅，2000，2001，2008，2009a。对一幅与北斗构图有异曲同工之处的唐朝宫廷绘画的宋代摹本的创新诠释，可见北宋《仿张萱虢国夫人游春图》，缪哲，2006a，图2（未标明页码），34。

2　感谢井手诚之辅提供研读此画的视觉资料。

3　在这些14世纪的经典中，两位使者被进一步指称为"擎羊使者（杨汝明）"和"陀罗使者（耿妙真）"，他们是斗府中的一员。见《道法会元》（DZ1220），《道藏》，第28册，页820b，第29册，页15c；《清微玄枢奏告仪》（DZ218），《道藏》，第3册，页611c。同时可参考斯卡（Lowell Skar）所撰写的介绍，收入Pregadio，2008，页804—805。

4　井手诚之辅，2000，页373；2001，页63。

5　井手诚之辅及其他学者注意到，瑞泉寺藏画原本应有三幅立轴，其中一幅在1656年的一场大火中遗失了，见井手诚之辅，2001，页61（图69），63；奈良国立博物馆，2009，页314（图版124的图解）。井手诚之辅同时还将现存画轴中的帝王装扮的人物图像与南宋宫廷相联系，见井手诚之辅，2001，页61（图69），63。也可参考奈良国立博物馆，2009，页174（图版124）；斋藤龙一，2009，页146（图版177），368。

6　井手诚之辅，2001，页63；奈良国立博物馆，2009，页314；斋藤龙一，2009，页368。

7　《宋大诏令集》，136:482。也可见井手诚之辅，2000，页373；2001，页63。

a　　　　　　　　　　　　　　　b

图1.26a-b　《星宿图》，南宋，13世纪，立轴，绢本设色，103.5厘米×45.0厘米，日本爱知瑞泉寺藏

纠正早期星宿肖像"率皆诞怪万状，黩侮靡常"的情况。[1] 他们的形象或"裸袒其体"，或"甏缶以居"[2]，这些图像母题所折射出的仍然是经常为人提起的，相传由 6 世纪的画家张僧繇（约 500—550）所作的《五星二十八宿真形

1　或许可从大足石门山石窟第 10 号窟的二十八宿男女官南宋石刻中，一窥经徽宗修正过的星宿神形象。图版可见重庆大足石刻艺术博物馆，1999，第四册，页 64—65，68，85（图版 68，71，88—89）。
2　《宋大诏令集》，136：482。

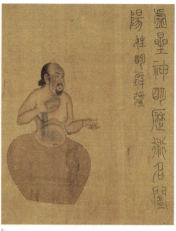

图1.27a-b　传张僧繇《五星二十八宿真形图》（局部），北宋，约12世纪早期，手卷，绢本设色，27.5厘米×489.7厘米，日本大阪市立美术馆藏：a.具有深色皮肤，骑于牛上的镇星；b.身体居于缶中的虚星

图》（图 1.27a-b，下文简称为大阪手卷）中的星宿神祇的神秘真形。[1] 大阪手卷的主题与《道藏阙经目录》中所记录的亡佚道经《五星真形图》相应。[2] 同时，它也与唐代宫廷画家周昉（约730—800）、北宋文人画家李公麟（约1041—1106）的画作题目相仿，二者的画作见录于北宋的《宣和画谱》中。[3] 该画本身，抑或是早期作品的北宋宫廷摹本，曾经也是徽宗的收藏之一。[4] 滋贺宝严寺绘画中所表现出的北斗的整肃仪仗与大阪手卷中神祇放荡不羁的表现形式可谓大相径庭。

宝严寺藏画或许被用于召请神祇的仪式中。[5] 根据一部 13 世纪仪式经典《灵

1　见大阪市立美术馆，1994，页18—19（图版4），329—330；Little 和 Eichman，2000，页132—137（图版12）。最近的研究将这幅绘画归于盛唐画家梁令瓒名下，见孟嗣徽，2000；单国强，2010。缶中居人的绘画母题在一幅 15 世纪的佛教仪式绘画中仍可见到；可比较巴黎吉美博物馆（Musée Guimet）所藏 1454 年水陆画中的二十八宿图（EO668），其上绘有一位身着长袍，坐于缶内的老人，图版可见 Little 和 Eichman，2000，页 249（图版 79）；Delacour 等，2010，页 114（图版 2）。

2　《道藏》，第 34 册，页 512a。

3　《宣和画谱》，6:78a；7:83a。

4　Ebrey，2008，页 295。

5　宝严寺藏画可与佛教宝宁寺的 15 世纪水陆画相比较，见山西省博物馆，1985，图版 74；Mollier，2008，页 171（图 4.12）；井手诚之辅，2001，页 63—64。宝宁寺绘画的最新专题研究，可见陈俊吉，2009。另可与藏于纽约大都会艺术博物馆（Metropolitan Museum of Art）的 1454 年卷轴中的北斗神图像作比较，两者稍有差异，后者或许正是源自巴黎吉美博物馆的皇家水陆画系列，见 Eichman，2000，页 42（图 9）。

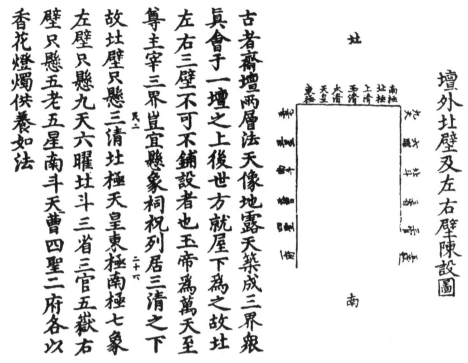

图1.28　坛外北壁、西壁及东壁陈设图，取自《灵宝领教济度金书》（局部），明《道藏》（1445），木版印刷，纸本

宝领教济度金书》（DZ466）中的坛图（图1.28）[1]，北斗与九天、六曜、三省、三官、五岳之像一起，共悬于坛外东（左）壁。[2]

　　不仅在公共仪式上，在特定的个人仪式中，也会悬挂北斗图像。《云笈七签》中记载了在醮祭七元，即北斗七星的仪式中，需要准备两幅长九尺的青绢《七元图》[3]，安于西南位。[4]设醮时，存见他们为真人形状，手执玉简[5]，其形象或与宝严寺藏画的神祇形象相当接近。为了保证存思的有效性，还需注意勿令他人见到；甚至在宣读单状时，亦不可高声，避免为杂人知见。[1] 北宋宫廷画册目录《宣和画谱》引用了不少宋代早期以星神命名的道教绘画，很像仪式手册坛图上所标记的那些挂像名字。[2] 其中一些作品甚至传入了南宋宫廷中，并被继续用于道场中。

综上所论，道教对星宿的存思活动催生出了一个丰富的图像宝库，从登涉星辰的叙事性图像、拟星辰的罡图到在修炼者的人体内定位星宿，以及用神像的形式表现星神的模样。叙事性图像描绘了信徒登涉星辰的旅程，充满动感，强调了信徒对于以对角线构图呈现的星宿世界的强烈意识。北斗多表现为勺状的图形组合，配有相应的拟人化神祇，而信徒则多半是身着官袍的男性形象。罡图是道教的一项视觉创新，不见存于其他宗教艺术中，它们是指导信徒进行存想时可以参考的线路示意图。无论是在个人或公共仪式中，引人瞩目的罡图都表现为无数流动蜿蜒的长线条互相交织成的环形网络，连接起天空的各个部分。在人体内定位星宿，展示了人体与宇宙的完全对应。人体内隐藏着星宫，如头部内的微型建筑，而透明的人体图像揭示出某些器官对应于特定的星芒。正如罡图一样，这些不同寻常的图像也是道教所独有的。所有这些图像都具有共同的目的：为道教徒进行存想活动提供视觉辅助；仅修行者得见这些秘传的材料。最后，神像式的星神图像则可与主流的宗教艺术相比较。在多部配有插图的道经作品和一幅供养作品中出现的长发宽袍的七星神像，以及另外两位官员装扮的助手，暗示了在南宋至元代时北斗神像正在逐渐被标准化。许多相似的神像也可见于佛教和其他材料中。

魂魄与尸虫

与官僚式的身神和能够赐福的星宿神的正面作用不同，接下来要介绍的道教图像是一群寄居在人体内、长相奇形怪状的魂魄与尸虫，带来的是疾病或死亡。他们有着很古老的起源，可以参考魂与魄的观念，也就是人体内的阳魂与阴魄，前者与天相连，后者与地有关。[3] 人由形、神两个部分或形、气、

---

1 《云笈七签》，25：564，567。
2 这些绘画被收录在"道释"及"人物"的目录下。见《宣和画谱》，页64—75，78，83；S. Huang，2001，页14；Ebrey，2008，页293—297；Gesterkamp，2008，页45，302—305（表2.2）。
3 Kohn，1997；2010，页119。有关古代哲学与仪式中的魂魄研究，可参见 Y. Yü，1987，页369—

神三个部分组成，神随气出入，是人的魂，形有知觉运动，使得形能够知觉运动的是人的魂。[1]此外，他们还与汉代的三虫观念相关，形似水蛭的三虫会啃啮人的肠。[2]三虫，又称"三尸""三彭"，是人腹里的三种虫，或称"三尸神"，分别居于上、中、下三丹田，好自行放纵游荡，欲使人早死，以享祭醮，因此求仙者必先去三尸。[3]至唐宋时代，道教已将阴阳、魂魄和三虫的概念扩展到更为复杂的身神、神灵、尸虫的微观系统中，其中的新成员包括三魂七魄（图1.29a）、三尸（图1.29b）和九虫（图1.29c）。[4]通过存想这些神灵的具体形象，信徒可以控制或驱逐他们[5]，其图像也得以产生和扩散。三魂代表的是人体内阳气的完美展现，通常被描绘成士绅的形象；[6]而其他的则是体内不好的阴气的表现，他们的外表既有魔鬼似的和畸形的生物，也有微生物般的寄生虫和蚯蚓。[7]若将这些有害的魂魄与尸虫看作一个整体，他们构成了一个独特的道教视觉文化亚类，同时又与有待研究的中国鬼怪学[8]和疾病范畴相交融。与此课题有关的现存最早的视觉资料见于一部9世纪至10世纪的道经《太上除三尸九虫保生经》。[9]此经或许源于四川地区，其中的插图据称出

378。利用魂魄理论解释马王堆汉代轪侯夫人墓中的 T 形帛画的艺术史个案研究，可见 Wu Hung，1992。

1　任继愈，1998，页 336。

2　王充（27—100），《论衡》，16:3a-b；Kohn，1995a，页 35。

3　任继愈，1998，页 650，658。

4　窪德忠，1961；Kohn，1993b，1995a，1995b，1998a，页 97—102，2010，页 119—127；萧登福，2002，页 258—371。

5　汪悦进使我们注意到佛教中对不净之身的观想："自身发、毛、爪、齿、皮肤、血脉、筋肉、骨髓、脾、肾、心、肺、肝、胆、肠、胃、生熟二脏、肪膏、脑膜、洟唾、涎泪、脓、汗、脂、痰、疮。" E. Wang，2005b，页 81，379（注 6）。《佛说宝玉经》（T. 16.660）:287b。对骷髅和内脏进行观想，以此证明人体不洁的相似描述，还可见于《太子瑞应本起经》（T. 3.185）:475b；《过去现在因果经》（T. 3.189）:632c。流行于上座部佛教国家的 5 世纪佛经《清净道论》（Visuddhimagga）也讨论过观想尸体和蛆虫，见 Wright 撰写的词条 "Abhidharma"，收入 Buswell，2004，页 649；Ñyanamoli，1976，页 173—190。更多有关中世纪中国佛教和道教中对骷髅的存思，可见衣若芬，2005，页 90—91。有关印度佛教文学中观想不净之身的更多讨论，见 Wilson，1996。中世纪中亚和中国佛教中观想骷髅的视觉例证（克孜尔石窟第 77 窟与第 212 窟），见板仓圣哲，2008，页 114—115（图 8—9）。对于日本佛教艺术中腐尸形象的精彩研究，可见 Kanda，2005。

6　《太上除三尸九虫保生经》（DZ871），《道藏》，第 18 册，页 697b；《无上玄元三天玉堂大法》，《道藏》，第 4 册，页 7b-c；《性命圭旨》，《藏外道书》，第 9 册，页 524a。

7　七魄与三魂直接对应。孔丽维进一步将三尸与三元身神配成一对，见 Kohn，1998a，页 97—102。

8　Mollier，2006，页 86。

9　图 1.29 包括了一系列来自《太上除三尸九虫保生经》的重组插图，《道藏》，第 18 册，页 700a—701c。有关此课题的更多研究，可见窪德忠，1961；Kohn，1993b，1995a，1995b，1998a，页 97—102，2010，页 119—127；Schipper 和 Verellen，2004，页 364。

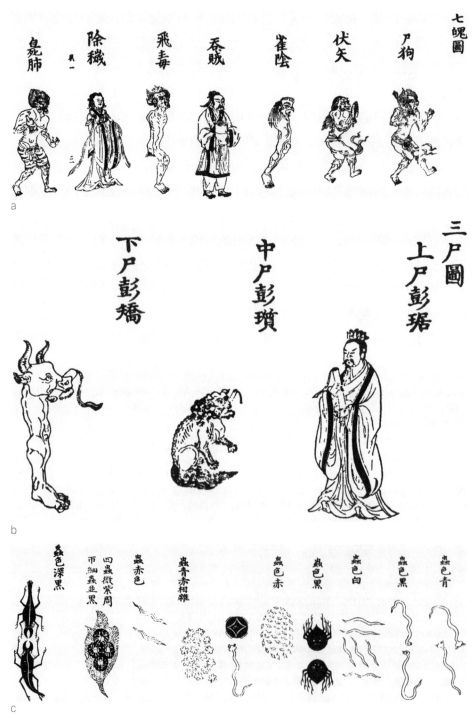

图1.29a–c 奇形怪状的神灵与尸虫，取自《太上除三尸九虫保生经》（局部），明《道藏》（1445），木版印刷，纸本：a.七魄图；b.三尸图；c.九虫图

自唐代医学家孙思邈（581—682）弟子之手。[1]下文的讨论将从这部作品中选取视觉材料。

七魄与三尸

七魄与三尸是两组被描绘成半人形样貌的体内神灵。总的来说，七魄是内在的魔鬼。三魂代表人类的智力、艺术和精神方面，并带来好处，与此相反，七魄代表人类对于睡眠、食物、性和生存的内在欲望，容易引起紧张和疾病（图1.29a）。[2]七魄有各自的名字，呈现出半鬼怪的模样，有两个却是例外：吞贼和除秽，前者貌似一位手持卷轴文书的人，后者则形似一位女神。[3]其中，雀阴和飞毒是最丑陋的，他们拥有人类的腿和鸟类或鬼怪的头。[4]事实上，他们看上去很像另一组身体内的鬼怪：三尸。

三尸是早期与中世纪文献中最为广泛记载的寄生虫。[5]根据《太上除三尸九虫保生经》，上尸像一位男性道士，中尸则似一头中国狮子，而下尸由一条变形的单腿身体和牛首组成（图1.29b）。[6]他们都姓"彭"，是在人体内和心理上制造疾病和麻烦的兄弟。[7]上尸在头上，令人头重、眼昏、流涕；它还会使人耳聋、齿落、口臭、面皱、发白。[8]中尸在人心腹，害人五脏六腑，令人心迷健忘，其他症状还包括烦躁、口干、耳鸣、多痰和虚汗。[9]下尸在人胃足，引起嗜欲，令人夜与鬼通，以致身虚腰重，频度小便。[10]

---

1 Schipper 和 Verellen，2004，页 364。一块 1225 年的四川道教碑铭《太上断除伏连碑铭》也提到了三尸和九虫的信仰；可见张勋燎和白彬，2006，第四册，页 1251—1295。其中提到的"伏连"是指一种堪比痨病的疾病，见《急救仙方》（DZ1164），《道藏》，第 26 册，页 657。

2 《云笈七签》，54:1193—1195；Kohn，1998a，页 97—98；Schipper，1993，页 134—135。

3 七魄分别为尸狗、伏矢、雀阴、吞贼、飞毒、除秽和臭肺，见《太上除三尸九虫保生经》，《道藏》，第 18 册，页 697—698。七魄的英译，可参见 Kohn，1998a，页 98。

4 Mollier，2003，页 412，425；2006，页 99。

5 丹药家葛洪（283—343）就曾注意到三尸是寄居在身体内的虫子，他们记录人的罪名，会在庚申日，即每六十天一次，上升天庭，报告宿主的罪过。八朝道经中对于三尸的记载，可见《真诰》（DZ1016），《道藏》，第 20 册，页 519；《抱朴子内篇》，《道藏》，第 28 册，页 183，193；Ware，1966，页 77，115；《上清太上八素真经》（DZ426）；《上清元始谱录太真玉诀》（DZ1365）；萧登福，2002，页 272—284。更多有关葛洪的介绍，可见玄英（Fabrizio Pregadio）撰写的简介，收入 Pregadio，2008，页 442—443。也可参考张勋燎和白彬，2006，第四册，页 1272—1283。

6 本书中的插图重组了从《太上除三尸九虫保生经》中抽取的图像。《道藏》，第 18 册，页 699b-c。

7 《道藏》，第 18 册，页 699b-c。可比较《云笈七签》，81:1854—1855。

8 《道藏》，第 18 册，页 699b。

9 《道藏》，第 18 册，页 699c。

10 《道藏》，第 18 册，页 699c。

图1.30 《日本三尸图》，取自《老子守庚申求长生经》，明治时期，手卷，纸本

唐代的道教与佛教群体都发展出了一种叫做"守庚申"的守夜活动，旨在阻止三尸离开人身，向天庭报告罪业。[1] 这项活动也通过唐代佛教传入了日本，一幅稍晚的《日本三尸图》（图1.30）生动地体现了这一点[2]，其图像特点与中国的原型（图1.29b）十分相近。宋代时，出现了精心制作的药方和符命，用来除去三尸。[3] 下尸的独腿身体很像七魄中的雀阴和飞毒（图1.31），前者模仿的是左腿，而后两者模仿的是右腿，但他们都与四川绵阳出土的杨家宋墓中的独足牛首陶俑（图1.32）相似。[4] 何志国称其为"异形器"，"兽头，有两角，口含一物，身为蹄足形"[5]。这种比较进一步显示了独足兽的图像格套已流传于四川地区。这尊雕像似乎就是牛首下尸，出现在坟墓中，用来防止尸伤害魂魄。

这些母题在佛经中也可找到对应，如托于一行（？—727）名下，受到道教影响的密教经典《七曜星辰别行法》（T.21.1309）中的三十张《病鬼王图》

1　权德舆（761—818），《权文公集》，1:14；张玉书（1642—1711），《酉阳杂俎》，2:5a；计有功（约1126），《唐诗纪事》，76:7a；萧登福，2002，页302—318；S. Huang, 2007, 页249—250。

2　窪德忠，1961，页481—484，尤其是页481。这幅绘画是未标注日期的《老子守庚申求长生经》手卷中的一部分。这卷手抄本经文托名唐代高僧玄奘（约596—664），日本僧人圆珍（814—891）传承了此经。更多研究，可见 Kohn, 1993b, 1995a, 1995b；萧登福，2002，页323—328。另一幅日本明治时期图卷中的三尸表现为正在袭击人头部的鬼怪，袭击腰部的马和袭击足部的孩子等三种不同样貌，见窪德忠，1961，页526（图122）；萧登福，2002，页355—357。

3　李昉（925—996），《文苑英华》，228:9a，261:5a；《云笈七签》，81—83:1857—1889；张杲（活跃于1189年），《医说》，3:19a，5:45a，8:14b；萧登福，2002，页302—308。有关预防或治疗疾病的符命，可见姚周辉，2004，页51—60。

4　何志国，1988，页71（图3.4）。

5　何志国，1988，页72。

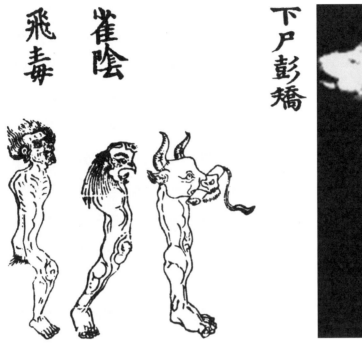

图1.31　雀阴与飞毒，取自《太上除三尸九虫保生经》（局部），明《道藏》（1445），木版印刷，纸本

图1.32　独足牛首陶俑，四川绵阳杨家宋墓出土，南宋，陶质

（图 1.33a–b）。[1] 二十八宿控制下的这些鬼王，许多都具基本人形，但各有不同程度的变异。为了治疗疾患，修行者需先书绘鬼王形状及其名讳，然后钉在居所墙上。[2] 在控制该鬼王的特定星宿当值之日，以酒脯纸钱供养图像。[3] 举例而言，娄宿控制的鬼王（图 1.33a）有两个头[4]，他会"令人两脚应骨髓痛，坐卧不得"[5]。若人未祭此宿，其脚便失。另外，文星所控制的鬼王（图 1.33b）是独腿人形的形象，有山羊胡，头上长有一角。[6] 与《太上除三尸九虫保生经》中的独腿神灵（图 1.31）不同，其更接近人体的躯干，与"天贼"（图 1.34）更相似。该鬼王所引起的背痛令人难忍，如被箭射；若不按时祭之，则有四肢完全瘫痪之虞。[7]

1　T. 21.1309。有关此经的研究，可见萧登福，1993，页 94—98。
2　萧登福，1993，页 94—97。
3　经文中提到不同颜色的"纸钱"，见 T. 21.3109:453b—456c。
4　T. 21.3109:456a。
5　T. 21.3109:456a。
6　T. 21.3109:456c。
7　T. 21.3109:456c。

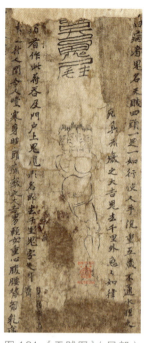

a　　　　　　　　　　　　　b

图 1.33a-b　由星宿控制的鬼王图，取自《七曜星辰别行法》（局部），木版印刷，纸本：a.娄宿控制下的双头病鬼王；b.文星控制下的独腿病鬼王

图 1.34　《天贼图》（局部），取自敦煌手卷，10 世纪，纸本

　　我们很容易将这些和疾病相关的鬼王图像与晚唐敦煌手卷（S. 6216）中的一幅独特的疾病图像《天贼图》（图 1.34）联系起来。[1] 一方面，其独足形象可与《太上除三尸九虫保生经》中的插图（图 1.31）、宋墓中的陶俑（图 1.32）以及佛经中文星控制下的独腿病鬼王（图 1.33b）相比较；另一方面，其多头形象则与娄宿控制下的双头病鬼王（图 1.33a）接近。与图相伴的符也许正是抵御鬼病的"神药"。经文建议病者吞此符，或贴在门户上，以却鬼。

　　总体而言，这些与疾病相关的图像共享独腿的设计，令人不禁联想到《山海经》中所记录的形形色色的"古怪动物"，它们源自战国至汉代的古神话。[2] 一个很好的例子是住在东海，形似公牛的"夔"[3]，一件 16 世纪版本的插图（图 1.35）

1　Mollier, 2003，页 412, 425；Cedzich, 1995，页 152—157；Harper, 2005，页 142—143（图 6.2）。天贼之名还可见于其他敦煌经卷（P. 2856r）；见 Mollier, 2003，页 412；Harper, 2005，页 142—143。

2　Von Glahn, 2004，页 90—91，特别是页 91。

3　对于夔的经典研究，可见 Granet, 1926，第一册，页 310—312；第二册，页 505—515。也可参将它描绘成了独足的似牛生物。[1] 万志英（Richard Von Glahn）指出，夔是"一头拥有苍色肌肤，独足，无角的牛，其音如雷"，当它游弋在池塘和河水中时，会招致风雨。[2] 然而，其单腿的特征与上文中所考察的无躯干的独腿例子稍有不同。这说明作为在中世纪中国普遍的病鬼中的一员，《太上除三尸九虫保生经》中所绘的魄与尸的形象（图1.31）是逐渐成形的。[3] 也许古神话中对于海外生物的描述正是这种人形独腿病鬼形象的原型。

一捆卷轴文书是三尸的共有特征，有时他们将它咬在嘴里（图1.29b）。这很可能是保存在天庭的其宿主的罪名簿，因为这些卷轴通常被视为官僚体制的表现。[4] 此外，在神话或宗教图像中，它似乎也象征着超自然的沟通。例如，在8世纪的敦煌手卷《瑞应图》

图1.35 来自东海的独足"夔"，取自《山海经图》（局部），明代（1593），木版印刷，纸本

见 Birrell，1993，页 134—135；Von Glahn，2004，页 90。

1　插图来自由胡文焕出版的 1593 年插图本；见马昌仪，2003，第二册，页 149。《山海经》的英译本，可见 Birrell，1999。《山海经》中所描述的居于海外三十六国之一的独手独足的"柔利"的明清插图，可见马昌仪，2003，第六册，页 1094；王圻（1565 年进士），《三才图会·地理》，14:20a。

2　《白泽图》中记录的夔与《山海经》中的夔有些许不同，不过两者都是独腿的，见 Von Glahn，2004，页 90。

3　敦煌经卷中有更多的病鬼图像。敦煌藏经洞中发现的 877 年历书（Or. 8210/P. 6）以五个一系列的身着短裙、手执器物的形象作为病鬼的代表，随图的题记列出了他们的名字，驱赶他们的方法，以及与之相对应的特定的天干地支。见 Whitfield 和 Sims-Whilliams，2004，页 302（图版 264）；Arrault 和 Martzloff，2003，页 200—204，207（图 5）；S. Huang，2007，页 262（图 5）。与此相近，9 世纪至 10 世纪的敦煌图画《白泽精怪图》（P. 2682）将流行病拟人化成正在拉着火推车的八个裸身童子；见上海古籍出版社等编，1994—2005，第十七册，页 229；Von Glahn，2004，页 107（图 13）。对此部经典的更多研究，见 Harper，1985，页 491—492。有关帝国晚期中国疾病的视觉材料，集中于 19 世纪林官的医学肖像画中的病变身体和其他 20 世纪早期的医学相片，可见 Heinrich，2008。

4　视觉例证可见南宋的十王图或十王经，奈良国立博物馆，1996，页 164—167（图版 163—165）；井手诚之辅，2000，页 132—133（图版 90—100）；2001，页 56—58（图 56—58）；奈良国立博物馆，2009，页 85—91（图版 79—82）；斋藤龙一，2009，页 130—131（图版 160）；Howard，2001，页 48—49（图 50—51）。

（P. 2683）中，天庭使者以一只吉龟的形象出现，它口衔神秘的天授《雒书》（图 1.36）。[1] 此场景可与一套南宋宁波《十王图》的细节相比较（图 1.37）。[2]

　　《十王图》描绘了阎罗大王正在审理一件公鸡与鹅状告屠夫的诉讼案件。在画面前景中，鹅与公鸡口含卷轴，凝视着业镜中屠夫杀鹅的情景。[3] 动物身后站着被守卫押解着的屠夫，而口中的卷轴象征着它们的诉讼。虽然功能与场景不同，但口衔卷轴的吉龟（图 1.36）、公鸡与鹅（图 1.37）的刻画与中尸、下尸的图画格套（图 1.29b）十分雷同。

人体内的寄生虫

　　有关疾病的讨论在《太上除三尸九虫保生经》中仍然持续着，其中提到了寄生在人体内的"九虫"（图 1.29c）。[4] 一些寄生虫在内脏（心、肺、胃）里，引发如胃痛、胸闷、呕吐、腹泻、咳嗽、哮喘、肺结核、肌肉酸痛和背痛等内在失调。另一些寄生虫则在皮肤里，引起瘙痒、过敏和皮癣。[5] 九虫是人体内寄生虫的主要代表，但道经指出，身外仍有"微虫千万，细如菜子"[6]。一部 10 世纪的道经对各种寄生虫进行了记录，这表明"当时的中国人已经意识到这些有害细菌的存在"[7]。

　　九虫看上去与被描绘成动物形貌的尸虫并不一样。其中的一些形象让人

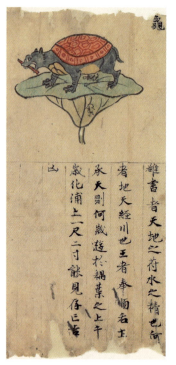

图 1.36　口衔《雒书》的吉龟，取自敦煌手卷《瑞应图》（局部），唐代，8 世纪，手卷，纸本设色

1　Drège，1999，页 165。有关此经的更多信息，可见上海古籍出版社等编，1994—2005，第十七册，页 235—241；松本浩一，1956；饶宗颐，1969。根据曾蓝莹的研究，汉代即已出现同名的文献《瑞应图》，见 L. Tseng，2011，页 106—107。

2　奈良国立博物馆，1996，页 167（图 165）；2009，页 90（图 82）。此画目前藏于日本滋贺永源寺，它原属于一套由十幅立轴所组成的十王图。关于十王图的研究，可见 Ledderose，2000，页 163—185。将十幅立轴重组在一起，可见井手诚之辅，2000，页 132（图 90—99）。出自金处士（12 世纪晚期，1195 年前）领衔的宁波画坊之手的其他《十王图》中对业镜的相似绘图，可见 W. Fong，1992，页 336—337（图版 74a）；Wu Hung，1996，页 166（图 135）；E. Wang，2005a，页 250（图 5.4）。

3　有关业镜的更多讨论，可见泽田瑞穗，1991，页 87—88。

4　这幅插图是从《太上除三尸九虫保生经》中抽取并重组的，见《道藏》，第 18 册，页 700a—701c；九虫的名字，可见页 700a。另可见 Verellen，2006，页 174—175；Cook 所撰写的介绍，收入 Pregadio，2008，页 844—846。

5　《太上除三尸九虫保生经》，《道藏》，第 18 册，页 700a—701b。

6　《太上除三尸九虫保生经》，《道藏》，第 18 册，页 700a。

7　Schipper 和 Verellen，2004，页 364；C. Liu，1971。

图 1.37　《十王图》之一，南宋，13世纪，立轴，绢本设色，53.5厘米×37.0厘米，日本滋贺永源寺藏

想起触角多眼的昆虫，另一些较像弯弯曲曲的蚯蚓，还有一些却似能在显微镜下看见的单细胞有机体。在道经或医经中，寄生虫插图的差别并不大。例如，在一部年代不详的道经《金笥玄玄》（ZW323）中有一幅几乎同样排列的九虫插图。[1] 此外，该经中还记录了六代尸虫（图 1.38a）的样子[2]，可与《急救仙方》（DZ1164）中的六代瘵病虫图（图 1.38b）作比较，这是《道藏》中的一部医学文本合集，其中部分作于宋代。[3]

正如图中所示，这些尸虫经历了一系列变化，起初形似婴儿，接着变身为虾蟆、蜈蚣、乱发、猪肝、蛇、鼠、龟、人体部位等，直到第六代，酷似蝙蝠或“烂面”（图 1.38a-b）。[4] 这些奇怪的图像同时也与一部 14 世纪医学典籍中的寄生虫图像有关，尤其是那些形似婴儿、蛤蟆、乱发、蜈蚣和烂面的尸虫图像（图 1.38c）。[5] 总之，它们揭示了道教和医学典籍中所保存的有关疾病的视觉文化，仍有待挖掘。

控制与驱除

10 世纪至 13 世纪，以存想和吐纳的方法控制或去除尸虫的场景表现在越来越多的道教图像中，12 世纪的天心正法经典《玉堂大法》中的插图（图 1.39）可作一证[6]，图中有一群立于云端的各式各样的尸虫。由于该图出现在一系列展现翱翔宇宙的图像之后，它可能是为了令人确信在进行成功的存想后，这些尸虫就会处于信徒的控制之下。一些视觉上的变化值得注意：整幅图中只有一个形象是独腿的，而与这条独腿的下半身相连的是一具身着官服的上半身。

另一些图像中的尸虫已处在人体之外，象征着这些有害之物已被成功排出人体。证明修炼有效性的生动图像可见于 10 世纪道士烟萝子所作的《烟萝子朝真图》（DZ263，图 1.40）。[7] 我们看到七魄和三尸正环绕在道士的头部，

1 《藏外道书》，第 9 册，页 791b—794b。

2 《藏外道书》，第 9 册，页 795a-b。

3 这幅插图是从《急救仙方》中抽取并重组的，见《道藏》，第 26 册，页 646b—647c。有关此经，可见席文（Nathan Sivin）撰写的简介，收入 Schipper 和 Verellen，2004，页 774—777。

4 《藏外道书》，第 9 册，页 791b—794b；《道藏》，第 26 册，页 646b—647c。

5 危亦林（1277—1347），《世医得效方》，9:13b—15b。

6 《无上玄元三天玉堂大法》，《道藏》，第 4 册，页 7b-c。关于《玉堂大法》的更多研究，可见 Boltz，1987，页 36—37；松本浩一，2006a，页 365—367。

7 《道藏》，第 4 册，页 690a-b；Needham 等，1983，页 108—110；Despeux，1994，页 31—36。关于此经的断代问题，可见 Baldrian-Hussein 所撰简介，收入 Schipper 和 Verellen，2004，

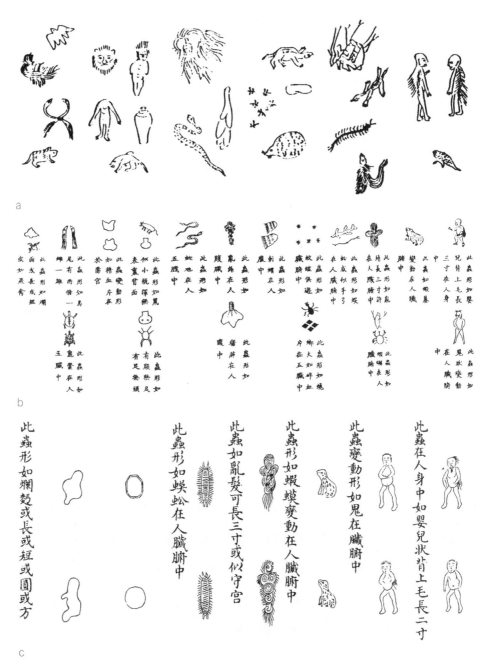

图1.38a-c　各代寄生虫的图像：a.六代尸虫，取自《金笥玄玄》（局部），木版印刷，纸本；b.六代瘵病虫图，取自《急救仙方》（局部），明《道藏》（1445），木版印刷，纸本；c.寄生虫图，取自《世医得效方》（局部），元代，14世纪，木版印刷，纸本

图1.39　七魄三尸图，取自《玉堂大法》（局部），明《道藏》（1445），木版印刷，纸本

图1.40　《烟萝子朝真图》（局部），明《道藏》（1445），木版印刷，纸本

一方面，七魄被赶到了左边，其中有着官员头部的独腿形象很可能是吞贼，可参看《太上除三尸九虫保生经》中的形象（图 1.29a）；另一方面，三尸被赶到了右边。同样，他们与早期的形象很相近，包括人类、狮子和独腿牛首的形象。[1]烟萝子对驱逐尸虫的描绘再现于一幅不可思议的13世纪的人体图（见图 1.46）中。

　　《金液还丹印证图》（DZ151）[2]是一部 13 世纪的内丹作品，在其二十幅插图中的第十五幅"抽添"（图 1.41a）中存在着相似的场景。[3]图中的尸虫正逃离一座鼎沸的丹炉，后者象征着正在因内丹修炼而经历变化的人体。在这里，三尸同样全部携有卷轴，但他们的模样有所不同，中尸的早期形象似一头中国狮子，而现在却被鬼怪化为独腿狮首的形象。同样的场景也出现在北京白

页 799—800。另一张宋代示意图明确表示，通过练习内观起火，可除去三尸七魄九虫，见《修真太极混元指玄图》（DZ150），《道藏》，第 3 册，页 102a。

1　Despeux，1994，页 125。

2　关于此图的研究，可参看许宜兰，2009，页 182—187。

3　龙眉子所撰的这部作品与内丹南宗有关。每幅插图的左边都配有文字解释；共有二十幅插图。见《道藏》，第 3 册，页 107a。有关此经的研究，可见 Kohn，1993a，页 230—236。有关龙眉子，可见《全宋文》，302:8—11。

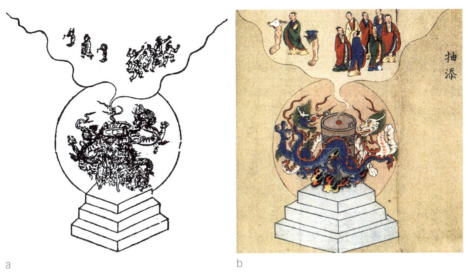

图1.41a–b　两种版本的"抽添"图：a.取自《金液还丹印证图》（局部），明《道藏》（1445），木版印刷，纸本；b. 取自《金液还丹印证图》（局部），清代，17世纪至18世纪，手卷，绢本设色，20.0厘米×1200.0厘米

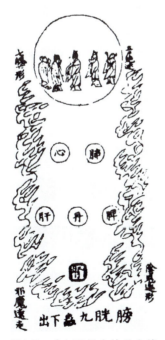

图1.42　《内观起火仙凡交换图》（局部），明《道藏》（1445），木版印刷，纸本

云观所藏的一幅清代绢本设色手卷（图1.41b）中。[1]高万桑（Vincent Goossaert）认为这幅彩图或许是由白云观的全真道士所绘，是观中高层"对特选的弟子进行自修训练时的视觉材料"[2]。

　　所有上述图像都强调了道教内在修炼的有效性，包括修炼身体的形质，控制或驱除身体内的鬼怪和尸虫，以及却病。一幅南宋的《内观起火仙凡交换图》（图1.42）绘出了通过内观，集体驱除三尸七魄九虫等群魔的场景，这是一种存想体内火和光的修行。[3]可以将此图看作是一张象征

1　该手卷中的更多图像，可见 Little 和 Eichman，2000，页344—347（图131）。
2　Goossaert，2007，页29。
3　《修真太极混元指玄图》，《道藏》，第3册，页102a。也可参见坂出祥伸，1991，页75（图12）。虽然这让人想到佛教的玄观，但道教的内观是从存想"人体内具备更具体形式的神"开始，这个图像维度是佛教没有提到的。关于此点，可参见 Kohn，1989b，页766。

性的人体图，上方圆圈中聚集的一组官员神祇指代道士的头部所在。五脏的名字出现在小圆圈里，并依照各自在人体的位置而排列，两侧则是冉冉火焰。图的周边写有提示，表明三尸七魄九虫分别从头部和膀胱被驱除出去。[1]

图释内丹

内丹提倡通过从阳的力量中提取"真阴"，从阴的力量中提取"真阳"，以"扭转人体腐朽的过程"。[2] 在10世纪至14世纪，各种内丹专著利用图像和图表来解释与宏观—微观过程，以及气的运行路径相关的复杂的内观世界。[3] 这种策略来源于倡导以文本为基础的唐代内观经典。[4] 由于这些经典经常谈论健康与长寿，受到大众欢迎，它们被视为能够延年益寿的实用养生方法。[5] 随着越来越多的内丹观念得到广泛传播，它们与药学、医学也出现愈来愈多的交叉。因此，对其中的图像作一仔细考察，也会有益于对中国保健、医疗和医学视觉文化的研究。

南宗的不少内丹作品包含视觉图像。[6] 有时它们运用成对的简单图示来象征阴阳的内部调和[7]，例如，虎通常与龙相配[8]，鼎则与炉相对[9]。另外，象征

图1.43 象征内丹结成的赤子，取自《金液还丹印证图》（局部），明《道藏》（1445），木版印刷，纸本

---

1 《道藏》，第3册，页102a。

2 经常见于内丹论述中的词汇，诸如"还""返""逆"或"颠倒"，突出了这种反自然过程的特点；见 Needham 等，1983，页25—26。此外，另一个相关的概念"修真"意味着"修炼成完美的状态"，或"重生、恢复或修复原始的生命"。这个术语出现在多部内丹经典中，见 Needham 等，1983，页67—129。有关内丹的更多研究，见 Needham 等，1983；Baldrian-Hussein，1989—1990，1996—1997；Hudson，2007；Robinet，2011。

3 可见 Baldrian-Hussein, Kohn, Despeux 分别撰写的词条："内丹""内观""内经图或内景图·修真图"，收入 Pregadio，2008，页762—771；Verellen，2006，页171—176，182。

4 Kohn，1989b。许多宋代内丹理论受到了当时新理学家思想的影响，见 Needham 等，1983，页69。

5 Schipper 和 Verellen，2004，页1373—1376；Kohn，2009b，页4。萧为（Clarke Hudson）将养生译为"macrobiotic practice"，见 Hudson，2007，页165。

6 Baldrian-Hussein 所撰写的简介，收入 Schipper 和 Verellen，2004，页780，812—834；曾召南，2000。

7 对这些内丹文本中的象征元素和隐喻术语的文本研究，可见 Hudson，2007，页328—350。

8 《修真十书》（DZ263），《道藏》，第4册，页712c；《上阳子金丹大要图》（DZ1068），《道藏》，第24册，页72c。也可见 Hudson，2007，页344。

9 《金液还丹印证图》，《道藏》，第3册，页104b。

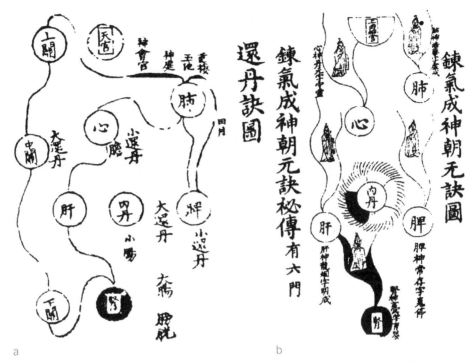

a　　　　　　　　　　　　　　　　　　　　b

图1.44a-b　人体内部的内丹图，取自《修真太极混元指玄图》（局部），明《道藏》（1445），木版印刷，纸本：a.《还丹诀图》；b.《炼气成神朝元诀图》

内丹完成的标志性图像是一个在圆圈中的赤体婴儿（图1.43）。[1] 水中之龟或是出现蟾蜍的母题即表示纯阴的升华（图1.45a-b，图1.46）。[2]

　　为了解释"胎息"，这些经典中还有诀图，标示了内脏之间的互相联系和气的运行轨迹（图1.44a-b）。[3] 这是一种呼吸方法，其最终目的是帮助信徒在腹部形成一个可以聚集元气的、想象的胎，这些元气是生命的精华。[4] 一

1　《金液还丹印证图》，《道藏》，第3册，页107b。也可见许宜兰，2009，页205—206（图2.25）。另可比较《上清大洞真经》中的相似母题，《道藏》，第1册，页553a；以及《三才定位图》（DZ155），《道藏》，第3册，页124c—125a。

2　《玉清金笥青华秘文金宝内炼丹诀》（DZ240），《道藏》，第4册，页371b，图中有一只在水中的乌龟，不过其题记称这是《蟾光图》。也可见 Schipper 和 Verellen，2004，页829。有关蟾蜍代表阴的母题，可见《金液还丹印证图》，《道藏》，第3册，页105b。有关内丹论述中的"日中金乌"和"月中玉蟾（或兔）"的配对，可见 Hudson，2007，页346。

3　《修真太极混元指玄图》，《道藏》，第3册，页100c，101c。

4　Needham 等，1983，页75。见存于下列道经中，形似地图的一系列有趣图像有待进一步研究：《修真太极混元图》（DZ149）和《修真太极混元指玄图》。有关胎息技术的研究，可见加藤千惠，2002，页114—126。

且元气聚集，信徒将不再需要 "外壳"（他的肉身），达致成仙。[1] 宋代《修真太极混元指玄图》中的《还丹诀图》（图1.44a）标示出了 "小还丹" 与 "大还丹" 的运行轨迹，即大小周天图，它们都以肾为起点。[2] 在该图的中下部有一个圆圈，其中有 "内丹" 二字，暗示了这是胎成之所。小还丹的路线代表了内气上升至肝、心和肺，再下降至脾，或叫黄庭，这是胎成的重要场所。[3] 另一方面，大还丹的运行则表现了气沿脊柱上行，经三关，直至头部 "天宫" 的路线。在这里，进一步与 "神水" 结合，形成了更密集与深色的轨迹。[4] 总而言之，相互连接的五脏以及内丹令人想起同经中的另一幅诀图（图1.44b），其上绘有与内脏相对应的官僚打扮的身神。[5]

在图绘气在身体内部的运行轨迹时，作者倾向于用建筑名称来取代身体部位的真实称谓，例证可见图1.44a中的大还丹。从肾出发，气经脊柱撞过三关，到达头部，称为天宫。与在此产生的神水结合后[6]，气流向了舌部，称为 "玉池"。之后继续下降到喉咙，称为 "重楼"[7]，最后一路下至脾附近的中心区域。其中的许多建筑比喻可以追溯至《黄庭经》，它们仍然成为宋元内丹标准语汇的一部分。[8]

内境

最引人注意的内丹视觉作品或许就是《内境图》了，它们以剖面图的方式展现了既神秘又真实的人体内部，包括或不包括头部（图1.45a—d，图1.46）。[9]

---

1 Needham 等，1983，页75。

2 可见 Needham 等，1983，页77（图1562）；坂出祥伸，1991，页74（图11）。胡赛因（Baldrian-Hussein）认为这部12世纪经典属于公开传授的钟吕内丹传统文本，它也许与另一部北宋的同主题专著《修真太极混元图》有联系。见 Schipper 和 Verellen，2004，页802—804。更多有关小还丹（或转丹）的研究，可见 Hudson，2007，页339。

3 Needham 等，1983，页77。

4 Needham 等，1983，页77—78。

5 《道藏》，第3册，页101c；Needham 等，1983，页80（图1564）；坂出祥伸，1991，页75（图12）；Kohn，1993a，页322（图33）；Despeux，2010，页69（图3）。

6 神水的比喻借用了内丹修炼语汇，见 Pregadio，2006a，页208。

7 在其他一些图中，喉咙被称为 "十二重楼"，象征一年十二个月，见本书中的图1.45b，1.46。也可参看 X. Liu，2009，页109，223（图17）。

8 玉池和十二重楼作为口与喉的比喻，可分别追溯至《黄庭经》，见《太上黄庭内景玉经》，《道藏》，第5册，页909a，910b；《云笈七签》，11:202，206，236。《黄庭经》北宋注释本的有关研究，可见 Baldrian-Hussein，2004。

9 Needham 等，1983，页107—110；祝亚平，1992；Despeux，1994，页31—38；2000，页

內境背面之圖　　內境正面之圖　　內境左側之圖　　內境右側之圖

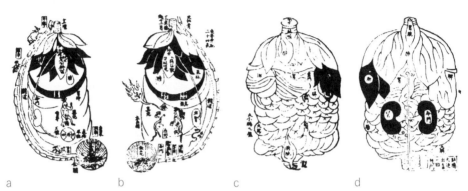

a　　　　　　　b　　　　　　　c　　　　　　　d

图1.45a-d　烟萝子的人体剖面图（局部），明《道藏》（1445），木版印刷，纸本：a.内境右侧之图；b.内境左侧之图；c.内境正面之图；d.内境背面之图

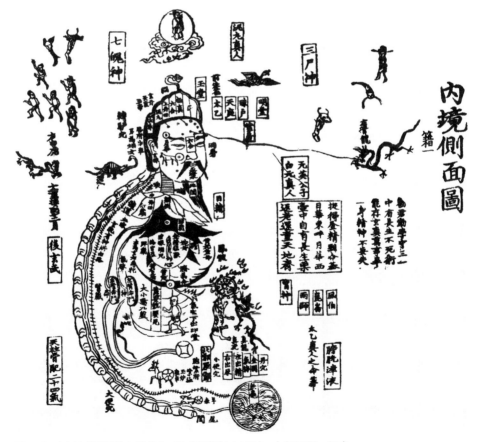

图1.46　《内境侧面图》（局部），明《道藏》（1445），木版印刷，纸本

目前所知最早创作此类图像的是 10 世纪道士烟萝子，他所作的六幅内境图，从不同角度突出了头部和身躯（图 1.40，图 1.45a-d）。[1]13 世纪的《内境侧面图》（图 1.46）合成了烟萝子的剖面图。[2]正如戴思博及其他研究者所指出的，这些图像不仅绘出了道教眼中与宇宙相对应的人体，同时也展现了中世纪道教所具有的精细的解剖学知识。[3]

烟萝子的两幅侧面图的胸部与腹部都有内丹象征符号（图 1.45a-b）。人体的主要支柱：由拱形脊柱和二十四个脊椎骨构成的"天柱骨"撑起了整个图像（图 1.45b）。[4]"二十四"这个数字不仅精确反映了解剖结构，更对应了一年中太阳运行周期的"二十四节气"（每月有两种节气）。[5]沿着脊骨从底部向上至顶部，依此有三种动物母题：羊车、鹿车和牛车（图 1.45a）。这种动物母题源自佛经《妙法莲华经》（T. 9.262），原比喻方便法门，即个人所修之法不同。[6]而在道教语境中，三车象征着气的逆向流动，即沿脊椎向上升的内部机制，这与自然流向相悖。[7]脊柱的末端画有一个圆圈，圈中的乌龟在波浪中放出光芒，这是象征着真阴升华的"饮龟"。

除了脊柱，腹部也充斥着其他明显的内丹象征。其中包括赤子或胎（图

519，521—523。坂出祥伸称它们为《内景图》，见坂出祥伸，1991。

1 本书所选取的是其中第三至第六幅图像，分别为内境的左侧、右侧、正面及背面图。完整的六幅图像，可见《修真十书》，《道藏》，第 4 册，页 690a-b。亦可见 Needham 等，1983，页 108—110（图 1583—1585）；Despeux，1994，页 32—36；坂出祥伸，1991，页 58—59（图 6）；Pregadio，2008，页 77（图 12）。

2 此图保存在《黄帝八十一难经纂图句解》（DZ1024）中，《道藏》，第 21 册，页 595a；Despeux，1994，页 40—43；Schipper 和 Verellen，2004，页 773—774。此图的另一版本见于南宋类书《事林广记》中，见 Needham 等，1983，页 112；坂出祥伸，1991，页 61（图 8）。相似主题的清代绘画和拓本，见李经纬，1992，页 85；Little 和 Eichman，2000，页 350（图版 133）；Komjathy，2008，2009。

3 Needham 等，1983，页 107—110；坂出祥伸，1991，页 57—65；Despeux，1994，页 31—38，110—133，149—150，2000，页 519，521—523。

4 Despeux，1994，页 32。

5 祝亚平，1992，页 62；Despeux，1994，页 32，38。脊柱下方是髓道，这支髓管从身体下部一直延伸到头部，"气循此髓道而上升"，见 Needham 等，1983，页 108。

6 T. 9.262，9:12c。一位长者为了劝说三个在屋内玩耍的儿子速出火宅，他以放置于门外的羊车、鹿车和牛车诱惑他们。对此隐喻的翻译，可见 Hurvitz，1976，页 59—61。南宋《莲华经》卷首插画（第二卷）中的三车视觉形象，可见台北故宫博物院，1995，页 19（图版 7）。晚期内丹插图中的三车形象，可见 17 世纪的《道元一炁》，复制图可见坂出祥伸，1991，页 79（图 15）；Despeux，1994，页 151（图 41），2010，页 68（图 2）。也可见《性命圭旨》，《藏外道书》，第 9 册，页 566b。早期全真经典中存思三车的英译，可见 Komjathy，2007。

7 Despeux，1994，页 149—150。

1.45a)、互相缠绕的龙（阳）虎（阴）（图 1.45b ），它们都处于月牙形的区域，"黄庭"之下，下丹田之上。[1]

13 世纪的《内境侧面图》（图 1.46 ）综合了烟萝子剖面图许多已有的母题。[2]其中尤值得注意的是成对的龙虎、赤子、水中龟、三车和对应二十四节气的脊柱。[3]头部外的三尸神（左侧）和七魄神（右侧）令人回想起《烟萝子朝真图》（图 1.40 ）。身着官服的泥丸真人立于云端的圆圈内，飘浮在头部上空。他是守卫头部的身神，头部是人体内等级最高的部位，相当于道教的天境。它象征着天上宫阙所在，称为"玉堂"；与此相对，道教的地狱"北都罗酆"位于人体的下腹部。[4]总体来看，它们反映了道教人体内的微观内在洞天和地下世界。

《内境侧面图》采用了非常直白的方式，在一个全新的框架中融合了旧有的母题，半侧面的人头与身躯相连，新月形的脊椎位于身体左侧，而身体右侧则是无边界的。几乎透明的视图激发起"一种宇宙流动的感觉"，让人忽视"人类的血肉之躯本身"，这与以肉体和肌肉为主导的欧洲传统人体图像形成鲜明对比。[5]此外，这种人体结构是后期图像构图的直接先驱，如不同版本的《内经图》（图 1.47 ）和《修真图》。[6]

宋元的文学作品中记录了观赏诸如烟萝子作品之类的道教人体图的经验。例如，周密（1232—1298 ）将这些图像与胎息之法相联系，他说：

1　从解剖学的角度看，标示为黄庭的月牙形部分代表了横膈膜，分隔了胸部与腹部。居于黄庭的一对神祇是黄元老母和黄元老公，见 Despeux，1994，页 32—33。

2　Despeux，1994，页 149—150。

3　Despeux，1994，页 32，38。赤子之上的女性形象及其与内丹中汞的关系，可见 Hudson，2007，页 347。

4　在道教的度亡仪式"炼度"中，法师存想腹部以下为酆都地狱；见《灵宝大炼内旨行持机要》（DZ407），《道藏》，第 6 册，页 556a-b；《灵宝无量度人上经人法》，《道藏》，第 3 册，页 945a-b。有关该仪式的文本研究，可见 Boltz，1983；Lagerwey，1987，页 233—235。

5　Despeux 和 Kohn，2003，页 177。有关古中国和古希腊对人体表现形式的比较研究，可见 Kuriyama，1999。感谢玛西亚·布伦娜（Marcia Brennan）提供的信息。

6　此图的复制本可见李经纬，1992，页 85（图版 200）。有关清代《内经图》和《修真图》的更多研究，可见 Needham 等，1983，页 115（图 1587）；Schipper，1986，页 186—187；坂出祥伸，1991，页 46—51（图 1—2）；D. Wang，1991—1992；Despeux，1994；Little 和 Eichman，2000，页 350（图版 133）；X. Liu，2004，页 92—93；Komjathy，2008，2009；Goossaert，2007，页 223，289—290；许宜兰，2009，页 213—217。当代台湾天师道道士正在使用一幅可资比较的人体图，见李丰楙和张智雄，2010，页 342（图 9）。更多有关清代宫廷的医学和医学文物，可见关雪玲，2008。

图1.47 《内经图》，清代，19世纪，绢本设色

内视五脏，肺白、肝青、脾黄、心赤、肾黑。当先求五脏图，或烟萝子之类，常挂于壁上，使日常熟识五脏六腑之形状也。次想心为炎火，光明洞彻，入下丹田中。丹田在脐下三寸是。[1]

其他宋元资料中也记有道教修炼者和文人广泛使用烟萝子人体图，包括苏轼（1037—1101）及其亲友。[2]此外，根据记载，这些图像还被展示于私人空间中，如文人的书房或法师的静室。

周密所说的"五脏图，或烟萝子之类"也许类似于烟萝子的内境正面和背面图，标有内脏的相应位置（图 1.45c–d）。背面图（图 1.45d）与正面图（图 1.45c）有所不同，其中央有脊柱穿过，还画出了两边的肾。两幅图都与亡佚的《黄庭图》有关，后者见录于宋代著录中。[3]文学资料显示，宋人将这些图像当作视觉辅助材料，用来修炼如《黄庭经》中所记录的呼吸方法。[4]道士们可能利用这些图像，指导修炼者意识到内部的身体，正像全真祖师王重阳（1113—1179）通过向弟子展示骷髅像，教导他们认识人生的幻象本质（图 1.48）。[5]虽然《黄庭经》因经过多位知名书法家，包括王羲之（303—361）等人临摹而特别有名[6]，但是至今没有一幅绘画可以被认定为《黄庭图》。[7]从

1　《癸辛杂识》，前集：4。

2　《东坡全集》，9:9；厉鹗（1692—1752），《宋诗纪事》，46:24；王恽（1227—1304），《秋涧集》，76:14b。

3　其中所著录的带有"黄庭"二字的图像包括：《黄庭五藏内景图》，《老子黄庭内视图》，经常被引用的《黄庭五藏六腑补泻图》和《黄庭内景图》。见王尧臣（1003—1058），《崇文总目》，9:10；郑樵（1104—1162），《通志》，67:7。《道藏》中有一部《黄庭五藏六腑补泻图》（DZ432），但其中只有分别代表五脏的五种动物的图像，见《道藏》，第 6 册，页 687b，688b–c，689c，690c，691c。

4　高似孙（1158—1231），《纬略》，11:19b—20a。戴思博与胡赛因都将烟萝子身体图的源头追溯至《黄庭经》，贺碧来则将它们与《黄帝内经》医学传统相联系，后者无疑是中国古代最早的医学著作，最初成书于汉代，后出现多种注释及版本。见 Despeux，1994，页 112；Robinet，1993，页 67；Baldrian-Hussein，2004，页 194。有关《黄帝内经》的更多研究，可见 C. Zhou，1996；Unschuld，2010，页 263—296。

5　文物出版社，1958，图 113；萧军，2008，页 311；Katz，1999，页 154（图 6）；衣若芬，2005，页 113（图 19）。可参看故宫博物院收藏的南宋宫廷画家李嵩（1166—1243）所作的扇面册页《骷髅幻戏图》，其上绘有一具骷髅正在孩童面前上演一出傀儡戏，反映了对生命即逝的认识，见衣若芬，2005（图版见页 100［图 1］）；板仓圣哲，2008，页 116—122（图版见页 117［图 10］）；Hong，2011；童文娥，2006，页 35—40。陈旧的观念认为在中国艺术中是看不见人体的，以上对人体内部和骷髅的各种生动描绘与之形成鲜明对比，可见 Hay，1994。

6　相传为王羲之手书小楷的宋代石刻《黄庭经》拓本，可见 Little 和 Eichman，2000，页 338—339（图版 128）。

7　翁万戈所收藏的南宋梁楷的画作一直被认为是《黄庭图》，但最近被重新定位为地狱救济图。见林

图1.48 王重阳手持骷髅图（局部），永乐宫重阳殿北壁，元代，14世纪，山西芮城

这个角度看，烟萝子的人体图证实了《黄庭经》图像传统的影响。[1]

医学的身体

正如李约瑟（Joseph Needham）所指出的，"内丹学家对当时最先进的解剖学抱有浓厚的兴趣"[2]，绘有内脏的烟萝子人体剖面（图 1.45c—d）图证实了这一观点，它们是现存近世中国最早的人体解剖图。[3]

有关身体内部的道教知识可能对宋代医学研究产生了影响，这在徽宗时

圣智，2003，2007；A. Jing，2007；Little 和 Eichman，2000，页 178—179（图版 37）；也可见本书图 0.4。

1 《黄庭经》影响所及的视觉传统绝不仅止于烟萝子的人体图系统。李公麟的一幅亡佚作品及其题记保留了苏轼周围的文人圈的记录，苏抄写了《黄庭经》，作为赠予四川葆光道师的离别礼物。随后李公麟也为之作经相，附于经首，李还为苏和自己作了画像，附于经末，苏轼又写了一首赞，称"黄庭真人舞胎仙"，这是在泥丸中的十二位重要的神。黄庭坚或许在经尾，紧接着苏轼之赞，又添加了另一首赞。其中强调了《黄庭经》的秘传，并建议葆光道师"当付骊龙藏九渊"，以免传非其人。见《东坡全集》，94：10。

2 Needham 等，1983，页 111。有关道教早期的医疗活动，可见林富士，2002。

3 祝亚平，1992。对内脏在解剖学和想象方面的中国式描绘，见 Kuriyama，2001。

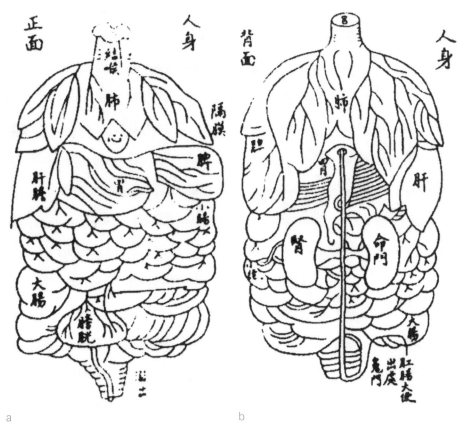

a   b

图1.49a-b　《玄门脉诀内照图》中保存的杨介《存真环中图》副本（局部），元代，木版印刷，纸本

代的医生杨介（约 12 世纪）所作的人体解剖图中表现得非常明显。[1] 杨介承认他的医学图像以烟萝子的人体图为基础，再加上自己在解剖罪犯时的观察。[2] 他纠正了烟萝子图中肝与脾错置的问题（图 1.45c-d）[3]，可见其 1113 年的作品《存真环中图》的 13 世纪抄本（图 1.49a-b）。[4] 在蒙古统治的时期，杨介的人体图甚至传播到了阿拉伯世界。1939 年在伊斯坦布尔发现的一套 14 世纪波斯人体图像（圣索菲亚大教堂手稿 3596，图 1.50a-b）与杨介的作品

1　Despeux，2005，页 24—31。
2　Needham 等，1983，页 111，113。
3　Despeux，2005，页 28—29。感谢台湾高雄医学大学附设医院心脏内科朱志生教授（M. D.）帮助笔者解读这些身体解剖图。
4　《玄门脉诀内照图》，可见靳士英和靳朴，1996，页 273。杨介人体图的一部日本抄本（1315 年），可见 Huang，2003，页 18—21。

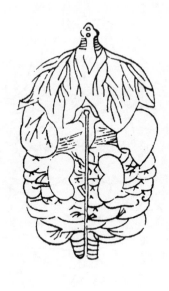

a

b

图1.50a-b　波斯手稿中的人体图（局部），14世纪

非常相似，或许正是以中国作品为原型而制作的。[1]

　　宋代时对于人体内部的医学兴趣清楚地体现在造像的制作上。[2]北宋仁宗时期（1023—1063）的宫廷医官王惟一（约987—1067）为了教学目的，设计了两尊铜人。[3]其中一尊展示于开封相国寺，因此公众也能见到。[4]铜人的体

1　根据宫下三郎的研究，这是一套七张人体图像的波斯手稿中的两幅，1939年在土耳其伊斯坦布尔的圣索菲亚图书馆被发现。这些图像由默罕默德·伊本·艾哈迈德（Muhammad ibn Ahmad ibn Mahmūd Qawwām al-Kirmānī）抄录于1313—1314年间的波斯大不里士（Tabriz），他是波斯医生宰相拉施特（Rashīdal-Dīnal-Hamadānī，约1247—1318）雇用的一位抄书吏，当时正值波斯最伟大的蒙古统治者合赞汗（Ghāzān Mahmud Khān）当政时期。见Miyasita, 1967, 页489—490；Needham等, 1983, 页113。

2　戴思博研究了南宋和元代法医学著作中的人体骨架图像，见Despeux, 2005, 页20, 22；2007。

3　王应麟（1223—1296），《玉海》，63:27；李焘（1115—1184），《续资治通鉴长编》，105：26a；Goldschmidt, 2008, 页31—36。有关王惟一原刻于开封石碑的针灸图经拓本，见傅维康和李经纬，2000，"文物图谱卷"，页110（图版237）；黄龙祥，2003，第1册，页209—213（图版87）。宋代王惟一的人体图像原刻的明代摹本的拓本，可见黄龙祥，2003，第1册，页204—206（图版84）。考古发现的带有子午线和穴位的针灸陶人，可见V. Lo, 2007, 页418—419（图1—2）；傅维康和李经纬，2000，"文物图谱卷"，页57（图版127）。与敦煌针灸图有关的更多医学材料，可见V.Lo, 2005。

4　唐士耻（约1180—1240），《灵岩集》，4:16—18；《玉海》，34:6，160:45a；Goldschmidt, 2008,

图1.51 人体针灸模型，明代，约15世纪，青铜

表标有 354 个腧穴[1]，内部则巧妙地填充了与实物一样大小的木质内脏。[2] 由宋太宗（976—997 年在位）支持的首部官方编撰的针灸作品《太平圣惠方》（992 年印刷）中收录了人体医学两维图像[3]，而现已亡佚的宋代铜人的制作则展现了试图以三维模式表现这些更早图像的野心。据说现收藏于俄罗斯圣彼得堡冬宫博物馆的明代铜人像（图1.51）模仿了宋代铜人的模样。[4]

宋代制造的仿真铜质模型一定曾被视为当时最伟大的科学发明之一。一方面，拥有这样的实物同样可以带来政治上的权力，因为它展示了政府对于科学知识的控制与操纵。原在北宋朝廷手中的针灸铜人像于 1127 年落入金人囊中就是一个有力证明。[5] 另一方面，14 世纪的《辽史》中有载，后晋（936—947）曾向契丹辽国（907—1125）进贡一尊被称为"铜人"的针灸模型。[6] 虽然其中

页 34。有关相国寺的研究，可见 Soper，1948；熊伯履，1985；段玉明，2004；Lesbre，2005。

1 《玉海》，63:28a；Unschuld，2000，页 85。穴位名以错金书于铜人上的穴位旁，"凡背面二器，相合则浑然全身"。见周密，《齐东野语》，14:251—252；Goldschmidt，2008，页 34。

2 黄龙祥等，2004，页 358；Goldschmidt，2008，页 34。后期佛教仪式绘画中出现了因针灸而亡的病人和使用针灸致人死亡的江湖医生，见山西省博物馆，1985，图版 166，177。

3 此经的完整版本，可见曹洪欣，2005，第 2—8 册。此经的介绍，可见黄龙祥，2003，第 2 册，页 720—722；其中收录的人体针灸图例，可见页 721（图版 248.1）。陕西韩城北宋壁画墓中，首次发现了"炮制中药"的场景，画面右侧的一位男子手中捧着的正是《太平圣惠方》，画面中还有一群正在忙于制药、侍药的仆人，学者样貌的男性主人则端坐于壁画中央。有关此壁画的研究，可见康保成和孙秉君，2009，彩色图版可见页 169。感谢余玉琦告知此资料，同时也感谢康保成教授惠赐该壁画的照片，供笔者研究。更多关于北宋医学的情况，见 Goldschmidt，2006，2008；Unschuld，2010，页 161—166。

4 此尊铜人的头发雕得极为精细，全身布满了穴位，包括头部；见黄龙祥，2003，第 1 册，页 219—223（图版见页 201）；黄龙祥等，2004，2005。一尊日本晚期的带有图解的模拟器官的古圣人神农像，可见斋藤龙一，2009，页 279（图版 357）。更多的日本铜人和明堂图，包括来自中国的晚期复本，见长野仁，2001。

5 汪藻（1079—1154），《靖康要录》，11:18。

6 脱脱（1314—1355），《辽史》，4:19。制作人体的兴趣从医学延伸到墓葬和宗教视觉文化的领域中。在宣化和北京辽墓中发现的真人尺寸的真容木雕像则代表了辽国葬仪中的另一种独特的人体表现形式。例如，1998 年在宣化辽墓 IIMI 号中所发掘的 11 世纪晚期至 12 世纪早期的男性真容木雕像，其身上有十七处可活动的关节，胸腹中尚残存骨灰，某些关节正位于脚踝、手肘和膝盖处，突出了真

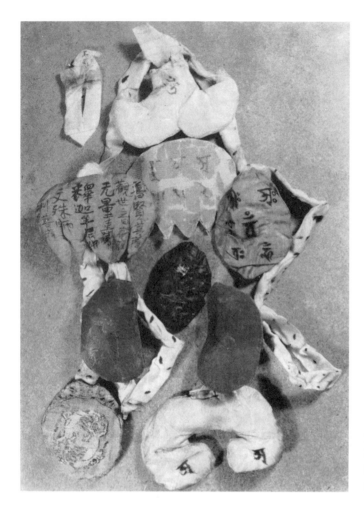

图1.52 绢质五脏一副，北宋，早于985年，释迦如来木像中的人工制品

并未记录此模型的来历，但很明显，这些铜质针灸模型已被 10 世纪至 11 世纪的中国及其周边国家的统治者视为值得拥有的物品。

　　与这些铜像的制作年代几乎同时，还流行将内脏加入宗教造像里，包括道教与佛教。现存最早的著名的例子就是保存在京都清凉寺的宋代释迦如来木像（985 年），其背刳内存放了这样的织物内脏模型（图 1.52）。[1] 这尊佛像由

实人体的解剖学特征，个人化的面部特点更反映出此模型的逼真性。更多研究，见张先得，1980，页 33（图 11）；Steinhardt，1997，页 337—338（图 312）；国家文物局，2000，页 110；H. Shen，2005，页 100—101（图 11）；H. Shen 编，2006，页 218—219（图版 52）；李清泉，2008，页 262—267。

1　丸尾章三郎等编，1996，图版册一，页 68，图版 48；解说册一，页 53—60；渡边幸三，1956；Henderson 和 Hurvitz，1956，页 22—25；石原明，1975a-b；奥健夫，2009，页 43。

北宋浙江台州的尼姑清晓制作并奉舍[1]，一些内脏里有香和其他珍宝，大部分都写有婆罗米文和梵文。[2]它们与造像中的其他材料都是为了"使造像更真实，富有生命力"[3]。在日本学者的研究中，渡边幸三特别将清凉寺藏品所展现的对人体内部的认识归因于对道教五脏学说和中国解剖学研究的了解。[4]在山东灵岩寺也有相似的例子，一尊北宋罗汉像的体腔内填充了由丝绸和棉花制作的内脏[5]，这表明在宗教造像中放入内脏模拟物在当时是一种普遍的行为。[6]

对佛教造像中的人体内脏模拟物有所记录的唐宋文人，通常将此制作与医学和道教传统相联系。[7]虽然没有现存的装有上述内脏的唐宋道教造像[8]，杜光庭（850—933）提到过在成都制作的带有内脏的道教神像，这是回应信众需求的灵验的天师真塑像。[9]杜氏对此尊神像的描述与宋代针灸模型或同时代的佛教塑像十分相似。塑人刘处士以金漆和彩漆为天师像上色，像具喉咙十二结十二环，这让人想起经典的道教人体图（图1.45b，图1.46）。然后他将以彩色锦缎缝制的五脏和肠胃的复制品填充入神像体内。此外，五脏内各

1　丸尾章三郎等编，1996，解说册一，页54。

2　Henderson和Hurvitz，1956，页22—24；丸尾章三郎等编，1996，解说册一，页53—54；石原明，1975a，页18—19。

3　K. Tsiang，2010，页218。

4　渡边幸三，1956；石原明，1975a-b。石原明则持一种观点，认为佛教人体内脏模型与印度医学在宋代传入中国有关，见石原明，1956。

5　灵岩寺中有三十二尊宋代罗汉像，其中第八尊像的体内有内脏仿制品。图版可见灵岩寺编辑委员会，1999，页44；更多的灵岩寺罗汉像，可见同书，页29—44。对于中国罗汉信仰的经典研究，可见道端良秀，1983。有关罗汉绘画的研究，可见W. Fong，1958；李玉珉，1990a，1990b，2010；井手诚之辅，2000，2001，2008，2009a，2009b。赫尔穆特·布林克（Helmut Brinker）提醒我们注意在一尊北宋观音像的体腔内同样"有香和人体内脏的模拟织物"，见Brinker，2011，页10—12（图1—2）。

6　根据林伟正对佛教舍利子的研究，在宋代，人们越来越有兴趣将佛教舍利子更加具象地身体化，例如江苏涟水承天寺妙通塔银椁表面所刻的鎏金佛足，以及在上海松江区兴圣教寺塔（11世纪至12世纪）里遵循一般佛教涅槃造像制作的小型卧佛铜像及其身边的舍利银盒；见林伟正，2010a，页23—24。佛祖涅槃在中国置放舍利的"金棺银椁"上的更多表现方式，见H. Shen，2003。最近发现了不少唐代的包骨真身像，即在肉身外缠扎秸草，外包泥土，并施以彩绘，可见冯骥才，2009，页312—319。

7　《酉阳杂俎》，6:1a；汤垕（活动于1322—1328），《画鉴》，10:6a；渡边幸三，1956，页30—31。

8　有关对近世（大部分是清和近代）湖南道教神像中藏有意旨、药物、纸钱及其他物品的研究，可见Arrault，2008；Arrault和Bussotti，2008；Fava，2008。

9　《道教灵验记》（DZ590），《道藏》，第10册，页826c；《云笈七签》，119:2610—2611。杜光庭记载的更多天师像灵验记，可见《道藏》，第10册，页826c—829c；Mesnil，1996—1997，页152。有关杜光庭及当时蜀国道教科仪的发展，见Verellen，1989a，1989b，1992。有关杜光庭道教小说的研究，可见罗争鸣，2005。

填相应的五色香，当心则置水银镜。在中世纪的中国，于宗教塑像中放置镜子和内脏是常见的[1]，尤其对道教而言，在内脏边上放置镜子和香，也许反映了他们洁净神像器官的意图。[2]这一点在道教存想实践中也可以得到证明，作为辅助工具的镜子被用于映射出人的内脏，纯化它们，照亮内在。[3]另外，在道教沐浴中，五香具有洁净的功效。[4]总而言之，这种天师塑像的身体特征帮助我们更好地理解了道教身体的"真形"，其中包括一具正在经历转化的躯体，对内丹极为关键的体内器官位置之标识，以及为了最终得道的其他物质辅助。

人体山水图

众所周知，内丹的另一特点是将人体内部类比于山水图。既然山水画可以作为自然整体的标准化参考，那么人体内的"微型山水图"堪比宇宙天体的内在微观呈现。《体象阴阳升降图》（图1.53）是一个很好的例子[5]，它被收录在上清道士萧应叟（约13世纪早期）的《度人经》（DZ1）注本中，此《度人经》是在宋徽宗时期扩编的一部大型道经。[6]萧氏在1226年向南宋理宗皇帝（1225—1264年在位）呈上了这部注本。[7]虽然该经的经名显示这是一部早期道教经典的注释本，但其内容反映了萧氏本人对内丹的兴趣。[8]另一幅相近的图像《元气体象图》（图1.54）可见于元代道士陈致虚（1290—约1368）的作品中。[9]这些道经中收录的人体山水图表明13世纪至14世纪的内

---

1 有关佛镜的更多研究，可见 E. Wang, 2005a, 页247—255；H. Shen, 2006；H. Shen 编，2006，页270—273，图版73a-c；刘艺，2004b，页201—290。

2 道教徒相信神圣身体内的内脏是纯净的。《夷坚志》中就讲述了这样的故事，武真人曾梦见自己为后土所召，一日梦见玉女剖其腹，取肠胃涤诸玉盆，复纳于腹而缄之，见《夷坚志》丁志，页653。也可见松本浩一，1983，页234；1990，页191。《夷坚志》中的更多道教医学故事，可见庄宏谊，2005。

3 有关道教镜子的更多研究，可见福光永司，1973；Cahill, 1986；Kohn, 1998a，页69—71，2007，页130—131；刘艺，2004b，页134—200。有关《庄子》、禅宗和理学以镜喻心的资料，可见 Kohn, 1998b。

4 有关道教沐浴，可见《云笈七签》，41:888—901；Schafer, 1956；Kohn, 2003a，页114—119。

5 《元始无量度人上品妙经内义》（DZ90），《道藏》，第2册，页334b；Boltz, 1987，页206—207；坂出祥伸，1991，页77，图13；Despeux, 1994，页38—40；Despeux 和 Kohn, 2003，页185—187。

6 对《度人经》的研究，可见 Strickmann, 1978。对该经明版插图的研究，可见尹翠琪，2017。

7 见《元始无量度人上品妙经内义》序言，《道藏》，第2册，页333c。

8 曾召南，2000。

9 《上阳子金丹大要图》（DZ1068），《道藏》，第24册，页71a。也可见 Needham 等，1983，页105，图1581；Despeux, 1994，页41；Verellen, 2006，页173（图8.10）。陈致虚的更多资料，可见 Pregadio 撰写的介绍，收入 Pregadio, 2008，页262—263；Hudson, 2007；Robinet,

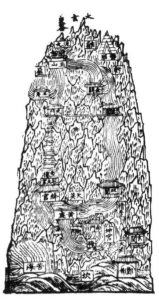

图1.53　《体象阴阳升降图》（局部），明《道藏》（1445），木版印刷，纸本

图1.54　《元气体象图》（局部），明《道藏》（1445），木版印刷，纸本

丹家是它们的主要受众。

　　大量的唐宋文学作品描绘了内在的山水图景。例如，老子的身体[1]转化成宇宙的神圣景观：

> 左目为日，右目为月，头为昆山，发为星宿……肠为蛇，腹为海，
> 指为五岳……乃至两肾，合为真要父母。[2]

　　这个神话与盘古神话很相似，后者的身体也变成了世界的各个部分。根据《云笈七签》的记载[3]，盘古的双眼变成了日月，四肢五体变成了四极五岳，皮毛变成了草木，血液变成了江河，最后齿骨变成了金石。[4]

2011，页12—14，18，34，54，71，77—79，84—91，96—97。

1　当代湖南正一法师易宋尧拥有一幅题为《老君骷髅》的图像，可见 Fava，2009。

2　《广弘明集》（T. 52.2103），144b；Kohn，1995c，页54—55。

3　《云笈七签》，56:1216。可参见 Kohn，1993a，页169。

4　可比较葛洪所作的身体和天地之间的比拟，见《云笈七签》，14：371。

宋代兴盛的大幅山水画同样运用了拟人化隐喻。11 世纪的山水画创作专著《林泉高致》由宫廷画家郭熙（活动于 11 世纪 60 年代）创作，其子郭思（1082年进士）整理而成，他将理想的山水画看作一个运作的有机宇宙体。[1] 水被看作血脉[2]，而石是骨，山为面，草木比毛发，亭榭作眉目。[3] 郭思于 1117 年向徽宗献上了这部作品，姜斐德（Alfreda Murck）认为，其中强烈的道教气息正是为了迎合帝王对道教的兴趣。[4] 郭熙著作中以拟人化形式呈现山水的观念可与萧应叟的人体山水图相比较，前者促成了南宋时有关人体与山水的持续论述，构成了另一种人体与山水之间的类比方式。从内丹的角度来看，这是对人体内部能量前进与复归的隐喻性描述（图 1.53）。[5] 这幅图像从正面展示了众山由海平面层叠而上的盛大场面。画中有屋顶的建筑物，包括右边引人注目的多层宝塔，指代了可以帮助内气运行的想象中的节点，这些内气就是循环于山体中央的蜿蜒的环状河流。[6] 图中的许多基点注有标准的内丹语汇，与同类图像中的词汇一样（图 1.45a-b，图 1.46）。

　　乍一看，萧应叟的正面山图与道教圣山的标准视觉形象[7]相距甚远，后者如昆仑山的经典形象，下狭上广，形似偃盆（图 1.55a-b）。西王母所居之山是一处悬空的花园（悬圃或玄圃），这种视觉解释自远古时代即已存在。[8]12世纪路时中著作中的"高奔"存想图（图 1.55a）描绘了存想飞上太阳的场景，其中也有北斗的神像图（图 1.23a）。[9] 插图中，一位修炼者立于岩石之上，

1　《林泉高致》，499b。有关郭熙，见 W. Fong, 1984；1992，页 93；1996，页 130—133；Barnhart, 1997，页 116—118；P. Foong, 2000。

2　可比较《太平经》（DZ1101）中的思想："水乃地之血脉"，见《道藏》，第 24 册，页 410a；王明，1960，页 119。中国石被视为"能量的核心，地之骨"，相关图录可见 Hay, 1985。

3　《林泉高致》，该段的英译，可见 Bush 和 H. Shih, 1985，页 167；Sakanishi, 1935。

4　Murck, 2000，页 197—200；以及笔者与姜斐德的私人交流，2008 年 11 月 17 日。

5　Verellen, 2006，页 173。有关道教仪式中时间运行的前进与复归，可见 Schipper, 1986。

6　Needham 等，1983，页 107。

7　《无上三天玉堂正宗高奔内景玉书》，《道藏》，第 4 册，页 124b；《无上玄元三天玉堂大法》，《道藏》，第 4 册，页 6b-c。

8　Shin, 2011，页 8—12。

9　《无上三天玉堂正宗高奔内景玉书》，《道藏》，第 4 册，页 124b。有关此经，可见安保罗的介绍，收入 Schipper 和 Verellen, 2004，页 1073—1074。高奔是指"在存想中上升至日月和北斗，并吸取其气"。它来自《黄庭经》中的《高奔章》，其存想可追溯至六朝上清的存思活动，见《云笈七签》，12:257；Robinet, 1993，页 187—200；1989。更多南宋道经中有关高奔的插图，可见《无上玄元三天玉堂大法》，《道藏》，第 4 册，页 8—9；《无上三天玉堂正宗高奔内景玉书》，《道藏》，第 4 册，页 123—127；《太上玉晨郁仪结璘奔日月图》（DZ435），《道藏》，第 6 册，页 698—703。有关这些插图的讨论，可见 Boltz, 1993a；Laing, 1998，页 36—37（图 9）；E. Wang, 2000，页 117，121（图 13）。

图1.55a-b　偃盆状道教圣山存思图，明《道藏》(1445)，木版印刷，纸本：a.洞阳火龙奔飞内景，取自《无上三天玉堂正宗高奔内景玉书》(局部)；b.朝玉堂谒元炁，取自《无上玄元三天玉堂大法》(局部)

而岩石已被水波冲刷侵蚀，其形正似偃盆。在修炼者心中，这块岩石正是昆仑山的象征，相应经文教导他"存自身为昆仑山，下为大海"[1]。路时中的作品中还有一幅朝拜大罗天玉京山的插图，其中也有一座相似的山(图1.55b)。[2]此图展示了人体山水图的另一个版本，存思人体转化成玄都山(或称玉京山)。同时，老君在玉堂中接受朝礼，玉堂也是一个在 13 世纪人体图中有相近标注的圣地(图 1.46，图 1.53)。[3]

---

1 《无上三天玉堂正宗高奔内景玉书》，《道藏》，第 4 册，页 123b。也可见坂出祥伸，1991，页 78—80。另一幅图像描绘了修炼者御龙奔日的场景，其相应的经文指导信徒存想太阳降火云成桥，最终成龙，载之奔日。见《无上三天玉堂正宗高奔内景玉书》，《道藏》，第 4 册，页 124b。其他天心法经典中的相似插图，可见《太上玉晨郁仪结璘奔日月图》，《道藏》，第 6 册，页 699b-c，701b—702c。
2　此插图是"朝玉堂谒元炁"法的一部分，见《无上玄元三天玉堂大法》，《道藏》，第 4 册，页 6b-c。另见 Boltz，1987，页 37（图 6）。
3 《无上玄元三天玉堂大法》，《道藏》，第 4 册，页 6b。

与道教圣山的主流形象不同，萧应叟的山水图更形似北宋的大幅山水画，其中的重要代表是 11 世纪早期范宽（活动于 1023—1031 年）的《溪山行旅图》（图 1.56）。[1] 其构图前景庞大，山体高峻，山壁上是密密绵绵的雨点皴。此外，山顶上满布丛林，不同的建筑点缀山间。我们可以将萧应叟的图像看作是一幅缩小的大幅山水画。进一步而言，若要欣赏这两幅图像，观者需要进行一场思想和视觉的旅行，穿越其中复杂的风景构造：从画面下方离观者最近的一点开始进入景观，穿越溪水与桥梁，留步于不同的大门和亭榭，然后渐渐登上顶峰。[2] 利特尔认为范宽作品中回响的"内在准则"是"根本上源自于道教的宇宙秩序观念"的反映。[3]

内在之旅

萧应叟《体象阴阳升降图》后的经文明确告诉读者，将山看作自身：

> 此身为天地炉灶，中宫为鼎，身外乃太虚。[4]

从这个角度看，山的形象也是协助信徒开启一场内在灵性之旅的想象的地图。正如欣赏一幅宋代山水图轴，从这幅微型山水图的前景开始，信徒首先遇见的是"苦海"，这是从佛教借用的术语，在此指代气海或下丹田。低处的山丘分隔了苦海与其上的河流，在画面右下角，沿着这些山丘有一个门的母题，正立于海水之上，称为"酆都关"，这让人想起之前所讨论的另一幅人体图中的地下世界北都罗酆（图 1.46）。大海之水直升至左边的"黄庭"（肾）和右边的"命门"。画面中间分布着蜿蜒的环状河流，在不同的结合点标有建筑图案，一座水平架设的桥梁连接着两个关口。[5] 根据戴思博与孔丽维的研究，左右两侧垂直的河流也许是指代贯通身体前后的任督二脉，位于

1　林柏亭编，2006，页 54—59（图版 6）。有关此画的部分研究，可见 W. Fong，1984，1996，页 125—130；Barnhart，1997，页 100，102。

2　可参看施舟人对 19 世纪《内经图》观赏方法的解释，Schipper，1986，页 186。

3　Little，2000，页 722。

4　《元始无量度人上品妙经内义》，《道藏》，第 2 册，页 334b。笔者的英语翻译参考了 Despeux 和 Kohn，2003，页 186；整段经文的翻译可见同书，页 186—187。

5　桥梁左边的"天关"即心口，见 Despeux 和 Kohn，2003，页 187。

图1.56　范宽《溪山行旅图》，北宋，约1000年，立轴，绢本淡设色，206.3厘米×103.3厘米，台北故宫博物院藏

环状河流圈内下方的"无英府"正是想象中的胞胎。[1] 环圈左侧的河流表现为一座多层塔，这是喉咙；其下是心脏，称为"绛宫"。桥梁上方的"金阙"指口，这是环圈上部的中心。若继续向上，图中所标出的不同修炼部位都在头部。天上的"玉山上京"（玉京山的别名）在环圈的左上角散发出光芒，这是能量在头部汇集、混合、精炼之处。[2] 显示出天上与头部互相联系的其他地点还包括，位于画面顶端的昆仑山[3]，以及"玄天"，在地之上的道教之天。

画面右上角有一座引人注目的九层宝塔"郁罗萧台"，这是在《度人经》中首次出现、位于玉京山顶峰的天界建筑。[4] 萧应叟的注释进一步称，这座九层高台就是人的头部。[5] "郁罗萧台"这个名字也与北宋宫廷推广的一种道教建筑有关[6]，尤其是徽宗时期。[7]1113 年，当宋徽宗启建罗天大醮时，祥瑞出现。当时仙鹤盈空，徽宗亲见空中现宝台九层，上有金牌玉篆"郁罗萧台"四字。[8] 唯有少数拥有"特殊眼力"之人，包括林灵素（1076［？］—1120）得见嘉祥，他建议徽宗筑造一座以此为名的祭坛以祭天，此坛是普通祭天之坛的两倍之大。[9]

那么，道教中的微缩图有什么意义呢？范宽在高达两米的立轴中展现了一座雄阔壮美的高山，萧应叟的人体山水图或许是一部专为帝王而作的注疏作品中的一幅小插图。在范宽的山水画中，人物形象是渺小的，只是作为自然界中共存的万物之一而出现。[10] 而萧氏的微缩山水图中并没有这样的人物形象，因为整幅山水图像本身即代表了人体，其预想的山并非一座孤立的主山，而是由层叠向上的微型众山构成的图像。在人体中能够想见无限众山的观念正表现出了人体就是一个小宇宙，与《黄庭经》中的语句相应，无数的身神

---

1 Despeux 和 Kohn，2003，页 185。

2 《元始无量度人上品妙经内义》，《道藏》，第 2 册，页 356a。

3 根据《黄庭经》的记载，昆仑山与头部相对应；见《云笈七签》，11:236，12:299。

4 《度人经》中共出现十次，见《灵宝无量度人上品妙经》，《道藏》，第 1 册，页 3b，72b，86b，132c，158c，262b，303c，330b，337c，405b。

5 《元始无量度人上品妙经内义》，《道藏》，第 2 册，页 356a-b。王契真《上清灵宝大法》却认为该宝台对应的是后颈，见《道藏》，第 31 册，页 250b。

6 995—997 年间，建筑图画家吕拙向宋太宗上进了一份郁罗萧台图样，成为玉清宫的一部分。之后，朝廷任命吕拙为玉清宫道士；见刘道醇（约 11 世纪 50 年代），《圣朝名画评》，3:459a。

7 《能改斋漫录》，12:18a-b；《元始无量度人上品妙经注解》（DZ92），《道藏》，第 2 册，页 468b-c。

8 《元始无量度人上品妙经注解》，《道藏》，第 2 册，页 468b-c。

9 《能改斋漫录》，12:18a-b。有关林灵素的研究，可见 Ebrey，2000；李丽凉，2006。

10 W.Fong，1996，页 128。对宋代山水画中人物的研究，可见 Barnhart，1989，尤其是页 65—66。

正如互相连叠的万千重山一样。[1]

在范氏大幅山水画和萧氏微型山水图中所见到的与图像相关的尝试，符合苏珊·史都华（Susan Stewart）对微型与巨型的分析。[2] 她认为，微型作品"不仅具有物质实体可触知的特点，同时也代表了并不存在的真实"[3]。最重要的是，它暗示了一个向内的世界，集中于"无限深远的内在性"[4]。它宛如宝石一般，引发人们的想象，创造出"'另一个'时间，这是一种否认活生生的现实在不断变化的超越性时间"[5]。若从这个角度来解读萧应叟模仿北宋大幅山水画，创作与内丹相关的人体山水图的举动，用石泰安（Rolf Stein）的话来说，相比原作，"它在尺寸上改变愈大"，"则愈具神奇或神秘的气质"。[6]

传统中国的道教徒们具备这样的预设，身体与宇宙是相关联的。这点在各种细描了身神、登涉星宿之旅、人体内部尸虫等存思图，以及展示了内丹生理原理的人体内部图像中非常明显。它们是信徒练习存思和呼吸的视觉辅助和物质性反射。道教的身体图像与宇宙图像之间交互影响，正是由于充满想象力的道教徒积极地来往于这两个层次之间。

一方面，在身神的表现形式中，一些官僚模样的形象是通用的，而另一些则表现了神祇出离人体的运动状态，强调了他们能够被快速召请，以及游走宇内的能力。道教仪式开始时，召出身神在法师的存想与出官仪式中非常关键，虽然仪式的观众无法亲眼看见他们。

另一方面，星宿存思图强调了个人与星宿之间的相互关系。一些图像描绘了信徒登涉行星的旅行，而另一些则是行星下降于信徒，无论是在个人存想中，还是在仪式表演中。星宿有多种样式，从勺状的星座图、罡图，直至以人物形象表现的星宿神。

当图绘奇形怪状的鬼怪和人体尸虫的时候，道教徒想象了一大群有害健康的人体寄居者，其中一些可与宋元明时代的医学著作中所记录的寄生虫相

1　《云笈七签》，11:237，248。
2　Stewart，1993，尤其是第二、第三章。感谢马西娅·布伦南（Marcia Brennan）向笔者推荐这部作品。
3　Stewart，1993，页60。
4　例如玩偶之家，见Stewart，1993，页60。
5　Stewart，1993，页43，60，66。
6　Stein，1990，页52。

比较。这些人体鬼怪和尸虫的视觉格套构成了尚待研究的疾病视觉文化中的重要部分，这与鬼怪学的视觉文化有交集之处。

内丹的不同视觉表现从另一方面反映了道教对于作为微观宇宙的自身的迷恋。为了帮助信徒定位和存思人体内部，宋元内丹基于更早的文本传统，发展出了一套丰富的视觉及文本语言，并为中国视觉文化输入了新的词汇。这种独特的视觉类型，或者说是"视觉化的内丹"，通过对透明身体的探索，连接起了宗教与医学，不仅揭示了内在器官，还包括内在能量运行的超自然机制。生理学的人体图像跨越了宗教领域，与医学和解剖学的直观性身体互相对话。另一种类型的人体山水图则将道教对宇宙人体的视觉诠释与宋代新创立的流行山水画相连通。

有关它们的流布，大部分《道藏》中的身神与登星之旅的图像都与早期上清经或宋代天心正法经典有关。这些图像材料仅限于在特定的信徒之间流传，也许这正是它们在更广阔的道教视觉文化语境下保持神秘的原因。与此相反，体内鬼怪和尸虫的形象，以及与内丹有关的图像在宋元时期却是公开流传的。因此，它们与道教以外的养生、保健和医学领域的视觉作品相互交织。

第二章

宇宙的图志

为了有助于出神状态下的神游以及与神灵沟通，道士们努力地测绘世界的复杂起源及结构。从早期开始，某些星宿、天宫、圣山和地下世界在人体内已有对应的所在，但这只反映了一个更为庞大的道教宇宙之侧影。自宇宙最初的形成，到天上、地上和冥界皆充满了种种不同的神祇和生命，道教眼中的世界究竟是怎样的呢？这些不同的界域之间又如何连接？道教徒使用何种视觉语言说明他们的宇宙构造论（cosmography）？道教对中国宗教宇宙学的独特贡献在哪里？道教宇宙学与中国文化的其他方面又有何交融？

过往的研究往往集中于道教宇宙观中较为哲学、观念性的层面[1]，而极少涉及宇宙形状、构造论等议题。其部分的原因，或许是因视觉材料的零散。欧洲从 7 世纪或 8 世纪开始制作世界地图，即所谓的 T-O 地图。[2]他们尝试用平面的环形图案来表示世界，亚洲位于上部（东方），欧洲和非洲在底部（西方）。有时，伊甸园居上部（东方），耶路撒冷则在中央。[3]与此不同，《古兰经》中的伊斯兰宇宙是一个多层次、阶级分明的复杂体。好似华盖那样笼

---

1 有关中国和道教宇宙学的部分研究，可参看 Graham, 1986；Henderson, 1984；Major, 1984, 1993；Needham 等, 1956, 页 216—345；Bokenkamp, 1997, 页 15—20, 165—166, 234—237；Lagerwey, 1981, 页 33—38, 40—42, 80—82；Robinet, 1984, 第一卷, 页 130—140, 221—228, 1997, 页 7—14, 42—46, 92—94, 158—162, 2002；Kleeman, 2005；Cullen, Robinet 与 Pregadio 撰写的简介，收入 Pregadio, 2008, 页 47—60。

2 世界地图的相关研究，可见 Harley 和 Woodward, 1987, 页 283—370；Scafi, 2006, 页 108—115；Needham 等, 1959, 页 528—532。

3 Harley 和 Woodward, 1987, 页 302—303。感谢琳达·尼格利（Linda Neagley）和戴安娜·沃尔夫陶（Diane Wolfthal）向笔者提供有关资料。

罩大地的天空共有七层，与此相对应，位于下方的地也有七层。大部分的伊斯兰宇宙图形与欧洲 T-O 地图相似，都是圆形的。[1] 相反地，零散的道教宇宙结构的视觉材料却显示出一个定义不严谨的宇宙结构概貌，这绝不是一个完整一致的系统。12 世纪至 14 世纪道教文本中的宇宙图表、仪式坛图和内丹插图，还有其他绘画、造像、建筑和物品，都记录了这个有弹性的道教宇宙结构。总体而言，这些图像有助于我们检验多元视角的道教创世论；同时它们也揭示了道教天界、人间仙境和地下世界的形塑——正是这三者构成了道教宇宙结构的基础。

道教创世论

创世神话和故事是宇宙构造论的基础。道教拥有多种不同版本的创世说，大约可分为三种主要类型：一是来自古老宇宙学的宇宙进化论；二为天师道将老子视为创造者；三乃上清和灵宝经系将天文视为宇宙之本源。[2]

第一类说法，也是最古老的说法，起源于古老的中国宇宙学，使用进化的术语来描述世界的发展，就像是一个"暗藏之秩序慢慢展开的结果"[3]。《道德经》用数字来表现这一过程：

> 道生一，一生二，二生三，三生万物，万物负阴而抱阳，冲气以为和。[4]

这种逐渐展开的过程以阴阳互动为特征，二者相和之后，产生第三种实体，以致生成万物。[5] 作为上述进化过程基础的另一些互补模型，包括五行和八卦，它们在数字、季节、方位、颜色和动物种类等方面，提供了额外的相关参照。[6]

1　对伊斯兰教宇宙结构的研究，可见 Karamustafa，1992。

2　Kohn，2008c，页 115—118。与创世论相关的道教文本的英语翻译，可参看 Kohn，1993，页 33—62。

3　古克礼（Christopher Cullen）所撰简介，收入 Pregadio，2008，页 47。

4　Girardot，2008，页 45；何士骥，1970，第三卷，页 15—16；蒋锡昌，1970，第三卷，页 278—280。

5　有关阴阳理论的研究，可参看 Graham，1986。另可见 Kohn，2008c，页 115；Cullen 所撰简介，收入 Pregadio，2008，页 51—53。

6　显示阴阳和五行相互关联的有用表格，可参见 Pregadio，2008，页 52，1070 中的图表 1，25；

在此之前，道的真形存在于无形状态之中[1]，称为"混沌"[2]，未分、未形，且充满元气，好像一个密封的麻袋。[3] 在《庄子》中，这种原初的状态表现为一位"无貌"且人格化了的"中央之帝"，没有七窍，无法视、听、食、息。讽刺的是，当南海与北海之帝尝试为他凿出七窍之时，他却因元气散尽而亡。[4]

混沌之帝的故事指出了在进化问题上的自相矛盾：在世界向前进的同时，它也变得越发不纯，更为脆弱。有鉴于此，中世纪道教从内丹学的视角出发，重新解释道的运动，将它看作是一场双向的旅程。在道生成万物的同时，道教徒却进行逆向的自我修炼，再从万物复归于道。[5]

第二种创世论模式是将神化后的老子当作世界的创造者。[6] 5 世纪的《三天内解经》（DZ1205）反映出天师道将老子看作是道的"直接产物"。[7] 此经描述老子化生于玄妙玉女的左腋[8]，玉女本身即是由玄元始三气相因而化生，而老子则是混气凝结而生。由于生而白首，故号为老子或老君。[9] 在老子的指引下，阳气上升成为天，阴气下降成为地。[10]

老子与道教创世论的联系或许反过来促成了其造像的广泛流传。[11] 例如，在现存 6 世纪至 7 世纪的造像中，老子像有几个特定的肖像特征，虽然这些

Kohn，2001，页 44。有关五行和八卦的更多研究，可见 Major，1984；Andersen，1990b；Cammann，1990；Smith，2009。对于相关主题的艺术史研究，可见 Louis，2003a；M. Wan，2003。

1　参见张衡（78—139）的评论，Cullen 在 Pregadio，2008，页 47 有英文翻译。

2　对早期道教中混沌主题的研究，可见 Girardot，2008。

3　由 Robinet 提出，见 Pregadio，2008，页 48—49，523—525。根据《道德经》，元气甚至更早于，或与混沌同时出现；见 Pregadio 所撰简介，收入 Pregadio，2008，页 1192。

4　Girardot，2008，页 64 有《庄子》第七篇的英译。

5　Robinet 所撰简介，收入 Pregadio，2008，页 54。

6　最早详细记录老子神化的现存文本之一是 2 世纪晚期的《老子变化经》，在敦煌藏经洞中发现的隋代抄本（S. 2295）署为 612 年，王俦写，长安玄都玄坛道士覆校。该经的影印本，可见李德范，1999，第四册，页 2141—2146。对于该经的研究，可见刘屹，2005，页 368—417。在 Kohn，2008c，页 115—116 上，可见其部分文本的英译。

7　Kohn，2000c，页 110。

8　这种说法受到了佛祖从其母右胁出生（见 Kohn，2008c，页 116），以及无垢光女自母亲左手而出的影响，后者的故事记录在 5 世纪伪经《佛说转女身经》中，见 T. 14.564:921a。一部属于西夏佛教的《佛说转女身经》（TK8）卷首插画描绘了这个故事，而其题字却称她"从母右胁忽然化生"，见中国社会科学院编，1996—2000，第一册，页 198（图 54.2）；Saliceti-Collins，2007，页 103—105，238（图 2.51）。

9　《道藏》，第 28 册，页 413b。

10　Kohn，2008c，页 116。

11　老子在中国艺术中的视觉表现的部分研究，可见胡文和，2008；Pontynen，1980a-b；Wu Hung，2002a；Fava，2009。

形象未必与天师道有关。北周时期，由一杜姓信士为杜世敬、李要贵等造的石碑（568 年）[1]，端坐的老子伴有两位协侍，每人都手持笏板（图 2.1）。它的许多视觉特征都反映了后期老子造像的标准配备[2]，包括顶髻发型、三角形胡须以及身前 T 形的扶手。[3]

第三种道教创世论模式，则与上清、灵宝经系所推崇的天文信仰有关。在宇宙形成之前，由凝气自然化出的文字，因被视为天界的符号而被赋予神圣的力量。一部中古早期的上清经典《上清金真玉光八景飞经》（DZ1378）描绘了隐书焕赫洞耀、照彻十天的壮景。[4] 此经现存一敦煌写本（P. 2728，图 2.2），由唐长安清都观经生邬忠抄于 692 年：[5]

> 乃生九天之上，无［元］影［景］之先。玄光流映，若无［元］
> 若悬［存］……积七千余年［劫］，其文甚明，仰著空玄之上，太
> 虚之中，览亦不测，毁亦不亡[6]，焕赤［赫］洞耀，彻照十天。[7]

王卡认为，这部敦煌写本与其他四件残本同出一源。[8] 由于另一部相关抄本 S. 238 中的一些文字是在武则天（690—705 年在位）时期新造的[9]，它们

1　胡文和，2004，页 146（图 42），2008，页 101（图 16）；刘昭瑞，2007，页 195（图 91）。胡与刘都将这块石碑的年代定为 567 年。感谢井手诚之辅与笔者分享他对此造像的洞见。
2　老子与天尊造像（583 年，661 年，668 年，709 年）比较的视觉证据，可见于胡文和，2004，页164—165，182—183，184—196，198—200（图 48，58，60，63—67，72）；L. Yang，2001b，页 36（图 7）的 567 年老子造像（收藏于美国弗利尔美术馆［Freer Gallery of Art］）。更多中世纪道教造像的研究，见 L. Yang，2001a-b；Abe，1996—1997；Bokenkamp，1996—1997；Little 和 Eichman，2000，页 163—171，181—184（图版 29—33，38—42）。
3　在中世纪早期，很流行在家具几案上装有 T 形的扶手。可参见《世说新语·贤媛第十九》中所记载的韩康伯的母亲倚靠于古几上的故事；余嘉锡，1993，第二册，页 697。其英译可见 Mather，1976，页 355。更多有关《世说新语》的研究，可见 N. Qian，2001。感谢钱南秀向笔者提供这些资料。带扶手之几的考古例证，可见 L. Yang，2001b，页 52（图 42）。
4　《道藏》，第 34 册，页 54c。
5　此清都观也许就是 8 世纪张万福天师所在的道观。见《太上黄箓斋仪》（DZ507），《道藏》，第 9册，页 371c。更多敦煌藏经洞中的道经信息，可见大渊忍尔，1978—1979。
6　此句的结构来自《道德经》第十四章。
7　李德范，1999，第四册，页 1982。方括弧中的文字是《道藏》本中的异文，见《道藏》，第 34册，页 54c。《上清金真玉光八景飞经》的部分英译，可见 Hsieh Shu-wei，2005，页 285—286；Eichman，2000，页 38。
8　王卡，2004，页 85—86。这些残本的年代在另一部《金真玉光八景飞经》（S. 238）中可以找到；见李德范，1999，第四册，页 2003。
9　李丰楙，1995，页 123。中古时期中国道教写经的研究，可见李丰楙，1995；张泽洪，2000；

图2.1　杜崇□为杜世敬、李要贵等造老君坐像石，北周，568年，高35.0厘米，砂岩

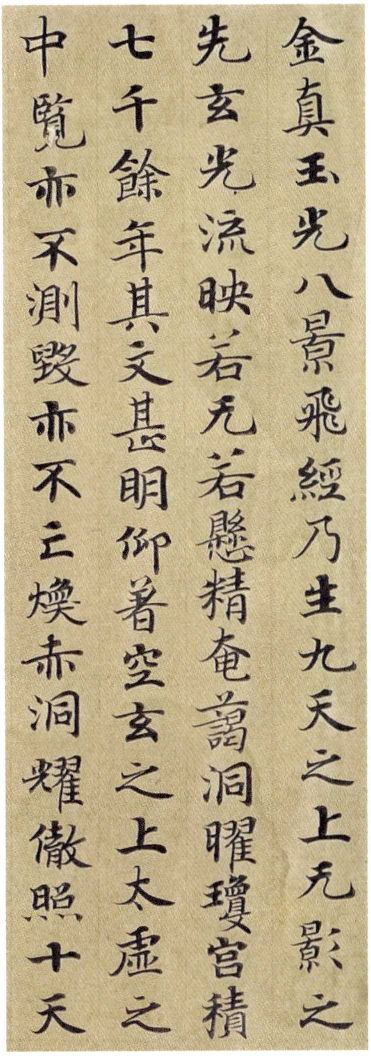

图2.2　《上清金真玉光八景飞经》（局部），取自敦煌写本，唐长安清都观邬忠写，692年，手卷，纸本墨书

很可能反映了武后对道教写经的支持。

　　中世纪灵宝经对于天文的描写更为详尽，加入了多层次的语境性、物质性和空间性。"一一天文""字方一丈""八角垂芒"，[1]这些文字书于"天

Kohn，2003a，页159—163；林圣智，2003，页107；Monnet，2004，页110—114（图版73—78）；Eichman，2000。

1　《太上灵宝诸天内音自然玉字》（DZ97），《道藏》，第2册，页545c。这些短语常出现于多部中世上不同建筑物的墙、门、台上，或是殿堂、宫阙之中"[1]。其中较特别的是位于宇宙四方和中央的五篇真文[2]，由天人铸金为简，刻书玉篇，秘于九天之上。[3]这一系列真文的早期版本保存于5世纪的《五老赤书玉篇真文天书经》（DZ22，图2.3）之中。[4]真文以云篆写成，以其方正的结构以及重复的"螺旋形流动线条"和"曲线"而引人注意。[5]

灵宝经还在道教创世说中加入了独特的声音元素，唱诵形式的天文，即"大梵隐语"[6]，这种道教"伪梵文"[7]与佛教"陀罗尼"的功能相对应，它们不是凡人所能够理解的。柏夷（Stephen Bokenkamp）精心整理出来的对照表显示[8]，虽然5世纪灵宝经《太上灵宝诸天内音自然玉字》中的这些汉字图案代表的是神祇名讳，但若逐字翻译，却是毫无意义的（图2.4）。这些图案的威力与意义在于发出这些代表神祇名讳的汉字的声音，因此，在我们理解道教创世论的视觉性时，亦不可忽略道教图案与声音的关联，因这些看似文字的图形实乃诵音的形式。

既然这些文字无法被"释读"，那么它们又如何被传承？首先，由元始天尊[9]挑选特定的神祇传诵这些天文，后者再以诠释或翻译的形式，包括类似

纪道经内，例如，《无上秘要》（DZ1138），《道藏》，第25册，页66c；《灵宝无量度人上品妙经》，《道藏》，第1册，页63a、218a、259b、388c；《灵宝无量度人上经大法》，《道藏》，第3册，页614b。也可参见 Ware，1933，页244；Hsieh Shu-wei，2005，页287—288；Kohn，2003a，页159。

1　Hsieh Shu-wei，2005，页377，另有页388—391上的附录 II 与 III 详细记录了灵宝经中所见的天文所在地。

2　Hsieh Shu-wei，2005，页351；Bokenkamp 撰写的简介，收入 Pregadio，2008，页1060。

3　Kohn，2008c，页117。

4　《道藏》，第1册，页783b；完整的五套真文，可见页776b—783b。谢世维数出 668 个天文，柏夷则数出 672 个。分别见 Hsieh Shu-wei，2005，页353；Bokenkamp 撰写的简介，收入 Pregadio，2008，页1060。

5　Hsieh Shu-wei，2005，页354；2010，页101—103、105、108、112、114、118—119、122—123、256、261。对于道教文字书写的更多研究，可见土屋昌明，2010。

6　对于大梵隐语的研究，尤其是它的音译性质，可见 Bokenkamp，1983，页462—465；1997，页385—389；Bokenkamp 所撰写的简介，收入 Pregadio，2008，页297—298；Hsieh Shu-wei，2005，页25—26、233—240；2010b，页104—107。《夷坚志》中的故事证实了大梵隐语的流行和有效性；见《夷坚志》支乙卷第二，第2册，页804—805。有关道教灵宝经中的"梵"的概念，可见谢世维，2011。

7　Zürcher，1980，页110—112；Bokenkamp，1997，页387。

8　Bokenkamp，1983，页463。这些天文的例子源自于《太上灵宝诸天内音自然玉字》，《道藏》，第2册，页532a-b；与其发音相对应的神祇名讳，可见532c—533a。也可见 Bokenkamp，1997，页431，图5。对于该经的更多研究，见 Hsieh Shu-wei，2005，页33、238—239、361—374。

9　Bokenkamp，1997，页380—382。

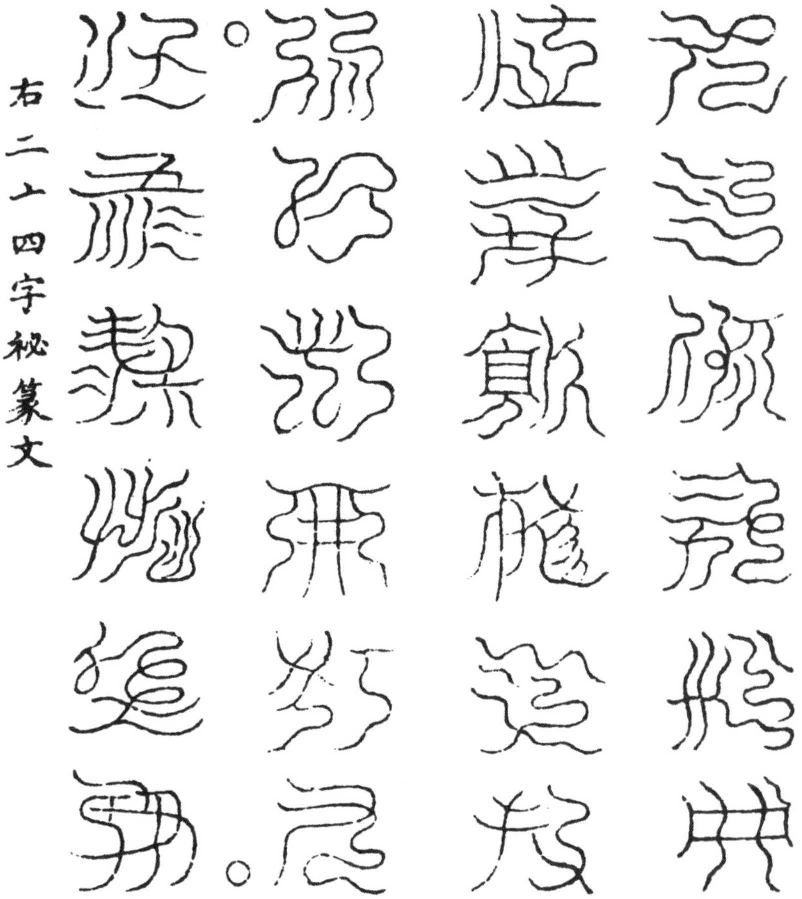

图2.3　五篇真文，取自《五老赤书玉篇真文天书经》（局部），明《道藏》（1445），木版印刷，纸本

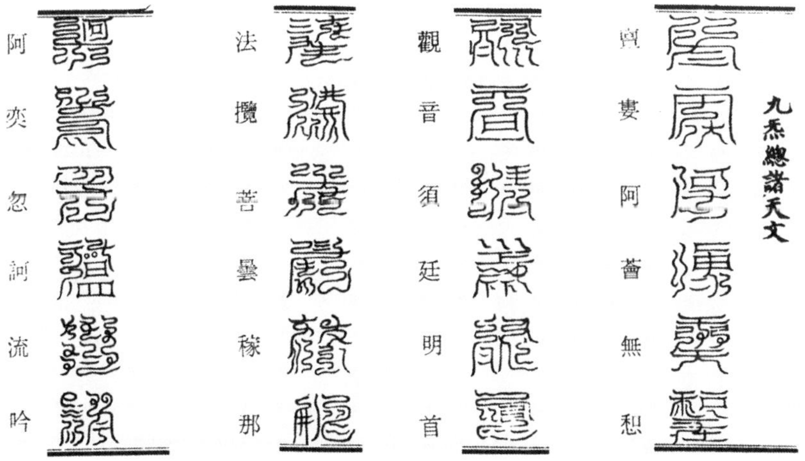

图2.4　中文汉字与大梵隐语的对应表（柏夷制）

咒语的格式[1]，授予下一等级的神祇，最后由他们揭示给选定的凡人。[2] 由此可见，道经的传授是一个多媒材的过程，从听觉到视觉与文本。

神圣的图式

宋代道教徒在综合多种创世论模式的基础上，提出了一种全新的视觉风格来描绘道教创世论。由于宋徽宗的大力推广以及灵宝《度人经》的扩充[3]，此时的图像已被广泛接受为一种与原始天文相对等的象征物。12 世纪早期的《灵宝无量度人上品妙经符图》（DZ147）是对《灵宝无量度人上品妙经》的注释[4]，其中收录了《碧落空歌图》（以下简称《碧空图》，图 2.5）和《大浮黎土图》（以下简称《浮土图》，图 2.6）。[5] 鉴于该经的序言署名徽宗[6]，经文的主体部分又赞颂了神霄派至高无上的地位，司马虚（Michel Strickmann）和戴思博认为它与在徽宗朝活跃的神霄道士有关，特别是王文卿（1093—1153）。[7] 上述两幅图是对出现于《度人经》开首并贯穿始终的关键短语"碧落空歌大浮黎土"的视觉诠释。[8] 柏夷发现这句短语由三个伪梵文术语构成：碧落、浮黎、空歌。总体而言，它指的是一处与"东北方第六天"有关的"天上之域"，元始天尊在那里传授道经给其他神祇。[9]

1　Kohn，2008c，页 117—118。

2　Bokenkamp，1983；Hsieh Shu-wei，2005，页 36。

3　《道藏》中所保存的《度人经》为六十一卷本，见第 1 册，页 1a—417a。其中除了第一卷可上接六朝灵宝经，其余六十卷可能是在宋徽宗和神霄道士林灵素（约 1076—1120）的指示下编制的。有关此经的经典研究，可见 Strickmann，1978。有关林灵素，可见 Ebrey，2000，页 104—107；2006，尤其是页 251（注 51）；李丽凉，2006；S. Chao，2006，尤其是页 327—338。

4　有关该经的研究，可见 Strickmann，1978；Bokenkamp，1997，页 373—438。

5　两幅图可见《道藏》，第 3 册，页 64a-b。与它们几乎一样的图像出现在《灵宝无量度人上经大法》中，可参见《道藏》，第 3 册，页 1042b-c。另有一幅《高上神霄王真形图》可与《浮土图》作比较，见神霄运动经典《高上神霄玉清真王紫书大法》（DZ1219），《道藏》，第 28 册，页 566a。有关这些图的研究，可见 Despeux，2000，页 511—513，525—526。

6　见《道藏》，第 3 册，页 62b—63a。

7　司马虚认为序言的署名以及经中的多幅图像进一步显示这是一部神霄派作品，与徽宗朝的环境密切相关，他进一步指出，此经由神霄道士王文卿作于 1120 年。见 Strickmann，1978，页 344—346。也可参见 Despeux，2000，页 511，525；Lagerwey 撰写的简介，收入 Schipper 和 Verellen，2004，页 1084。

8　该短语见于《道藏》，第 1 册，页 1c，36a，132b—137a，182b，189c，286c，382a，402c。另可参见 Bokenkamp，1997，页 405。对于这个复杂术语的研究，见 Bokenkamp，1991；1997，页 383，432—433（注 1）。

9　Bokenkamp，1997，页 432（注 1），1991，页 71；Hsieh Shu-wei，2005，页 372—373。

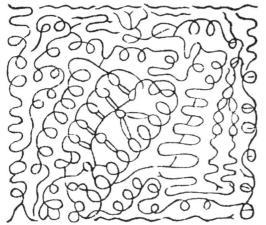

图2.5　《碧落空歌图》，取自《灵宝无量度人上品妙经符图》（局部），明《道藏》（1445），木版印刷，纸本

图2.6　《大浮黎土图》，取自《灵宝无量度人上品妙经符图》（局部），明《道藏》（1445），木版印刷，纸本

　　与进化论宇宙观相呼应，上述两幅图呈现了原始混沌之后，宇宙之气分化，并形成天与地的过程。《碧空图》由一系列相互连接的曲线构成（图2.5），其富有动感的构图令人联想到流动、轻盈、纯净的阳气不断上升而形成天的场景。《浮土图》则充斥着固体状的黑色块（图2.6），其中混合了月牙形的小小空白，这些黑色部分象征着下沉并形成地的阴气。

　　两幅图并非自然形成，而是天真皇人创造的。谢世维指出这位神祇在道教灵宝经系统中担当着传授真经的重要角色。在《度人经》中，他负责"翻译"和"解释"最初由元始天尊传授给其他神祇和仙人的诵音形式的真经。[1] 从这个角度看，这两幅图就是由天真皇人所诠释的真经的另一种真形。

　　那么，天真皇人是如何用图来诠释真经的呢？图是真经的一种原始象征符号，"转译"了天音式的真经。《碧空图》中重复出现的螺旋线条也许正反映了众神唱诵经典时的节奏感、音乐性和震动感的视觉"声景"（visual "soundscape"）形式；[2] 同时，它们也对应于人体的三百六十脉经

1　有关天真皇人，可参见 Hsieh Shu-wei，2005，页 238—239，343—349；2007b；2010b，页 126—166。也可参见尹翠琪，2012。
2　有关宗教与神圣声音的最新研究提醒我们注意声景（soundscape）中所暗示的空间隐喻，以及"声音表现的图案化"与"宗教实践及其时空位置"之间的复杂联系。更多关于声景和宗教冥想的研究，可见 Schulz，2008，尤其是页 173。对中世纪道教宇宙论中的声音和书写的最新研究，可见谢世维，2011。

络。[1] 另外，图亦是世界的地图。天真皇人紫笔定书《浮土图》，以青色作地，以黄色为图文，以赤色为界[2]，这是以不同色彩标示陆地、水域和地界的过程，与地图制作相若。最后，图还具有符的威力，可作为药物使用，图后的释文提到服用之或佩之于身，可得神仙护佑，助益健康。

作为神圣象征符号的图在道教中的含义与古老传说中代表授予统治者天命的祥瑞有关，它们通常是在自然中出现的类似文本的图案或象征。[3] 周汉两朝的谶纬[4] 资料强调了两种从河中显现的祥瑞图，出于黄河的《河图》和出于洛水的《洛书》。[5] 与道教中的《碧空图》《浮土图》及其他天文是由神祇降授的不同，《河图》和《洛书》是由神兽使者送来的，如龟（图1.36）、龙（图2.7）[6]，或马，且都出自河水之中。[7] 有时天文只是"自己现身"于自然中，正如唐代敦煌手卷所展示的、出现于莲花池中的《河图》卷轴（图2.7）。早期及中世纪的资料号称这些图上的古怪图形是古篆字，或鸟文、蝌蚪书，甚至是日月、星辰、五岳的象征；其中还讨论了制成这些图的珍贵材料，如玉或丝绸锦缎。[8] 无论我们如何去想象这些图案，仍旧缺乏现存的视觉证据[9]，而受这些古老书写方式启发而来的道教文字却很可能反映了《河图》的传统。[10]

现存最早的《河图》图样来自宋代，反映了人们对数字占卜术日渐增长的兴趣，这是由新儒家在研究《易经》和相关术数时，所推广的对"宇宙变

1　《道藏》，第3册，页64a。柏夷追踪了唐诗中的碧落，将它解释为覆盖东北天界的碧绿烟霞。参见 Bokenkamp，1991，尤其是页71；Hsieh Shu-wei，2005，页372—373。

2　《道藏》，第3册，页64b。

3　关于道教天文的古老来源，可见 Hsieh Shu-wei，2005，页109—194；有关天命的部分研究，可参见页109—112（更多参考资料见页109，注1）；Seidel，1983。

4　戴仁君，1966，页30—55；安居香山和中村璋八，1971—1992，尤其是第2卷，页73，86，第6卷，页89—91，136，174；陈槃，1979，1991；Hsieh Shu-wei，2005，特别是页14（注11），144—154，2007，页192。

5　有关《河图》《洛书》的研究，参见 Kaltenmark，1960，页568—570；戴仁君，1966；Ledderose，1978—1979，页33—36；安居香山和中村璋八，1971—1992，第6卷；陈槃，1991；Seidel，1983；Major，1984；Despeux，2000，页499；Hsieh Shu-wei，2005，页133—154；E. Wang，2005a，页199，217，231—232；Henderson，1994，页213—216。

6　上海古籍出版社，1994—2005，第17册，页238b。

7　Despeux，2000，页499。一幅16世纪《易经》注本的插图描绘了一匹正在涉水的马，它的边上刊刻着《河图》，见 Henderson，1984，页214（图8.9）。

8　王嘉（约390），《拾遗记》，2:2a；《隋书》，69:9b—10a；上海古籍出版社，1994—2005，第17册，页239（图13.9）。

9　唐代《历代名画记》将《河图》与《五岳真形图》一起归入"秘画珍图"的类别，见该书，3:136。

10　Henderson，1994，页213—214。

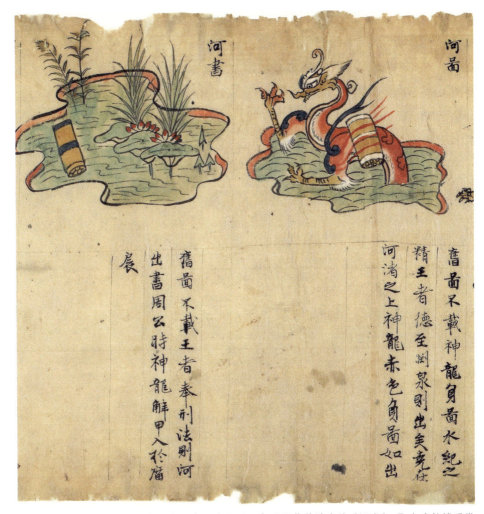

图2.7　身负《河图》的龙自水中而出（右）以及自现于莲花池中的《河书》，取自唐敦煌手卷插图（局部）

化模式和过程"的解释所引起的。[1]保存在《道藏》中的一个版本（图2.8）署名陈抟（？—989）。[2]图中由粗线连接的大小同一的实心、空心点来表示

1　Smith，1991，页108；Henderson，1994，页213—215。《易经》发展的更多历史，尤其在宋代，可见 Smith，2009，第五章。宋代文人对于《易经》卦象的讨论，可参见施维等编，1994，页1—585。
2　《大易象数钩深图》（DZ158），《道藏》，第3册，页168a；Despeux，2000，页519—520；杨甲（1166年进士），《六经图》，1:8—9。这些图形与《易数钩隐图》（DZ159）中的图形可作比较，见《道藏》，第3册，页214。也可参见 Henderson，1994，页215（图8.10）。1996年，在四川一个13世纪的墓中发现了由45枚钱币组成的《河图》图形，它反映了《河图》在墓葬中的视觉表现形式。张勋燎等学者将其在宋墓的出现看作是道教与风水堪舆相结合的全新文化现象，参见张勋燎和白

天的代码，这些点代表了数字。以线连点的视觉语汇让人想起星宿的古老图像，这些广泛流传的图样最能显现的却是宇宙秩序在数字方面的完美设计。无论从纵向或横向计数，点的总数都是十五。[1]

　　道教的《碧空图》（图2.5）、《浮土图》（图2.6）和陈抟的《河图》（图2.8）都显示了宋代对图释宇宙的普遍兴趣；[2] 然而，它们在视觉语汇运用中所反映出的图式原则却大相径庭。一方面，《碧空图》和《浮土图》与仔细勾画的《河图》相近，后者也都是以正方形构图为基础。而《河图》的另一种精准、类似格线的构图，则来自设计者对数字的精确把握。这与在《碧空图》《浮土图》中所见到的

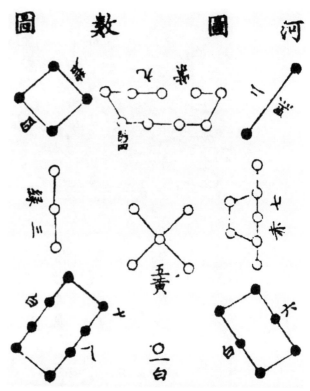

图2.8　署名陈抟的《河图》，取自《大易象数钩深图》（局部），明《道藏》（1445），木版印刷，纸本

不规则的、受到气观念启发的设计形成鲜明对比，它们凸显了道教对图作为原始象征的独特理解。即使将《碧空图》中细胞状的螺旋线类比于人体内的三百六十脉经络，这个数字也只是一个象征，并非与图形完全一致。

天境与上界

　　宋代道经中保存的大量图表揭示了道教的三重宇宙构成，包括天界、人间仙境和地下世界。这里所选的一些图提供了描绘道教天界的现存最早图式。

彬，2006，第四册，页1067；更多考古发现，见页1063—1188。更多研究，见Kalinowski撰写的简介，收入Schipper和Verellen，2004，页747；张勋燎和白彬，2006，第四册，页1063—1188；施维等编，1994，页1—585；王永宽，2006，页102—128；Smith，2009，第五章。
1　数字"十五"指的是新月和满月之间的间隔时间，反之亦然。
2　对于图在宋代新儒家背景下兴盛的讨论，可见Florian，1990。

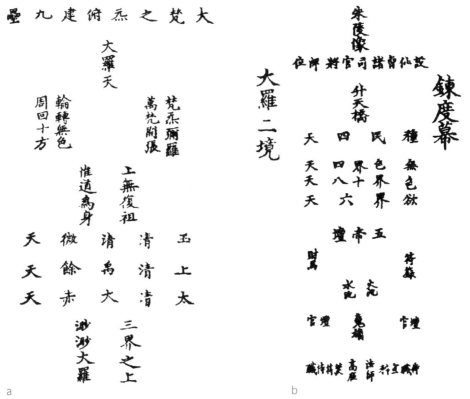

a

b

图2.9a-b　道教天界图式，明《道藏》（1445），木版印刷，纸本：a.《大罗二境》，取自《上清灵宝大法》（局部）；b.《炼度坛图》，取自《灵宝领教济度金书》（局部）

这些以空间为主题的图表之特征是按地图方位、将小楷书写的非线性文本安置在空间内[1]，它们可以成为布置宇宙或微观仪式空间的蓝图（图2.9a-b，图2.13b）。在仪式中，它们为法师安排仪式空间提供了平面图。在存想中，它们又成为一幅地图，为信徒进行精神之旅提供空间上的指引。

垂直的天界

在道教中发展出了一众具有多重天界的垂直宇宙构造论，其中一些改编自佛教宇宙观。13世纪科仪书中的《大罗二境》描绘了道教诸天中最高的部

1　这些图来自《上清灵宝大法》，《道藏》，第30册，页733a-b；《灵宝领教济度金书》，《道藏》，第7册，页31b。更多有关道教宇宙论及其在道教仪式坛场设计上的投射，可见 Gesterkamp，2011，页189—200。

分（图2.9a）。[1]最高的是大罗天，这是玉京山的所在地，也是元始天尊（图1.55b）的宫殿——此处也对应着人的头部（图1.46，图1.53）。[2]其下是三清天，玉清居上，上清为中，太清最下。[3]在中国艺术作品中，许多带有天尊之名的神像作品绘有来自这些天界中的神仙。[4]上图显示大罗天和三清天位于"三界之上"，这个术语最早在5世纪时由灵宝经（如《太上灵宝诸天内音自然玉字》）取自佛教，并经常出现于中古道教作品中。[5]

　　在佛教宇宙观中，大乘佛教哲学之前的三界（Tri-dhātu）思想以垂直的概念表示三重世界：欲界（Kāma-dhātu）、色界（Rūpa-dhātu）和无色界（Arūpya-dhātu）。它们垂直排列于宇宙的底层至顶端，涵盖了所有的存在世界。[6]欲界包括地狱道、饿鬼道、畜生道、人道和天道；色界居住着各种圣人和神；无色界则没有物质形色，因为其中所有的存在无形无住。[7]佛教的诸天占据了欲界的上层和整个色界。最低的是欲界六天[8]，位于欲界的较上层，三十三天帝及四大天王天分别居于须弥山（妙高山）的山顶和山腰，此山是位于中央的最高之山，也是佛教中的天地轴心。[9]

　　敦煌设色写本《三界九地之图》（P. 2824，图2.10）表现了佛教宇宙观。[10]早前的研究认为此图是9世纪至10世纪的作品，主要因为部分榜题来自玄奘

1　《道藏》，第30册，页733a。

2　唐代宫廷曾召国工画"大罗天尊像"。《文苑英华》，781:16a-b。

3　此图中三清天的名字反映了"三清"（玉清、上清和太清）以及三天（清微天、禹余天和大赤天）概念的融合。有关三清天的形成，可参见Kohn撰写的词条，收入Pregadio，2008，页840—844，尤其是页841（表18）。

4　《宣和画谱》，1:65a，2:66b—67a，3:70a，4:75a，16:110a。绘于永乐宫重阳殿主殿后墙的14世纪壁画有三清组合的画像，参萧军，2008，页352—354。一套藏于北京白云观的清代三清天尊画像，可参见Little和Eichman，2000，页228—230；Kohn撰写的词条，收入Pregadio，2008，页842（图64）。

5　此术语可见于《道藏》，第2册，页542a，555b，556a，556c，559a，561a。短语"三界之上渺渺大罗"见于6世纪《无上秘要》，《道藏》，第25册，页8a；另可见《云笈七签》，3:36。有关梵在灵宝经诸天形成过程中的意义，见谢世维，2011。

6　Sadakata，1997，尤其是页41，58—59（图17）；D. Wong，2008，页54—57。

7　有关三界的细分，可见Sadakata，1997，页41—67。

8　Sadakata，1997，页57—59。

9　Sadakata，1997，页29。

10　该图以橙黄二色着色；见上海古籍出版社，1994—2005，第18册，页382—386，图版8（无页码）。对该图的研究，可见胡同庆，1996。感谢王微（Francoise Wang）向笔者提供与此主题相关的资料，包括他未出版的对该图的研究笔记。另一幅被郭丽英断代为相近时期的相似单色图卷（P. 2012），可见上海古籍出版社，1994—2005，第1册，页140—141；L. Kuo，2000，页53—63，尤其是页56（图9）。

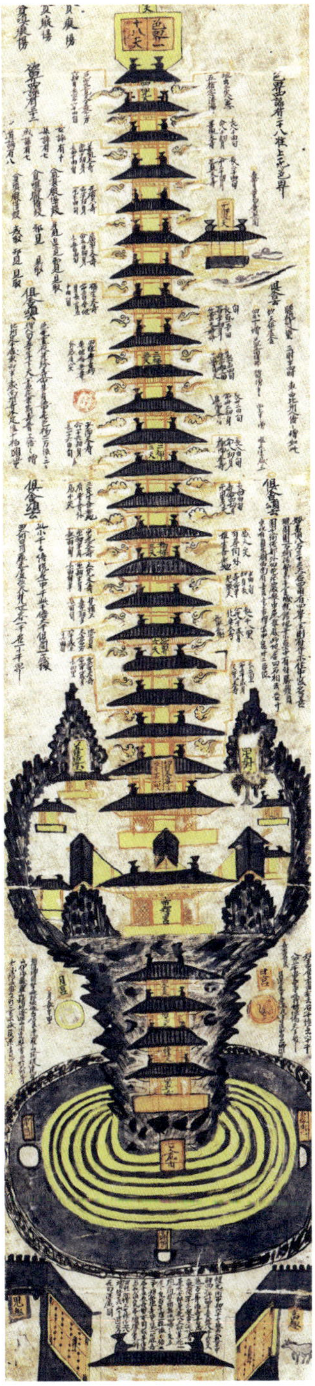

图2.10　《三界九地之图》，取自敦煌手卷（局部），213.6厘米×29.3厘米，唐代，约9世纪至10世纪，纸本设色

翻译的《阿毗达磨俱舍论》（T. 29.1558）。[1]中世纪中国和日本的视觉证据之间的可比性反映了佛教宇宙观在东亚视觉文化中的广泛传播。[2]《三界九地之图》由七张纸片竖向拼合而成。[3]由下至上，依次是地狱、地界和天界。地狱形似一座装有大门的殿型建筑[4]，其上的地界则由呈同心圆状的多重山脉组成，山与山之间有海水。图像中央是须弥山[5]，其山的一半沉于水中。[6]它形似一个立方体，上部宽而底部窄。[7]须弥山顶的多层建筑群占据了百分之八十的画面空间，类似于融合了传统屋顶设计的中国式多层浮屠，它正代表了多重天界。[8]

《三界九地之图》中的佛教天界为我们提供了一个检视道教天界样式的比较视角。例如，《灵宝领教济度金书》[9]中有一幅与道教度亡仪式有关的《炼度坛图》（图2.9b）。[10]图上的欲界、色界和无色界依次向上排列，其上是种民四天[11]，

1　胡同庆，1996，页48。另一个译本由真谛（Paramārtha）翻译，见 T. 29.1559。

2　有关中国和日本视觉文化中更多可比较的佛教垂直宇宙图像，可见 T. 49.2035：308a—c；志磐（约1260），《佛祖统纪》，32：364—367；Sadakata，1997，页85；E. Wang，2005a，页106（图2.17）；D. Wong，2008，页58—59（图3.1a—c）。有文字记载称，王陀子曾在唐代长安甘露寺内绘制了一幅被海水环绕的须弥山壁画，见《历代名画记》，3：136。

3　Francoise Wang，未出版的研究笔记。

4　在地狱大门下方还有两排被隔开的建筑（图2.10中并未显示出来）；见上海古籍出版社，1994—2005，第18册，页386。更多讨论，见胡同庆，1996，页49—50。

5　须弥山高16万由旬。由旬是古印度的距离丈量单位，1由旬相当于约7公里，见 Sadakata，1997，页27。

6　Sadakata，1997，页25—30。

7　具有类似特征的早期须弥山图像可见于5世纪至6世纪的敦煌壁画，例如莫高窟第249窟顶部北坡画像；参 D. Wong，2008，页57和图版3.2（无页码）。浮雕像则可见四川万佛寺的6世纪石碑，见 Watt 等编，2004，页224（图版126）；D. Wong，2004，页157（图10.3）。

8　Sadakata，1997，页56。更多参考资料，可见 Bokenkamp，1997，页399（注32）。

9　《道藏》，第7册，页31b。

10　此幅坛图展现了为炼度仪式准备的坛场空间，这是一场为亡魂沐浴、施食并找回全新纯洁身体的救度仪式。

11　种民四天的说法，还可在以下道经中见到：《混元圣纪》（DZ770），《道藏》，第17册，页794a；《度人经》，《道藏》，第1册，页193a。

经过主坛前的升天桥后，"朱陵像"高坐中央。[1] 根据坛图，三界又可细分为二十八天[2]，由此，再加上种民四天，共有三十二天。若再算上大罗天和三清天，垂直排列的道教天界可达三十六天（图 2.9b）。[3]

现存的艺术作品提供了道教垂直天界的更多视觉例证。大英图书馆藏《玉枢宝经》中即有一幅描绘了宏伟天界的插图（图 2.11）[4]，一座七层高的宫殿伫立于从海中升起的碗状山的中央。题为"三界万灵"和"雷部官众"的神灵从四面八方朝向画面中央，腾云而来。海中的山顶上立有垂直宫殿的画面让人联想到敦煌写本中的佛教三界图（图 2.10）。《玉枢宝经》中的这种构图又出现在明代《度人经》插图及清代法衣（图 2.12）的设计中。[5] 此外，两侧伴有水纹与神灵的多层天宫的图案样式在清代成为法衣背面的标准刺绣设计。

横向伸展的天界

在中世纪道教中，也有横向排列的天界传统。《云笈七签》曾引用现已失传的《三界图》来描绘它们：

三十二天四傍并，分列四方，一重四天，积气相承，扶摇而上。[6]

三十二天的观念来自中世纪早期的灵宝经。[7] 根据柏夷的解释，玉京山矗立于大罗天中，三十二天则在大罗天之下构成了一个圆圈，它们"被分为四组，分列于四方，每组八天"[8]。他还指出其与佛教的联系或许就在于三十三位天神（deva）的概念，这是一个梵文术语，"在中国佛经中经常被译作天"[9]。

1　朱陵是南方度命天尊，经常出现在救度仪式中。在《灵宝领教济度金书》中还有一张相近的《九炼天尊坛图》，朱陵是其主神，见《道藏》，第 7 册，页 30a。

2　包括无色界四天、色界十八天和欲界六天。

3　这个数目与中世纪早期即已确立的上清经系三十六天相合；可参见 Miller 撰写的简介，收入 Pregadio，2008，页 849—851，尤其是其中的表 20（页 850）。

4　有关此经的插图本，可见 Little 和 Eichman，2000，页 237—239（图版 73）；Eichman，2000，页 40—42；尹翠琪，2010。

5　Little 和 Eichman，2000，页 195（图版 50），页 198。可比较 Wilson，1995，页 42—43（图 1—2）。

6　《云笈七签》，21:489。

7　见 Miller 撰写的简介，收入 Pregadio，2008，页 847—848，尤其是表 19（页 848）；Bokenkamp，1997，页 382—383。

8　Bokenkamp，1997，页 383。

9　Bokenkamp，1997，页 399（注 32）。天在早期中国的多重含义及其视觉表现，见 L. Tseng，2011。

图2.11 道教天界插图，取自《玉枢宝经》（ORB99/161，局部），元至明代，约14世纪至15世纪，木版印刷，纸本

图2.12 环绕着天宫的五岳真形符号和二十八宿，取自道教高功法师法衣，19世纪早期，染色真丝绸

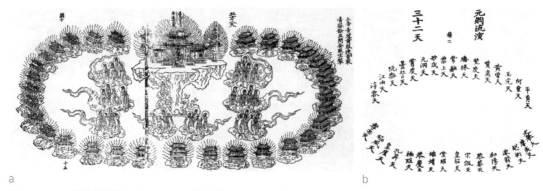

图 2.13a-b　横向排列的三十二天，明《道藏》（1445），木版印刷，纸本：a.围绕玉京山的三十二天，取自《三才定位图》（局部）；b.三十二天的名字，取自《上清灵宝大法》（局部）

　　灵宝经系的三十二天，构成了宋代两幅图表中的宇宙模型的基础——其一以图像（图 2.13a）表示，另一以文字（图 2.13b）表示——水平方向互相连接的三十二天形成了一个圆圈。[1] 北宋《三才定位图》（DZ155）也许与宰相张商英（1043—1121）于 1100 年上呈给徽宗的长卷有关[2]，其中的插图描绘了围成圆圈的三十二座宫殿矗立于云端，散发出光芒的场景（图 2.13a），它们很可能就是横向排列的三十二天。围圈的构图与《上清灵宝大法》中的图例有关[3]，三十二天的名字排列成椭圆形（图 2.13b）。在张商英的图中，画面中央是一座带有直柱和宽阔平台的圣山，其上有昊天玉皇上帝的宫殿。这是玉京山[4]，神灵从四面八方浮空而来，面向此山，朝拜玉帝。

　　13 世纪的《灵宝无量度人上经大法》中有一幅结合了纵向与横向、内部与外部的综合性示意图（图 2.14）。[5] 这是一张蛋状宇宙上半部分的鸟瞰图，反映了"浑天说"的传统理论，球状天体裹着地球，就像蛋壳包着蛋黄。[6] 最

1　《三才定位图》，《道藏》，第 3 册，页 125a；《上清灵宝大法》，《道藏》，第 30 册，页 733b。

2　《道藏》，第 3 册，页 125a。也可见 Schipper 和 Verellen，2004，图 32，页 876；Gesterkamp，2011，页 192，图 54。曾枣庄和刘琳编，《全宋文》，102:140，《进三才定位图奏》。更多有关《三才定位图》的研究，见许宜兰，2009，页 33—43；尹翠琪，2012。

3　另一相似的图可见《灵宝无量度人上经大法》，《道藏》，第 3 册，页 628a。也可比较 Miller 所列出的来自《元始无量度人上品妙经四注》（DZ87）的三十二天之名，见 Pregadio，2008，页 848，表 19。

4　《无上玄元三天玉堂大法》，《道藏》，第 4 册，页 6b-c。

5　《道藏》，第 3 册，页 972c；陈昭吟，1994，页 148—149。

6　1 世纪时天文学家张衡所下的定义，可见 Needham，1959，页 217；L. Tseng，2011，页 50，302，386（注 104）。道教学者葛洪对此说的支持，可见《云笈七签》，2:17。根据曾蓝莹的研究，现存最早反映汉代浑天说的天文图刻在 10 世纪吴越国王的墓顶上；见 L. Tseng，2011，页 314—315（图 5.12）。

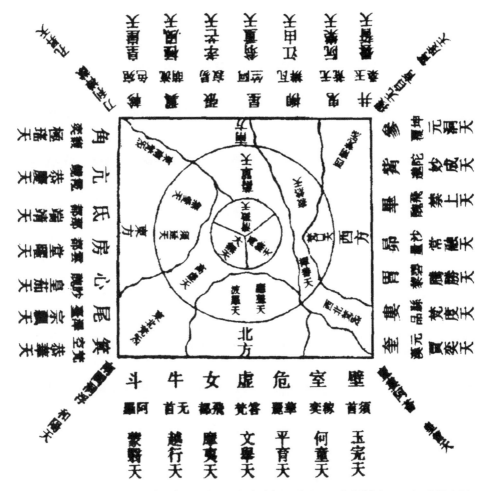

图2.14　天界综合图，取自《灵宝无量度人上经大法》（局部），明《道藏》（1445），木版印刷，纸本

内圈的圆分为三部分，代表了最高的三清天；最外圈的正方形代表较低的天界，如二十八宿和三十二天，或许是指天地相界之处。[1]

人间仙境

道教宇宙结构的另一个主要特点是人间仙境，即"仙境"[2]，包括环绕中

1　可比较陈昭吟文中重构后的图表，1994，页155。
2　三浦国雄，1983；Verellen，1995a；Ledderose，1983；李丰楙，1988。

国的十洲三岛的想象组合。[1] 除此之外，还有一系列的山岳和山洞，被称为"福地洞天"。[2] 其中著名的有东方海域中的蓬莱，西方海域里的昆仑山 [3]，以及十大洞天、三十六小洞天和被称为七十二福地的部分山岳。[4]

　　虽然缺少现存图例，但文字记载显示，人间仙境的图像向来是传统中国道教视觉文化中的一部分，例如，曾活跃于江西地区的道士李思聪为宋仁宗贺寿而进献《洞天海岳六图》。[5] 据此标题，我们可以推断，另两幅现已亡佚但见录于《道藏》中的《大洞九天图》和《山水穴窦图》也都是表现人间仙境的图作。[6] 这些图像都未能传世，但它们可能是像地图那样的示意图，也可能是形象化的山水画，以下的讨论会给出验证。

十洲三岛

　　6世纪的《十洲记》栩栩如生地描述了这些神奇土地，它是经常被引用的经典。[7] 十洲既是仙真所居之地，也是聚集了仙草、灵芝、矿物和神兽，如凤凰、麒麟等的宝库。[8] 依据此篇经文，李丰楙制成了一幅圆形的《十洲结构复原图》[9]，包括位于西北方的昆仑山，位于东北方和东方的小岛：蓬山、方丈和瀛洲（图 2.15）。[10] 这幅复原图让人想到楚地帛书里所反映出的中国中心论的世界观，以及按照地图方位撰写的《山海经》。[11]

1　《云笈七签》，26:592—595，601—602。

2　三浦国雄，1983；Verellen，1995a。

3　《云笈七签》，26:603—604；《十洲记》（DZ598），《道藏》，第11册，页54a-b。有关蓬莱在中国天堂传说及园林文化建构中的最新研究，可见 Shin，2011。

4　洞天福地的名单，可见《云笈七签》，27:608—631。这个系统反映出在司马承祯（647—735）《天地宫府图》、杜光庭《洞天福地岳渎名山记》和北宋道士李思聪《洞渊集》的基础上逐渐发展起来的综合体。见《洞天福地岳渎名山记》（DZ599），《道藏》，第11册，页56a—59b；《进洞天海岳表》（DZ1062），《道藏》，第23册，页834a-c；《云笈七签》，26:596—607，27:608—631；三浦国雄，1983，页1—3；Verellen，1995a，页272—275；三浦国雄撰写的简介，收入 Pregadio，2008，页369—371。

5　《进洞天海岳表》，《道藏》，第23册，页834a-c；《江西通志》，105：66a；李丰楙，1986，页158。

6　见《道藏阙经目录》，第202、203号经典，《道藏》，第34册，页505b-c。

7　《道藏》，第11册，页51—55。该经的英译，可见 Smith，1990；Kohn，1993，页49—55。更多研究，见李丰楙，1986，页123—185。有关它对16世纪韩国地图的影响，见 Robinson，2010。

8　李丰楙，1986，页140—143。

9　他认为这种圆形宇宙结构受到了汉代宇宙镜和印度佛教圆轮图的影响，见李丰楙，1986，页132—133。

10　有关蓬莱、瀛洲和方丈在古代和中世纪中国作为水域仙境的研究，见 Shin，2011。

11　Dorofeeva-Lichtmann，2007，页217—218，220，270—287，293。李丰楙指出，这种以陆

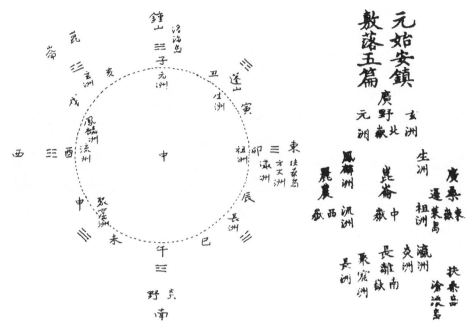

图2.15　《十洲结构复原图》(李丰楙手绘)

图2.16　《域中仙境名》，取自《灵宝无量度人上经大法》(局部)，明《道藏》(1445)，木版印刷，纸本

　　南宋《灵宝无量度人上经大法》中标为《域中仙境名》的人间仙境示意图（图 2.16）与李丰楙复原的十洲结构图（图 2.15）相似，也是以圆形构图的方式来表现的。[1] 在后世道教仪式空间的建构中，也许可以找到这种宇宙的排列方式，位于中央的昆仑山被传说中的其他洲岛所环绕。[2] 此外，昆仑山在道教宇宙结构中的中枢地位，也许正如须弥山之于佛教宇宙结构。五岳分别与四个基本方向对应，中岳又相当于昆仑山。自南宋灵宝经典开始，五岳显然已成为安镇大地神圣舆图的关键点。该图的图释描述神洲三岛、五岳、十洲"皆在三光之下，大地之上，巨海之中也"[3]。

地为中心并有大海环绕的宗教宇宙结构观同样流传于北亚、西亚等地；见李丰楙，1986，页 128。

1　《道藏》，第 3 册，页 628b。可比较《道藏》，第 30 册，页 734b。这些图让人想起在《十洲记》中提到的现已亡佚的《昆仑钟山蓬莱山及神洲真形图》，见《道藏》，第 11 册，页 55a；李丰楙，1986，页 136。有关现存山岳真形图的更多讨论，见本书第三章。

2　李丰楙，1986，页 148；萧登福，1989，页 260。

3　《道藏》，第 3 册，页 628c；另可见《道藏》，第 30 册，页 734b。

　　道教世界的其他视觉表现出现在园林设计、造像、刺绣、建筑和绘画上。[1]
例如，7世纪早期隋代皇家园林内的池塘中央就建有海上三山，正如"一片
方圆过十里的大海"[2]。与此相近，唐懿宗（859—873年在位）的花园里有
一座海上三山木雕，彩绘华丽，并以金银作阙，因传有一位处士曾跃入其中，
为懿宗一探物象研丑，而被称为"藏真岛"。[3]

　　据中世纪文本资料记载，十洲三岛也是唐代仪仗上的标准化装饰母题。
如女艺匠卢眉娘为唐代皇家所制作的"飞天盖"就是一例。[4]"飞天"一词
或出自佛教，最初在中世纪佛教中用来描绘飞仙与香音神乾闼婆或紧那罗
（apsaras）。[5]此盖阔一丈，分为五重，其上有十洲三岛、天人玉女、台殿
麟凤之像。吾人可以想见，当飞天盖出现在仪仗队中时，其总体设计必定使
得盖上的神仙动感活现，呈现出一番灵动的人间仙境。这些图案由卢眉娘以
五色丝绣于金盖之上。[6]而7世纪的道教仪范手册也称神像和幡、幢均可绣制。[7]
从这个角度理解，如飞天盖这般精心绣成的华盖真可谓道教艺术的珍品。

　　飞天一词亦指一种称为"飞天藏"的道教经藏，常见于宋代道观中。[8]四
川江油云岩寺现存的12世纪木制经藏[9]是一座八角形结构的道教转轮藏（图
2.17a），藏身中间设有十米高的藏轴，立于藏针之上，外施天宫楼阁（图2.17b）。[10]
天宫楼阁上安置了逾七十位天人或神仙的精美木雕（图2.17c）。[11]通过转动

1　Ledderose，1983；Munakata，1991；Laing，1998。受道教人间仙境影响的日本绘画，见斋藤
龙一，2009，页266—273。有关中国文化对日本庭院设计的影响，见小杉一雄，1935，页73—100。

2　Ledderose，1983，页170。

3　《杜阳杂编》，中：6b—7a。也可见Stein，1990，页52—53；Needham等，1959，页41。

4　李丰楙，1986，页154；《杜阳杂编》，中：2a-b。

5　根据赵声良的研究，中国佛教艺术中的飞天概念并不局限于乾闼婆和紧那罗，可参见他的最新研
究，2007。

6　李丰楙，1986，页154。

7　《洞玄灵宝三洞奉道科戒营始》，《道藏》，第24册，页747c，753a；Kohn，2004，页98，116。

8　可旋转的道教经藏源自佛教"转轮藏"，首次出现在唐代佛寺里，在宋代流行起来；见Goodrich，
1942；陈国符，1963，页228—231；黄敏枝，1996；张勋燎和白彬，2006，第四册，页1224—
1232。在北宋官方建筑学标准《营造法式》（1103年刊行）中，有天宫样式的佛道经藏的图例；见李
诚（？—1110），《营造法式》，32：19a—22b；佛教转轮藏可见21b。另可参见Steinhardt，2002，
图5.39。对于转轮藏结构的建筑学研究，可参见Q. Guo，1999。

9　感谢何恩之教授（Angela Howard）允许笔者使用她拍摄的两张照片（图2.17a，图2.17c）。图
版则可见岛田英诚和中泽富士雄编，2000，页293（图版230）。该寺建于9世纪，此藏则建于1181
年；见黄石林，1991；黄廷桂，《四川通志》，27：3a-b。

10　黄石林，1991，页22—24。

11　更多原属转轮藏上的木雕的图片，见黄石林，1991，页27—31。

图2.17a—c　飞天转轮藏，四川江油云岩寺，南宋，1181年，100.0厘米×72.0厘米，木制：a.经藏局部；b.经藏鸟瞰图；c.原属经藏的木制人偶

轴承，见到经藏在眼前转动，信仰者感到他们仿佛已阅读或抄录了其中所有的经书。此外，随之流动的神像则与卢眉娘所绣之飞天盖上的仙境有异曲同工之妙。

　　另一件道教仙境图的佳例见于14世纪的永乐宫壁画（图2.18）。[1] 此壁画描绘一位法师模样的人物身着道服，上绣缓缓升起于云中的青色、绿色和金色的群山。[2] 衬托着浮云和仙山的水蓝色锦缎构成了貌似大海的背景，散布

1　萧军编，2008，页115；Shih Shou-chien，1984，页282；S. Huang，1995，页18—19。对永乐宫壁画和宗教所作的跨学科研究，可见Katz，1999。
2　海中仙山的刺绣设计一直是清代法衣的常见主题；见Little和Eichman，2000，页198（图版50）。更多中世纪法服的信息，见Kohn，2003a，页147—159。

图2.18 饰有山（地）、水和星宿（天）等宇宙图案的道服，永乐宫三清殿神龛外右侧（东壁），元代，14世纪，壁画，山西芮城

在这水蓝表面的白点则象征着天上的星宿。长袍袖口下缘另有代表着波浪的线性黑色图案，道服的整体设计让人想起海上仙岛。

诸多的道教仙境是岛，例如三岛，有时也被称为三山[1]，它们是在东海上的一群想象中的岛屿。苏珊·史都华将岛的观念与微缩（miniature）世界的象征联系起来，认为它隐喻着"另一个"世界。[2]正因为岛与陆地相分离，至少与陆地"只要保持着清楚的边界"，它所具有的仙境特质就得以完美地维持，不为现实世界所污染。[3]

北宋内丹经典中的《海中三岛十洲之图》（图 2.19）巧妙地表达了上述看法。[4]模拟内脏的排列方式，道教仙岛微缩成圆圈中的群山，层叠上升。根据图释，图中最下方的"尘世福地"是指世俗世界，与人腹相对应。[5]其上的十个圆圈分成四组。在尘世之上少许的"紫府"是修炼者炼气成神，弃谷升仙后到达的第一站。[6]其余的九个圆圈被进一步分在三个大圆圈内，由下自上称为"下岛""中岛"和"上岛"，它们之间有一条蜿蜒的路线连接。[7]在内丹家的眼中，以上三群岛屿类似于人体内的三关，是人体内气循环的重要关卡。[8]正如李丰楙所说的，宋代道士经常将十洲三岛看作是进入仙界的首站。由于它们更接近人类世界，并提供了一条直接通往天界的阶梯，因此它们一直是求仙者追寻的目标，是流传甚广的道教宇宙构造说。[9]

诚如唐宋时代的视觉及文字资料所显示的那样，仙岛通常是以茫茫大海为背景的。[10]例如传为 10 世纪画家阮郜的惊人之作《阆苑女仙图卷》（图 2.20a–b），曾入北宋宣和内府收藏。14 世纪时，这幅画曾入藏于一座获得

1　《修真太极混元图》（DZ149），《道藏》，第 3 册，页 96c。

2　史都华以《格列佛游记》中的小人国为例；见 Stewart, 1993, 页 67—68。

3　Stewart, 1993, 页 68。

4　《道藏》，第 3 册，页 96c。有关此图及相关文本的研究，可参见 Baryosher-Chemouny, 1996, 页 20—28。也可见 Baldrian-Hussien 撰写的简介，收入 Schipper 和 Verellen, 2004, 页 802—803。注意此经文中的三岛十洲的定义与《云笈七签》中的（26:590—607）已有所不同。

5　《道藏》，第 3 册，页 96c。

6　《道藏》，第 3 册，页 96c。

7　下岛由桃源、赤诚和玄关组成；中岛包括瑶池、芙蓉和阆苑；而上岛则有蓬莱、方丈和瀛洲；见《道藏》，第 3 册，页 96c。

8　《道藏》，第 3 册，页 96c—97a；李丰楙, 1986, 页 173。

9　李丰楙, 1986, 页 161—162。

10　Shih Shou-chien, 1984, 页 281；Sullivan, 1980, 页 97—99；S. Jang, 1992。关于中国山水画的主题和技巧引发道教仙境和圣山想象的更多研究，可见 Vinograd, 1979；Laing, 1998；Munakata, 1991；Hartman, 1993；Boltz, 1993a。

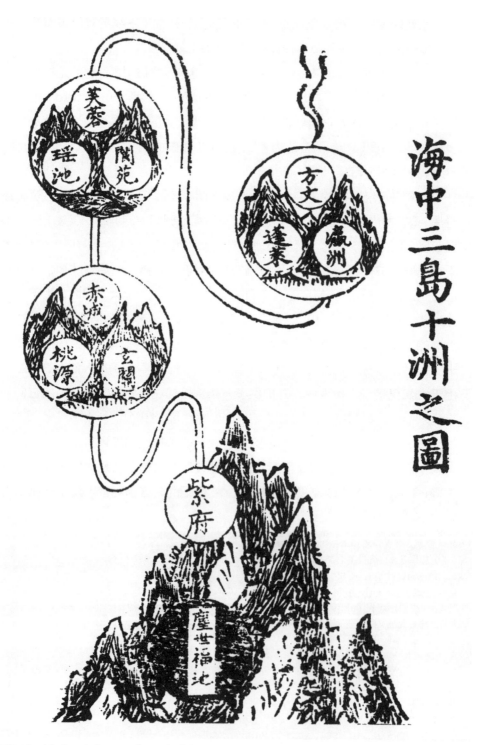

图2.19 《海中三岛十洲之图》，取自《修真太极混元图》（局部），明《道藏》（1445），木版印刷，纸本

a

b

图2.20a-b　传阮郜《阆苑女仙图卷》（局部），手卷，绢本设色，42.7厘米×177.2厘米，故宫博物院藏：a.大海中央的仙岛；b.崎岖礁岸与石桥

元代皇室支持的道教宫观。[1] 商挺写于 1334 年的题跋表明，他曾在大都（今北京）崇真万寿宫承庆堂内鉴赏过此画。[2]

　　阮郜的画卷描绘了处于阆苑中的一座仙岛，这是一处专属女仙的仙境。[3]

1　该画图版可见故宫博物院，1978，第 1 册，页 80—83。更多研究，见铃木敬，1987，第 1 册，页 147—149；王正华，1998，页 86；S. Huang，2002，页 93—97；H. Lee，2010，页 95—101，259（注 61）。这幅画卷是现存为数不多的带有"半字题记"的作品之一，这种编目方式与徽宗御藏有关；见王耀庭，2010，页 118—119。此外，它也带有来源于千字文的南宋宫廷登记编号；见 Barnhart，1995，页 93；S. Huang，2002，页 95。
2　故宫博物院，1978，第 1 册，页 14。
3　元代普光的一幅画卷可作比较，其中描绘了大海全景中的不同岛屿，见 Little 和 Eichman，2000，页 370—371（图版 145）。

在《海中三岛十洲之图》（图 2.19）中，我们可以在中岛组合里找到阆苑，与其对应的是西王母所居昆仑山上的瑶池。[1]画面上的阆苑独处于大海的中央，海面上微波粼粼（图 2.20a），礁岸崎岖（图 2.20b），其形状与质地让人想起昆仑山与玉京山的图像（图 1.55a—b）。[2]由白凤相伴，一群女仙在苍松翠竹掩映下的仙山上，或执卷，或挥毫，或拨弄乐器，或备食（图 2.20a）。还有更多的女仙，驾鹤御龙腾云，款款而来，加入地上群仙的行列。然而，仙岛并非完全与世隔绝，因为在画面右下角有一座天然形成的石桥（图 2.20b）。这个细节将仙山与大海另一边的陆地连接了起来，表示仙岛可至，进一步勾起了人们对成仙的向往。

　　四川彭山的虞公著（亡于 1226 年）夫妇合葬墓东室的后壁，有一块类似上述海上仙山主题的石刻浮雕（图 2.21）。[3]一位男子和一只鹤立于海上孤舟，远处可见云状的山上点缀着神秘的洞穴、迷你的亭阁、隐蔽的小径和丛生的灵芝。山石上有一款题，表明此山为蓬莱。[4]山麓间还有一位身着长袍的长须长者，与一只仙鹤一同漫步。[5]整个场景勾画出了一幅想象中的仙山胜景，这是墓主人希望到达的理想目的地，他们可以在那里延续此生富足的生活。套用迪特·库恩（Dieter Kuhn）的话，宋代墓葬利用"任何形式的书写文字"来暗示"幸福、财富和长寿"，而此石刻浮雕就是在这类格套上所发展出的图像。[6]

1　台北故宫博物院藏有一幅瑶池西王母的明代绘画，见 Little 和 Eichman，2000，页 156—157（图版 26）。

2　《无上三天玉堂正宗高奔内景玉书》，《道藏》，第 4 册，页 124b；《无上玄元三天玉堂大法》，《道藏》，第 4 册，页 6b-c。

3　匡远莹，1985，此画像石可见页 6（图版十八）；Kuhn，1996，页 356（图 8.8）；张勋燎和白彬，2006，第四册，页 1322—1323。有关此墓的内部设计，可见 Y.Hsu，2010，页 223—224。

4　任锡光，1958，页 85；Kuhn，1996，页 348（注 21）。

5　匡远莹，1985，页 391。

6　Kuhn，1996，页 347。高居翰（James Cahill）认为叶茂台辽墓中的 10 世纪山水立轴表现的是道教隐居地或仙境，这是一个洞天主题的例证。见 James Cahill，1988，页 44—45（图 28）。而李清泉则强调了洞天中"会棋"的主题，并认为这幅立轴的构图表达的是世俗中人进入仙山的过程，象征的是死者灵魂进入一个永恒的空间；见李清泉，2008，页 203—212。中国北部发现的 10 世纪至 14 世纪的部分墓葬图像，以主墙上的山水画为特色。河北曲阳王处直墓（924 年）后室后墙上的单色山水画，可见河北省文物研究所等，1998，图版 13—14。山西大同全真道士冯道真墓（1342 年）后墙上的单色山水画，可参见宿白，1989，页 184—185（图版 187）；相关考古发掘报告，可见大同市文物陈列馆，1962。

图2.21　男子泛舟驶向蓬莱的石刻浮雕，虞　　　图2.22　五岳、十大洞天和三十六小洞天分布图
公著夫妇合葬墓东室后壁，南宋，13世纪，
石刻，四川彭山

五岳

　　道教人间仙境的观念杂糅了想象及现实世界中的地点。下文开始，我们的视角将从想象中的地方（如十洲三岛）转向真实的山岳——五岳及其相关的洞天。[1] 人们可以在这些神圣的地点成仙，因此，在唐宋时期成形的道教神圣地理学中，它们被赋予了极高的地位。在地图（图2.22）上[2]，五岳分别"镇守"中国的四方与中央。这些象征性的方位暗示着它们在宇宙系统中所担当的空间守护者的角色，从古代开始，这便是帝国宗教信仰的固有部分。[3] 五岳的数字组合与道教中其他常用的"五"的数字组合相应，如五行和五方。[4]

　　艺术品上的图像说明了五岳在宇宙构造论中的象征意义，包括铜镜、石碑和法衣。日本正仓院所藏的一面唐代铜镜之外缘饰有四组山岳以及祥鹿和

1　有关五岳的更多研究，可参见 Verellen, 1995a；Chavannes, 1910b；小野四平，1963；泽田瑞穗，1991，页249—287；刘慧，1994；Robson, 2009；Robson 撰写的简介，收入 Pregadio, 2008，页480—482；Goossaert 撰写的简介，收入 Pregadio, 2008，页917—918，947—948。
2　Verellen, 1995a，页274。也可见 Robson, 2009，页26，地图1。
3　Robson, 2009，页25—56。对于五岳的更多讨论，可见本书第三章。
4　Clunas, 2007，页122。

a　　　　　　　　　　　　　　　　　　　　　　b

图2.23a-b　五岳镜：a.饰有五岳图案的铜镜，唐代，铜制，直径31.0厘米；b.唐五岳真形鉴，取自《博古录》（局部），木版印刷，纸本

树木（图 2.23a）。[1] 位于中央的镜钮则象征着另一组山岳[2]，它们一起构成了一组五的数字组合。它们与五方的对应类似于地图上五岳的空间排列。镜子的圆形边框也让人感觉好似正在窥视一个假想的洞天。

正仓院所藏唐镜所展现的宇宙结构与徽宗《博古录》著录的"唐五岳真形鉴"（图 2.23b）有关。[3] 五个符形图像——分别位于四方的四个圆形标志和一个中央的正方形标志——代替了唐镜中的山岳图像，这些符形图像属于道教独有的《五岳真形图》视觉传统。[4]

大量的明清五岳石碑上有一组方方正正的相似符号，可与唐镜中的符号

1　图版见正仓院事务所，1976，图版 23；1995，页 217（南仓 70）。另可见 Munakata，1991，页 43—44（图 30—31）；相似的唐镜，可见同书，页 99—100（图版 44—45）。对这些五岳真形铜镜的研究，见张勋燎和白彬，2006，第六册，页 1768—1783。对中国佛道两教中镜子的研究，可见刘艺，2004a—b。有关唐代铜镜的研究，见颜娟英，1989。关于唐镜复古倾向的研究，见 Louis，2009。

2　古原宏伸曾将此镜上的山岳风格与敦煌莫高窟第 103 窟中的山水画、顾恺之的《女史箴图》作比较；见古原宏伸，2005，页 80—81（图 18—21）。

3　王黼（1079—1126），《重修宣和博古图》，28:21b；张勋燎和白彬，2006，第六册，页 1807—1809。可比较具有相似设计的清代铜镜，见何林，2007，页 214（图版 126），252—253（图版 159），274（图版 173）。对于《博古图》的最新研究，可参见 Ebrey，2008，第六章。《道藏》中所保存的更多道镜的例子，可见《上清长生宝鉴图》（DZ429）和《上清含象剑鉴图》（DZ431）。

4　参见本书第三章。

相比对。沙畹（Edouard Chavannes）自泰山取回的一件 1378 年的石碑拓本（图 2.24）展示了每座山岳及其真形图，位于东北方的东岳、东南方的南岳、西南方的西岳、西北方的北岳和位于中央的中岳。[1] 到了 19 世纪，这些形似符咒的标记也出现在充满宇宙意味的法衣之上，如之前介绍过的绣有多层天宫的法衣（图 2.12）[2]，五岳符号就在围绕天宫一周的二十八宿的外围。[3]

　　传统中国还有另一种与上述不同、形似地图的《五岳真形图》符号系统，我们将在本书第三章中继续深究这个论题。这些神秘的符号中隐含了进入人间仙境的秘密，道士在进入圣山时会使用它们。例如，《东岳真形图》（图 2.25）标示出了众多山中宝库以及通往仙人居所的隐秘交界处。标记为"穴"的地方往往与自然资源有关，如药草和矿物等；有些则仅仅是一些神奇的地方，可以引发超自然的力量，如"天马穴"[4] "龙穴"和"东岳君别宫"。

　　洞天

　　一处道教洞天便是一种地理—宗教现象，即一个洞穴或"钟乳石洞"被看作是一处天境或天堂。[5] 传为宋室天潢贵胄赵伯驹（约 1162 年去世）的一幅 12 世纪早期丹青山水画细致描绘了这样一个洞穴结构（图 2.26）。[6] 继承

1　Chavannes, 1910, 图 55。可比较来自泰山的两个 17 世纪图样，Chavannes, 1910, 图 56, 58；另有来自嵩山的 1604 年版本，可见 Little 和 Eichman, 2000, 页 358（图版 137）；1612 年版本，可见 Clunas, 2007, 页 124（图 99）。关于泰山的更多研究，见小野四平, 1963；刘慧, 1994；Dott, 2005。
2　Little 和 Eichman, 2000, 页 198（图版 50）；另可比较同书，页 197, 199（图版 49, 51）。
3　可比较其他法衣上的五岳符号，见 Wilson, 1995, 页 42—43（图 1—2）。
4　以丝绸之路上的天马视觉文化为特色的展览图录，可见奈良国立博物馆, 2008。
5　Verellen, 1995a, 页 271。欧阳端（Raoul Birnbaum）曾讨论过五台山上的洞窟，五台山是著名的佛教朝圣中心，该处圣境反映了"中国本土传统"与"佛教观念的相互关系"。他将洞窟作了如下分类：居处洞窟、山神洞窟、显圣洞窟和重生洞窟；见 Birnbaum, 1990。
6　班宗华认为这幅作品作成于 12 世纪早期动乱中的宋代，并将它与"著名的《桃花源记》，得而复失的乐园"相联系。接着，他又质疑了画作的题名，认为是春天，而不是秋天，季节特征在画中表现得很明显；见 Barnhart, 1997, 页 129—131（图 121）。该画所绘洞天的另一处局部图像，可见 Vinograd, 1979, 页 116（图 7）。10 世纪叶茂台辽墓中发现的轻便绢本山水画描绘了另一种洞天；见 James Cahill, 1988, 页 44—45（图 28）；李清泉, 2008, 页 203—207。山西永乐宫内的 14 世纪壁画中，也可见到结构相似的洞穴，如坐于洞内的吕洞宾与跪于洞外的何仙姑谈话的局部细节图，可见文物出版社, 1958, 页 53（图 57）；Katz, 1999, 页 161（图 10）；萧军, 2008, 页 199；Watt 等, 2010, 页 143（图 172）。另有一些大门半掩的洞穴场景，可见萧军, 2008, 页 318, 330。洞天在中国艺术中的更多表现形式，见许宜兰, 2009, 页 261—313。此外，现藏于京都南禅寺中的高丽初雕北宋《秘藏诠》里很好地保留了许多类似于洞天的山水画母题，见江上绥和小林宏光, 1994, 图版 XIX, XXVI, XXXV, XXXVII, XLVIII。

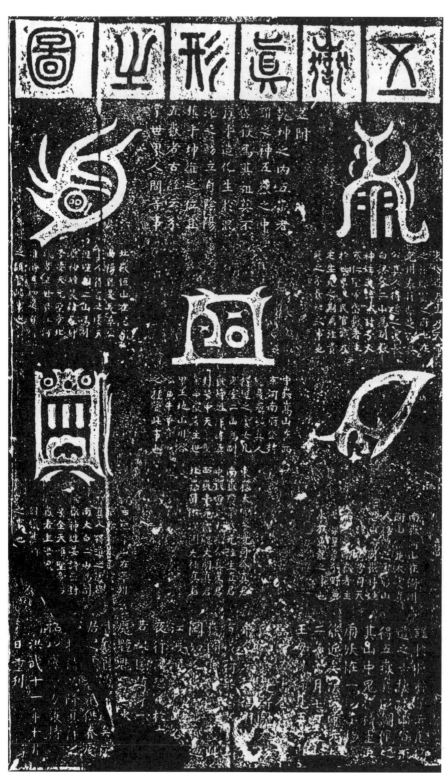

图2.24 《五岳真形之图》，泰山石碑拓本，明代，1378年，纸本

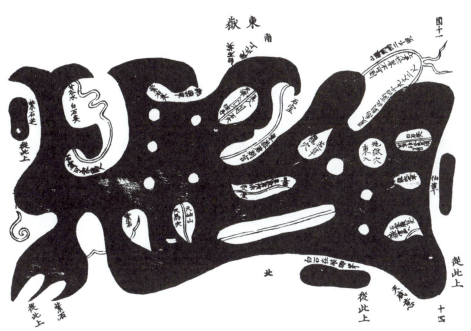

图2.25　《东岳真形图》（局部），明《道藏》（1445），木版印刷，纸本

图2.26　传赵伯驹《江山秋色图》（局部），宋代，12世纪早期，手卷，绢本设色，55.6厘米×323.2厘米，故宫博物院藏

宏观—微观宇宙相应的古代思想，道士将洞天宇宙看成是与人体一样的有机整体，正如人体内存在气脉，大地里的洞穴则连接起其内部的隐藏通道。[1] 另外，每个洞穴是通往"另一个"超越的微观世界的入口。例如，在洞穴内可以发现一个自然形成的建筑，称为石室。据称一些石室可以容纳上百乃至上千人；另一些则内置石床、石几和自然饮食，包括泉水和药用矿石。[2] 换言之，道教中的洞天是一处可以邂逅神仙和祥兽的自然灵地，同时它也是一处可以修炼、存想和炼丹的地方，还可以在此处发现仙草矿物和经书。[3]

　　4 世纪的上清经中，地仙是南中国高山洞穴的管辖者，该地区以炫目而奇幻的喀斯特地形闻名，包括钟乳石洞、石笋岩、穴道、水池和伏流。[4] 其后能被定位的洞天越来越多，反映了新发展起来的道教神圣地理学。[5] 大量宋代文学作品中引述了与洞天相关的奇妙经历。有一个在 10 世纪至 11 世纪道教经典和非道教经典中都有记录的著名故事，讲述了一位天台僧的特别经历，他发现了天台山（今浙江境内）之东的临海县的一处洞穴。[6] 进入该洞后，初时所经之路率多污泥；后渐有山川十许里，进入了一个市肆，其中之人与世俗无异；再行十余里路后，从一小穴得出，却发现自己已身在山东北部的牟平海滨。[7]

　　赵苍云（约 13 世纪晚期至 14 世纪早期）有一幅鲜少为人研究的手卷（约 1300），形象地描绘了一场与天台山洞天"他界"的神奇邂逅。[8] 这是两位汉

1　道经中经常列举的一个例子就是包山（今江苏境内）与琅琊山（今山东境内）由地下通道相互连接；见乐史（930—1007），《太平寰宇记》，91:8a；李丰楙，1986，页 192。

2　《太平御览》，44:9b；47:18b—19a；48:12a。杜光庭提供了一份引人注目的"调查报告"，他丈量了四川阳山焰阳洞内多间石室的高度、阔度和深度；见陆心源（1834—1894），《全唐文》，929:990—991。陈明达认为，这段记述与四川彭山崖墓的结构一致；见陈明达，2003，页 65。王子乔在中岳嵩山之西的少室山石室里留下的"九千年资粮"，可见《云笈七签》，112:2457。

3　《云笈七签》，112:2457；《上清太一帝君太丹隐书解胞十二结节图诀》，《道藏》，第 34 册，页 100。

4　李丰楙，1986，页 208—210；1988，页 48—50。

5　李丰楙，1988，页 11。

6　虽然这是一个比丘的故事，但故事中说他因素习咽息而得以存活；见《录异记》（DZ591），《道藏》，第 10 册，页 878b-c；《太平广记》，54:7b，398:9a；《云笈七签》，112:2457。该故事的英译，可见 Verellen，1995a，页 269。

7　《录异记》，《道藏》，第 10 册，页 878b-c；Verellen，1995a，页 269。

8　该手卷为纸本单色水墨，色调层次细腻，署名为一位名不见经传的画家，自称"苍云山人"，他"本赵宋室宗室，历经宋亡元兴的时代"。见 Hearn 和 W. Fong，1999，页 80—87（图版 3）；本章中的插图，见该书，页 83（图 3e）。另可见 Kohara，2005，页 16—17（图 2）。

图2.27 赵苍云《刘晨阮肇入天台山图卷》（局部），元代，手卷，纸本水墨，22.5厘米×564.0厘米，美国大都会艺术博物馆藏

代隐士，刘晨和阮肇在天台山采药之时，误入神秘洞穴仙境的故事。[1] 此图卷以视觉形式叙述了"另一个桃花源"，正如陶潜（365—427）有名的《桃花源记》一样，这是唐代道教诗歌中经常出现的主题。[2] 在画卷开首，二人手持杖锄，身负草药，立于穴状平台的入口。[3] 涉过一段溪水后，在岸边迎接他们的是两位女仙及其女侍（图2.27）。[4] 此后，手卷描绘了二人与众多仙客在室外饮宴的场景。[5] 画轴的最后，二人离开了洞中仙境，山洞再次"封闭"，不复所见。[6]

　　宋代文学作品中常见偶遇洞天的故事。士大夫文同（1018—1079）讲述了他得到一道画屏的经过，当地人曾亲见四川利州山谷中洞天神仙的现身[7]，包括一位髯须长者、手持摇扇和华盖的侍从以及鸡、虎、鹿等动物。文同的故事让人想起一面1331年的铜镜（图2.28），由居于湖南长沙的江西手艺人何德

1 《道藏》中的《上清侍帝晨桐柏真人真图赞》（DZ612）是一篇未能断代并带有插图的天台山桐柏真人传记。
2 两位隐士的故事出自六朝志怪集《幽明录》，只存残本或删节本；见 Schafer，1986，页667—671。柏夷的研究将早期灵宝经与陶潜的《桃花源记》联系起来，见 Bokenkamp，1986。
3 Hearn 和 W. Fong，1999，页81；完整画轴可见页80—87。
4 Hearn 和 W. Fong，1999，页81—83，87—88。此部分采用了对角线构图的手法，女仙与位于画面右下角且只露出躯干的二人之间有水波相隔，这与南宋梁楷的佛教手卷《八高僧图》有相似之处；见其中的第五僧之图，傅熹年，1988，页100（图版70）。
5 Hearn 和 W. Fong，1999，页84—85。
6 Hearn 和 W. Fong，1999，页86—87，89。
7 《丹渊集》，22:4b—6a；龙显昭编，1997，页96—97。

正制作。[1] 其上也有一位老人坐于树下，身边有侍从和动物陪伴，背负某物的一头鹿正在走过小桥，一只仙鹤则在洞穴入口处张望。[2]

宋代学者陆游（1125—1209）记录了他在 1173 年曾游访四川西部的一处汉代遗迹附近的洞穴。[3] 在通往石室的入口，他依旧能看见散落在地上的丹砂、云母和其他稀有矿石。[4] 这些矿石表明，在此之前，可能已有访客在此炼丹，大概是一位道教修行者。无独有偶，有关许逊（239—336）的明代仙传插图中绘有一个在洞穴中发出光芒的丹炉（图 2.29）。[5]

图2.28　铜镜（洞天前饰有人、鹿和鹤），元代，1331年，铜质，直径 19.9厘米，故宫博物院藏

地狱与地下世界

在道教的三重宇宙结构中，地狱位于最底层，在多重天境和人间仙境之下。与西方将地狱看作一个充满着永无休止的折磨之地不同[6]，道教将地狱看作一种净化方式，"对那些仍未跻身天界的人"而言，这是"一个暂居之地"。[7] 在佛教进入中国之前，道教追随对死后世界的传统主流看法，将地下世界与神秘的黄泉，或死人的归所泰山相联系。[8] 5 世纪后，他们吸取了佛教的地狱

1　铜镜带有铭文，刻有制作者何德正的名字，他祖籍江西，寓居长沙；见 Little 和 Eichman，2000，页 354（图版 136）；何林，2007，页 190（图版 107）。

2　两面金代铜镜也具有相似的母题，见孔祥星和刘一曼，1992，页 861—862。

3　《渭南文集》，18:1；巫鸿，2005，2:493。

4　四川绵阳汉墓出土的更多道教炼丹实物，见何志国等，2007。

5　《许太史真君图传》（DZ440），《道藏》，第 6 册，页 722a-b。也可见 Little 和 Eichman，2000，页 315（图版 115，1a 部分）；许宜兰，2009，图 1.39。有关此图传的更多研究，可见许宜兰，2009，页 96—118；许蔚，2011。对于许逊仙传不同插图本的研究，见许蔚，2011。有关中国绘画艺术中仙传的共同主题和形式的研究，可见 Murray，2000。

6　对基督教地狱物质性的研究，可见 Oestigaard，2009。

7　Lynn 撰写的介绍，收入 Pregadio，2008，页 69；Teiser，1993。

8　萧登福，1989，页 359—364；Seidel，1987，1989—1990，页 255。巫鸿引用古代典籍，将"黄泉"解释为"众生的最终归宿"，成为"几千年来无数墓葬的想象场所"。见 Wu Hung，2010，页 7。

图2.29　洞穴中发出光芒的丹炉，出自《许太史真君图传》（局部），明《道藏》（1445），木版印刷，纸本

观念，后者以其系统性的结构，细致的死后惩罚，以及关注普度而闻名。[1] 唐宋之际，道教的宇宙体系已囊括了一个庞大的地下世界系统，构成了多组地狱，如九狱、十八狱、二十四狱或三十六狱。[2] 除了类别众多，道教地狱的首要特征是它的山水元素。[3]

　　源自古老他界传说的中世纪观念认为，道教地狱在五岳之下，其中的泰山是总部。[4] 这种联系也体现在《东岳真形图》（图2.25）"地狱穴"的名称

1　萧登福，1989，页359—443；Lynn 撰写的介绍，收入 Pregadio，2008，页70—71；Bokenkamp，1997，页374—376；泽田瑞穗，1991；Teiser，1993，1994。

2　萧登福，1989，页385。

3　例如十二河源狱，见萧登福，1989，页363—368。

4　《太上洞玄灵宝灭度五炼生尸妙经》（DZ369）;《太上妙始经》（DZ658）；萧登福，1989，页359—363；小野四平，1963；田中文雄，2002，页123—138。

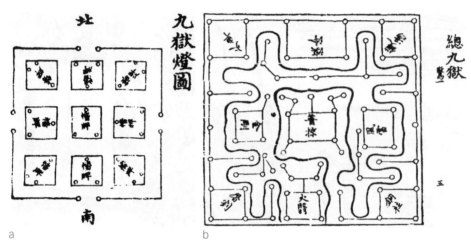

图2.30a-b 模仿九狱设置的灯图，明《道藏》（1445），木版印刷，纸本：a.《九狱灯图》，取自《灵宝领教济度金书》（局部）；b.《总九狱》，取自《上清灵宝大法》（局部）

之中。[1] 这里的他界模仿了古代的官僚社会，有狱卒把守，防止妨害生人。[2]

道教中经常被提起的另一种地狱是"九幽狱"[3]，也称"九狱"，分布于九个方位，即八个方位基点和中心。它们位于九垒之下，在一部13世纪的道经中，九垒呈现出垂直的九层，连接天界和地狱。[4] 唐宋资料有时使用九幽一词来总称道教地狱；有时则认为它是更大的机构"酆都"的一个分部。[5] 南宋仪式灯图[6] 展现了九幽是由三乘三的九宫格模式组成的（图2.30a）。其背后的宇宙论设计与宋代的明堂接近，这是自古以来重要的仪式建筑（图2.31）。[7]

1 《洞玄灵宝五岳古本真形图》（DZ441），《道藏》，第6册，页740c—741a。
2 Lynn撰写的介绍，收入Pregadio，2008，页69—70；前野直彬，1975，页112—149。
3 隋唐灵宝经典中的引用，可见《太上洞玄灵宝业报因缘经》（DZ336），《道藏》，第6册，页90a。这个术语最常见于宋元仪式文本中；见《灵宝无量度人上经大法》，《道藏》，第3册，页931c；《灵宝领教济度金书》，《道藏》，第7册，页29b，第8册，页429b，502b，819b；《灵宝玉鉴》（DZ547），《道藏》，第10册，页143b，144a，152a，348a，364a；《上清灵宝大法》，《道藏》，第30册，页948c，第31册，页1c，40c，112a，238b。
4 此图可见《灵宝无量度人上经大法》，《道藏》，第3册，页628c。有关九垒的更多研究，可见萧登福，1989，页391—408。
5 萧登福，1989，页397—405。
6 《灵宝领教济度金书》，《道藏》，第7册，页29b；《上清灵宝大法》，《道藏》，第31册，页2c—3a。
7 在古代中国，明堂不仅是祖庙，更被视为一个微型宇宙，统治者在此根据季节变换而行事。因此明堂代表着理想的政治世俗空间，良好的统治与正确的宇宙秩序在此相互联系。宋代资料中记录的其他不同的明堂图，可见聂崇义（约10世纪），《新定三礼图》，4:57—58，73；杨甲（1166年进士），《六经图》，3，4，8。有关明堂九室构造的宋代理论，可见马端临（1254—1324[?]），《文献通考》，73；《玉海》，95，96；《通志》，151，161；潘自牧（1195年进士），《记纂渊海》，76。更多对于明堂

图2.31 《明堂图》（局部），取自《文献通考》，木版印刷，纸本

图2.32 《四洲九山八海图》（局部），取自《佛祖统纪》，南宋，约1260年，木版印刷，纸本

九狱的名字则受到佛教的影响。[1] 一幅南宋灯图标明了九狱的位置（图2.30b）[2]，包括东方风雷狱、南方火翳狱、西方金刚狱、北方溟冷狱、东北镬汤狱、东南铜柱狱、西南屠割狱、西北火车狱、中央普掠狱。[3]

　　九狱的布局与文献中所记载的佛教地狱格套不同。[4] 一张记录了九山八海的佛教宇宙鸟瞰图（图2.32）即是一证。[5] 八热、八寒地狱都位于同心圆南部最外圈的南洲和小铁围山以下，小铁围山犹如一道铁墙，围住世界，防止海

的研究，见 J. Liu, 1973；王孟鸥, 1981；Henderson, 1994, 页 212—213；M. Hwang, 1996；巫鸿, 2005, 页 642—658；Lewis, 2006, 页 260—273；L. Tseng, 2011（其空间设计，尤可参见页 70—88）。

1　九狱之名首次出现于唐代的道教经典，见《太上慈悲道场消灾九幽忏》（DZ543），《道藏》，第 10 册，页 72a-b；萧登福, 1989, 页 398—399。

2　《上清灵宝大法》，《道藏》，第 31 册，页 2c—3a。中世纪中国道教灯仪的研究，可参见 Schipper, 1975b；张泽洪, 1999, 页 200—228；李远国, 2003a；谢世维, 2010a；林圣智, 2011。

3　有关九狱的详细介绍，可见《无上黄箓大斋立成仪》，《道藏》，第 9 册，页 604—605。

4　中古资料里的佛教地狱模型有多种，从二、三、四、六、八、十、十五和十八层地狱，直到三十，甚至六十四层地狱。见萧登福, 1989, 页 72—100；泽田瑞穗, 1991, 页 6—14。Sadakata, 1997, 页 47—54。

5　图版可见《佛祖统纪》（T. 49.2035），305a；《佛祖统纪》，32:260。该文本的部分翻译，可见 Y. Jan, 1966。

水落入虚空之中。[1] 八热地狱按纵向排列，像一座被截断的金字塔（图2.33）。[2] 地狱的主宰者阎摩罗王居住于铁围山之外、南洲之南的宫殿中。[3]

酆都山

在13世纪，酆都山[4] 已经成为地狱的中心，对道教地狱发展具有重要的贡献。它首次出现在中古早期，是地下世界的总部，一座被称为酆都或罗酆的虚构山岳。作为六天的一部分，它位于黑暗的北极之下，与南方的生命之地相对。[5] 酆都的行政机构包括由北帝掌管的六宫；[6] 经文建议信徒存想这些地下官僚机构，记住他们的名号，以获得宽恕，除名死籍。越来越多的唐宋宗教或世俗记载倾向于将原本虚构的酆都与现实中的四川酆都及邻近的平都山相连，这种重新定位也许正是对10世纪道士杜光庭及其所在的四川道教界重塑道教宇宙结构的回应。[7]

一部带有插图的上清经典《上清天关三图经》（5世纪晚期或6世纪早期）提供了一段对于酆都的生动描写：

酆都山在北方癸地，故东北为鬼户，死气

图2.33 《八热地狱图》（局部），取自《佛祖统纪》，南宋，约1260年，木版印刷，纸本

1　Sadakata，1997，页26—27；D. Wong，2008，页54。

2　《佛祖统纪》，316c-d。在此框架下，每一层地狱又被细分为十六个横向排列的"边厢"。如《四门十六游增图》所示，八热地狱之一的等活地狱有十六个边厢周匝围绕，通过边缘的四扇门可进入其内。见《佛祖统纪》，316d。八寒地狱则分为上下两层，每一层细分为四个小地狱；见《佛祖统纪》，317a。在一轴用于佛教水陆法会的15世纪仪式画卷中，八大寒狱在八大热狱之上；见山西省博物馆，1985，图版144。对日本佛教宇宙图的研究，可见 Muroga 和 Unno，1962。

3　《佛祖统纪》，316b，317b；萧登福，1989，页100—109。

4　在内丹传统里，人体内的酆都位于腹部。

5　Robinet，1993，页217—218，1989，页180—182；Kohn，1992，页109—110。

6　《上清天关三图经》（DZ1366），《道藏》，第33册，页811b-c；《真诰》，《道藏》，第20册，页579a；Mollier，1997；Chenivesse，1997，1998；田中文雄，2002，页139—146。与北帝信仰有关的道教文献，可见 Andersen, Lagerwey, Schipper, Kalinowski, Schmidt 和 Gyss-Vermande 分别撰写的介绍，收入 Schipper 和 Verellen，2004，页1188—1202。

7　《云笈七签》，27:626，28:645，119:2628—2629；《夷坚志》志奎，5:1257；Chenivesse，1997，1998，页46；Mollier 撰写的介绍，收入 Pregadio，2008，页423；李远国，1999a，页371—372，380；Hahn，2000，页697。对平都山作为道教发展中心的研究，可见王卡，1995。

图2.34　酆都山及其六宫建筑图，取自《上清天关三图经》（局部），明《道藏》（1445），木版印刷，纸本

> 之根。山高二千六百里，周回三万里。其山洞元在山之下，周回一万五千里。其上下并有鬼神宫室，山上有六宫，洞中又有六宫。一宫周回千里，是为六天鬼神之宫。[1]

与文字相应的插图（图2.34）描绘了被水环绕的山洞内的地下行政机构。[2]在图的右侧，六位神仙踏云而降，也许就是治理六宫的天上官员。[3]

与酆都山有关的南宋视觉材料还收录了一种独特的洞穴地狱形式，其地理特征类似于洞天。《酆都真形图》[4]（图2.35）是一份地下世界的符形地图，

1　《道藏》，第33册，页811b-c。英语译文基于Kohn，1993，页265。

2　《道藏》，第33册，页812a；Robinet，1993，页219，1989，页181。南宋书目将此经典与其他和道教宇宙相关的图列在一起，例如《五岳真形图》和《大洞九天图》。这种组合方式暗示南宋书目家将此经看作一部图经；见《通志》，72：11b—12a。

3　李远国，1999a，页375。

4　《无上黄箓大斋立成仪》，《道藏》，第9册，页609c；Chenivesses，1997；Schipper和Verellen，2004，页1016（图45）。

图2.35 《酆都山真形》，取自《无上黄箓大斋立成仪》（局部），明《道藏》（1445），木版印刷，纸本

道教法师在度亡仪式中，用它来指引地下世界之旅。现存于《道藏》中的八张酆都图中，有七份出自南宋至元的仪式文献。[1] 这种真形图很容易令人联想到唐宋流行的圣山真形图（图 2.25，图 3.1a，图 3.31，图 3.33c），迷宫般的

1　虽然这八个版本的名称有些细微差别，其图版却是相近的。见《灵宝领教济度金书》，《道藏》，第 8 册，页 298b；《灵宝无量度人上经大法》，《道藏》，第 3 册，页 1030a；《灵宝玉鉴》，《道藏》，第 10 册，页 346c—347a；《上清灵宝大法》，《道藏》，第 30 册，页 815b，第 31 册，页 5b；《上清灵宝大法》，《道藏》，第 31 册，页 597a；《太上元始天尊说北帝伏魔神咒妙经》（DZ1412），《道藏》，第 34 册，页 420b-c。有关这些图在仪式和葬仪中的使用，可见张勋燎和白彬，2006，第四册，页 1239—1250。

图2.36　《酆都山真形》（局部），墓葬出土石刻，拓本，南宋，约1179年，江西高安

黑色地形中点缀着开放的地道和各种形状的洞穴。地图上的题字标明了地狱中重要的官僚机构，以及按照等级排列的洞穴宫府。北帝（执掌者）所在的"北都宫"和"天帝宫"分别在北部边境附近的两个洞穴里。[1]一条题记说明正是通过此处，地狱与天境可以相通。真形图右上角有"变生府"，或许是负责转化和重生的机构。中央有一系列洞穴构成的"三元"司法机构，包括位于最上方并呈水平方向的椭圆形"上元六洞"，位于中间并呈螺旋形构造的"中元曹局"，以及位于最底端并呈地道状的"下元六宫"。这三处宫府与天、地、水三官有关，他们主要掌管生死。[2]图中其他的行政机构还包括"溟冷大神"[3]的居所、丈人宫、泉曲府和六天使者，它们守卫着右下角的"狱穴"。[4]

　　无论是从仪式文献中的收入情况，还是从考古发现的两幅几乎相同的石刻图像来看，酆都山真形显然在当时非常盛行。其中一幅图像是来自江西墓葬中的1179年的石碑（图2.36）；[5]另一幅则出自浙江墓葬中的1238年的墓志铭。[6]以上两幅图像拥有相同的名称定位，一如《道藏》中所保留的真形图。[7]

1　对道教传统中的北帝及其与死亡、驱邪传统之间联系的研究，可见Mollier，1997；Robinet，1993，页216—218。

2　萧登福，1989，页382—383，416，419—422。13世纪时，道教神系中的三官主宰着一个庞大的官僚体系。令人惊叹的三元三宫的组织架构，可见《灵宝无量度人上经大法》，《道藏》，第3册，页629a—c。更多相关研究，可见本书第五章。

3　南宋道教度亡仪式（黄箓斋）会召请该神；见《无上黄箓大斋立成仪》，《道藏》，第9册，页720a。

4　桑德林（Sandrine Chenivesse）对此的翻译"Prison Residence"（狱宅）应当修正；见Chenivesse，1997，页53，55。

5　陈行一，1989，页86（图1）；张勋燎和白彬，2006，第四册，页1239—1250，尤其是页1240。

6　郑嘉厉和郭勇，2006。

7　1238年的图像多了一处"黑池"，这与《无上黄箓大斋立成仪》中的真形图一致，《道藏》，第9册，页609c。

图2.37　酆都山洞穴地形图，出自《玉堂大法》（局部），明《道藏》（1445），木版印刷，纸本

　　13 世纪天心正法文献（DZ220）中的一幅插图也证明了地狱与洞穴结构之间的关联。[1] 在多层酆都的剖面图（图 2.37）中，洞穴地狱表现为在山下一连串的三个大山洞，从右至左分别是"三元曹治""狱穴"和"九幽阴宫"。

　　克利夫兰艺术博物馆（Cleveland Museum of Art）收藏有一本未知年代的白描册（以下称为克利夫兰画册），其中的一开（图 2.38a–b）进一步证实了洞穴地狱的概念。[2] 传统上将此画册定为南宋时期，但事实上，它也许

1　《无上玄元三天玉堂大法》，《道藏》，第 4 册，页 67c—68a。
2　该册页是否具有道教或佛教背景，仍不甚明晰，或许它反映的是一种更广为人知的、泛宗教的地狱图像。图版可见余毅，1979，页 39。高居翰认为它要么是"手卷的前期准备试作"，要么是"保存

a b

图2.38a-b　地下审判庭中的洞穴地狱，取自《道子墨宝》（局部），南宋，约13世纪，册页，纸本，34.4厘米×38.4厘米：a.地下审判庭；b.洞穴地狱中的囚犯

是一本汇集了南宋至元不同时期不同画家的专业白描册合集。在画像的右下角（图2.38b），洞穴内部凸出的岩石结构借鉴了道教洞天钟乳岩洞的特征（图2.26，图2.29），但不同的是，这里是一个囚犯等待审判的洞穴，主宰地下审判庭的神圣官员在画面的左上方。一个牛头怪物在洞外吹起寒风，三个赤身被缚的罪人头发凌乱，在洞内爬行，另一些仍在洞外的罪人则在寒风中冻结。[1]

地狱中的女性

酆都山洞穴地狱里有一处专为难产而亡的女性所设立的特别地下空间，被称为"血湖狱"，是位于硤石狱之下的一个污秽的湖。其中的囚犯包括难产而亡的女性，也有因流产、事故或疾病去世的女性，甚至也有在分娩过程

了某些较早作品的图样的'粉本'"。见 James Cahill，1994，页 94。古原宏伸则将其与制作了地狱十王组画的南宋至元的宁波画坊相联系；见古原宏伸，2005，页 478。对中古中国地狱表现形式的研究，见 Teiser，1988a，1994；Ledderose，1981a-b，2000。

1　洞穴结构的地狱图像见于陕西南部东岳稷益庙的 16 世纪早期壁画（完成于 1507 年）；见 L. Lu，2007，图 6.17；丁凤萍等，2011，页 27。近期对此庙的研究，包括壁画和碑铭，见李凇，2011，页 227—255。壁画的一个细节描绘了酆都山洞穴的入口，戴上脚镣的罪人们穿过一道被称为"酆都狱门"的露天大门。守卫和官员核对完他们的身份后，罪犯们进入了山内深处的黑暗洞穴地狱；见丁凤萍等，2011，页 27。在故宫博物院所藏的 14 世纪《搜山图》中，为了抓获隐藏于洞内的半女半兽形的山妖和幼猿，以及一只正在被拖出山洞的羊精，为二郎神效力的兵将们对树下的一连串山洞放火；见傅熹年，1989，页 103—104（图版 72）。

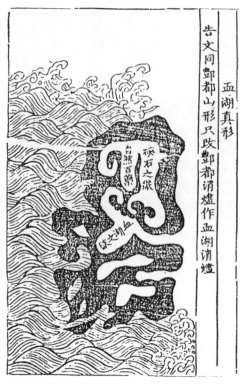

图2.39 《血湖图》（局部），明《道藏》（1445），木版印刷，纸本

图2.40 《血湖真形图》，取自《上清灵宝济度大成金书》（局部），明代，木版印刷，纸本

中死亡的婴儿。[1] 仪式文献中的图像显示出血湖与地狱中的其他狱所有关[2]，它在硖石狱之下，北阴狱、溟泠狱、大铁围山之左（图2.39）。[3] 图像的西北角是酆都总部。血湖的不规则轮廓让人感觉到这是一个充满流体的地方，产难罪妇在其岩缝内爬行移动，受毒汁灌其身心之苦，另有百万鬼卒昼夜考掠。[4] 在一部明版的 13 世纪仪式文献中保留着一幅《血湖真形图》（图2.40），其中的血湖被重新改为位于海底的迷宫般的洞穴群[5]，洞穴群中的黑白组合与酆都山真形图相似（图2.35，图2.36）。

---

1 《太一救苦天尊说拔度血湖宝忏》（DZ538）；张泽洪，1999，页 225。

2 《灵宝玉鉴》，《道藏》，第 10 册，页 350b。可比较《上清灵宝大法》中的类似图像，《道藏》，第 31 册，页 5a；《上清灵宝济度大成金书》（ZW698），《藏外道书》，第 17 册，页 89a。

3 在血湖狱附近的大小铁围山之名来自环绕佛教宇宙的山；见本章插图 2.32；《佛祖统纪》，305a。

4 《灵宝玉鉴》，《道藏》，第 10 册，页 350b-c。

5 《上清灵宝济度大成金书》，《藏外道书》，第 17 册，页 283a。

　　南宋时期对血湖的日益重视也许与佛道度亡仪式之间的持续竞争有关。[1]
一方面，13 世纪的道士金允中指出，血湖狱乃是当时浙西地区所增加的，"专
以恐胁生产之家出钱荐拔而为之"[2]。另一方面，道教显然是从佛教中一系列
以《血盆经》命名的经典中吸收了这种地狱观念。虽然这些经典大多产生于
12 世纪晚期或 13 世纪早期，其中的主题和文本元素可以追溯至中古时期的
作品。[3]《血盆经》详述了《佛说盂兰盆经》中目连（Maudgalyāyana）救母
的故事。目连信仰在唐代十分盛行。[4] 原本的故事讲的是目连如何从饿鬼道救
出他的母亲，而改编后的故事详细描述了他进入地狱，亲见自己的母亲和其
他妇女深陷血湖大池。[5]

　　对地狱中女性罪人的刻画也出现在中国宗教绘画中。以地下审判庭为特
色的克利夫兰画册中，有一开册页（图 2.41a）展现了妇女和孩子正在接受审
判的场景。[6] 画面右下角有一位戴着蒙古帽子的俗人，说明这幅画可能选自元
代的画册[7]（图 2.41b）。[8] 画面前景绘有一个鬼卒，双肩挑担，腰系货车，担

1　两部记载血湖狱的未知年代的道经，见《元始天尊济度血湖真经》（DZ72），《道藏》，第 2 册，页
36c—40c；《太一救苦天尊说拔度血湖宝忏》，《道藏》，第 9 册，页 892b—897a。也可见 Lagerwey
撰写的简介，收录于 Schipper 和 Verellen，2004，页 983，993；泽田瑞穗，1991，页 32—33。可
比较《佛说大藏正教血盆经》（X. 1.23）。更多讨论，见张泽洪，1999，页 225；Glassman，2008；
Cole，1998，页 192—225。

2　《上清灵宝大法》，《道藏》，第 31 册，页 597b-c。

3　Glassman，2008，页 176；Soymié，1965，页 127—137。关于此课题的更多研究，可见 Soymié，
1965；Takemi，1983；Cole，1998，页 197—199；Seaman，1981；Glassman，2008。感谢德野京
子提示笔者参考这些资料。

4　佛经中的目连故事，可见《佛说盂兰盆经》（T. 16.685）。相关研究，可见 Teiser，1988b。

5　Glassman，2008，页 176。太史文（Stephen Teiser）提醒我们注意一部 14 世纪日本绘图印本，
它临摹了目连救母故事的南宋文本。印本上段的插图之一描绘了目连站在有墙环绕的灰河地狱之前，
地狱内的长发罪人，也许全是女性，在河中游泳，却保持双手高举。图版见 Teiser，2006，页 240—
241。两部 19 世纪晚期目连故事的民间传说的翻译，可见 Grant 和 Idema，2011。有关这部日本插
图经典的更多信息，见宫次男，1968。

6　图版可见余毅，1970，页 28。

7　克利夫兰画册的断代问题值得进一步研究。若从风格分析，画册中不同册页的年代也许都不尽相
同，且出自不同画家之手。

8　可对比《妙法莲华经》元代印本扉页中一位戴着三角形蒙古帽子的男性人物图像，见台北故
宫博物院，1995，页 28—30（图版 10—12）。也可参考内蒙古自治区赤峰市发现的墓葬壁画，
Steinhardt，1990，页 199，202—206（图 2，5—12）；宿白，1989，页 182（图版 184）。更多反
映蒙古男性帽子样式的墓室绘画，见汪小洋，2010，页 261，263，264，274。现存蒙古帽子的种类，
见 Steinhardt，1990，页 210（图 19）；Denny，2010，页 76，79，83（图 106，111，115）。头
顶蒙古帽子的男性母题还见于明代水陆画；见毗卢寺壁画，金维诺，1988，页 177（图版 172）；另
可见宝宁寺水陆画，山西省博物馆，1985，图版 163。

图2.41a-c　在地下审判庭的俗人，取自《道子墨宝》(局部)，南宋，约13世纪，册页，纸本，34.2厘米×38.4厘米：a.地下审判庭；b.俗人(头戴蒙古帽子的男性)；c.为孩子扇扇子的妇女

子与货车内都装满了孩子(图 2.41a)，怀抱赤身婴儿的女子立于鬼卒两侧。画面右上角，一位慈眉善目的妇女坐于床榻，正在为十多个婴儿扇扇子(图 2.41c)。这个画面或许来自"鬼子母"(Hāritī，即鬼之母)与其九个鬼子的视觉传统，此图像源于印度，在中国视觉文化中发生转变。这个主题在四川巴中唐代石窟里得到人道主义式的再现，例如，第 68 窟和第 82 窟中的鬼子母是一位坐于孩子中间的亲和家长，怀抱着最年幼的孩子。[1]12 世纪晚期，中国西南部云南大理国的专业画家张胜温(约 1180)所作的《梵像卷》(图 2.42)里，鬼子母以慈母的形象，端坐于绘有波浪的屏风前。[2] 她的周围有九个孩子和五位妇女，有的在逗弄孩子，有的在哺乳。[3] 克利夫兰画册右上角的母子图案(图 2.41c)很可能受到了九子母视觉表现的影响，也许就象征了那些因难产而亡的妇女和未及出世的婴儿的灵魂。[4]

1　雷玉华和程崇勋，2006，页101—102，128。对明清叙事画《揭钵图》的研究，见 Murray，1982。新近出版的传为李公麟所作的相同主题的手卷，见张雨晴，2011。鬼子母图像的起源研究，见 Lesbre，2000；谢明良，2009。九子母图像在宋及其之前的中国的发展，见谢明良，2009，尤其页 124，153(图 31)。

2　图版见 Chapin，1972，图版 44，114 部分；S. Huang，2002，页 458(图 5.10)。对于此画的更多研究，见李霖灿，1967；李玉珉，2005，2010；W. Ho 和 W. Fong，1996，页 214—217(图版 95，图 79—82)。

3　可比较由明代宫廷委托制作、后赐予宝宁寺的 15 世纪水陆画中的一轴画，上绘一位兽形妇女为幼兽哺乳。见山西省博物馆，1985，图版 84。

4　在宁波画坊制作的南宋佛教地狱十王图中，有一些女性罪人袒胸露乳、经受折磨的场景，见奈良国立博物馆，2009，页 86(图版 80)；Ledderose，2000，页 164，168(图 7.2—7.3，7.7—7.8)。难产而亡或自杀的明代女性形象，可见河北石家庄毗卢寺水陆法会壁画，王素芳和石永士，2002，

图2.42　张胜温，《梵像卷》（局部），大理国，约1180年，手卷，纸本设色，30.4厘米×1881.4厘米

从中世纪早期开始发展至宋元的道教宇宙观并非一个有系统的整体。注入了神秘主义的道教视觉世界吸收了多种文化模式，这些模式之间无需一致，甚至相容。道教宇宙的灵活性和模糊性令它颇似福柯所说的"异托邦"（heterotopia），"多种空间"和"多种场所在本质上并不相容"，却可并置为"一个单一的真实地点"。[1]

研究道教宇宙结构的重要资料包括传统的视觉材料，如绘画、造像和其他物品，像镜子、服装和建筑物等；此外，保留在宋元文献中的各种各样的图给出了更多图像证据。图可概分为几类，有些较接近抽象的图表，另一些则较形象化和具象化。其中特别的是一种"具有空间设计感的文字表"类型，采用非线性设计，有效地绘制出宇宙或仪式空间，其中大部分来自仅在内部流传的仪式文献。道教仪式在宋元时期的发展也许带动了此类图表的大量产生，这种宇宙图表可以提升拥有它们的道教法师施行仪式的力量，并能帮助他们漫步宇宙。

道教运用纵向和横向的图解模型来描绘世界。纵向模型与天庭、人间和地狱的三重排列有关；它也与互相关联的天、地、水的布局对应。[2]在此基础之上，同样重要的横向模型有力地扩大了道教宇宙结构。

在吸收佛教元素的同时，道教也在尽力打造一个超越佛教的宇宙模型，在佛教三界之上建立的垂直天界，以及另外朝水平方向扩展的天界都鲜明地

页186。15世纪的欧洲绘画中，遭受折磨并露出胸部的女性之视觉表现，可见对圣阿格莎（Saint Agatha）殉道和性暴力神圣化的研究，见Easton，1994。感谢戴安娜·沃尔夫陶（Diane Wolfthal）介绍这些资料。

1　Foucault，1986，页25。

2　景安宁认为，汉代铜镜的组合设计明显反映出道教的三重纵向宇宙——天、地与人，可资比较；景安宁，2008b，页9。

反映了这一点。除了借鉴佛教，道教还利用了一个以三乘三的九宫格式为其基础的图表作为其多室地狱的空间架构，这是古中国理想的政治化宇宙模型。当道教度亡仪式在宋代剧增之时，南宋流行的独特的《酆都山真形图》进一步透露出对地下世界的关注，它成为一张在地狱迷宫中寻找灵魂的形象的解救路线图。

道教对中国宗教宇宙结构最卓越的贡献在于对众多人间仙境的详细定位。这种新奇的视点使得神仙天地降临在世俗世界，将真实的山岳洞穴与在想象中的、远在大海和山中的微观洞天混合成为一个神圣地理的"异托邦"。它对视觉文化产生了重大影响，反映在山水画和图式设计中的无数神仙岛屿、神秘洞穴和神圣山岳的形象中。

天、地和地下世界三个领域互相映射。例如，从图表和绘画的视觉材料判断，洞天的概念有助于道教地狱结构的形塑，后者又同时借鉴了道教宇宙的其他领域。正如天界一样，看管囚犯的官僚体系机构和众神渗透进了地下世界。迷宫般的地狱以其位于海底而闻名，又拥有微观洞天，可与人间仙境相比拟。在这个领域的深处，有一处污秽之地是专为受苦的妇女准备的，她们的形象经常与孩子的灵魂一起出现在描绘地下审判庭的绘画作品中。

第三章
真形图

　　道教视觉性的独特之处在于其"真形"的概念，这是中世纪道士所创造的术语，可见于当时的诸多文献之中。一般而言，真形可以用于鬼神、道教神像、山岳、修道者、内部器官、符印或是图画。[1] 它指的是作为道之一部分的事物所拥有的原本形态，是内在的、不可见的、无形的，与其外在的、可见的、具体的属性形成对照。根据业已建立的规则，若想要一睹真形，必须遵守一定的宗教规范，进行一定的宗教实践，道教徒认为精确的存想活动是最为有效的方法。

　　葛洪在《抱朴子内篇》中对老子的描述是道教鬼神真形的常见范本：

> 长九尺，黄色鸟喙，隆鼻，秀眉长五寸，耳长七寸，额有三理上下彻，足有八卦，以神龟为床。[2]

1　中世纪道教文献中引用真形的部分文本，可见《元始五老亦书玉篇真义天书经》，《道藏》，第 1 册，页 788c；《高上太霄琅书琼文帝章经》（DZ55），《道藏》，第 1 册，页 895c；《太上玉佩金珰太极金书上经》（DZ56），《道藏》，第 1 册，页 899b—900c，903b；《灵宝无量度人上经大法》，《道藏》，第 3 册，页 694c，695b，958c，1030a-b；《抱朴子内篇》，《道藏》，第 28 册，页 229c；《洞玄灵宝三洞奉道科戒营始》，《道藏》，第 24 册，页 747—748；《云笈七签》，102:2204—2208，尤其是页 2207—2208。更多其他材料中的使用，可见《太平御览》，667:10a；王尧臣（1003—1058），《崇文总目》，10:5b；《通志》，67:20a，22b，23a。另可见 Schipper，2005，尤其是页 104—105。
2　《抱朴子内篇》，《道藏》，第 28 册，页 229c。英语译文参考了 Kohn，1996，页 232（注 19）；Ware，1966，页 256。有关《抱朴子内篇》和《抱朴子外篇》（DZ1187）的研究，可见 Schipper 撰写的简介，收入 Schipper 和 Verellen，2004，页 70—72。

在唐代，许多传记进一步详述了老子的"真形不测"[1]，强调了他的变化不定、模糊和无形的特质。《云笈七签》[2]中所保留的《混元皇帝圣纪》片段，将妙不可言的老君比作了真道本身，处于无形，非凡所见。[3]老君妙相多端，"或飞或步，……，或夷或夏"。然而，他也并非总是显现人形，"或山或岱"。[4]

老子的真形也带有一些佛教色彩，如片段结尾处教人念道："一念法身，七十二相，八十一好"，"二念真身，犹如虚空，圆满清净，不生不灭"。[5]老子真形的叙述中提及法身、真身等佛教概念，反映了道教对佛教术语和义理的调适及挪用（adaptation）。正如孔丽维所说的，老子的七十二相和八十一好突出了道教对佛祖三十二相和八十好的富有竞争的回应。[6]从这个比较的维度考虑，道教复杂的真形概念或许也是对中古佛教论述中佛祖的"真"与身等术语的回应。[7]

道教视觉文化中与真形相关的最具新意的象征符号当属"真形图"。创作神像，如佛祖（图 1.5）和老君（图 2.1），所依据的是人物像制作原则，与此不同，真形图运用的是一种独特的视觉语言，以半抽象图像和文本之间复杂而精细的联系为特点。在《道藏》中，它们被归为"灵图类"[8]，这些非神像的图式设计是道教视觉文化中最具创新意义的部分，它们激发了以山岳为基础的仙境、圣地（图 2.25）和地狱（图 2.35）。道教徒相信，存想这些

---

1 有关老子的多种唐代传记的研究，可见 Kohn，1996，1998。

2 《云笈七签》，102:2204—2208，尤其是页 2207—2208。施舟人认为此经与高宗朝（712—755年在位）道士尹文操（？— 688）有关；见 Schipper，2005，页 104—105。与老子相关的北宋文献，还包括《混元圣纪》和《犹龙传》（DZ774），见 Kohn，1996；Verellen 撰写的介绍，收入 Schipper 和 Verellen，2004，页 872—875。

3 《云笈七签》，102:2207。

4 《云笈七签》，102:2207。

5 《云笈七签》，102:2208。可参考施舟人的翻译，Schipper，2005，页 105。佛祖的真身即法身，首次出现在 7 世纪时，其指舍利，之后于 9 世纪得到广泛认同。事实上，佛教中的真身是"身体的对立面，……其实质是非物质的"，佛祖的任何可见形象仅仅是其暂时显现而已；见 E. Wang，2005b，页 79—81，尤其是页 81；Assandri，2009，页 180。更多讨论，见 K. Tsiang，2005；H. Shen，2001，2005。老子化身的视觉材料，可见南宋王利用（约 1120—1145 年后）所作的老子十化手卷，Little 和 Shawn，2000，页 174—175（图版 35）；许宜兰，2009，页 81（图 1.22）。对老子八十一化视觉材料的研究，见窪德忠，1972。

6 Kohn，1996，页 207—225，226—227。

7 崔善娥（Suh-an Choi）在她的博士论文（芝加哥大学，写作中）中，研究了中古佛教与道教对"真"的共同关心。涉及佛教真观念的视觉研究，见 H. Shen，2005；李清泉，2008，页 263—267。

8 虽然缺乏直接的文本证据，不过我们可以推断真形图的早期传授仅限于道教团体内部，而非公众。可参考《道藏通考》中与真形有关的文本分类（内部流传或外界普遍流传），Schipper 和 Verellen，2004，页 1354，1359，1383。

a   b

图3.1a–b 《人鸟山真形图》，明《道藏》（1445），木版印刷，纸本：a.取自《玄览人鸟山经图》（局部）；b.取自《元览人鸟山形图》（局部）

图可以致仙，获得无形之道的内在真理。唐宋间流传的最为重要的两组真形图是本章的研究中心，它们是《人鸟山真形图》（图 3.1a–b）和《五岳真形图》（图 2.25，图 3.31，图 3.33c），前者与想象中的道教仙境人鸟山有关，后者则令人联想起中国的圣山，道教宇宙结构中的人间仙境。

　　就视觉而言，山岳的真形图是中世纪道教所创造的混合的复合文字图，它们向传统的文本—图像二分法发起了挑战。一个盒状结构中填满了非偶像式的奇异图案，混合了文本、图像、符印、秘文和地图。这些图案给人的第一印象似浮云、火焰、涡纹、鸟类的身体、野兽的爪牙，等等。它们所具有的非偶像式和非具象性的特点，使之从当时以中国佛教艺术为中心的视觉主流中脱颖而出。

　　在道教中，真形图被视为神圣经典的秘密显现，或是在天地初创之际，由宇宙之气凝结而成的天文的物质反映。[1]因此，与供养画像和造像中的偶像式表现相比，天文处于一个更高的层次，在道教教理的视觉化方面，其则更接近于无形的道。道教强调了真形图及其天上符号传授的秘密性和年限限制，若有人轻泄，将受到重罚。[2]这些神秘观念又与古传说中的天授《河图》《洛书》

---

1 《云笈七签》，3:32；谢世维，2007a，2010b；Bumbacher，1995；Campany，2002，xxii。《人鸟山真形图》每百年一传，《五岳真形图》则每四十年一传；见《云笈七签》，79:1805；80:1838。

2 《云笈七签》，79:1804—1806；80:1839—1840。也可参见福井康顺，1983，第二卷，页125—

相应。真形图和天文都与灵山有关，而出现于河中的天授文献却与前两者大不相同。[1] 神圣符号与山岳之间的这种联系进一步反映了山岳在道教宇宙结构中的重要地位。

道教的"入山"主题在表明山岳中心地位的同时，也指出了这场旅行的危险性。[2] 山岳不仅是与神仙相遇、自我修炼、获得自然宝物的灵地，也是危险动物和险恶精怪出没的危险地带。[3] 葛洪论及"登山之道"时，道：[4]

> 山无大小，皆有神灵。山大则神大，山小则神小也。入山而无术，必有患害……或令人遭虎狼，毒虫犯人，不可轻入山也。[5]

接着，他列举了真形图以及其他必备的工具，包括符印和镜子，以保护旅者，召唤神灵，驱避野生动物和骇人精怪。例如，一道"入山佩带符"（图3.2）是书中所举十八式入山用符之一，其上部为同心螺旋形图案。[6] 不过，葛洪特别指出《五岳真形图》和《三皇内文》是最具效力的入山护身符。[7]

人鸟山的变形

现存视觉材料表明人鸟山图和五岳图是《道藏》图经中现存完好的两种主要类型的真形图。它们都与构成道教仙境的圣地有关，不过人鸟山是虚构的地方，而五岳在中国实有其山。这些看似怪诞的符号中所集合的丰富视觉

126；1990，第二卷，页95—96。

1　根据中世纪文献，《人鸟山真形图》最初是由道教神灵刻在人鸟山虚空之中的；见《云笈七签》，80：1838。与此相似，刻于中国圣山内隐藏石室墙上的《五岳真形图》也仅"显现"于在当场进行深入存想的信徒眼前。可见帛和的故事，葛洪，《神仙传》，7：3b；《太平御览》，663：10b—11a。

2　天师道的官府设在山上，其早期文献中还罗列了山鬼的名单。另外，早期上清经典中至少有七十处提到了山岳；Schipper，2005，页94—97。

3　Hahn，1988；Birnbaum，1990，页116；Kleeman，1994，页230—232；Ward，1995；Wu Hung，2000，页83—84；Von Glahn，2004，页78—97。

4　《抱朴子内篇》，《道藏》，第28册，页235c。宋廷皇家百科全书《太平御览》中著录了一部以入山为名的《入山经》，这是一部特别为入山者准备的道教手册；见《太平御览》，670：6b。

5　Ware，1966，页279—280；《抱朴子内篇》，《道藏》，第28册，页235c。

6　《抱朴子内篇》，《道藏》，第28册，页241a。

7　《抱朴子内篇》，《道藏》，第28册，页236b，240a—242c；Campany，2002，页66—67。三皇文的样式，可见《灵宝领教济度金书》，《道藏》，第8册，页275。也可参见陈国符，1992，页71—78。

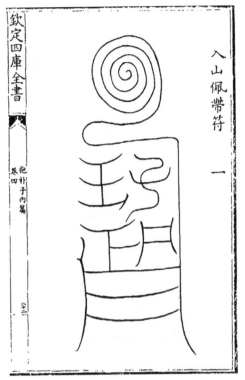

图3.2　入山佩带符（局部），取自《抱朴子内篇》，木版印刷，纸本

元素，为我们进一步评估道教为了满足多元化的道教经验、在吸收各种不同文化实践的过程中，将图像和文字融合成一种复合文字图，提供了极佳的材料。

《人鸟山真形图》有两个版本（下文以 A 式和 B 式表示），这些神秘的道教象征符号见于道经中，在中世纪中国得以流传（图 3.1a-b）。A 式为《太上人鸟山真形图》，收入于无明确断代的《玄览人鸟山经图》（DZ434，图 3.1a）中，有学者认为是六朝至唐代时期的作品。[1]B 式则来自《元览人鸟山形图》（图 3.1b），保存于 11 世纪的《云笈七签》中。[2]两种图像的盒状构图中填满了盘绕扭曲的黑白色曲线图案[3]，作为妙气的视觉呈现，它们带出了人鸟山烟气缭绕、云雾氤氲的感觉。[4]劳格文认为这些图像旨在描绘"一座气之山"。[5]

在两种图像里都可以找到文字元素。在 A 式中，细小的楷体文字出现在双层边框里（图 3.1a）。这种文本—图像并列的方式类似于 9 世纪至 10 世纪流行的单张的佛教陀罗尼经咒（图 3.3）。[6]这

1　《道藏》，第 6 册，页 697c。劳格文认为此经完成于 8 世纪；李丰楙则将之与六朝上清道教相联系。见李丰楙，1982，页 402—403；Lagerwey，1991，页 136。另可见 E. Wang，2005a，页 204—205（图 4.10）。

2　《道藏》，第 22 册，页 575b；《云笈七签》，80:1836—1840。也可见 E. Wang，2005a，页 204—205（图 4.11）；许宜兰，2009，页 180—181（图 2.19）。

3　《灵宝无量度人上品妙经符图》，《道藏》，第 3 册，页 64a—b；《高上神霄玉清真王紫书大法》，《道藏》，第 28 册，页 566a。

4　《云笈七签》，80:1836—1837；《玄览人鸟山经图》，《道藏》，第 6 册，页 696。可比较山西平陆枣园东汉墓中的天象图，满绘曲线形的云气文；中国社会科学院，1980，页 48（图版 46）。

5　Lagerwey，1997，页 79。

6　图版可见北京图书馆，1961，图 1。也可见 W. Yu，1997，第 3 册，页 156—157（图版 163）；李际宁，2002，页 21（图 6）。另有一款相似的设计，见李际宁，2002，页 22（图 7）。相关文本材料，可见《普遍光明清净炽盛如意宝印心无能胜大明王大随求陀罗尼经》（T. 20.1153），《佛说随求即得大自在陀罗尼神咒经》（T. 20.1154）。现存陀罗尼有多种形式，除了绘画和印本，还有一种混合了两者的"合成"形式。有关中世纪中国陀罗尼的更多研究，可见 Copp，2005，2008，2014；马世长，2004；E. Wang，2007，页 71—73（图 3.13—3.14）；K. Tsiang，2010，页 218—247。对佛经

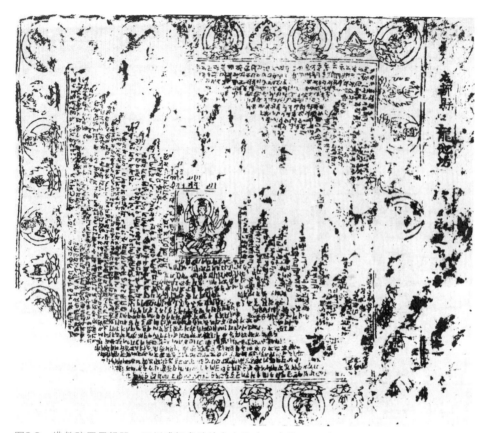

图3.3　佛教陀罗尼经咒，四川成都龙池坊卞家印本，唐代，757年后，木版印刷，纸本，31.0厘米×34.0厘米

是一张便携式经咒，修行者既可随身携带，也可保存在家中。供养人背诵铭刻的咒文，存想中央的佛像，以此激活它的保护力量。道教在真形图上借用了佛教的设计，说明这些现存的图式具有相似的作用，或许是在同一时期产生的。[1] B 式的总体构图与其他常用物品无关，虽然其图案也许来源于古老的视觉格套。例如，它自由流畅的抽象图形隐隐关系着汉代艺术中流行的云母题，就像河南密县打虎亭 1 号汉墓门上的大量云纹浮雕（图 3.4）一样。而且，水

的供养用途和象征功用的研究，可见 Campany，1991。汉代铜镜上也刻有围绕着镜钮成方形排列的铭文，这也许是道教图式的视觉原型；见孔祥星和刘一曼，1992，页 176—177，184—190，194—197，201—202；何林，2007，页 38—41（图版 19—20），46—49（图版 22—23）。感谢施杰提供这些参考。

1　对道教和密教咒语的更多研究，可见松本浩一，2001b；坂出祥伸等，2005；Strickmann，2002；Robson，2008；李远国，1996b。

图3.4　河南密县打
虎亭1号汉墓（M1）
大门的云状图案，
浮雕，东汉

平展开的带状神秘文字和其他云状图案相互交织，与古代青铜器、绘画和织物的表面装饰很相似。[1]

　　B 式的图案中加入了书写元素。横穿过画面中心的古老文字在一连串回旋缠绕的图形中隐约显现（图 3.1b，图 3.5a）。[2] 这些难以辨认的"字"反映了道教经典传统的基本观念：天书的可视性。[3] 其曲线形的笔画让人想起灵宝秘文，如秘篆文、真文、天文、大梵隐语和自然玉字，这些名字是共通的，指不同空间放射出的宇宙文字。[4] 这些秘文的相似例子包括唐代敦煌经卷（P. 2865）（图 3.5b）[5]，《道藏》中收录的出自 5 世纪的五篇真文（图 2.3）[6]，

1　这是打虎亭 1 号墓门石刻的复本；见安金槐和王与刚，1972，页 58（图 8）。拥有类似设计的大门的图版，可见河南省文物研究所，1993，黑白图版 2—3，10—11，16—17（无页码）；拓本见页 34，37，39，41，59，62，65，68，78，80，82，85，88，90，92，95（图 19，21，23，25，40，42，45，48，56，58，60，62，65，67，69，71）。感谢施杰和巫鸿向笔者介绍这些资料。打虎亭汉墓的更多研究，见安金槐，1994；马新宇，1995，2000；黄雅峰，1999；张亚娜，2005。2011 年 5 月 5 日，就笔者在芝加哥大学举办的讲座，巫鸿与施杰向我指出，真形图的印刷效果可以突出虚空与实体图案的黑白并置，从这方面来看，它模拟了石刻图像拓本的黑白对比。真形图与拓本之间可能的视觉联系与宋代兴盛的拓本制作和复古主义是否有关，仍不甚明了。对中国拓本的更多研究，可见 McNair，1994，1995；马子云，1960；Wu Hung，2002b；Harrist，2008，页 20—22，158，160—161；Starr，2008。古代青铜装饰种类，可见 W. Fong 等，1980，尤其是页 224—225。可比较汉代墓葬绘画里的云状图案；中国社会科学院，1980，页 48（图 46）；L. Tseng，2011，页 260（图 4.25）；洛阳市文物管理，2010，第 1 册，页 120—149。还可参考汉代刺绣中的云状图案；见 W. Yu，1997，页 118—121（图版 132—135）。
2　《道藏》，第 22 册，页 575b；《云笈七签》，80:1837。
3　谢世维，2005，2007，2010b；Verellen，2006，页 177。
4　秘篆文的研究，可参考王育成，1991b。真文的例子，见《元始五老赤书玉篇真文天书经》，《道藏》，第 1 册，页 776b—783c；Bokenkamp 撰写的简介，收入 Pregadio，2008，页 1061（图 76）。5 世纪的《太上灵宝诸天内音自然玉字》记录了自然玉字；Schimidt 撰写的简介，收入 Schipper 和 Verellen，2004，页 222。当代道教仪式中所使用的真文照片，可见松本浩一，2001b，页 174。有时，大梵隐语即指自然玉字，见《元始无量度人上品妙经内义》，《道藏》，第 2 册，页 378a。三十二天隐语可见《道法会元》，《道藏》，第 28 册，页 732。根据柏夷的解释，大梵隐语是"见录于灵宝经中的词汇和短语，相传在大劫之时，出自三十二天无量之音，具有不可思议的功效"。见 Pregadio，2008，页 297。更多研究可见 Bokenkamp，1983，1989，1991，1997，页 385—389；王育成，1996，2003a；Zürcher，1980，页 107—112；土屋昌明，2010。为解禳山中所染病气而焚烧朱书大梵隐语的做法，见《灵宝无量度人上品妙经》，《道藏》，第 1 册，页 307a—b。
5　图版可见 Little 和 Eichman，2000，页 206（图版 56）；Eichman，2000，页 38（图 3）；土屋昌明，2010，页 78（图 14）。这段敦煌道经中的秘文来自《度人经》结尾处的咒文；见 Little 和 Eichman，2000，页 207。
6　《元始五老赤书玉篇真文天书经》，《道藏》，第 1 册，页 783b。更多例子，可见《道藏》，第 1 册，页 776b—783a；《太上灵宝诸天内音自然玉字》，《道藏》，第 2 册，页 532a—c；Bokenkamp，1983，页 463；Pregadio，2008，页 1060—1062；Schipper 和 Verellen，2004，页 215—216。部分包含真文的六朝道经的翻译，可见 Hsieh Shu-wei，2005，页 392—413；2010b，页 63—124。另一可作比较的敦煌道经中的真文形式，见 Little 和 Eichman，2000，页 206。

a

b

c

图3.5a-c　道教天书：a.道教文字，B式（图3.1b）细节图，取自《元览人鸟山形图》，明《道藏》（1445），木版印刷，纸本；b.三炁天文，取自敦煌经卷（局部），纸本，唐代，7世纪至8世纪；c.道教文字，墓石拓本，北宋，11世纪早期，四川成都

以及最近考古发现的北宋墓石上所刻的相近文字（图 3.5c）。[1]

　　六朝道经中的人鸟山是一处遥远的人间仙境。有些经典将其与想象中的聚窟洲相联系，后者位于环状道教宇宙结构中的西南边缘（图 2.15）。[2] 另一些经典则融合了神话中的佛道元素，称其为"昆仑人鸟之山"，位于一处具有伪梵文名字的异域，山上众圣用大梵天之音唱诵道教经典。[3]《玄览人鸟山经图》和《元览人鸟山形图》则不再将人鸟山视为人间仙境，而是将它"升级"成为"无数诸天，各有人鸟之山"[4]。经中强调该山混合了人与鸟的形象，妙气结成的悬浮文字，环绕其间。最重要的是，将真形图运用于存想中，只有通过信徒玄达之思，才会闭目见之。一旦存思成功后，便有微妙之气降在肉身，使得身体轻盈，飞翔天界。[5]

1　这里所分析的实例来自北宋墓石；见翁善良，1990，页 9。更多唐宋墓葬的实例，可参考王育成，1991b；张勋燎和白彬，2004，2006，第五册，页 1496—1499；土屋昌明，2010，页 80（图 14—15）。唐宋墓葬出土刻石的研究，可见 Morgan，1996；加地有定，2005。
2　《十洲记》，《道藏》，第 11 册，页 52b-c；《云笈七签》，26:597—601；《记纂渊海》，86:11—14。该经文的英译，可见 Smith，1990。
3　《上清太极隐注玉经宝诀》（DZ425），《道藏》，第 6 册，页 644c；Hsieh Shu-wei，2005，页 236；Despeux，2000，页 506。
4　《云笈七签》，80:1836；《玄览人鸟山经图》，《道藏》，第 6 册，页 696b。此经的断代问题，可见李丰楙，1982，页 402—403；Lagerwey，1991，页 136。
5　《云笈七签》，80:1838；《玄览人鸟山经图》，《道藏》，第 6 册，页 696b。李丰楙认为，这与六朝上清道士所修习的"乘蹻术"有关。修炼者可在精思之中，

　　A 式真形图中央的深色鸟形躯体侧影显示了一只
如人直立的鸟（图 3.6），其喙向左，双翼紧贴背部，
这与经中所描绘的此山"有人之象，有鸟之形"相吻
合。[1] 在早期中国艺术中，人鸟是一种虚构的生物[2]，
如在马王堆轪侯夫人墓出土的 T 形帛画（公元前 168
年）上，一对人鸟是护卫墓主升天的祥瑞之物（图
3.7）。[3] 对人鸟形象的丰富想象力让人想起《山海经》
等作品中对蛮荒之地和异域的文字记录，还有世界其
他不同地方的奇异生物。[4] 魏德理（Vera Dorofeeva-
Lichtmann）根据其中的叙述，重绘了一张世界地
图[5]，人面鸟身的混合生物居住在黄河流域与长江流
域之间的中岳，同时也生活在东海沿岸地区。[6]

图3.6　人鸟图案，A式（图3.1a）细节
图，取自《玄览人鸟山经图》，明《道藏》
（1445），木版印刷，纸本

　　道教从古代传统中吸收了人鸟，并将其转化为一
位神灵。早在 2 世纪，人体内最高神的样貌便被描绘
成"人头鸟身"。[7] 甚至连老子的真形也是具黄色鸟喙的人鸟之形。[8] 此外，太
白星（即金星）的真形表现为坐于貌似凤凰鸟之上的女子身体；在传张僧繇
《五星二十八宿真形图》（图 3.8）中可以见到。[9] 人鸟母题也流行于道教以

存想自己驾驭龙跻，或鹿，或虎跻，在仙山间穿越千里；见李丰楙，1982，页 401—402。《道藏阙
经目录》里著录有一部《上清太上龙跻经》（第 19 部），其中原有符箓和插图。

1　《玄览人鸟山经图》，《道藏》，第 6 册，页 696b。

2　Waterbury，1952，页 73—140；Wu Hung，2005，页 1；Munakata，1991，页 19（图 6）。
山东所存东汉画像石中有一幅人面鸟身的图像，被解读为古医扁鹊正在为病人作针刺治疗，见和中浚
和吴鸿洲，2001，"与名医有关的物品"，页 49（图 1）。

3　它们头戴官员帽子，两边有绳系于颈间，鸟身覆有翻滚的长袍，这样的着装显示出其是帛画中神
圣使者与祥瑞的组成部分，守护墓主轪侯夫人升天。马王堆帛画的相关研究，可见湖南省博物馆等，
1973；Wu Hung，1992；E. Wang，2009；L. Tseng，2011，页 169—205。王育成进一步将汉代解
注瓶上形似神鸟之名的符形文字与汉代艺术中的人面鸟身形象联系起来，并认为两者的作用都是引导
死人升天；见王育成，1991a，页 51—52（图 2.2）。可比较山东出土的墓室装饰石刻上的图案："一个
人首鸟身的持针形象正准备为一组病人施针治疗"；见 W. Yu，1997，第 2 册，页 208（图版 242）。

4　袁珂，1985；Birrell，1999；Strassberg，2002；Dorofeeva-Lichtmann，2007。

5　Dorofeeva-Lichtmann，2007，页 287（图 11a）。

6　东方人鸟叫"句芒"，"乘两龙"；见 Dorofeeva-Lichtmann，2007，页 289。蒋应镐（约 16 世纪
晚期）所绘的人鸟插图（1597 年），可见马昌仪，2003，第 5 册，页 991。

7　《云笈七签》，18:418。更多神灵外貌的描述，可参考 Kohn，1996。

8　《抱朴子内篇》，《道藏》，第 28 册，页 229c。也可参考山田利明，1995，页 23。在古圣王中，大
禹也具有鸟喙；见吉冈义丰，1959，页 37；Kohn，1996，页 213，232。

9　Little 和 Eichman，2000，页 132—137；Ebrey，2008，页 295。一幅同名画作著录于宋徽宗的

图3.7　一对人鸟，马王堆轪侯夫人墓 T 形帛画（局部），西汉，公元前 168 年，绢本，设色，长 205.0 厘米，上宽 92.0 厘米，下宽 47.7 厘米

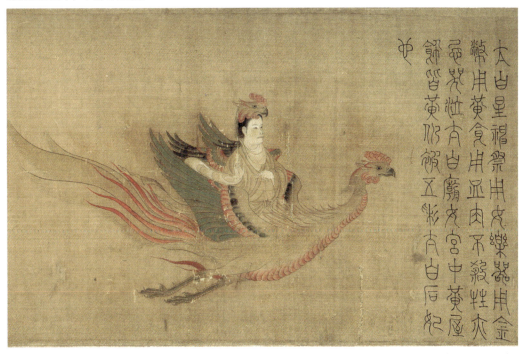

图3.8　太白星（金星），取自传张僧繇《五星二十八宿真形图》（局部），北宋，12 世纪早期（？），手卷，绢本设色，27.5 厘米×489.7 厘米

图3.9　正在佛教天堂中奏乐的迦楼罗，榆林窟第25窟南壁（局部），唐代，壁画，甘肃安西

外的宗教艺术之中。中世纪佛教中也有一位叫作"迦楼罗"（或"迦陵频伽"）的人鸟形人物，他住在天堂之中，以音乐才能著称。在唐宋绘画里，他的形象（图3.9）表现为混合了人的躯体和手臂的直立之鸟，在净土奏乐高歌。[1]

　　在 A 式真形图中，人鸟的有趣形象与鸟的形象在山中融合（图3.1a）。这种鸟和山的组合与唐宋风水文献中的图像有关[2]，后者注重"以占卜之术观察并解释大地能量的运动"[3]，如墓地、家宅或寺观的选址。[4] 风水师利用这些

收藏目录之中；见《宣和画谱》，1：64。

1　这是来自榆林窟第 25 窟南壁的中唐壁画；见刘玉权，1999，页 122（图版 103）。迦楼罗通常与具有双人首的神鸟"共命鸟"成对出现；见刘玉权，1999，页 123（图版 104）；谢明良，2010，页 18—25。一幅描绘阿弥陀佛净土世界的南宋绘画（1180 年）中同时出现了迦楼罗和共命鸟；见本书插图 1.5；胜木言一郎，2006，页 14、43、56—65。两者也是宋代建筑中的装饰图案；见《营造法式》，33：9a—b。迦楼罗还有一种不为人广知的力量，即治疗和致雨，从唐代开始，这些力量使得它与道教雷神产生了交集；见 Meulenbeld，2007，页 78—90；Strickmann，2002，页 232。除了迦楼罗的人鸟形象，敦煌经洞中还有一套 9 世纪的纸签，上有保护孩子的女性鸟首神灵的彩绘图案，见 Whitfield，1982—1984，第 2 册（图版 75）；陈明，2010，页 1125—1127（尤其页 1127）。

2　此点适用于风水学中的江西一派；见 Smith，1991，页 131—171，尤其是页 132—139；Henderson，1994，页 217。运用风水理论研究中国山水画，可参见 Clunas，1996，页 178—189；Harrist，1998，页 94—96（图 23—26）。对中国风水的更多研究，见 Feuchtwang，1974；Kalinowski，2003；刘祥光，2010。

3　Kohn，1996，页 199。

4　对于中国风水（有时英译为 geomancy）的部分研究，可见 Bodde，1959；Eitel，1973；Feuchtwang，1974；Smith，1991，页 131—171；Kalinowski，2003；Bruun，2008。运用风水或气的概念研究中国山水画，可见 Hay，1978；Laing，1998。

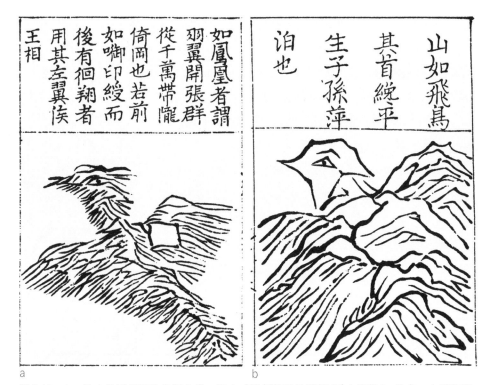

图3.10a-b　风水学视角下的鸟形山岳，取自《图解校正地理新书》（局部），北宋，木版印刷，纸本：a.形似凤凰的吉山形态；b.形如飞鸟的凶山形态

文献，通过观察大地的外在形状和走势，探测其内在的气，进而发掘其潜在真形。[1] 在唐宋材料中通常将风水布局称为《山形图》[2]，这个术语与道教真形图息息相关。

　　北宋风水文献《地理新书》中所绘的一系列山岳呈现鸟形，这也许启发了道教对人鸟山形象的想象。[3] 其中一座山岳看似凤凰（图3.10a），显示出"侯王相"；[4] 另一种吉相是形似舞鹤的山岳，预示可以在官府内得到一官半职。[5] 或者，状如飞鸟的山岳表示子孙的生活将会漂泊不定（图3.10b），而呈惊鸟形者则

1　《海外新发现永乐大典十七卷》，2003，页383—387，437，441，444，465。
2　南宋书目中，分析活人和死人理想居址的图式带有诸如"相宅图""历代山形图""山形总览图"之类的名字。它们被归为堪舆类文献，又可细分为与生人有关的《宅经》或与死人相关的《葬书》。见《通志》，68:51—56。一部9世纪的绘画著录中列举了一些山水图，包括《相宅园地图》《阴阳宅相图》；见《历代名画记》，3:28。类似的名字还出现在《隋书》之中（34:33—34）。
3　现存《地理新书》为金代复本，见王洙（997—1057），《图解校正地理新书》，页118。
4　《图解校正地理新书》，页118。
5　《图解校正地理新书》，页118。

是一个凶兆。[1] 在唐宋风水学中发展起来的视觉文化似乎进一步形塑和激发了后世对"山岳、岩石和石头绘画"的"视觉想象",包括韩文彬(Robert Harrist)所称的在17世纪绘画中所勾勒出的"意外造成的图像"。[2] 1609年的《海内奇观》中有一幅插图(图3.11),特别描绘了佛教灵岩寺周围的名胜。[3] 其中的岩石造型以将山水和人、鸟相连接的奇特形状而著称。旅程沿途有鸟状的燕岩,在人形僧抱石的正对面。[4] 虽然韩文彬没有特别将这些后期作品与风水的视觉文化相联系,但他认为中国人对这些"奇异图像"的沉迷来自"中国主流的哲学和宗教传统——儒家、道教和佛教",尤其是他们相信自然是"一个自生的系统,其活力来自不断的变化",山岳和岩石是"能量的外在形态"。[5]

图3.11 燕岩(局部),取自《海内奇观》,明代,1609年,木版印刷,纸本

由此观之,A式真形图中的人鸟图案(图3.6)也许正是风水图中表示吉兆的鸟形山岳的投射。佛教也借用了这种视觉策略,这在佛祖说法圣地灵鹫山的奇妙图像中尤为明显。敦煌莫高窟第420窟窟顶北坡上保存了一幅6世纪晚期的《法华经变》壁画。[6] 鸟形山顶覆有一鸟首侧面;好似一只鸟被插入了山峰,而它的身体则转化成了山体(图3.12)。南宋《法华经》扉画也采用了相似的手法,正在说法的佛祖身后有一座鹰头状的山(图3.13)。[7] 从文本转化成图像的角度来看,汪悦进认为,鸟形山的形象也许是设计者对

---

1 《图解校正地理新书》,页119。

2 Harrist,2003,2011。

3 杨尔曾(约1575—1609),《海内奇观》,6:25a。这是一部由陈一贯(约17世纪早期)设计,汪忠信(约17世纪早期)刻,浙江出版家杨尔曾刊印的插图本,记录了名胜古迹和自然景点。有关此书的更多研究,见L. Lin,2011;Harrist,2011,页571。

4 《海内奇观》,6:25a。可比较同书中的鹰岩图,见6:18a;Harrist,2003,页44(图10);2011,页571(图2)。该书中有更多可资比较的山岳、岩石图,它们分别形似狮、猴、祥鹿、佛教圣人、仙人之手、僧伽和年轻女性等,可见同书,6:17a、18a、19a、22a、25a、26a。西方也有类似他物造型的岩石,相关讨论可见Baltruaitis,1989,页61—105;Harrist,2011,页571(注4)。

5 Harrist,2003,页39—40。

6 也可见赵声良,2002,页50(图37);E. Wang,2005a,页196(图4.5)。

7 另可见Weidner,1994,图版20;Harrist,1998,图35;E. Wang,2005a,图版10。

图3.12　鸟形灵鹫山，《法华经变》（局部），莫高窟第420窟窟顶北坡，隋代，7世纪早期，壁画，甘肃敦煌

图3.13　鸟形灵鹫山，《法华经》扉画（局部），南宋，12世纪，手卷，描金，蓝染写经纸，24.5厘米×1222.7厘米

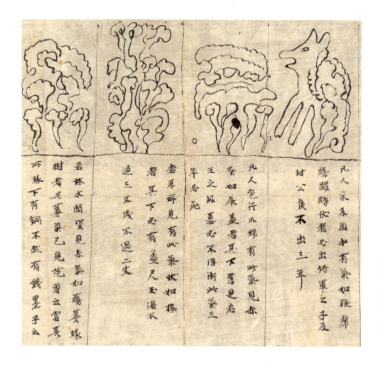

图3.14　呈现为动物、华盖、塔和树等形状的气占图，取自敦煌经卷（局部），唐代，8世纪，纸本，24.4厘米×330.0厘米

灵鹫山的字面理解。[1] 若换一个角度考虑，正是这种鸟形赋予了山峰神秘的天界力量，道教人鸟山和形似舞鹤或凤凰的吉山也同样因此被赋予了神圣意味。

　　另有一种鲜为人知的视觉传统也受到风水术的启发，它勾画了云气形态的灵性；[2] 唐宋材料称这些图为"望气图"。[3] 在13世纪的类书中，它们被归为"天文""日月占""风占气象占"和"宝气"类文献。[4]

　　描述这些能量的一种方法就是用形象的词汇解释抽象的气，这在以望气占卜图为特色的8世纪敦煌手卷（S. 3326，图3.14）中很明显。其中的气有多种形状，如动物、华盖和塔。其中的一条题字如下：

　　　　凡人家及园中，有气如狼虎腾跃蹲伏者，必出将军之子，及封

1　E. Wang，2005a，页194；将灵鹫山与人鸟山相连的启发性研究，可见页192—205，尤其是页199，204—205。

2　邓文宽和刘乐贤，2003；陈槃，1991，页665—750。另可比较《雨旸气候亲机》（DZ1275）中的天气插图。

3　《历代名画记》，3:26—29；《通志》，68:19—20；邓文宽和刘乐贤，2003，页36。

4　《通志》，68:19—20；邓文宽和刘乐贤，2003，页36。

公侯，不出三年。[1]

由此，A 式真形图（图 3.1a）也许是道教版本的气图，其中的鸟形图案（图 3.6）则是气所表现出的动物形态之一种。

人鸟文字

与那些由气构成的图案一样，《人鸟山真形图》（图 3.1a–b）上的文字也有助于修炼者的存想，这在《玄览人鸟山经图》四周边框中的细小楷体文字中表达得尤为清楚（图 3.1a）。[2] 外圈的文字可从右上角开始顺时针阅读，内圈文字则由右下角开始顺时针阅读。劳格文推定这两段文字出于 8 世纪，并注意到它们借用了 6 世纪上清道士存想两座虚构的神仙之山时的描述。[3] 此图与之前所提到的佛教陀罗尼经咒（图 3.3）的作用也许是一样的，修炼者利用中央的图像作存想，并背诵周边的文本。[4]

外圈文字唤起的是修炼者通向人鸟山的存想的第一阶段：[5]

太上人鸟之山，峻而难踰。不天不地，不沉不浮。绝险绵邈，崔嵬崎岖。元气烟煴，神真是游。玉液泓澄，灌溉靡伏。百二十官，天府相由。日月昏明，玄芝万林。绛树特生，其实皆珠。白玉嵯峨，醴泉出隅。云出芝生，震灭邪躯。木鸟能语，此是神夫！还年之士，挹其芳流。子能得之，真人可俦。不知此道，万为土灰。口耳之经，名为天楼。[6]

---

1 该经卷中有二十三种气图。最完整的影印本可见中国社会科学院历史研究所，1990—1995，第 5 册，页 36—43，尤其是页 36—39。也可见邓文宽和刘乐贤，2003，页 81；Drège，1999，页 123（图 18）。陈槃讨论了其他敦煌写本残卷中，行军之时，候望云气，以占吉凶进退之事；见陈槃，1991，页 737—750。

2 《玄览人鸟山经图》，《道藏》，第 6 册，页 697c。这两段文字的法语译文，可见 Lagerwey，1991，页 135—136。

3 Lagerwey，1991，页 136。

4 真形所包含的听觉元素，可参见 Robinet，1993，页 29。

5 法语译文，可见 Lagerwey，1991，页 135。

6 英语译文，可见 Lagerwey，1985，页 80。

上段文字的多个短语，包括"不天不地""百二十官"以及"玉液""醴泉""绛树"和"芝"，皆出自 4 世纪时对另一座想象中的"太元之山"的描述。[1] 然而，此段文本的独特性在于：它提到神奇的鸟和树木是来自天上的使者，它们会说话，能够将秘文口头传授给信徒，并仅限于信徒。劳格文指出，书面文字的权威在这里受到了质疑，此处的神圣经典似乎并非手写的，而仅仅通过"师徒相传"的方式。再者，"这位老师也许并非人类，他的传授方式更像是通过梦境或冥想，而非文本"[2]。真形图的内圈文字反映了相似的观念：

> 太上人鸟之形，山之右流。玉女所登，窈窕巍巍。紫云飘飘，
> 甘露霏霏。金池玉房，在乎其隈。无枝之草，冬夏不衰。玄液反生，
> 上下华蕤。愚兆竞往，至皆死归。[3] 惟有太上，能登不颓。漱挹流精，
> 以致天飞。金光圆生，真气乘雷。夫子瞑目，长在八威。石生神兽元始，
> 其音难追。一气所成，土山不摧。书名天汉，口传无陂。是谓玄辉，
> 仙也。

一座为云雾环绕的山峰，山角有"金池玉房"，"愚兆"竞相前往山岳，却落得死归的惩罚，这些都出自 4 世纪时对虚构的"长谷之山"的描述。[4] 外圈文本中，圣山的行政机构里加入了玉女，与 120 位男性天官相对。两段文本也都具有很多共同的隐喻。例如，李丰楙将内圈文本中能致饮者飞天的"流精"和外圈文本中的"玉液""醴泉"相联系，它们都暗指在存想状态下，修炼者体内循环的纯化之气。[5] 另外，内圈文字的最后也强调了"口传天书"的观念。

道经中记载，存想人鸟山要配合存思一组被称为"八威"的神灵，后者在道教存想活动中很关键。它的字面意思是"八种威力"，薛爱华（Edward

---

1 《抱朴子内篇》，《道藏》，第 28 册，页 194c；Ware，1996，页 121。也可参考 Lagerwey，1991，页 136。

2 Lagerwey，2005，页 50。

3 图中的文字难以辨认。4 世纪的《抱朴子内篇》中有相近短语可作参考："愚人妄往，至皆死归"；《道藏》，第 28 册，页 194c。

4 《抱朴子内篇》，《道藏》，第 28 册，页 194c；Ware，1996，页 121。也可参考 Lagerwey，1991，页 136。

5 李丰楙，1982，页 401—402。

图3.15 九天凤气玄丘真书，取自《上清曲素诀辞籙》（局部），明《道藏》（1445），木版印刷，纸本

Schafer）将它翻译为"eight daunters",意指一组由八单位组成的星际发光体。[1] 在存想活动中，八威是"宇宙公路的巡逻者"，照亮并深入宇宙及人体，保障修炼者能够安全通过宇宙和大量"瘴气毒雾"。[2]《道藏》中保留的多种复合文字图涉及八威，其中包括一道早期上清籙"九天凤气玄丘真书"[3]（图3.15），

1　Schafer，1986，页675。提到过八威的道教文献名单，可见Schafer，1986，页673—677。也可参见《元始八威龙文经》（DZ30）和《太上洞玄灵宝八威召龙妙经》（DZ361）。

2　八威与八景有关，它们还与道教中指涉时空的八个一组的其他组合有进一步的联系，如八方、八节、八道和八会，这些都与八卦概念相关；见Schafer，1986，页674—675。也可参见《修真十书》中收录的《黄庭内景玉经》注解，《道藏》，第4册，页847a-b。八威也可称为"八灵"，见《道藏》，第4册，页866b-c。根据6世纪早期灵宝经，八威与人鸟山中的主神元始天王一同位列神灵的第四等级。元始天王是西王母和其他玉女、使者，河伯，洛水神女，五岳君的老师；见《洞玄灵宝真灵位业图》（DZ167），《道藏》，第3册，页276a—278a。另可见石井昌子，1968，页115—122，尤其页121。

3　《上清曲素诀辞籙》（DZ1392），《道藏》，第34册，页169c。施舟人称此图是以其所包含的神灵名字为基础的"古老文书"；见Schipper和Verellen，2004，页607。有关道籙的更多研究，见丁煌，1995，1996，1997。道籙的视觉特征还有待细致研究；见Y. Luk，2010，2011；张勋燎，2016。宋代正一经典中保留了一些精致的道籙；部分可参见《太上三五正一盟威籙》，《道藏》，第28册，页443a，450a-b，453b-c，455b-c，459a-b，459c—460a，460b—461b，463b—464a，465c，470a，472c，478a；可以召唤九凤或九头凤的籙，见页450c—451a，473b-c。

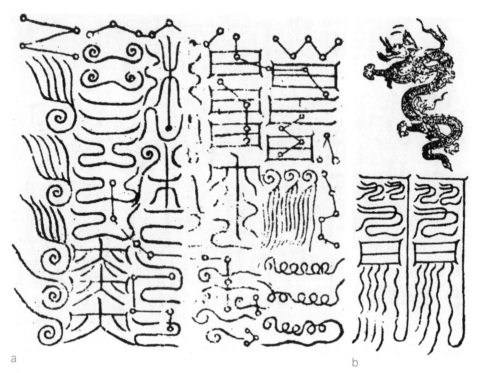

图3.16a-b　召唤八威的神秘符号（局部），明《道藏》（1445），木版印刷，纸本：a.八威龙文，取自《灵宝无量度人上品妙经符图》（局部）；b.八威召龙箓，取自《上清曲素诀辞箓》（局部）

箓中迷宫般的线条里有一只飞鸟，还有众多以小篆书写的神灵名字。[1] 八威和人鸟山传说中的九气丈人[2] 分别在朱鸟的右上方和左上方。[3] 其他能够召唤八威的天文和道符还有宋代的"八威龙文"（图 3.16a）[4]，其中的螺旋图案形似鸟的羽毛，以线彼此相连的点则像星座或宇宙发光体。甚至，一道上清"八威召龙箓"（图 3.16b）的名字即来自这个具有力量的组合。[5] 此箓中的每一

1　该箓原有颜色，经文中有上色说明，人鸟应为朱色，其余部分则为朱、青和黄色。

2　《云笈七签》，80:1838。早期古道教神谱中对该神的记录，可见《洞玄灵宝真灵位业图》，《道藏》，第3册，页276b。

3　通过这道箓所召的神灵，包括将军、司命和大量护卫、玉女、使者。这些侍从很有可能是与圣山有关的一组神灵，在鸟图案的下方确实有一行题字为"卫山使者领天帝兵十万人"；见《上清曲素诀辞箓》，《道藏》，第34册，页169c。

4　取自与五方相对应的一套宋代宇宙符号；见《灵宝无量度人上品妙经符图》，《道藏》，第3册，页81c—82c；李远国，2000，页91，182。《灵宝领教济度金书》里的"五方赤书玉字"中也提到了八威，《道藏》，第8册，页372a。另一些题名中带有八威的秘文，可见《元始五老赤书玉篇真文天书经》，《道藏》，第1册，页777b，782a；《道门定制》（DZ1224），《道藏》，第31册，页730a—733a。

5　《上清曲素诀辞箓》，《道藏》，第34册，页172a—c。

道符都有龙的图形，突出了召龙的概念；经文还提到这些符箓皆为朱书。[1] 张勋燎和白彬的研究指出，除了《道藏》，八威的视觉文化一直延伸到宋代墓石上所刻的一种神秘的驱邪文字，被称作"八威真文"[2]，它的书写风格与中国唐宋墓石所刻的道教神秘篆书（图3.5c）有关。[3]

综上所述，整体而言，《人鸟山真形图》就是一部神圣的经典，若要学习其中所包含的秘密之教，修行者不仅要读经，还需要存想和背诵。那么，A式图中的两段文字为何呈现出这种排列方式呢？根据道经对图像的分析：

> 山外空虚之字，向左百二十四，向右百二十，合二百四十四字。
> 诵之在心，诀在师口。[4]

A式真形图共有244个汉字，外圈的124个字对应向左的空虚之字，剩余的120个字则对应向右的空虚之字。[5] 内圈文本的首句明确指出人鸟之形，"山之右流"。该图中的两段文字一起构成了人鸟山244个天文字的完整启示，并暗示了它们在准备和指导信徒存想遨游天境时所起的作用。

据说，天文首先由人鸟山的主宰元始天王和来访的西王母，共同刻铭于虚空之中。每字方一丈，这是中世纪灵宝经描述天书时所用的标准尺度。这些不可思议的文字"悬在空中，以接后学，于今存焉"[6]。

那么，B式真形图中的秘文是否反映了人鸟山中出现的另一组天文呢？《道藏》提供了以下信息：

> 山内自然之字，一十有一。其诀口中寄文附出：弓龙行，神出，
> 除凶殃，辟非祥。[7]

---

1 《上清曲素诀辞箓》，《道藏》，第34册，页172c。伊沛霞（Patricia Ebrey）讨论了与龙的图案相关的部分唐宋道教符、箓、印；刻有八威龙文铭文的道教法印，可见 Ebrey，2011，页63（图22）；《上清灵宝大法》，《道藏》，第30册，页902c。
2 张勋燎和白彬，2006，第五册，页1494—1511。《道藏》中所保留的可资比较的真文，见《道门定制》，《道藏》，第31册，页730a—733a。
3 张勋燎和白彬，2006，第五册，页1494—1528；王育成，1991b。
4 《玄览人鸟山经图》，《道藏》，第6册，页698a。
5 Despeux，2000，页506。
6 《玄览人鸟山经图》，《道藏》，第6册，页696c；《云笈七签》，80:1838。
7 《玄览人鸟山经图》，《道藏》，第6册，页698a。

这十一个字也见录于另一部汇集了各种秘语的六朝道经中。[1]对于未修炼过的俗人而言，图中的文字相当难认，也许是有意为之。不过，这也可能是因代代抄写传承而出现的错误。从右向左，我们可大致辨认出，深色的垂直螺旋状图案将水平排列的秘文分成了四个部分，依次分别包含有三个、两个、三个和三个秘字。总共十一个的神秘文字或许正应和了"山内自然之字，一十有一"。

B 式图中的十一个自然之字让人想起灵宝传统中的五篇真文。自 5 世纪早期开始，五篇真文已被用于分别安镇道坛的五个方位。[2]一部 13 世纪的仪式文献记录了为消灾而召唤神龙和其他神灵的仪式过程，这里的龙是传递天书的使者。[3]

上述 A 式图与 B 式图分别代表了两种分散的符号，包含着人鸟山的机密信息，两者又共同形成象征符号群。由片段不完整的子符号组成的象征符号群有利于为秘传增加"安全密码"的强度，这些图原本仅传授予少数选定之人，不能轻泄给不够资格的外人。

事实上，象征符号群的运用是道教限制秘密知识传授的一项重要策略。[4]大部分象征符号群以三个或五个为一组。[5]除了两种样式的《人鸟山真形图》以外，一些著名的例证还包括"天地水三简"（图 4.52）[6]，《五岳真形图》（图 2.25，图 3.31，图 3.33c）[7]，五篇真文（图 2.3）[8]，以及"灵宝五符"

1　《太上求仙定录尺素真诀玉文》（DZ128），《道藏》，第 2 册，页 865a。

2　《元始五老赤书玉篇真文天书经》，《道藏》，第 1 册，页 776b—783b；《灵宝领教济度金书》，《道藏》，第 8 册，页 367b—374b。五篇真文共含有 668 个字，产生于宇宙起源之前；见《云笈七签》，7：112—113。更多研究，见小林正美，1982；Bell，1988，页 376；黄坤衣，1998；Raz，2004；Andersen，2005，页 15—16；Hsieh Shu-wei，2005，页 338—353，391—412；Bokenkamp 撰写的简介，收入 Pregadio，2008，页 1060—1062；土屋昌明，2010。

3　《灵宝领教济度金书》，《道藏》，第 8 册，页 373a—374b。

4　在传统中国，宗教画和世俗画通常成对制作，可以将它们看作单幅绘画，也可以当作系列作品。现存样本，可见大和文华馆，1995。可比较中古敦煌写经或抄写成套宗教经典的活动；参 Mollier，2008，页 16；L. Kuo，2000，页 694—695。

5　道教中，一、二、三、五等数字的象征含义，可见 Robinet，1995；Pregadio，2008，页 853—854。

6　图例可见《灵宝领教济度金书》，《道藏》，第 8 册，页 374b-c。

7　本书中的插图分别选自不同组的真形图。完整的一套《五岳真形图》，可见《灵宝无量度人上经大法》，《道藏》，第 3 册，页 737b—739b；《洞玄灵宝五岳古本真形图》，《道藏》，第 6 册，页 737c—740a，740c—743c；《上清灵宝大法》，《道藏》，第 30 册，页 813b—815b。

8　也指五方赤书玉字；见《元始五老赤书玉篇真文天书经》，《道藏》，第 1 册，页 776b—783b；《灵宝领教济度金书》，《道藏》，第 8 册，页 367b—374b；《太上洞玄灵宝赤书玉诀妙经》（DZ352），《道藏》，第 6 册，页 196a—198b。

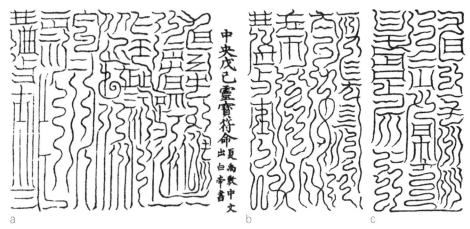

图3.17a-c　灵宝五符（局部），明《道藏》（1445），木版印刷，纸本：a.中央戊己灵宝符命（局部）；b-c.中央符命的左右部分，取自《元始五老赤书玉篇真文天书经》（局部）

（图3.17a）[1]。在一些版本中，每一道符又被分为左右两部分（图3.17b-c）。[2]与此相应，在处理道教神圣经典和符号传授的话题时，文献叙述总是故意模糊其所在，说它们分散于圣山的不同地方。[3]一般而言，"五"这个数字更多用于地面的组合，基本呈水平排列，与五行、五方、五岳、五脏等有关。"三"则更多用于天上的组合，多呈垂直排列，与三天、三元、天地人三界（人体内三丹田）等对应。[4]两个为一组，如人鸟山的成对符号，使人想起"内"和"外"的概念。A式图与山外虚空中的文字相联系，而B式图与山内的自然文字有关。这也许就能解释为何A式图中的可辨文字围绕在图式周围，而B式图的神秘文字在图式内，且更为古老。然而，在至关重要的道教知识传授系统中，两幅图像都属于秘密材料，不为外人轻易得见。

　　总之，对《人鸟山真形图》的研究揭示了道教视觉性的神秘维度。从6世纪异域中的人间仙境传说开始，人鸟的隐喻与祥瑞人鸟的文化隐喻发生联系，前者在A式图中尤其明显，后者可追溯至古老的墓葬艺术，常见于中世

1　《太上灵宝五符序》（DZ388），《道藏》，第6册，页338b—339a。中央之符，可见《元始五老赤书玉篇真文天书经》，《道藏》，第1册，页783c。更多研究，可参见山田利明，1989；Raz，2004。

2　《元始五老赤书玉篇真文天书经》，《道藏》，第1册，页777b—783c。组成中央之符的两部分，见页780c—781a。另可参见Bokenkamp，1983，页455—456；Raz，2004，页324。

3　《太平御览》，672:1—12；673:1—14。也可见《云笈七签》，106:2298—2301；112:2433。对早期道教中隐世与出世类型的启发性研究，可见J. Tsai，2006。

4　Robinet，1995，页198—209；Pregadio，2008，页853—854。

纪佛教天堂和道教星神绘画中。A 式图中插入的盒状文字反映了流行于唐宋的佛教图像的影响。然而，B 式图中的符号模仿了道教天书的神秘写法，形似古代篆文。最后，两个不同版本的真形图的存在表现了中古道教一条重要的视觉制度：丰富的象征符号群的运用，其中每一组符号都是所授知识整体的一部分。因此，象征符号群的创造成为守护秘传知识的一项安全措施。

天书中的鸟

　　鸟的形象常常与天的力量相关，因此它在形塑道教神秘符号的过程中扮演了重要角色，包括绘画、文字、经书、图式和符命。那么，在道教创世论中，鸟担当着怎样的角色呢？它们是如何启发道教神秘符号的视觉文化呢？

　　道教复合文字图中引入鸟的形象的原因在于天书传说，后者经常涉及中国文字创造的神话，尤其因为它与古代书法中鸟书的发展有关。[1] 在神话中，黄帝的史官仓颉取像鸟迹，首创文字。[2] 这位有名的文化英雄也出现在南宋至元时期道教万神殿的图像中，表现为多眼学者的神灵形象（图 3.18）。[3] 不过，道教坚称天书的出现早在仓颉创造鸟迹文字之前，这是其一贯的复古倾向。[4]

图3.18　四眼仓颉，取自《道子墨宝》（局部），南宋，约13世纪，册页，纸本，34.4厘米×38.4厘米

1　Louis，2003b，页 20—21；马国权，1983。

2　《云笈七签》，7:114；王钦若（962—1025），《册府元龟》，554:1a；《太平御览》，79:3a；许慎（约 55—125），《说文解字》，15 上 :1a—b；饶宗颐，1998，页 34—36；Hsieh Shu-wei，2005，页 42—53，2010b，页 69—70，84。

3　14 世纪山西永乐宫中有相似的四眼、六眼图像，见萧军，2008，页 144，174。四眼仓颉的文献记载，可参见 Hsieh Shu-wei，2005，页 47—48。有关仓颉的传说及其在中国书法史中的重要性，见石守谦，2010c，页 584—587；相关图像，见页 585（图 1—2）。对于中国神仙面相术中的仓颉的更多讨论，尤其是其眼睛，见 Kohn，1996，页 212。2 世纪晚期至 3 世纪早期山东沂南东汉墓葬中的四眼仓颉画像石，见 Wu Hung，2010，页 184（图 172）。林圣智认为该画像是用来表现鉴戒图画的树下人物模式；见林圣智，2010b，页 183（图 35）。

4　《云笈七签》，79:1793—1794；《灵宝无量度人上经大法》，《道藏》，第 3 册，页 736b；葛兆光，1998，页 46；2008，页 20—24。

图3.19 椋鸟群迁徙画面（截自摄于英格兰奥特穆尔附近的录像短片，2007年）

　　鸟迹[1]意指鸟在天空中的动态运动。鸟群的飞行模式显示了这种运动如何推动书法形态的发展，如 2007 年在北美及英国拍摄到的"鸟的快照"中所显示出的不断上升的轨迹（图 3.19）。[2]

　　与中国文字创造神话相应，中古道教重写了属于自己的天书创造神话。陶弘景的《真诰》是经常被引用的例子。[3]其中记录了紫微夫人降于灵媒杨羲的启示，说明了格式化书写的"来自天上的信息如何可以通过灵媒传递到人间"[4]。紫微夫人从介绍天书的发展开始，在阴阳初分之际，最高等级的第一批天书出现了，包括"三元八会"和"八龙云篆明光之章"。[5]其后，简化为"龙

1　鸟迹的英译：bird's tracks，参考了 Acker，1954，页 63（注 1）。

2　由大量密集鸟群腾飞升空而展现出的书法艺术式的表演被一段令人瞠目的视频影像所捕捉，记录下了椋鸟的迁徙；见 Dylan 在 YouTube 上公开的视频，摄于 2007 年 2 月，英格兰奥特穆尔（Otmoor）附近：http://www.youtube.com/watch?v=XH-groCeKbE&feature=fvw。还有一段相似的影片摄于 2011 年苏格兰边境附近，见 http://vimeo.com/31158841/ 上公开的短片：《绚丽的鸟群》（*Murmuration*），以及 http://lightbox.time.com/2011/11/03/murmurations-spectacular-starlings-signal-winter-is-on-its-way/#4 里公开的照片。感谢 Anne Feng 提供这些资料。

3　《道藏》，第 20 册，页 491a—b，493a—b。可比较《云笈七签》，7:111—114。对此经的研究，可见石井昌子，1968，1987；吉川忠夫，1998；王元军，2002。

4　Ledderose，1984，页 256。对上清启示的研究，见 Strickmann，1977。书法与道教的相关研究，见吉川忠夫，1987b；王元军，2002。

5　《真诰》，《道藏》，第 20 册，页 493b。薛爱华认为"八会"是指"天上木星轨道所分成的十二个部分与十天干在天上相遇的八个点"。见 Schafer，1986，页 674。

凤之章"和"顺行梵书",两者皆"播之于三十六天、十方上下"[1]。这四种天书出现于 5 世纪,却没有实例留存。为此,我们不得不将目光转向宋代。

　　上述四种天书中,有两种的名字中带有"龙"字。龙是一种神秘的飞翔生物,经常象征着来自天上的使者。[2] 在一些宋代道教文献里的龙文和道符中,龙呈现的其实是鸟的外形,这也效仿了古老鸟迹文字里的图像元素。一部未能断代,也许与宋徽宗的神霄运动有关的宋代道经收录了《龙章天书》(图 3.20)。[3] 这种龙章是更复杂的云篆文字的变体[4],云篆是受古瘦长篆体[5]启发而来的道教基本文字(图 3.21),其独特之处在于似云的弯曲笔画。[6] 与云篆相比,龙章的基本结构更为华丽与复杂,每条龙都具有圆形鸟首,以点作睛,Y 形的嘴朝向左边张开,两角向右,弯曲的身体从龙首开始,由一条单线螺旋线条构成(图 3.20)。此外,构成龙身的细长弯曲线条形似汉字"弓",而在 B 式真形图内的自然之字里提到过"弓龙"一词(图 3.1b,图 3.5a)。[7] 根据莫尼卡·德雷克斯勒(Monika Drexler)的研究,像这样的盘旋状符号可能与道符中的许多文字有关,如一、六、地、龙和仙;而缠绕的线条可以指九、元等汉字。[8] 虽然龙章在风格上有一定程度的连贯性,图 3.20 中所显示的文字却个个不同。每个字由两条至六条龙组成,并采用传统中国文字的基本结构,即左—右或上—下结构的方块字。有时会加入其他图形,如日字或方形星座,以此增加文字的宇宙论内涵。[9] 在一些文字中,几条龙缠绕在一起或彼此相连,使得整体构图

1　《真诰》,《道藏》,第 20 册,页 493b。也可见 Ledderose,1984,页 256;Hsieh Shu-wei,2005,页 253—254,2010b,页 87—98;李丰楙和张志雄,2010,页 330。

2　在南宋灵宝经中,三元八会之文亦名"八威龙文";见《灵宝无量度人上经大法》,《道藏》,第 3 册,页 616b;李远国,2000,页 91。对龙在道教中担当使者角色的研究,可见陈昭吟,1994。

3　《高上神霄玉清真王紫书大法》,《道藏》,第 28 册,页 562a。也可见 Y. Tseng,1993,页 83(图 4.14),104(图 5.25)。施舟人认为这部经典出于明代;见 Schipper 和 Verellen,2004,页 1094—1095。对龙章的定义,可见《云笈七签》,7:113,119。另一种不同形式的龙凤之章形似树枝,可见《灵宝无量度人上经大法》,《道藏》,第 3 册,页 778;李远国,2000,页 92。

4　《云篆度人妙经》(DZ80),《道藏》,第 2 册,页 150b。另可参见 Legeza,1975,页 81(图 54)。更多有关云篆的讨论,见 Hsieh Shu-wei,2010b,页 101—103,105,108,112,114,118—119,122—123,256,261。一件考古发现的石刻云篆碑刻记录了宋徽宗得到的天神启示,见 Ebrey,2011,页 63(图 23);耀生,1965,页 147。

5　古小篆体的优秀范例是相传李斯(约公元前 284—公元前 208)所书的山东《峄山碑》(公元前 219)拓本;见 Ledderose,2000,页 20(图 1.16);Y. Tseng,1993,页 53(图 3.58)。

6　云篆的定义,见《云笈七签》,7:114。也可参见李远国,1997,页 41;2000,页 91—92。

7　《玄览人鸟山经图》,《道藏》,第 6 册,页 698a。

8　Drexler,1994,页 115,206—232。

9　在道符设计中,加入星宿、星座和日月是一种常见的做法;见 Drexler,1994,页 85—121;

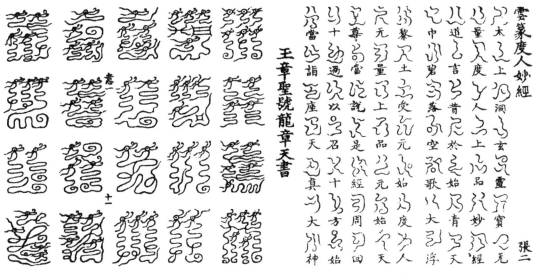

图3.20 《龙章天书》，取自《高上神霄玉清真王紫书大法》（局部），明《道藏》（1445），木版印刷，纸本

图3.21 《云篆度人经》，取自《云篆度人妙经》（局部），明《道藏》（1445），木版印刷，纸本

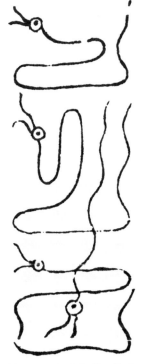

产生一种连续感和流动感。南宋"玄龙之符"（图3.22）即是一例，虽然没有那么复杂，但同样具有流动感。[1] 符中有四条似鸟之龙，有三条呈盘绕状并逐条往上堆积，其头皆向左。第四条则向下伸展，其线性身体纵向叠加于底部的两条龙身上。[2] 龙首更似鸟类（图3.20，图3.22），这与河北满城出土的西汉中山靖王刘胜（公元前165—公元前113）墓青铜壶盖（公元前2世纪）上的"鸟鱼铭文"很相似。[3] 这里所见的 "盉"字（图3.23a）取自一幅当代线条画，由一系列鸟和鱼的嬉戏形象构成。[4] 其上部有两只双首鸟，鸟的下方是横向拉长的两只鸟和一条鱼；与鱼相连的是另一只高挑的立鸟，尖喙、翼张，腿长而细。高鸟的左右两边各有一只正啄着鱼

图3.22 玄龙之符，取自《灵宝玉鉴》（局部），明《道藏》（1445），木版印刷，纸本

Andersen，1996，页142。

1 《灵宝玉鉴》，《道藏》，第10册，页244a。可参考《灵宝领教济度金书》中同名道符的具体书符步骤，《道藏》，第8册，页415c。

2 该符的书写顺序为：首先是顶部的两条龙，然后是纵向伸展的龙，最后是底部的龙。参考《灵宝无量度人上经大法》，《道藏》，第3册，页876c。

3 壶A的图版及更多分析，可参见Louis，2003b，页10。壶盖铭文，见张振林，1979，页164,167。考古报告，见中国社会科学院考古研究所，1980，页43—48（壶的草图，见页44［图26］）。

4 插图由张振林文中的壶盖铭文重组而成，见张振林，1979，页167。

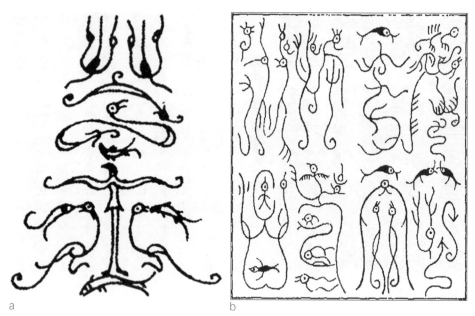

图3.23a-b　模拟鸟、鱼和虫的古代文字：a."荃"字的鸟篆，刘胜墓青铜壶盖镶嵌图案（局部），西汉，公元前2世纪，河北满城；b.鱼虫篆，1098年发现的秦印篆刻，取自《云麓漫钞》（局部），木版印刷，纸本

的鸟的对称侧面像。此字的最后"一笔"则是一条支撑着高鸟的鱼。[1] 该字的整体设计与所谓的"鱼篆"或"鱼虫篆"（图3.23b）类似，后者与李斯有关，最初用于秦玺。[2] 根据13世纪早期的笔记记载，此玉玺由一位县民在1098年发现于陕西咸阳附近。[3] 某些细节，尤其是鸟首和卷曲缠绕的鸟身，与道教龙文（图3.20）和龙符（图3.22）图案相似。在此比较的基础之上，可以说道教的复合文字图吸收了宋代流传的古老文字，其效力也因此得到进一步的提升。[4]

　　鸟书的发展在唐宋时期进入了一个全新的阶段。为了纪念道教仙人晋王子乔（约公元前565—公元前549）乘鹤升仙，立于699年的河南缑氏山碑文（图3.24）就是一个很好的例证。[5] 此碑一向被认作是武则天的作品，她热

1　更多分析，见 Louis，2003b。

2　赵研卫，《云麓漫钞》（1206），15:2b；更多文献资料，见 9a-11a。感谢许雅惠提供这条信息。

3　《云麓漫钞》，15:9a—10b。

4　土屋昌明比较了道教文字和古代鱼虫篆；见土屋昌明，2010，页81。唐代道教文学也采用了相同策略，吸收了古老主题和格套，见葛兆光，2008。

5　下中邦彦，1989，图版66；Y. Tseng，1993，页72；E. Wang，2005a，页149—151，200；H.

衷于中国书体的创新。[1] 该碑文的特点在于呈现出自然状态的鸟的侧面图案，它或出现于笔画的开始部分，或作为装饰。此外，饶富道教趣味的鸟书与碑文内王子乔升仙传说的道教内容也一致。[2] 曾佑和（Yuho Tseng）认为，飞白书的大胆运用体现在碑文的一笔一画中，"为超自然世界输入了特别的力量"[3]。

图3.24　饶富道教趣味的鸟书，武后书丹"升仙太子碑"拓本，唐代，699年，河南缑氏山

武则天的迷人书法极佳地反映了古老鸟书在中世纪的革新，是鸟篆或鸟虫书的象形衍生物。[4] 不少唐宋文献，如张彦远的《历代名画记》（9世纪），追溯鸟书的起源至远古时期画于幡信上的鸟头，而这些符号是为了纪念赤雀和赤乌出现的祥瑞之兆。[5] 张氏也认为鸟书乃"画之流也"。[6] 与他的观点相呼应，由北宋政府颁布于11世纪的《营造法式》将鸟书定义为仓颉所创的六体之一，并称其书写应该"书端像鸟头"[7]。编者还解释道，虽然鸟书"尚标书称"，实质上，"此即图画之类"[8]。

之后，鸟书中互相交织的文字和图像激发道教在南宋时创造出一种象形的"鸟经"（图3.25）。[9] 例如，它出现在与福建清微派有关的道经《开天策

Lee，2010，页72—73（图2.3）。对中古文学中的鹤的讨论，可见 Schafer，1983；对王子乔乘鹤升天的研究，见373。另可参见 L. Xue，2009，页111—123。

1　有关武后对书体创造的兴趣，见林世田，2002。有关武则天和嵩山的更多研究，见王文超和赵文润，2003。

2　伊洛地区王子乔吹笙作凤鸣声的故事，可见《列仙传》卷上，13b—14a；《太平广记》，4:1b。

3　Y. Tseng，1993，页71。

4　鸟篆的早期记录，见范晔，《后汉书》，00下:12b，107.12b，鸟虫书的早期记录，则见《说文解字》，15上:4a。

5　《历代名画记》，1:1b；《太平御览》，750:17a，681:15b；《册府元龟》，861:6b；《宣和书谱》，2:5a；《玉海》，45:11b；《记纂渊海》，1b—2a；章如愚（约1127—1279[?]），《群书考索》，18:1b；张表臣（活动于1142年），《珊瑚钩诗话》，1:4a—b。相似的观点也见于《云笈七签》中记录的鸟篆，7:113。有关赤乌，见 Schafer，1977，页163。张彦远的生平，可见白适铭，1995，尤其是页22—24。

6　E. Wang，2005a，页200。

7　《营造法式》，2:10b。

8　《营造法式》，2:14b。对中国鸟类书写与图像文化的研究，见韩学宏，2011。

9　《道法会元》，《道藏》，第28册，页688c。另可参见 Schipper 和 Verellen，2004，页1107（图56）；

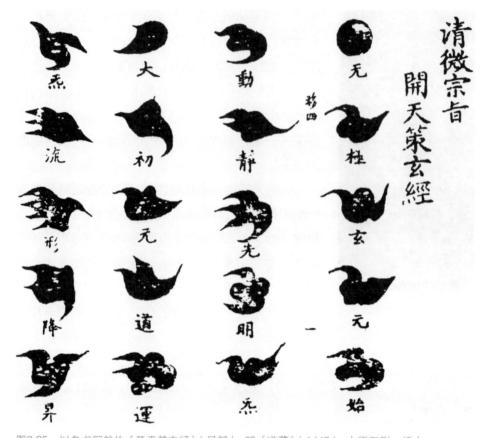

图3.25　以鸟书写就的《开天策玄经》（局部），明《道藏》（1445），木版印刷，纸本

玄经》的开篇部分。[1] 与经题中的"开天"主题相呼应，经文开始部分的鸟书由 20 个不同姿态的黑色鸟形符号组成。将鸟与开天相联系，反映了道教创世观念中融入了仓颉神话。鸟形的象征符号五花八门，一些呈侧面轮廓，一些表现为展翼飞翔状，另一些的鸟首或昂或低，或朝前或向后，或扭向一边。

　　该经中丰富的图像符号可以帮助我们更好地理解《人鸟山真形图》（A 式，图 3.1a，图 3.26b）。例如，代表"流"字和"形"字的鸟形符号都是向右飞行的形态（图 3.26a）；它们呈"之"字形的羽翼让人联想起 A 式真形图中锐利的三角形火焰（图 3.1a，图 3.26b）；相似的还有上清箓中的凤翼图案（图

Monnet，2004，页 116（图版 80a）。

1　《道法会元》，《道藏》，第 28 册，页 688c。清微派的历史，可见 Boltz，1987，页 39，68—70；Skar 撰写的条目，收入 Pregadio，2008，页 804—805；Schipper 和 Verellen，2004，页 1106—1107。

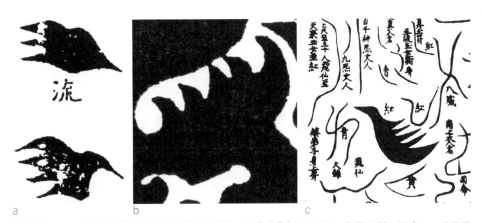

图3.26a-c　道教神秘符号中鸟形图案的比较，明《道藏》（1445），木版印刷，纸本：a.《开天策玄经》的开首部分，图3.25的局部；b.《人鸟山真形图》，A式，图3.1a的局部；c.九天凤气玄丘真书，图3.15的局部

3.15，图 3.26c）。最后，经中二十个图案的点状突出鸟首也可与 A 式和 B 式图中的形状作比较（图 3.25，图 3.1a-b）。就像之前所讨论过的道教龙文和龙符（图 3.20，图 3.22）一样，《开天策玄经》中的鸟书是宋代复古主义文化的一部分。无论是个人或是机构，对于收集古物的兴趣日益增长，这不仅推动了对古器皿上的铭文和字迹的解读与刊印，也激发了新字体的制作[1]。王俅（约 12 世纪）所编的古器目录提供了一个富有争议的例子，其中有他称为出自《滕公墓铭》的一段铭文（图 3.27）。[2] 此图包含了一系列矮胖的深色符号，颇有拓本的负片视觉效果；一些类字的符号看似鸟的躯干。早在 14 世纪，已有学者开始质疑这些文字的真实性[3]，认为这些文字是编者的杜撰，表现了宋代所创之新字体中的复古风，而并非真正古字的相传。然而，这段引起争论的墓铭中的深色鸟形符号与《开天策玄经》内的道教鸟书（图 3.25）相近。虽然两者都与难以捉摸的过去有关，但最好将它们看作是迎合宋代复古主义取向的产物以及玩古的证据。[4]

　　除了在天文里，鸟也出现在道符之中。一部 8 世纪的敦煌遗书（P.

1　Ebrey，2008，页 76—101，108—110，150—203。

2　《啸堂集古录》，下 :70a-b。列格萨（Laszlo Legeza）曾提到过一部 14 世纪的文献，其中有一幅类似的插图，每一个符号旁都有相应的汉字；见 Legeza，1975，图 19。

3　盛熙明（约 1344），《法书考》，1:40b—41a；吾丘衍（约 14 世纪），《学古编》，13b。王俅目录中的古铭文也许"并非照着原字一笔一画地摹写"；见 Y. Hsu，2010，页 151—152。

4　对宋代复古主义及玩古的研究，见 W. Fong，1976；Harrist，1995；陈芳妹，2005；Sena，2007；Ebrey，2008；Y. Hsu，2010。

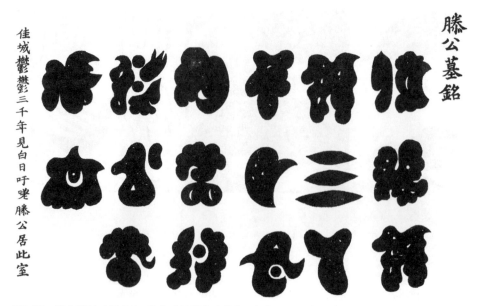

图3.27　滕公墓铭（局部），取自《啸堂集古录》，南宋，1176年，木版印刷，纸本

2559）中就有一道充斥着各种神秘"鸟"字的符印（图 3.28）。[1] 其中的文字和边框都使用了双重线，表明道符出自摹写，即便没有给出具体的书写顺序。[2] 符后的指示告诉信徒使用槐木[3]制作的木板，并覆以防水的雌黄色胶，再朱书此符其上；[4] 同时外廓用红色，内廓用黑色。

　　这部敦煌文本并未说明此符印的用处，但另一部敦煌文献（P. 3750）给出了答案，其中详述了五岳的传说，还提及一道"西岳公禁山符印"。[5] 若将

1　蒙曦（Nathalie Monnet）称之为"禁山符"；见 Monnet，2004，页 55（图 30）。另可参见 Drège，1999，页 153；吕鹏志，2008，页 68。

2　Monnet，2004，页 55（图 30）。《道藏》中所保留的一些道符提供了逐步的画符顺序；如本书中的图 3.29a—c。

3　就如桃木和梨木一样，槐木也可以驱邪；见 Despeux，2000，页 535。水果树的不同硬木经常被用来制作传统版画，如梨、枣、梓、银杏和黄杨木；见 T. Tsien，1984，页 196；Bussotti，2007，页 465。道符制作的基本原理，包括工具和步骤，见庄宏谊，1999，页 24；姚周辉，2004，页 20—38。

4　安保罗认为朱书符命的做法与创世时出于虚空的赤书传统（即五篇真文）有关；见 Andersen，2005，页 14—16。

5　中国社会科学院历史研究所，1990—1995，第 5 册，页 155b。过去的研究认为 P. 2559 和 P. 3750 是同属于一部文献的两个片段，它抄录了陶弘景的《五岳真形图》和《三皇文》传授仪文本；见大渊忍尔，1960，页 88—89；Schipper，1967，页 118；Monnet，2004，页 55；吕鹏志，2008，页 63—67。有关西岳公禁山符印，可见《正一修真略仪》（DZ1239），《道藏》，第 32 册，页 179a；Schipper 和 Verellen，2004，页 457、461。

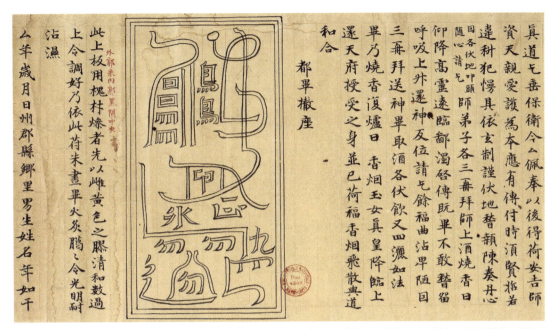

图3.28　出现多个"鸟"字的符印，取自敦煌遗书（局部），唐代，8世纪，手卷，纸本设色，25.9厘米×272.8厘米

　　两部文献放在一起解读，就可以明白 P. 2559 中的鸟字符是西岳公所传授的符印，用以"上厌山精，下制百禽"[1]。符印正中间的"印"字也许正暗示着该木符作为封印的用途。中世纪道教认为在虚空中或病人身上为符加印，能够有效地制鬼治病。[2]

　　13 世纪早期编集的神霄派文献中出现了与鸟有关的道符插图（图 3.29a-c）[3]，包括"九凤齐唱之符"（图 3.29a）、"九光白鹤之符"（图 3.29b）和"八鸾同鸣之符"（图 3.29c）。每一道符的右边绘有散形，左边则是其聚形。[4] 例如，九凤齐唱之符的散形显示了卷曲绵长的第一笔以漩涡开首，如何垂直穿过道符的中心，又以一个底部螺旋收尾（图 3.29a）。在画这一笔时，信徒需咒："元气散廓，云霞彩光。"接着，加入几个一样的凤凰符号，中心曲线的左右各四个，

────────────────

1　中国社会科学院历史研究所，1990—1995，第 5 册，页 155b。

2　中世纪道士也在木板上制印；见 Strickmann，1993，2002，页 123—193；Drège，1999，页 152；Raz，2004，页 325，332；Robson，2008，页 153—154。

3　《灵宝无量度人上经大法》，《道藏》，第 3 册，页 877a-b。另可比较《灵宝玉鉴》，《道藏》，第 10 册，页 244b。

4　Despeux，2000，页 534—535；李远国，2000，页 112—113。散形部分逐步图释了符命的书写过程，聚形部分则表现了一道完整的符命样式。李远国，2000，页 114—116。

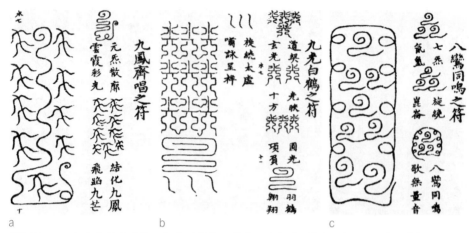

图3.29a-c   与鸟有关的道符，取自《灵宝无量度人上经大法》（局部），明《道藏》（1445），木版印刷，纸本：a.九凤齐唱之符；b.九光白鹤之符；c.八鸾同鸣之符

底部一个，同时念诵："结化九凤，飞蹈九芒。"另两道鹤、鸾符的构图则不同。九光白鹤之符的上部重复书写着"光"字，以突出与白鹤相关的光明概念。八鸾同鸣之符则具有一个独特的螺旋形构图，象征着天鸟所发出的和谐音声。

李远国的研究指出，道符的结构类似于人体，分成三个部分：符头、符腹和符脚，符头是指符的上部，符脚指符的下部。如果道符是左右结构的，则左边是符头，右边是符脚。[1] 符腹或中间部分就像人体的内藏，这是气集中的地方。若以此来解读这些与鸟相关的道符，九凤齐唱之符（图 3.29a）的左右两边即分别是符头和符脚。而九光白鹤之符（图 3.29b）则具备头、腹、脚的垂直三重结构。最后，八鸾同鸣之符（图 3.29c）内的螺旋图案表现出了气的样态。

当我们对视觉材料的探究超出《人鸟山真形图》本身的范围时，有一点变得越来越清晰，即许多视觉元素与道教秘文和符命的基本要素汇聚在了一起。鸟在中国文字起源神话和道教天书传统中，扮演着赋予灵感的角色，这一点在这些神圣符号中得到突出。即便其形态和功能多种多样，所有这些与鸟相关的图案重塑了古老格套——无论是绘画或是书法——创造了神秘的道教象征符号。因此，道教中的图，如《人鸟山真形图》，是多种文化格套交织的产物。这些真形图包罗万象，《五岳真形图》也是如此。

---

1 李远国，2000，页107。

五岳

真形图的视觉特征显示了天文和圣山之间的独特关联，这是道教宇宙观中的两个重要概念。非物质的道教天文和符号是在宇宙初生之时，由至纯的元气凝结而成的，带有文本的真形图正是它们的物化复合文字图。因此，它们是秘传的道教知识，是最神圣的经典，不能轻易传授给俗人，一旦泄漏，则不可怠慢。结果，其制作者们有意采用了晦涩、混杂、抽象的视觉用语，令常人难以理解，受过训练的信徒却能够解读。深奥、混杂、象征性的视觉形式更加强了其秘传的神话性质。模糊的视觉形态和道教神秘主义之间的互相联系展示了道教图像制作的一个重要的普遍规律，包括产生于传统中国，被纳入道教文献中的其他大量图形、文字和图式。和真形图一样，它们是另一种类型的神圣经典，若要认识它们，必须通过在宇宙空间里存想它们的形式，念诵它们的名字，发出它们的声音。

在中世纪中国，保存最完好的真形图与五岳有关。过去的研究将它们分为两种类型：文字式符号和地图类图式。[1] 最近的研究表明地图类图式在中世纪道教中更为重要，因为它们只限于入道者群体内部流传，而其他材料则更为公开。[2] 不过，这两种类型的视觉材料都值得研究。

文字式符号的早期例证可见于徽宗古物目录里的唐五岳真形鉴（图 2.23b）之上。[3] 在设计中加入这些符号，原本可能是用来提高镜子的法力，尤其是在入山之时。[4] 最近，张勋燎和白彬根据《道藏》中 4 世纪文献里的一系列道符（图 3.30a-e），将它们命名为"五岳真形符"。[5] 每道符命的题词都与五岳有关。若从视觉设计来看，五道符命都呈几何图形状，南、北二岳之符分别呈雨滴状和椭圆形，东、西、中央之符在外形上更为方正。最引人注目的是东岳之

1　部分研究，可参考井上以智为，1926；Schipper，1967，页 141，2005，页 99—103；小南一郎，1984，页 333—334；Pregadio，2008，页 1075—1077；张勋燎和白彬，2006，第六册，页 1751—1833。

2　学者们将《五岳真形图》的相关文献归类为内部流传的文本，见 Schipper 和 Verellen，2004，页 1354，1383。而人鸟山的有关文献则被视为公开流传，见 Schipper 和 Verellen，2004，页 1359。

3　《重修宣和博古图》，28:21b；井上以智为，1926，页 10；Schipper，1967，页 129。

4　《抱朴子内篇》，《道藏》，第 28 册，236a；刘艺，2004a，页 67—69。

5　张勋燎和白彬，2006，第六册，页 1802；刘艺，2004a，页 68—69；《三皇内文遗秘》（DZ856），《道藏》，第 18 册，页 584c—585b。也可参考 Schipper，1967，页 129；Boltz 撰写的简介，收入 Pregadio，2008，页 1075。

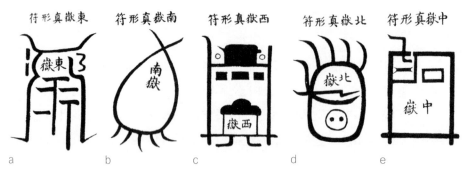

图3.30a-e　五岳真形符，取自《三皇内文遗秘》（局部），明《道藏》（1445），木版印刷，纸本

符形似"泰"字，表明了这是一个指代泰山的文字式符号。[1]

　　明《道藏》中的三部中世纪灵宝经里保留了四种可资对比的地图式真形图（图 2.25，图 3.31，图 3.33c）；[2] 每一种版本包括一套四至九张的图式。[3] 其中的三种版本带有标示了地名的题字（图 2.25，图 3.33c），原本神秘的排列因而变成了类似地图的布局。[4] 两种版本出自南宋灵宝仪式文献；另两种则未标明年代[5]，但也属于灵宝经典。一些学者认为两种未标明年代的版本更早，因为其经文中称它们为"古本"（图 2.25，图 3.31，图 3.33c）。[6] 它们在内容上是相似的，每一套有九张图式，其中五张对应于五岳图，剩余四张则相配另外四座山，分别是辅佐五岳的"佐命"和"储君"。[7] 然而，它们在视觉

1　张勋燎和白彬，2006，第六册，页 1802。

2　四种不同的现存版本，可见《灵宝无量度人上经大法》，《道藏》，第 3 册，页 737b—739b；《洞玄灵宝五岳古本真形图》，《道藏》，第 6 册，页 737c—740a，740c—743c；《上清灵宝大法》，《道藏》，第 30 册，页 813b—815b。施舟人讨论了这些图式在早期上清派和后期灵宝派中的不同用途和流传；见 Schipper, 1967，页 131—150。对这些图式的更多研究，见小川琢治，1910，页 413；Needham, 1959，页 546，565—568；李丰楙，1986，页 57；E. Wang, 2005a，页 214，图 4.16。

3　这与中世纪文献中描述的成套图式相符，包括《五岳真形图》的"连五图"和其后的佐命之山的图式；见《云笈七签》，79:1791。

4　《灵宝无量度人上经大法》，《道藏》，第 3 册，页 737b—739b；《上清灵宝大法》，《道藏》，第 30 册，页 813b—815b；《洞玄灵宝五岳古本真形图》，《道藏》，第 6 册，页 740c—743c。

5　见《洞玄灵宝五岳古本真形图》，《道藏》，第 6 册，页 737c—740a，740c—743c。

6　《洞玄灵宝五岳古本真形图》，《道藏》，第 6 册，页 737c—740a，740c—743c。施舟人开始将古本推断为宋代，之后又认为是明代；见 Schipper, 1967，页 150；2005，页 102。戴思博则认为古本是宋代以前的图形，但没有作出进一步的说明；见 Despeux, 2000，页 504—505。注意戴思博所用的真形图应该是中岳，而非南岳；见同书，页 504。鲍菊隐则将古本理解为"最早的形态"；见 Pregadio, 2008，页 1077。

7　首五张图式标题中提到的五座山岳，包括东岳泰山、南岳衡山、中岳嵩山、西岳华山和北岳常山。四座佐命之山则是霍山、潜山、青城山和庐山；见《洞玄灵宝五岳古本真形图》，《道藏》，第 6 册，

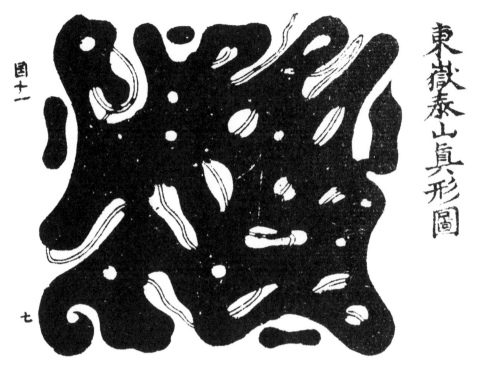

图3.31 《东岳泰山真形图》，取自《洞玄灵宝五岳古本真形图》（局部），明《道藏》（1445），木版印刷，纸本

上又不尽相同，一种版本的图式没有题字，其形为方（图3.31），其他版本则带有制图资料，并呈长方形（图2.25，图3.33c）。

学者倾向于认为没有题字的图式是现存的最早版本，并将之与4世纪《五岳真形图》相联系，后者被葛洪赞为最有效力的入山符（图3.31）。[1] 此类图式都具有厚实的黑色方形构图，曲折的边缘轮廓，内部有不规则曲线组成的白色形状。这种"神秘盒子"的设计见于其他唐宋秘密符号，如《人鸟山真形图》，以及大量与神霄有关的盒状图式（图3.1a，图2.6）。[2] 这些视觉上的联系显示，现存的无字古本晚于4世纪，在唐宋时期仍存在，实际上这与井上以智为和施舟人根据文本比较得出的结果吻合。[3]

页737c—740a，740c—743c ；《云笈七签》，79:1792—1793，100:2182。对南岳及其象征的研究，参见 Robson，2009，页84—89。

1 《抱朴子内篇》，《道藏》，第28册，页236b ；Despeux，2000，页505 ；Pregadio，2008，页1077。

2 《灵宝无量度人上品妙经符图》，《道藏》，第3册，页64a—b ；《灵宝无量度人上经大法》，《道藏》，第3册，页1042c ；《高上神霄玉清真王紫书大法》，《道藏》，第28册，页566a。

3 井上以智为，1926，页43 ；Schipper，1967，页150。有关道教对六朝地理学所作的更多贡献，其他带有小楷题字的古本提供了另外的信息。这些题词列出了山里的自然资源和洞天石室的位置，真形图变身为定制的道教山岳鸟瞰图。例如，在《东岳真形图》的上、下、左边界，重复出现了五次"从此上"的文字说明，意味着这是为旅行者或朝圣者准备的山形地图（图 2.25，图 3.33c）。额外的定向标志表明，该图的纵轴为南北方向，南在上，北在下。图的右上角似乎是山岳的最顶端，两条各自独立的题词写道："夏禹到此高四千九丈二尺"，"上方世界不可到"。[1]

经文也提到原图是设色的：

　　　　黑者，山形；赤者，水源；黄点者，洞穴口也。[2]

在木版印刷出现之前，中世纪中国的宗教文献或符号全都是手抄本。[3]虽然《道藏》中的现存图式都是单色印刷的，这些地图类图式的原本很可能是彩色的。正如敦煌残本（S. 3750）中"授受五岳图法"（图 3.32）里所描写的一样，摹写时用"好素二丈，朱墨各少许"，由授者盛佩于"小紫锦囊内"。[4]

研究中国书法和科学的学者早已将真形图看作是道教地图。[5]1910 年，小川琢治在其经典研究中，将近代的泰山等高线图与日本藏 18 世纪《东岳真形图》（图 3.33a–b）作了比较。[6]两者间相似的表现形式促使小川认为，道教图式包含着真实山岳的地理特征。日藏版本虽然较晚，却保留了一些现存中国版真形图所不具备的制图要素[7]，表明这是另一种不同的模型，也许的确与

见李远国，2006。

1　《洞玄灵宝五岳古本真形图》，《道藏》，第 6 册，页 740c—741a。更清晰的图版，可见 Schipper 和 Verellen，2004，页 1237（图 77）。

2　《洞玄灵宝五岳古本真形图》，《道藏》，第 6 册，页 743c；《灵宝无量度人上经大法》，《道藏》，第 3 册，页 739b；Schipper，1967，页 140。对《东岳真形图》地图学价值的更多研究，见姜生，2008。

3　如本章中出现过的上清箓中的赤凤图案（图 3.15）；《上清曲素诀辞箓》，《道藏》，第 34 册，页 169c。

4　中国社会科学院历史研究所，1990—1995，第 5 册，页 155b。可与另一种方法比较，以青或白绘扎捆，或盛以紫囊；见《云笈七签》，79：1812。

5　小川琢治，1910，页 413（图 1—2）；Needham，1959，页 546（图 224）；E. Wang，2005a，页 214（图 4.16）。

6　小川出版的两幅地图定向不同。见小川琢治，1910，页 413（图 1—2）；Needham，1959，页 546（图 224）。

7　这些相似之处包括右边界的三个波浪形轮廓，左半部分集中了一些蝶状曲线，左下角内部切入了凹形轮廓。

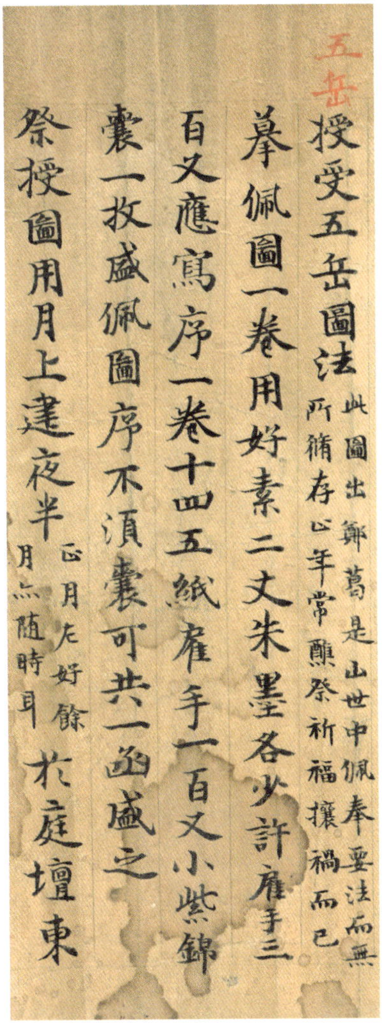

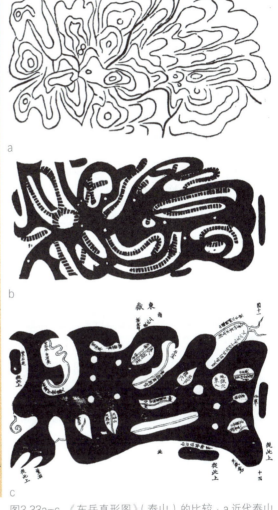

图3.32　授受五岳图法，取自敦煌手稿（局部），唐代，8世纪，纸本水墨，26.0厘米×45.0厘米

图3.33a-c　《东岳真形图》（泰山）的比较：a.近代泰山等高线图；b.日本藏《东岳真形图》，江户时期，18世纪；c.《东岳真形图》古本，取自《洞玄灵宝五岳古本真形图》（局部），明《道藏》（1445），木版印刷，纸本

道教地图有关。尽管我们可以作出以上乐观推断，但小川所用的泰山地形图的科学来源仍不清楚。而且，小川的测量图和最先进的谷歌电子地图中的泰山卫星图之间的比较缺少说服力，使得真形图的地形说更难令人信服。[1]

　　若将明《道藏》中带有文字的《东岳真形图》古本加入小川所作的比较里，

1　见 http://www.nationalparkofchina.com/taishan.html#_gmap，2017 年 8 月 20 日查。感谢巫鸿的建议；安德鲁·泰勒（Andrew Taylor）协助笔者研究了泰山的卫星图。

右边界的等高线则明显不同。上述两图中代表地理学等高线的三连波状的图案（图 3.33a-b）变成了一道平滑的单一曲线（图 3.33c）。同样，图 3.33a 和 3.33b 里靠近左下角的底部边界呈 U 形，而图 3.33c 里的相同位置却是尖爪状。类似的风格也见于该图的上部边界，让人想起其他道教符号中的鸟羽和鸟首的形状（图 3.25，图 3.26a-c）。以上比较表明，即使现存真形图的设计者也许曾重组其制图要素，以达到更为图式化的、激发神秘感的设计，但它的主要视觉特色并非具象性或地形学的。

事实上，真形图的总体视觉策略出于长达千年的中国制图学记录。一个现存的中国制图的早期例子是发现于马王堆中的公元前 2 世纪的《九嶷山图》（图 3.34）[1]，它展示了带有波纹效果的多个同心圆的俯视图；它们是山岳的地理标志，而九条柱状物的正面图代表了九座山峰。[2] 这种漩涡线构图与近代泰山等高线图的曲线线条相似（图 3.33a）。[3] 至 12 世纪，中国地图制作的水平已达到了较高水准，其对视觉文化的影响甚至延伸到了山水画。[4] 正如魏希德（Hilde de Weerdt）所指出的，当时的地图在全国基础建设的发展中扮演着重要角色，同时也是国家考试的科目。[5] 如此先进的帝国地图之一便是《禹迹图》（图 3.35），于 1136 年刻于中国北方的纪念碑石上。[6] 以科学方式绘制在小方格上的这幅地图用细小的线条标示出了河流、土地的边界。[7] 该图的名字取自大禹视察天下的神话，象征整个帝国。[8] 此外，这也与《五岳真形图》的传说不谋而合，因为许多地图类图式上的最高处都带有如下标示：大禹曾经到访于此，并进行丈量。

1　海野一隆，2002，页 27（图 4.1）。此图发现于马王堆 3 号墓中，近今日湖南省长沙市。该地图范围囊括今日的湖南、广东和广西地区，是墓主的封地所在。见傅举有，1992，页 151；小南一郎，1984，页 359；文物出版社等编，1994，图版 6；E. Wang，2005a，页 211（图 4.14）。可比较宋代书目中著录的 8 世纪《九嶷山图记》，见《文苑英华》，737：3b，832:1b，832:10a—11b；《通志》，66:9a-b。

2　根据韩文彬的研究，像马王堆地图这样结合了俯视图和正面图的制图原则也适用于后期的地图式图像；见 Harrist，1998，页 93—94。

3　小南一郎，1984，页 359。

4　传李公麟手卷《山庄图》中就有明显体现；见 Harrist，1998，页 94。

5　De Weerdt，2009，2011。

6　De Weerdt，2009，页 151（图 2）。另可见 Needham，1959，图 226；海野一隆，2002，页 27（图 4.2），30。

7　更多 12 世纪至 13 世纪的地图，见海野一隆，2002，页 27—30；Needham，1959，页 548—549（图 225—226）；De Weerdt，2009，页 148—158。

8　De Weerdt，2009，页 149。

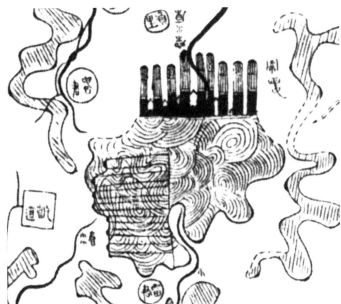

图3.34 《九嶷山图》(局部)，马王堆 3 号墓，西汉，公元前 2 世纪，帛画，设色

图3.35 《禹迹图》(局部)，南宋，1136 年，石刻照片

神秘的宇宙

地图式的《五岳真形图》表现了一个独特而玄妙的道教宇宙，囊括了所有视角，即六合（上、下、东、西、北、南），反映了道教的神灵无所不知，他们能够玄观所有之物。[1] 从策略上而言，制图者采用了鸟瞰角度，营造一种神圣视角[2]，就好像位于天界的神祇正在俯瞰这些神圣山岳。《五岳真形图》的传说中的确有类似的描写：

> 此《五岳真形图》……乃三天太上所出[3]……三天太上道君，下观六合，瞻海河之长短，察丘山之高卑，名立天柱，安于地理，植五岳而拟诸镇辅。[4]

不仅在最高天有瞻察世界的神灵，每座山岳里也有监管该地区的山神。[5] 中古文献及视觉材料中保留了众多五岳神祇壁画和造像的资料。例如，在大足石门山洞窟中，存有东岳大帝夫妇及其随从的南宋石刻（图3.36）。[6] 东岳大帝与夫人居于正中，背后有一道屏风，他们的造像远比围绕其上下和左边

1　李丰楙，1986，页56—57，135—136；E. Wang，2005a，页292—294。

2　Needham，1959，页565—567；小南一郎，1984，页332；李丰楙，1982，页56；E. Wang，2005a，页292，294。

3　在其他地方，这位创造之神被称为"天真道君"；见《云笈七签》，79：1790。

4　《云笈七签》，79：1797。可比较《汉武帝内传》（DZ292），《道藏》，第5册，页51c；《传授三洞经戒法箓略说》（DZ1241），《道藏》，第32册，页189b。英译可参见 Needham，1959，页566；E. Wang，2005a，页294。

5　五岳的主神，即五岳真君，每五百年轮换一次。他们在6世纪灵宝神系中的地位，可见《洞玄灵宝真灵位业图》（DZ167），《道藏》，第3册，页277b；石井昌子，1968，页119。中世纪早期灵宝经中存想五岳神形状的记录，可见《太上洞玄灵宝赤书玉诀妙经》，《道藏》，第6册，页198c-200c；Hsieh Shu-wei，2005，页360。可比较《云笈七签》，79：1791—1793，1809。记录五岳神的相关宫观或造像的更多碑文资料，见龙显昭等，1997，页25—27，122—123，136。

6　该龛以东岳大帝夫妇像为特色。他们周围有七十五尊男性雕像，身着官服，分为五层。在他们的下方，水平排列着十八位天官，可能是地府的官员。图版可见重庆大足石刻艺术博物馆，1999，第4册，页86（图版90）。更多讨论，见胡文和，2004，页116；Von Glahn，2004，页171（图25）；汪小洋等，2010，页143；Suchuan，2007，页59（图8）。有关山西晋城东岳庙中供奉的金代东岳大帝木雕（1189年），见岛田英诚等，2000，页192（图202）。山西北岳庙中南岳大帝一行的元代壁画，见 Gesterkamp，2008，页367—368（图版10—11）；Steinhardt，1998。有一幅五岳神画像也许是某一壁画的底本或简化样本，见余毅，1979，页5。张素卿和张南本的壁画见录于黄休复（约10世纪晚期至11世纪早期），《益州名画录》，190b，191b。有关张素卿的研究，见 Mesnil，1996—1997。更多近代中岳庙和南岳庙里的神像，见蜂屋邦夫，1995，第2册，页132—144，346—349。

图3.36 东岳大帝夫妇及其随从石刻，石门山11号龛（局部），南宋，12世纪，288.0厘米×386.0厘米（龛的尺寸），重庆大足

的多排男性侍官像高大许多。在东岳夫妇的下方，有两位手捧展开手卷的官员，他们也许正是东岳朝廷中的掌籍官，负责记录亡魂的罪孽功德。

　　另外，一幅13世纪的道教仪式坛图显示，五岳之神与其他神灵的画像被并列供养于道场（图1.28）。[1] 在创作于南宋至元代的克利夫兰画册中，有一页（可能是某壁画的粉本）描绘了一位正在工作的官员，他正注视着侍从展示的一幅庙图立轴（图3.37）。[2] 天官面前的这幅画中有画的立轴展现了同一座庙宇的两种视图：图画式和地图式。在立轴的上方是庙宇的图画，被山峰树木环绕的庙宇矗立于峭壁之上；下方加有外框的示意图则从不同视角展示

1　道场东壁挂有五岳、天地水三官的画像；见《灵宝领教济度金书》，《道藏》，第7册，页27c—28a。另可参见 S. Huang，2001，页13和图4；丸山宏，2004，页243（图4）。

2　完整的画像，可见余毅，1979，页29。端坐于屏风前的人物正在观赏侍者手中立轴的这种构图，可与《饮膳正要》中的插图比较，后者是一本皇室食谱，首刊于1330年，现存版本在1450—1460年间；见《饮膳正要》，1:42；Clunas，2007，页200（图170）。对该插图本的更多研究，见尚衍斌，2010。

图3.37　地府官员正在审视侍从手持的庙图立轴，取自《道子墨宝》（局部），南宋，约13世纪，册页，纸本，34.2厘米×38.4厘米

图3.38　《中岳庙图》，河南登封中岳庙石刻，拓本，金代，约1200年，纸本，126.0厘米×73.0厘米

了垂直排列的建筑物。这张地图很像刻于河南石碑之上的《中岳庙图》（约1200），时值中国北部在金人统治之下（图3.38）。[1] 从这个角度理解，画中画里的那座庙宇大概就是这位赏画之神的住所了。同样，庙图石刻的观众不仅仅是朝圣者们，也包括中岳大帝。

　　中世纪欧洲的基督教学者们将"整个感性的世界"看作是神的"手写之书"[2]，与此相同，中世纪道教也将五岳的自然形态和天书相类比：

　　　　陵回阜转，山高陇长，周旋逶迤，形似书字。[3]

　　山水与文字之间的类比与《真诰》中的创世描写相呼应；这也让我们联

1　王树村等编，1988，页161（图版149）；海老根聪郎等编，1997—2001，第6册，页314（图312）。
2　出自圣维克多的休（Hugh of Saint Victor's，约1078—1141）的《学习论》（*Didascalicon*）；见 Scafi，2006，页125。
3　《云笈七签》，79:1797；Needham，1959，页567；E. Wang，2005a，页294。相近的说法也见于东方朔的《〈五岳真形图〉序》，《云笈七签》，79:1790。

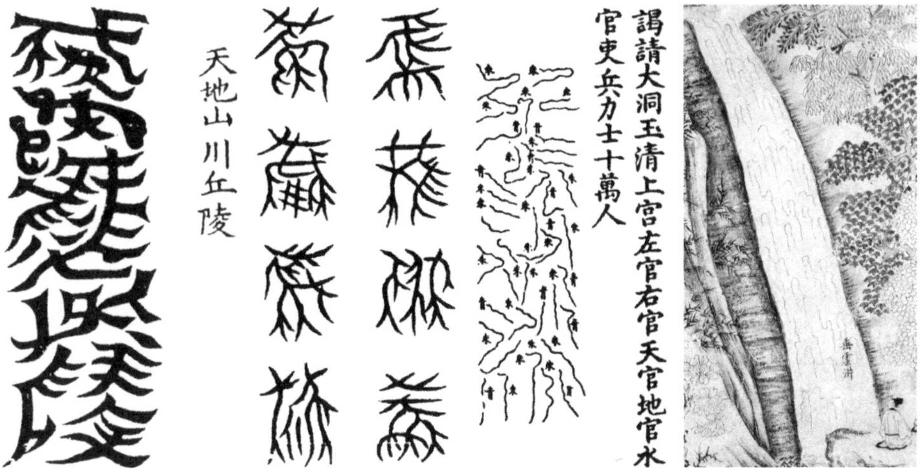

a　b　c　d

图3.39a–d　呈现山脉、树木、河流形态的山水文字，a–c. 取自明《道藏》（1445），木版印刷，纸本：a.道符，取自《洞玄灵宝五岳古本真形图》（局部）；b.龙文，取自《灵宝无量度人上经大法》（局部）；c.隐书，取自《上清大洞三景玉清隐书诀箓》（局部）；d.垂云沜瀑布，取自李公麟《山庄图》（局部），南宋至元代，约13世纪至14世纪，手卷，纸本，28.9厘米×364.6厘米

系到今天从飞机上可以看到的山水风景，或者在中世纪时，从高峰上俯视的情景。[1] 大量汉唐摩崖石刻将中古地理环境转变成了一道“书写的景观”。[2] 这种现象很可能启发道士将山水存想成书字，反之亦然。因此，道教眼中的山水“并不只是一种自然现象”，而是一种文化产物，反映了道教“对原始自然材料的感知”。[3]

事实上，许多道符和秘字证实了形似文字的山水的独特视觉性（图3.39a–c）。没有文字的道符古本以粗体书法线条，间以生硬的转笔和厚重的收笔，展现了苍穹视野下的“天地山川丘陵”（图 3.39a）。[4] 与“生态学

1　E. Wang，2005a，页 294。

2　唐以后，在山水间镌刻文字的行为仍然存在，例如在早期石刻后刻下的两篇 12 世纪的铭文；见 Harrist，2008，页 278—279。虽然韩文彬所分析的摩崖文字都是可读的材料，并非符或秘文，沈雪曼于 2004 年的一场西雅图公开讲座中，提到了一些现存的中世纪山东摩崖石刻，它们混合了佛经的避邪符号。除了摩崖石刻的可视性，史明理（Clarissa von Spee）指出“王侯文士读古碑”已然成为北宋朝廷藏画固定的叙事主题。例如，徽宗藏画中至少有六轴名为《读碑图》的隋唐作品。她同时还列举了大阪市立美术馆所藏的李成《读碑窠石图》为现存的范例。见史明理，2010，页 152；该研究更详细的英语论文收录于 McCausland 和 Hwang，2014，页 213—236。在宋代山水画背景下，有关此图的更多研究，见 Sturman，1995，尤其是图 26。

3　见韩文彬对西蒙·沙玛（Simon Schama）的参考，Harrist，2008，页 18；Schama，1995，页 10。对山水、文化和权力的更多讨论，见 Mitchell，1994；Power，1998。

4　《洞玄灵宝五岳古本真形图》，《道藏》，第 6 册，页 737b；更多类似的道符，见页 737a–c。

的"道符相比，以龙凤命名的南宋秘字则更像来自树干和树枝上的文字（图3.39b）[1]，这反而可能是受到了在古物上发现的或宋代古物图录中记录的古刻篆文的影响。[2] 道教可能利用了这些受山水启发而来的符号，召请居住于山水之间的超自然力量。例如唐代上清道士使用十二个一组的隐书来召请各种山神和水神，其中包括五岳之神（图3.39c）。[3] 每一道隐书以蓝色和红色写就，代表垂直的水路地图，纤细蜿蜒的线条组成的精密网络让人想到11世纪文人画家李公麟（约1041—1106）《山庄图》中所绘的形似道符的瀑布（图3.39d）。[4]

与风水的关联

《五岳真形图》的另一个少人提及的视觉特征来自风水之术，前文已略有介绍。从堪舆的角度来看，一块吉地是气聚之处，凶地则气散。[5] 唐宋风水文献，尤其是江西流派，收录了多张地势图（图3.10a-b，图3.40a-b，图3.41）。[6] 对专家来说，它们代表着聚龙，是龙穴。每一处龙穴是由一条龙形成的内在空间，正如1607年的百科全书《三才图会》中的插图（图3.42）所绘。[7] 就形状而言，一个理想的龙穴就像一个山洞，或是马蹄，或是环抱的双臂，但界限明确的山脉内的凹处仍需保持开放状态，以便气可自由进入。[8]

在风水中，"龙"是指某个地理区域所具有的弯曲的轮廓线条和相关的地理布局，如唐代堪舆家杨筠松（834—906）的《十二龙降势图》（图3.40a-b）。[9] "揖龙"象征着吉地，因为该穴形似环抱的双臂，能够聚气（图3.40a）。与之相

1　《灵宝无量度人上经大法》，《道藏》，第3册，页778a；更多相似例子，见页775b—778a。也可参考李远国，2000，页92。

2　例如吕大临（1044—1093）在《考古图》中复制的镌刻于古兵器上的篆书（6:16b）。有关吕大临及其图录，见Ebrey，2008，页84—85，87，95，110，144，146，151，153，172，347—348；Y. Hsu，2010，页216—217。更多宋代复古主义的研究，见陈芳妹，2005；Sena，2007；Y. Hsu，2010。

3　《上清大洞三景玉清隐书诀箓》（DZ1386），《道藏》，第34册，页131a；更多相似图像，见页130c—131b。可比较《道法会元》，《道藏》，第28册，页732a—733c。

4　台北故宫博物院，1989—2008，第15册，页285；Legeza，1975，图49。对李公麟《山庄图》现存本的研究，见Harrist，1998，页113—118。

5　《海外新发现永乐大典十七卷》，2003，页385—386。

6　Smith，1991，页133。

7　《海外新发现永乐大典十七卷》，2003，页385—395；《三才图会·地理》，16:52a；Clunas，1997，页79（图39）。

8　龙穴的更多例子，可见杨筠松，《十二龙降势图》，收入陈梦雷（1651—1741），《古今图书集成》，47:6881；Smith，1991，页142（图4.3）；Harrist，1998，页95。

9　《海外新发现永乐大典十七卷》，2003，页385—395。

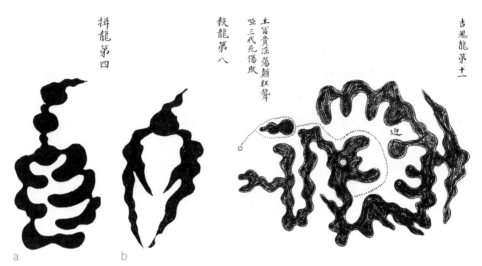

图3.40a-b　风水图，杨筠松，《十二龙降势图》，取自《永乐大典》手抄本，明代，1567年抄本，抄自 1408年原本的残存两章：a.揖龙；b.杀龙

图3.41　吉鬼龙图，取自《永乐大典》手抄本（局部），明代，1567年抄本，抄自1408年原本的残存两章

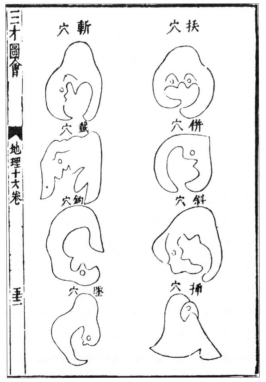

图3.42　龙穴插图，取自《三才图会》（局部），明代，1607 年，木版印刷，纸本

反，"杀龙"则是凶地，因为该地的空间缺少足够的保护（图3.40b）。风水师的任务正是利用这些原理去"觅真龙"或"真形"。[1] 正如王斯福（Stephan Feuchtwang）所指出的，风水图不是静止状态的描绘，而是"动态的"指示牌，显示着"一个持续变动的过程或状态，时常与另一种象征多少有点关联"[2]。若将龙和龙穴的个别图案（或地区视图）组合起来，则可以获得一个审视较大区域的更复杂的

---

1 《海外新发现永乐大典十七卷》，2003，页385—387，437，441，444，465。
2　Feuchtwang，1974，页 108；Smith，1991，页 139。

图3.43　陈容，《九龙图》（局部），南宋，1244年，手卷，纸本设色，46.2厘米×1096.4厘米

布局。《永乐大典》中有一组单色手抄大型堪舆图，其中的"吉鬼龙图"（图3.41）就运用了这种方法。[1] 这组图似乎是从更早的唐宋材料中抄录的。在一个加长的神秘盒子内填满着看似变动不居的阴阳象征，这种构图原理与《五岳真形图》相似（图2.25，图3.31，图3.33c）。[2] 山岳真形图采用了"龙穴"的概念，但将风水中穴的外观转化成了一些负空间（negative space），就像封闭的圆形洞穴，以及与外部连通的管状或形似生殖器的穴。在这张墓地选址图中间竖起的是龙颜的侧面图，空心一点代表了它的眼珠。盘绕的龙"身"形成了多处穴。正对着龙颜的是一个"迎"字，也许意味着穴被深色土地所"保护"，后者与通向外部的开放空间相连。[3] 这个生动的动物图像与南宋画家陈容（13世纪上半叶）所绘的施雨之龙的动态形象（图3.43）尤为相似，当然还有真形图中的奇异图形。[4] 风水、绘画和道教共享的视觉要素为我们体会道教神秘主义的视觉性开启了另一个维度。

1　现存版本是重录于16世纪的副本，载有风水图的卷14219现藏于大英图书馆。见《海外新发现永乐大典十七卷》，2003，页412，415。感谢格雷厄姆·赫特（Graham Hutt）在2008年7月向笔者展示该卷内容。

2　《洞玄灵宝五岳古本真形图》，《道藏》，第6册，页739c；《云笈七签》，79：1792。

3　《海外新发现永乐大典十七卷》，2003，页415。

4　T. Wu, 1996，第1册，页223—230，232—235（图版83）；第2册，页77—79；1997，页91—95，197—201（图版92）。更多对陈容的研究，见林树中，1994a-b；Purtle，2016。感谢裴珍妮（Jenny Purtle）和黄怡宁与笔者分享她们未发表的研究。对于龙的形象、宋徽宗和道教之间的联系，可见Ebrey，2011。

图3.44　盛于银盒中的矿物，陕西西安何家村出土，唐代，8世纪

山中宝物

中世纪道士进入五岳，寻找可以炼丹和具有疗效的矿物、药草和灵芝。这在《五岳真形图》古本中的标注里很明显，其中展示了一张可观的山中宝物名单（图 2.25，图 3.33c）。这些最值得拥有的自然宝物主要分为三类：矿物、药草和灵芝。辅助性视觉材料清楚表明，中世纪道士在入山寻宝之前，会参考这些自然资源的插图本手册，它们被标注在一些隐蔽的地点，像孤立的小块地方或深穴。

矿物和药草

真形图中所标注的矿物大部分是炼丹所需的化学原材料，其中有白石英、紫石英和流珠（汞或朱砂）。8 世纪西安何家村窖藏出土了一些盛于银药盒里的矿物样本（图 3.44）[1]，其中有切割为六角形的白石英、紫石英，以及朱

1　Needham 等，1974，图 1335（无页码，在页 304 与 305 之间）；李经纬，1992，页 40—41；傅维康和李经纬编，2000，文物图谱卷，图版 201—203（无页码），页 116—117；和中浚和吴鸿洲，2001，"药学文物"，页 82（图 3—4）；Hansen，2003。化学物质、矿石和矿物的术语名单，见 Needham 等，1974，页 156，164—184。中国化学和朱砂丹药的更多研究，见 Needham 等，

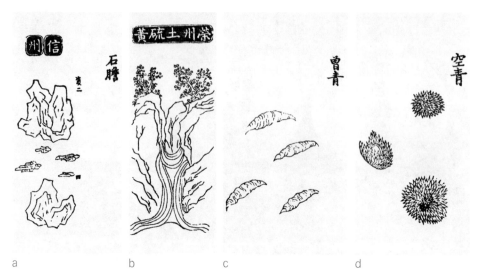

图3.45a-d　矿物插图，取自《图经衍义本草》（局部），明《道藏》（1445），木版印刷，纸本：
a.石胆（蓝矾）；b.硫黄；c.曾青（碳酸铜）；d.空青（铜）

红色的丹砂和深色琥珀。此外，还有一个大盒仅装有十八两"上上乳"。[1]这
种冰柱状的矿物悬吊于洞顶上，是由洞内富含矿物质的水滴凝固而成的圆柱
形碳酸钙沉积物。[2]泰山和嵩山拥有丰富的石钟乳资源，虽然在真形图上没有
特别注明。古本真形图上也列出了其他矿物：石胆（蓝矾）、流黄、曾青（碳
酸铜）、空青（铜）、石桂（氧化锡）、白玉和苍玉。《道藏》中一部重要
的本草目录里收有这些矿物的插图（图3.45a-d），从岩石状到流体状，从
花形的立方体到甘薯形的长方体，形状各异，另外该书还包含了一众医药矿物、
药草、树木、花卉、动物和昆虫，等等。[3]刘昭瑞进一步指出，曾青即是"五

1976；Pregadio，1996，2000。有关四川绵阳双包山汉墓中出土的现存最早的炼丹实物，见何志国
等，2007。广州西汉南越王墓出土的药石图片，见和中浚和吴鸿洲，2001，"药学文物"，页81（图1）。
清代宫廷所使用的朱砂和玛瑙的药用标本，见关雪玲，2008，页80，86，162（图7，15，36）。道
教墓葬的研究，见大同市文物陈列馆，1962；大同市博物馆，1978；张勋燎和白彬，2004，2006；
白彬，2007a-b。

1　可比较何家村出土的"次上乳"，见和中浚和吴鸿洲，2001，"药学文物"，页82（图4）。
2　悬吊于洞内的石钟乳插图，可见《图经衍义本草》（DZ 768—769），《道藏》，第17册，页280a。
可比较唐慎微（约1056—1136），《重修政和经史证类备用本草》，3：83。
3　插图见《图经衍义本草》，《道藏》，第17册，页289b，290a，290c，303a。可比较《重修政
和经史证类备用本草》，3：90a-b，92a。有关本草的更多讨论，见山田庆儿，1997，尤其是页27—
101；Despeux撰写的条目，收入Schipper和Verellen，2004，页765—769；Despeux，2010；
Needham等，1986，特别是页279—291；松本きか，2000。更多药物学研究，见S. Wang，
2005；Mayanagi，2005；Unschuld，2010，页179—181。更多对中古时期道教、科学和技术的研

石之精"中的一种，它们是东汉墓葬陶器镇墓铭文中常常被提及的神药。[1]

此外，《道藏》中所收录的这部药典是以北宋中医官寇宗奭（约 12 世纪早期）编著的目录为基础的，12 世纪初，该目录在徽宗的支持下刊印。[2]《道藏》中的插图大概忠实于宋代原本，因为它们与重印于 13 世纪的唐慎微（约 1056—1136）所撰本草目录中的插图相当接近，后者由北宋政府首次出版于 11 世纪晚期，是寇氏目录的母本。[3]寇宗奭与汴京（今开封）道教界的关系仍不明了。神霄道士张虚白（约 12 世纪早期）曾将寇氏的目录收入于徽宗时期编集的《道藏》之中，并在京师的道观中保留了一份目录原稿。[4]

中国传统药典主要关注药草，这点已表现在药典的命名中，"本草"意指以草为本。[5]道教对药草的专注从真形图古本的文字中可见一斑。例如，在《东岳真形图》中的洞穴处标注有芳香类和治疗类植物：甘草、杂药草和芝草（图 2.25，图 3.33c）。同系列的其他真形图中也为药草和仙草的所在地作了相似的标注。

中世纪道士们从保存在他们书库中的图册里获得药草知识。[6]除了寇氏的目录，《道藏》中还保存了一部全插图形式的药草手册《白云仙人灵草歌》（DZ932），传为第十二代上清宗师司马承祯的作品。[7]其中收录了 55 种植物，

究，见姜生和汤伟侠，2002，2010。

1　另四种是丹砂、雄黄、礜和慈石；见刘昭瑞，2007，页 291。对中国神药，尤其是佛道二教的驱邪咒术等的研究，见 Strickmann，2002。有关中古中国药学和宗教的研究，见 Despeux，2010。

2　《重修政和经史证类备用本草》；Needham 等，1986，页 283，286—287。张虚白（号白云子）的有关资料，见陆游（1125—1210），《老学庵笔记》，9:5a；《通志》，63:7a；67:33a。

3　唐慎微的本草目录初刊于 1080—1090 年间。现存最早的版本是山西平阳张存惠的 1249 年重刊本。该版本的目录将本草分为以下细目：玉石、草、木、兽、禽、虫鱼、果、米谷和菜；见《重修政和经史证类备用本草》。另可参考 Bussotti，2007，页 469—473。可比较初刊于 1330 年的元代宫廷膳食专著中的植物、动物、鸟、鱼和水果插图；见《饮膳正要》，3:209—325。关于此书在药学、历史和多元文化方面的价值，见尚衍斌，2010。对本草文献宋明刊本中部分插图的讨论，见山田庆儿，1997，页 37，41，43，48—49，102，138。

4　Needham 等，1986，页 287，未给出信息出处。

5　"本草"的名称首见于汉代文献中；见班固（32—92），《前汉书》，12：11a，92:9b。中国最早的 3 世纪的药物学论著《本草纲目》，见张华（232—300），《博物志》，4:7a。中古敦煌本草文献的部分研究，见 Wang Shumin，2005；Mayanagi，2005；Engelhardt，2010。中古中国本草和医学的综合性书目，见 Despeux 编，2010，页 1307—1363。

6　2009 年，在陕西韩城发现了一幅北宋医学壁画，文官打扮的男性墓主位于画中央，他的右边有侍从正在泡制中药，一位使者手持官方颁发的药物大全，即初版于 10 世纪晚期的《太平圣惠方》。该书的出现也许暗示着这些侍者正在为主人制药。图版见康保成和孙秉君，2009。

7　《道藏》，第 19 册，页 328c—335a。此书名见录于南宋书目中；见《通志》，67:35b。

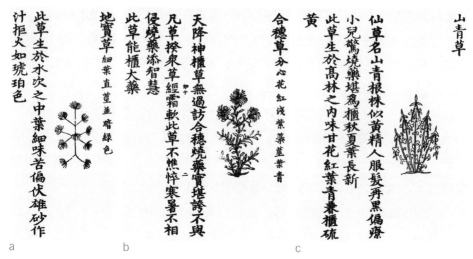

图3.46a-c　具有炼丹和治疗功效的药草，取自《白云仙人灵草歌》（局部），明《道藏》（1445），木版印刷，纸本：a.地宝草；b.合穗草；c.山青草

各配有名称、插图、简介和诗歌（图 3.46a-c）。[1] 戴思博认为这是一部 8 世纪至 10 世纪的作品，并留意到这些药草的多样特性，有的可在炼丹过程里中和或稳固矿物，还有的"具有治疗功效或有助延长寿命"。[2] 例如，暗绿色的地宝草（图 3.46a）有助于炼丹[3]，这种药草具有细叶直茎，生于水；煮于水中时，它能够中和雄黄和朱砂。在治疗方面，生有红花和浅紫蕊的合穗草（图 3.46b）可"添智慧"[4]，山青草（图 3.46c）则可以使人白发复黑，治疗小儿惊吓。[5]

灵芝

在中古道教对"芝"（在英语中经常被翻译成 magical mushrooms 或

1 《道藏》，第 19 册，页 329a、300a、333a-b。可比较无插图的版本：《种芝草法》（DZ933）。
2 Schipper 和 Verellen，2004，页 342。多部宋代书目著录此部文献为佚名作品；见王尧臣（1003—1058），《崇文总目》，10:3a；《通志》，67:35b。草药学绘画被记载于唐宋绘画史中。唐以前的例子，见《历代名画记》中的本草图，3:137a。南宋时期三种不同版本的插图本本草文献，见郑金生，2007。1220 年，南宋画家王介（约 13 世纪早期）完成了一部三卷本的手册，其中绘有其居所附近生长的 206 种草药；见王介，《履巉岩本草》。北京国家图书馆藏纸本设色明刊本，见郑金生，2007，页 1—51；傅维康和李经纬，2000，文物图谱卷，页 116—117（图版 245）。更多有关王介的信息，见郑金生，2007，页 63—64、66—77。
3 《道藏》，第 19 册，页 330a。
4 《道藏》，第 19 册，页 329a。
5 《道藏》，第 19 册，页 333a-b。此草花红，丛生的根株类似黄精，而黄精是生长于嵩山和茅山的上品草药。黄精的插图，可见《图经衍义本草》，《道藏》，第 17 册，页 340c。

图3.47 道教玉女手捧一盘带有深紫色斑点的灵芝，永乐宫三清殿北壁（局部），元代，14世纪，壁画，山西芮城

fungi）的研究中，其认知的广博程度远远超过其他制药博物学家。康若柏（Robert Campany）认为芝是"一个通称，是从岩石、树木、药草、动物肉身上长出的突出物或放射物，或指真菌类（包括蘑菇）"[1]。这种芝构成了道教"另一类食物"的重要部分，人们相信，无论是在仪式中存想或是真正进行这类厨会，都可以达致长生和成仙。甚至在今天，具有盘绕花纹云状伞盖的灵芝形象仍然十分常见；14世纪的永乐宫壁画中就有一个古老的例子（图3.47）。[2]绘于主殿三面侧墙上的朝圣画像中，一位玉女手捧一盘带有深紫色斑点的云状灵芝供品。[3]

---

1 Campany，2002，页25，27。
2 金维诺，1988，页107（图版103）。也可见萧军，2008，页97。
3 Campany，2002，页25。

真形图上标出了生有各种芝的多处地方，包括东岳的紫石芝、西岳的平芝、北岳的太玄芝和中岳的石泉芝。[1]

这种分类反映了中古道教精细的专业知识水平，例如葛洪的《抱朴子内篇》就已经在宗教语境下讨论了草药学的问题。[2]葛洪列举了五种主要的芝：石芝、木芝、草芝、肉芝和菌芝，又各有百许种。[3]它们多变的形状"或如宫室，或如车马，或如龙虎，或如人形，或如飞鸟"[4]。司马虚指出，这些芝能够使"食者超越正常的时空限制"，因为它们"赋予（人）长生、隐身、飞升和沉浸的力量"[5]。李约瑟认为道教徒在仪式和修炼中有计划地使用芝作为"迷幻剂"[6]。总而言之，芝的多种神秘力量已经超越了公认的治疗作用，人们承认某些亚类的芝具备更有限的医学作用，仅用于治疗痔疮和肿瘤。[7]

与芝的文字记载有关的还有它的视觉传统。葛洪也提到当时流传着相关图册，在他的藏书中就列有《木芝图》《菌芝图》《内芝图》《石芝图》和《大魄杂芝图》。[8]虽然没有一张图留存下来，但我们有理由推测这些图就是道士们采芝的指导书。另一些文字资料显示，中世纪道士相信这些图像能够帮助他们在五岳找到芝药。例如，一部早期灵宝经典里列举了《采芝开山图》和《五岳图》，它们都属于由自然之气形成的《二十四真图》。[9]《云笈七签》中记有《神仙采芝开山图》的一首颂，描绘了这样的场景："五芝秀玄岭，仙草茂霜条。

1　《洞玄灵宝古本五岳真形图》，《道藏》，第 6 册，页 740c—743c。

2　《道藏》，第 28 册，页 209a—211b；Ware，1966，页 179—186。另可见 Strickmann，1966；Little 和 Eichman，2000，页 340—341；Campany，2002，页 27—28；Cadonna 撰写的条目，收入 Schipper 和 Verellen，2004，页 770—771。

3　《道藏》，第 28 册，页 209a-b；Ware，1966，页 179；Campany，2002，页 27。可比较《太上灵宝芝草品》（DZ1406）；《太上金阙玉华仙书八极神章三皇内秘文》（DZ855），《道藏》，第 18 册，页 575a-c。

4　《道藏》，第 28 册，页 211b；Ware，1966，页 185；Campany，2002，页 27。

5　Strickmann，1966，页 11。

6　Needham，1974，页 121。

7　Strickmann，1966，页 18。

8　《抱朴子内篇》，《道藏》，第 28 册，页 210c—211b，246a；Ware，1966，页 183，185，379—382。对石芝的研究及其在日本《具氏博物学》（1877 年）一书中的插图，见西村三郎，1995，页 87—88。

9　《太上无极大道自然真一五称符上经》（DZ671），《道藏》，第 11 册，页 640c—641a；《云笈七签》，80：1829，1835。《五岳真形图》也可令"百芝自聚"在道士面前；见《云笈七签》，79：1790。敦煌道经 P.2440 列举了二十四图，见李德范编，1999，第 3 册，页 1594—1620，尤其是页 1618—1619。另可见 Little 和 Eichman，2000，页 201—202（图版 53）。5 世纪的《洞玄灵宝二十四生图经》（DZ1407）中提到一张名称相近的图，《神仙采芝开山图》；见《道藏》，第 34 册，页 342a。对灵宝二十四生图的研究，见 Raz，2005；谢世维，2012。

图3.48 《采芝女性图》（局部），藏于山西应县释迦塔木质佛像内，辽代，早于11世纪中期，纸本设色，54.0厘米×34.6厘米

上有采芝人，被服乘羽飚。"[1]

　　一种被大致归类为《采药图》的绘画传统较少有人研究，它却提供了芝图的相关线索。[2] 这种主题上的相关性在一幅小麻纸设色画（图3.48）中表现得很明显，此画藏于山西应县辽代释迦塔主佛像内，不晚于11世纪中期。[3] 这幅不寻常的画中有一位年轻的采芝者，身着兽皮斗篷，裤子外围了一条叶子做成的短裙。她身负装满药草的背篓，右手持一簇芝，五个橘色伞盖错落在两支菌柄上。左手握斧，大概是采芝的工具。她的腰间挂有一卷材料，也许其中正有中世纪材料中多有记载的芝图。虽然以前的研究将这个人物推断为神话中的统治者和农业的发明者神农氏[4]，但从人物造型判断，将她视为一个典型的采芝者更为合理，在后世的绘画艺术中，这种形象经常用于女性求道者。[5]

　　现藏美国费城艺术博物馆的一幅佚名扇面（图3.49）绘有女性采芝药者，集中体现了这种后世绘画传统，它原来

1　《云笈七签》，80：1829。

2　南宋宫廷画家马远（1190—1279）《云山采药图》，可见厉鹗，《南宋院画录》，7：5a；佚名《徐福采药图》，见陈思，《两宋名贤小集》，371：7a。佚名《天台采药图》，见顾瑛（1310—1369），《草堂雅集》，11：1b；其绘画主题可与赵苍云所绘刘晨、阮肇"携锄筥往天台山采药"手卷比较；见 Hearn 和 W. Fong，1999，页81（图版3a），另可见本书，图2.27。

3　山西省文物局，1991，页9，18。

4　山西省文物局，1991，页18。侯恺和冯鹏生，1982，页29，31。

5　永乐宫纯阳殿东壁的元代壁画中有这样一个场景，何仙姑及其他年轻仙人正在售卖他们在山中采得的药草；见 Katz，1993，页161（图10）；萧军，2008，页186，199。现藏于波士顿美术馆，传陈月溪的14世纪（？）的画作描绘了一位妇人持有相似的采芝工具，见 T. Wu，1996，页117（图148）；Watt，2010，页142（图171）。郭诩所绘《神农图》（1503年），见 Delacour 等，2010，页241（图54）；毗卢寺明代壁画中的神农伏羲组图，见王素芳和石永士，2002，页107。

图3.49 传孙珏《女仙图》，元代，14世纪，册页，绢本设色，25.1厘米×23.5厘米

被认为是 15 世纪早期孙珏所作，最近又被推断为出于元代佚名之手。[1] 画中三位年轻貌美的女性身着杂草和树叶编织而成的披肩和短裙，就像前述辽画中的女性一样。她们跣足甲长，似乎是生活在荒山中的隐居者。其中二人身负方箱，装满了硕大的叶子和细枝。尤其是左边女性所背的方箱看似设计巧妙，箱上撑有一把华盖形的伞，饰有各种吊坠，如小小的骷髅面具；箱子的外面还吊着一把绘有单色竹画的扇子。这位女子与她的同伴手持奇异的战利品，一个是多伞盖的芝，另一个则像是人形的人参，顶部还有叶片。

上文中所讨论的部分绘画提供了灵芝绘本可能产生和使用的其他背景。目前现存最综合性的灵芝绘本是《道藏》中保存的北宋《太上灵宝芝草品》（图

1 Little 和 Eichman，2000，页 334（图版 127）。

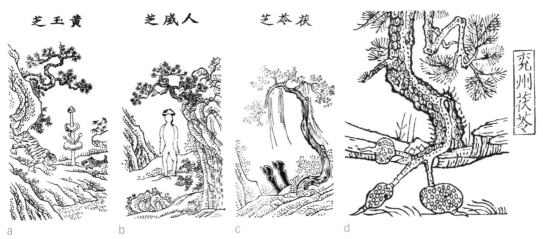

图3.50a-d　灵芝药芝图，a-c.取自《太上灵宝芝草品》(局部)，明《道藏》(1445)，木版印刷，纸本：a.黄玉芝，黄虎黄鱼守之；b.人威芝；c.牛蹄状茯苓芝；d.蜂窝状茯苓，取自《重修政和经史证类备用本草》(局部)，北宋，木版印刷，纸本

3.50a-c)。[1] 北宋官方书目将该经归入服饵类文献，同属该类的还有之前讨论过的《白云仙人灵草歌》，以及其他与药草和灵芝有关的图像和文本。[2] 鲍菊隐认为，这是一部宋代早期作品，主要因为其文字对宋真宗本名有所避讳。[3]

　　《太上灵宝芝草品》中共列有 127 种芝，"一些很普通，一些则形状奇特"[4]。其中的很多种灵芝都不见录于宋代本草文献[5]，这使得它似乎成为一部独一无二的道教作品。[6] 再者，匿名作者在序言中表现出明显的道教倾向，声称这部文献有助于"得臻仙路"，最好能够"依图取服"。[7] 和葛洪所描写的芝一样，此书中的芝也可以赋予信徒神奇的力量，如延年、身轻[8]和隐身。

1　也可见 Little 和 Eichman，2000，页 341 (图版 129)；Campany，2002，页 28 (图 1)；Schipper 和 Verellen，2004，页 770 (图 13)；Despeux，2010，页 67 (图 1)。《五岳真形图》或是葛洪所提过的部分芝的图像，可见《太上灵宝芝草品》，《道藏》，第 34 册，页 323a，327a，329b，330b。对西方绘画中灵芝的研究，可见 Freedberg 等，2005。

2　《崇文总目》，10:3a-b。另可参见《通志》，67：35b。

3　Boltz，2006，页 508。另可参见 Little 和 Eichman，2000，页 340；Cadona 撰写的简介，收入 Schipper 和 Verellen，2004，页 770—771。

4　Little 和 Eichman，2000，页 340。

5　唐慎微本草目录的 13 世纪重刻本仅在"草部上品"的最后列举了六种芝，也没有提供图像；见《重修政和经史证类备用本草》，6：168a。

6　施舟人和傅飞岚认为这是一部公开流传的医药学作品；见 Schipper 和 Verellen，2004，页 1373。

7　《道藏》，第 34 册，页 316。

8　身轻也有助于信徒在乘跻术中存想，就像大禹一样，漫步于宇宙之中。

　　每一幅图的顶部都有标题，左边的文字解释了芝的名称、形状、所在地和功效。从构图来看，绘图者将芝置于山水画背景中，形成了在 12 世纪至 13 世纪流行的"一角式"构图。这种构图法经常将树或灌木放在画面一角突出的岩石上，由此点出发，画面沿着对角线向远方延伸。[1] 本草图中出现山水画背景并无北宋原型，也许这是南宋的新趋势。现存的《道藏》图像大概出于 12 世纪至 13 世纪的原型。

　　最近的研究已开始关注目录中芝图的奇妙视觉性。[2] 一些图像充满了道教神秘主义色彩，在画面中加入了守卫，芝由神、人、鬼，或是鱼、鸟、鹿、羊、牛、虎等动物严密看守。[3] 如蓬莱山的黄玉芝（图 3.50a），生有三重伞盖，下重伞盖上又有三枝，黄虎、黄鱼守之。另一种状似人形的芝可能就是葛洪所讲的肉芝[4]，如生于中岳的人威芝（3.50b）。[5] 另外，杜光庭记录了一则发生于 747 年的"芝草天尊"灵验事迹，一茎芝草竟自然长成了天尊之相。[6] 1017 年，据称宋真宗在宫廷展示的灵芝呈现了真武的样貌。[7]

　　一些芝可助人延年至九万或十万岁[8]，另一些则可以提升人的能力，包括令人身轻，随意隐形，提高视力。例如，茯苓芝（图 3.50c）是由松脂凝结千年后落地而成的，能使人"千里外见物"。[9] 尤其是它特别的牛蹄形状与唐慎微本草目录中的蜂窝状茯苓（图 3.50d）大相径庭。[10] 本草目录中所举的灵芝的主要功效在于镇静和解渴，没有提到任何获得神奇视力的事情，也就不足为奇了。[11]

1　采用一角式构图的宋代山水画，可见 W. Fong，1992，页 246—300。

2　Little 和 Eichman，2000，页 341（图版 129）；Campany，2002，页 28（图 1）；Schipper 和 Verellen，2004，页 770（图 13）。

3　守护之下的芝，可见《道藏》，第 34 册，页 316b-c，318b-c，319a，324b，325c，327a，328a，329c，335a-c。可比较天上力量守护神圣经典的方式，《太平御览》，672:10a-b。

4　人形芝的图像，见《道藏》，第 34 册，页 320c，329a，334a-b。更多讨论，见 Strickmann，1966，页 13—14。

5　《道藏》，第 34 册，页 319b。

6　《道教灵验记》，《道藏》，第 10 册，页 818c—819a。

7　《宋史》，63:17，22b—23a。1013 年，宋真宗邀请他的近臣一同观赏丁谓（962—1033）所献的 37108 本芝草；见《玉海》，200：37a。

8　《道藏》，第 34 册，页 316b—319b。其中延人寿命最长的是石臼芝，服之可至六十万岁；见页 318c。

9　《道藏》，第 34 册，页 322c；Schipper 和 Verellen，2004，页 770。

10　《重修政和经史证类备用本草》，12:17a。可比较《药种抄》（12 世纪日本僧人观祐抄本）中的相似图像，见 Needham 等，1983，页 33（图 1544）。

11　《重修政和经史证类备用本草》，12:296a。清廷收藏的一种立方体茯苓，见关雪玲，2008，页总括而言，道教将圣山看作是天文以物质形式显现的地方，这是《人鸟山真形图》和《五岳真形图》都与人间仙境有关的原因。在这里，我们接触了道教对"气的世界"，或"冥想中的景物"的独特认识，其抽象形式超越了具体表现形式。它们的共同模式是在一个盒状构图内，充斥着不规则的、半抽象的、似气的图形，象征着阴（虚）和阳（实）的混合。道教的学说赋予了其神秘视觉性一个更广阔的空间，世界被诠释为复合文字图和宇宙之气。

为了创造这种混合的复合文字图，道教在其之外的既有文化模式中寻找灵感，诸如合成的人鸟形象、风水图和观气、制图学，以及矿物、药草和菌类的本草图像。真形图也融合了其他道教图案，包括秘字、符和箓。这些象征符号在文本和图像之间不断转换，构成了道教视觉文化的主流，反映了这种宗教独特的非偶像性的视觉特质。

许多图像都被保留在中古和宋代道教文献中；然而，大部分真形图是神秘的，在道教视觉文化中被忽视，大概是由于它们的秘传性和仪式意义。中古道教主张，必须在夜半之时，于中庭或密室中斋祭灵图，"勿令人见"，或"不可他知"。[1] 受真形图者安图于桌案之上，祭用酒、米、脯、枣、菜和花。[2] 例如，祭醮《人鸟山真形图》于金镜之上。[3] 然后，信徒出身中神，帮助他们召请真形图中的山神，存思这些神灵降临坛场，云驾罗列，布满空中。[4]

仪式专家张万福（活动于713年）作品中的一张罕见的醮仪坛图（图3.51）显示，在设坛位时，会安放这些真形图。[5] 虽然在此图中找不到明确标示，但是经文中提到坛场东面安放《五岳真形图》，并敷绛巾。在坛场的东南角，则安置有《人鸟山真形图》与灵宝五符、五篇真文。[6] 在道士邀请的众多神灵之中，有五岳君及其佐命君和人鸟山形真灵。[7]

79（图3）。更多敦煌遗书中的中世纪茯苓资料，见 Despeux 编，2010，页1210的索引。

1 《云笈七签》，79：1808，80：1838。与真形图有关的更多仪式，见吕鹏志，2008，页53—70。

2 《云笈七签》，79.1008，80：1838—1839。《人鸟山真形图》则覆以紫锦囊巾，止安镜中；见同书，80：1839。

3 《云笈七签》，80：1838—1839。

4 《云笈七签》，79：1808—1809，80：1839。

5 《醮三洞真文五法正一盟威箓立成仪》（DZ1212），《道藏》，第28册，页493a—b；Schipper 和 Verellen，2004，页461。有关张万福编制道教仪式的研究，见丸山宏，2004，页420—457，尤其是页425—426。

6 另外还设有《河图》和七星；见《醮三洞真文五法正一盟威箓立成仪》，《道藏》，第28册，页492b—493a。

7 《醮三洞真文五法正一盟威箓立成仪》，《道藏》，第28册，页495a-b。

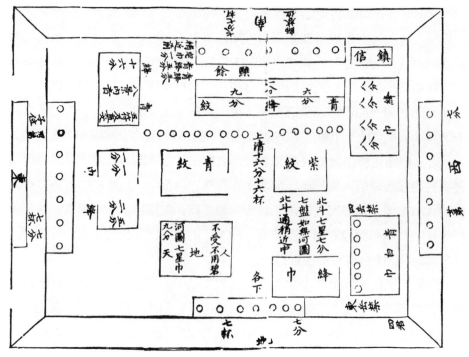

图3.51　醮仪坛图，取自《醮三洞真文五法正一盟威箓立成仪》（局部），明《道藏》（1445），木版印刷，纸本

　　在仪式中，真形图的最后"传授"是通过焚化来实现的。法师取焚尽后的灰杂于水中，或吞服，或喷于己身，象征着真形图的力量已转移到他的身上。[1]这里所表现出的是道教式的神秘：非物质的真形来自无形的道，又通过道经中的多幅图像呈现出物质形式，最终在仪式中回归到妙不可言的无形世界中。这种从秘密到公开，再回到秘密——两者通常互相形塑彼此——的重复循环过程构成了道教魅力的真正所在。

1　《云笈七签》，79:1808，80:1840。

第四章
道教神圣空间的物质性

仪式在道教视觉文化中担当着重要角色。哪怕是与道教存想活动相关的神秘真形图（图2.25，图3.1a-b，图3.33c）也具有"外在的"仪式维度，"内在的"体验由此而得以转化。本书的第一部分"内篇"探讨了道教视觉文化的内秘基础，从本章开始，本书的第二部分"外篇"将引领读者的注意力转移到道教仪式的表演、视觉和物质面向。

道教仪式空间既简洁又可移动。人们通常称之为"道场"，在经过设计的特定区域中央点燃一个香炉，便是一个道场了。[1] 当香燃尽，神圣空间也随之撤销。[2] 与此相近，如果是在一座道观里举行仪式，那么将会根据特定的仪式，临时重新布置其内部。[3] 就像道场空间是临时搭建的一样，中世纪道教仪式中的大部分仪式用品也是瞬间即逝，如幡、文书、冥钱，甚至是经文和画像，使用过后，它们将按照规定被焚埋或丢弃。[4] 因此，要重新建构出这种临时的

1　对道教仪式及其空间的更多研究，见 Schipper，1993，页91—92，1995b；山田利明，2000；Lagerwey，1987，尤其是页25—48；Kohn，2003a；李小强，2003；丸山宏，2004，2010；李丰楙，2006；吕鹏志，2008，2009a，2009b，2011；张泽洪，1999，2003。

2　当代用语"打醮"指的是在社区里搭建一个临时的场坛，上面有一个木结构的大棚，饰以彩纸和彩布。仪式结束后，大棚就会被撤除。见陈耀庭，2003，页4，6，180。

3　这也与安保罗在当代台湾观察到的醮仪相应，为了举行醮仪，庙的内部有所调整，地方神被替换成了道教的至高神；见 Andersen，1995，页186。更多道坛和庙宇空间的相关研究，见 Katz，1993，页49—53；Nickerson，2005，页140—141；Gesterkamp，2008，页121—122。

4　Seidel，1989—1990，页272。一场13世纪的度亡仪式后，需要焚化的物品包括：经、幡、冥衣、冥綵和纸马（也许为纸制），名单可见《无上黄箓大斋立成仪》，《道藏》，第9册，页444c—445a。

仪式空间和布置的物质性[1]，实在是一种挑战。

然而，现存的 12 世纪至 13 世纪的仪式手册详载了相关的说明和程序。如《灵宝玉鉴》《灵宝领教济度金书》《无上黄箓大斋立成仪》和两部《上清灵宝大法》[2] 中都保留了重要的视觉材料，从符图和坛图到仪式供品的图样、文书和仪仗。

道场的形式

道教的神圣空间有两种形式：用于静修或斋戒的私人静室（或写作靖室）[3] 和朝供神灵的公共坛场。[4] 从物质的角度来看，两者之间有一定的联系，早期静室中的摆设反映在后期的道教仪式中。但是它们又有着很大的不同，随着道教仪式节次的发展，原来居中的单个道坛，扩展成了包含着诸多新增道坛和分坛的广阔空间。

静室

静室是一个用于自修和忏悔的空间，最初与东汉和中世纪早期的天师道有关。在早期天师道教团的所在地巴蜀地区（今四川），静室设于治内。[5] 其主要特征是洁净和朴素，正如 5 世纪的道士陆修静的描述：

> 奉道之家，靖室是致诚之所，其外别绝，不连他屋。其中清虚，不杂余物，开闭门户，不妄触突，洒扫精肃，常若神居。[6]

1　有关物质性的方法论研究，可见 Wu Hung, 2002b, 2007b, 2010, 页 35—148；Insoll, 2009；Keane, 2008；Morgan, 2010；Morgan 编, 2010。

2　对这几部仪式手册的研究，可见 Boltz, 1987, 页 41—46；Despeux, 2000, 页 526—527；浅野春二, 2000, 2002, 2003；田中文雄, 2000, 2002, 页 190—204；丸山宏, 2002, 2004；Schipper 和 Verellen, 2004, 页 1014—1028；松本浩一, 1983, 页 226—229, 2006b, 页 139—191；张泽洪, 1999, 页 90—103；Lagerwey, 2011。

3　对静室的研究，可见吉川忠夫, 1987a；石井昌子, 1987；Kohn, 2003a, 页 108—109；田中文雄, 2000, 页 94—97, 2002, 页 191—196；丸山宏, 2004, 页 214—217。

4　道坛的设置从在圣山上举行的国家祭天地的古老仪式中借鉴了不少；见 Schipper, 1993, 页 92；Seidel, 1989—1990, 页 266；吕鹏志, 2008, 页 166—167。

5　可参考 Boltz 所写的词条，收入 Pregadio, 2008, 页 573。治的中心通常有一座名为"崇虚堂"的建筑，见田中文雄, 2000, 页 95；2002, 页 192。

6　《陆先生道门科略》(DZ1127)，《道藏》，第 24 册，页 780c。英译参考了 Kohn, 2003a, 页 108。对

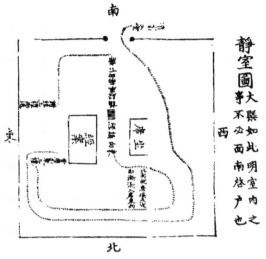

图4.1 《静室图》，取自《无量度人上品妙经旁通图》（局部），明《道藏》（1445），木版印刷，纸本

只有在斋戒去秽（包括以水漱口）后，道民才可进入静室；一旦入室，则不可与外人交谈。[1]静室也是信徒"入靖启事"之所。凡入靖，皆应三叩头；如果师在远处，则面向师所在方再拜。[2]

至于静室的构造，陶弘景提出它可以是一间茅屋，用四柱三桁二梁，南面开窗，中央置一张木制板床。[3]一部12世纪早期的道经中保留了一份南北朝向的《静室图》[4]（图4.1），可以作为上述描写的补充。南墙中央有一个开口，可能是室内光线的唯一来源，这也许是"一道可以随意移动的纱门入口"[5]，或是"一扇小小的纸窗"，与信徒席坐时的双眼高度持平。[6]信徒面北席坐，身前摆有一张经案。图中的点线指示信徒在特定的节点，在仪式空间内按规定行进。根据先前对《存思图》（图1.1）的讨论，我们可以推测信徒在这个密闭空间中积极投身于存思道教神祇的活动中。

陆修静强调了静室内部的简朴：

> 唯置香炉、香灯、章案、书刀，四物而已，必其素净，政可堪百余钱耳？比杂俗之家，床座形像，幡盖众饰，不亦有繁简之殊，华素之异耶？[7]

陆修静的静室定义的更多研究，可见 Bumbacher，2000，页482；吉川忠夫，1987a，页140—144。

1　《云笈七签》，45:1012，1015。

2　出自《止一袠》，见《云笈七签》，45:1007—1008。在静室中，向不同方向进行存思，见本书的图1.1（出自《大洞玉经》，《道藏》，第1册，页558a）；丸山宏，2004，页215—216。

3　《真诰》，《道藏》，第20册，页596c—597a；吉川忠夫，1987a，页129。中世纪早期的静室主要有四种用途：山居、朝真忏悔、斋戒静修和炼丹；参 Kohn，2003a，页108。

4　《无量度人上品妙经旁通图》（DZ148），《道藏》，第3册，页91b。也可见 Pregadio，2008，页574（图50）。

5　Kohn，2003a，页108。

6　参 Boltz 撰写的简介，收入 Pregadio，2008，页574。

7　《陆先生道门科略》，《道藏》，第24册，页780c。英译可参考 Kohn，2003a，页108。另可参考丸山宏，2004，页216—217；Schipper，2005，页93。

　　陆修静的评论反映了当时道教徒非偶像崇拜的简朴品味。在道教仪式中，香炉、香灯、章案和书刀等四样物品一直扮演着重要的角色。神祇可以循着香炉的香烟与香灯的光亮降临坛场；同时，香烟也被视为信息传入天界的生动象征。[1] 章案与书刀则代表了书写。所有的物品摆在桌上，或许都是为了书章作准备。一幅 13 世纪的仪式图像[2] 中画有一张木质的矮脚章案（1.2 尺高，图 4.2），共十二条桌脚（每边六条），桌面有北斗七星图。[3] 其整体样式可参考"几"，这是在 10 世纪《三礼图》的 12 世纪版本中所描绘的古式几案（图 4.3），它是国家礼仪中必需的仪式用品之一。[4] 该几拥有同样的高度，但只有四条桌脚，桌面更大。宋代绘画中也出现了类似的母题（图 4.31，图 5.3，图 5.5）。[5]

　　公共坛场

　　对公共仪式而言，最重要的空间构造就是坛场，它象征着"时间周期的结合，是对宇宙的模仿"[6]。早期的道坛大多建于露天，之后建于室内。[7] 中

1　Schipper，1993，页 85；Lagerwey，1987，页 85；Little 和 Eichman，2000，页 218。道教仪式中的焚香可追溯至《仪礼》和《礼记》中记载的古老仪式；有关它的象征意义和种类，可见福井康顺，1952，页 119—120；山田利明，2000，页 88—89；田中文雄，2000，页 96；浅野春二，2000，页 128，2003，页 127—130；张泽洪，1999，页 91—92，2003，页 424—442；陈耀庭，2003，页 228—231。一部 8 世纪早期的道教科戒经典罗列了中世纪道观中所用的 15 种不同材质的香炉：雕玉、铸金、纯银、石、铸铜、柔铁、七宝、雕木、彩画、纯漆、瓷作、瓦作、石作、竹作和时作。见《洞玄灵宝三洞奉道科戒营始》，《道藏》，第 24 册，页 753a-b；Kohn，2003a，页 167，2004a，页 116。

2　《灵宝玉鉴》，《道藏》，第 10 册，页 281c。可对比《上清灵宝济度大成金书》，《藏外道书》，第 17 册，页 104。

3　章案高一尺二寸，长一尺八寸，阔一尺二寸；见《灵宝玉鉴》，《道藏》，第 10 册，页 281c。

4　聂崇义，《新定三礼图》（961），1175 年刻本，8:114。对于该部作品的研究，见丁鼎，2006；Ebrey，1999b，页 39；Y. Hsu，2010，页 25—36。至于道教艺术中的几，可参见 Yang，2001b，页 51。

5　可比较的还有传唐王维《伏生受经图》中的几案，其相关研究可见大阪市立美术馆等编，1994，页 16（图版 3），329；户田祯佑，1997，页 54；Barnhart 等，1993，页 84；Barnhart，1995，页 93；S. Huang，2002，页 171—172；王耀庭，2010。类似的桌案也出现在早期和中世纪的墓葬艺术中；见河南省文物研究所，1993，图 32—33，45—46。更多河南、山东和甘肃地区的汉代、十六国墓葬画，见王耀庭，2010，页 100—101（图 6.7—6.9）。12 世纪后期宁波作坊制作的《五百罗汉图》多卷组图中也有几案；见奈良国立博物馆，1996，页 122，132（图版 104—17，104—37）。

6　Schipper，1986，页 189。对道坛的更多研究，见 Lagerwey，1987，页 25—48；田中文雄，2000；丸山宏，2004，页 223—245。

7　13 世纪时，仪式手册中的许多坛图显示公共坛场建于室内，三面环墙，悬有道教神像画；见《灵宝领教济度金书》，《道藏》，第 7 册，页 27c—28a。道坛借鉴了古代在圣山举行的朝廷封禅仪式的露

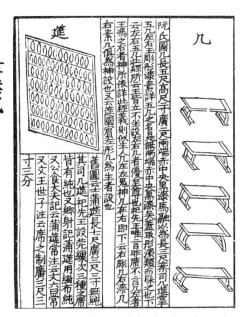

图4.2 章案，取自《灵宝玉鉴》（局部），明《道藏》（1445），木版印刷，纸本

图4.3 几案（局部），取自《新定三礼图》，南宋，1175年，刻本，木版印刷，纸本

世纪道坛的基本形式为两级或三级。[1] 例如，早期灵宝道坛的两级法天象地，而坛中央燃九盏灯，象征着光明下照九幽世界。[2] 两级方形道坛的四面安设栏纂。[3] 6 世纪道教类书《无上秘要》的《道藏》本中存有三级道坛的图像（图4.4）。[4] 这个道坛为"三元斋"[5] 而设，三官分别在农历正月十五、七月十五和十月十五这三个日子，校检人的罪簿。对于这幅坛图是否属于原经，虽然仍有争议[6]，但它依然反映了一个早期道坛的基本构成。这是一幅由红泥筑成

天坛场；见 Schipper, 1993，页 92；Seidel, 1989—90，页 266。对于唐前道教仪式，包括立坛的研究，见吕鹏志，2008。中世纪道教和封禅仪式的研究，见 J. Tsai, 2003。

1 吕鹏志，2008，页 165—167，273；丸山宏，2004，页 223—229。

2 道教灯仪的有关研究，可参见 Schipper, 1975b；李远国，2003a；谢世维，2010a；林圣智，2011。

3 吕鹏志根据与早期灵宝仪式有关的《上元金箓简文》残本重新辑录而成。道坛的特定尺寸，见吕鹏志，2008，页 154。13 世纪《灵宝领教济度金书》中提到了露天筑成的两级古斋坛；见《道藏》，第 7 册，页 28a。

4 《道藏》，第 25 册，页 189b；Lagerwey, 1987，页 30；Little, 2000，页 19（图 4）。有关《无上秘要》，可参见 Lagerwey, 1981；Schipper 和 Verellen, 2004，页 118—119；丸山宏，2004，页 218—221；吕鹏志，2008，页 264—271；田中文雄，2000，页 101—104。

5 有关三元斋，见吕鹏志，2011。另可参见 Kohn, 2004a，页 5；Benn, 2000，页 319；李丰楙，1999，页 73—87。

6 由于该图只见于《道藏》本，而不见于敦煌本，一些研究者认为它是后加的，不属于原经。见吕鹏志，2008，页 167（注 2）；吉冈义丰，1966，页 289—290；王卡，2004，页 223。吕鹏志指出，

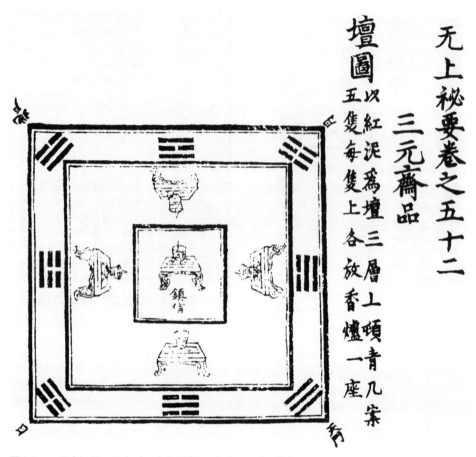

图4.4 三元斋坛图，取自《无上秘要》(局部)，明《道藏》(1445)，木版印刷，纸本

的三级方形道坛的鸟瞰图。坛中仅放置了五只青几案，每只案上各放香炉一座，上级道坛的几案上还标有镇信，但并未画出图像。整个道坛构成了天、地、水三元结构的微观象征；似山的形态又将之与天上的玉京山相连。[1] 道坛上的香炉也是充满了宇宙之气的圣山的缩影。[2] 下级道坛的八卦图案固定了宇宙的方位，显示了时间。[3]《无上秘要》还列举了不同场合的仪式用品和供品，包

最早记录三级道坛的是《隋书》；见吕鹏志，2008，页 167（注 2），273。另可参见田中文雄，2000，页 98。

1　Lagerwey，1987，页 29；Schipper，1995b，页 100；田中文雄，2000，页 106；丸山宏，2004，页 223。

2　Ledderose，1983，页 178。

3　对道坛中八卦的分析，见 Lagerwey，1987，页 26—48，尤其是页 27，31—34，36，37，40。另见 Schipper，1986，页 189；Raz，2005，页 28。

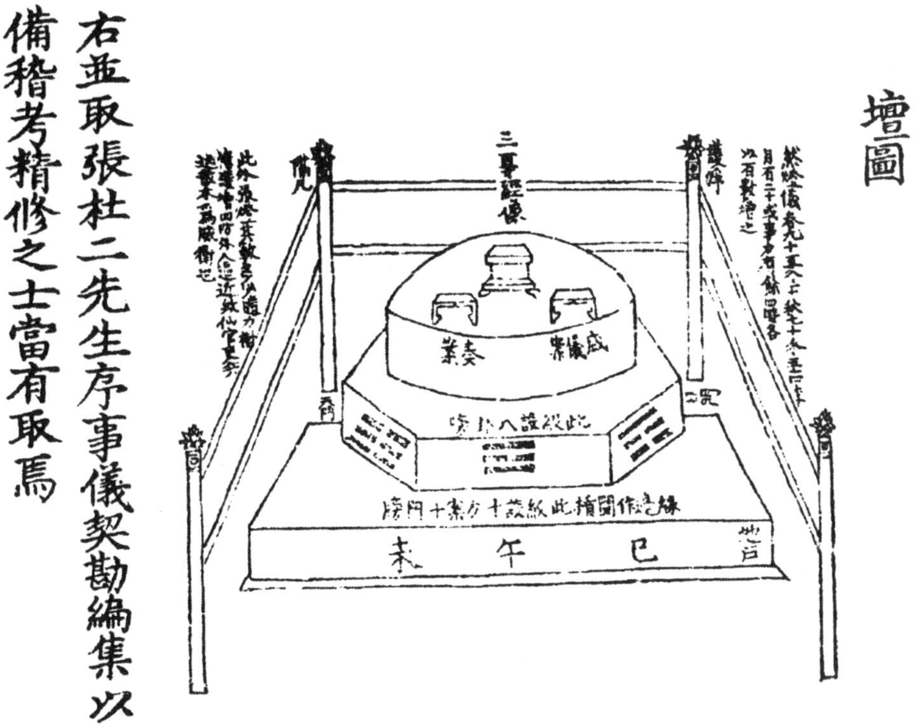

图4.5 三级坛图，取自《道门定制》(局部)，明《道藏》(1445)，木版印刷，纸本

括金龙、纹缯和五篇真文，但缺少图示。五篇真文分别镇于坛场的北方、东方、南方、西方和中央，吸引"纯正的宇宙之气布满坛场"，今天的道教仪式仍在使用它们。[1]

12世纪的《道门定制》收录了中世纪高道张万福和杜光庭使用的三级坛图（图4.5）。[2]道坛由土、木筑成，其纂雕木漆画，安莲花芝草。仪式结束后，安置于大漆函匣内。[3]与6世纪的道坛（图4.4）相比，该坛上的物品更多，尤

---

1 Dean，2000，页659，672；Lagerwey，1987，页32；田中文雄，2000，页101，107；松本浩一，2001b，页174；丸山宏，2004，页219，226。早期道坛中的仪式用品，见吕鹏志，2008，页165—166。灵宝道坛中镇有五方真文的早期记载，见《洞玄灵宝五感文》(DZ1278)。对五方真文的更多研究，见Bokenkamp，1997，页394—395（注1），1983；Pregadio，2008，页1060—1062；Raz，2004；丸山宏，2004，页218，226—227，241（图1），242（图3）。当代台湾宿启仪的道坛中放置五篇真文的照片，可见Lagerwey，1987，页306（图12）。
2 该坛的设置一如朝廷圆丘之仪，此方见古意也；见《道藏》，第31册，页739b—c；田中文雄，2000，页109（图1）；Boltz，1987，页52（图1）；Gesterkamp，2011，页163，图46。对张万福的研究，见丸山宏，2004，页417—457。
3 《道门定制》，《道藏》，第31册，页739b。我们还可以参考张万福的另一篇更详细的叙述，记录

其是在上级安置了三尊经像[1]，两边则分别是奏案和威仪案。八卦木牓在中级，代表十方的十牓与十门则在下级。牓以青、黄、红、黑书，分别对应相应的方位，上饰云龙鸾凤或莲花。[2]

　　唐代的三级坛是宋代道坛的基本模式，但是牓、灯、幡和其他装饰物越来越多。它的总体结构包括内坛（上级）、中坛和外坛（下级）。[3] 其大小虽有不同[4]，但通常都是方形的，四周设有很多门和牓。宋代的天心经典《玉堂大法》保存了一幅三级坛的侧面图[5]，下级坛的四个角设门，中级和上级坛立幡（图 4.6a）。该经还提供了另一张上级坛和中级坛的鸟瞰图（图 4.6b）[6]，天门在西北方，地户在东南方。整个设计基于《易经》后天八卦。[7] 四方竖立四幡，划定了边界。洞案上的仪式用品以"道、经、师"三宝为中心摆放，这是从佛教借用来的一组概念，原指佛、法和僧伽。[8] 一些符命和五篇真文也安放在这一层，洞案两侧有幢和节守护。

了 711 年在长安大内归真观，为两位公主受箓而设的道坛。彩旗丝锦周绕坛内，又有各种吉祥图案的幡围绕坛场，包括"真人神王、神兽灵鸟、瑞草祥花、耀日霏云、连金缀玉和山水画象"，还有龙须凤翮等席铺地。见《传授三洞经戒法箓略说》（DZ1241），《道藏》，第 32 册，页 196c—197c；Benn，1991，页 27。唐代公主受箓的更多研究，可见丸山宏，2004，页 432—437。与杜光庭有关的金箓斋坛，可参见田中文雄，2000，页 107—108。

1　在道坛上放置三尊经像的做法可追溯至北魏寇谦之（365—448）；见《魏书》，114:37a-b；《隋书》，35:38；Mather，1979，页 115。

2　《道门定制》，《道藏》，第 31 册，页 739b。可比较《无上玄元三天玉堂大法》中的相似坛图，《道藏》，第 4 册，页 117c。《无上秘要》也讨论了三级坛十门上的牓文；见田中文雄，2000，页 102—103。不同颜色书写的符文，可见《道门定制》，《道藏》，第 31 册，页 737c—739b。

3　《灵宝领教济度金书》，《道藏》，第 7 册，页 20c—26b；《无上黄箓大斋立成仪》，《道藏》，第 9 册，页 384a—385a；《上清灵宝大法》，《道藏》，第 31 册，页 438b—440a。王契真在《上清灵宝大法》中将三级坛分别称为下层坛、中层坛和上层坛；见《道藏》，第 30 册，页 940b—941a。另可见吕锤宽，1994，页 82—83；田中文雄，2000，页 107—109；丸山宏，2004，页 227—229。

4　13 世纪的仪式书中有一张道坛尺寸表，见田中文雄，2000，页 106（表 4）。根据田中文雄的列表，宋代道坛的平均大小为下级三十八平方尺，总高九尺有余。

5　《道藏》，第 4 册，页 117c。对天心正法的研究，见李志鸿，2008，2011a；松本浩一，2006a，页 354—402。

6　《道藏》，第 4 册，页 14c。

7　该图的标题为"中坛列八门如后"，但图上并无八门，它们其实出现在后面一幅中级坛截面图里；见《道藏》，第 4 册，页 14c—15a。在五部主要的南宋科仪书（DZ219，DZ466，DZ508，DZ1220，DZ1221）里，门的数目在不同的道坛设计中也不一样，田中文雄制作了一张对比表，见田中文雄，2000，页 106。

8　Kohn，2004a，页 60。田中文雄指出，宋代仪式文献中经常出现"三宝位"一词，说明当时的道坛里有三宝的牌位；见田中文雄，2000，页 108。在一幅重组后的南宋仪式图中，"三宝牌"位于上级坛，见丸山宏，2004，页 242（图 2）。当时的上级坛和中级坛里或许还分别设有十方天尊位和五岳位，见丸山宏，2004，页 227—228。

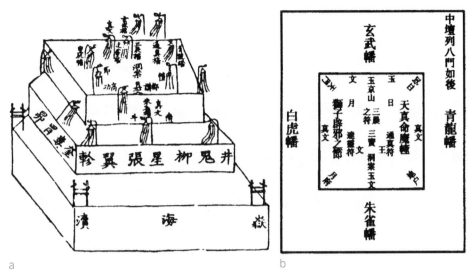

图4.6a-b 三级坛，取自《玉堂大法》（局部），明《道藏》（1445），木版印刷，纸本：a.三级坛的侧面图；b.上级坛与中级坛的鸟瞰图

多级道坛

三级坛虽是标准形式，另外还存在一些变形。例如，寇谦之所立的道坛有五层之高，上奉三尊经像。[1] 11 世纪早期，在天书第一次降临后不久，宋真宗曾经敕命特为黄箓道场建立一座彩幡周绕的极其华丽的九级道坛，这也是为了迎接 1008 年的另一次天书降临。[2]

一个仪式道场的总体样子看起来一定是 14 世纪永乐宫纯阳殿壁画上描绘的那样（图 4.7）。[3] 壁画上绘有一群法师，一些站立着，一些跪坐于垫上，他们在一座五级道坛前行仪。一尊神祇坐像立于道坛的最高层，第三级道坛的前方设有五块牌位，围绕坛场的纂上悬挂着幡、扇等物。这幅壁画不仅仅表现了吕洞宾在山西当地道教斋仪上神奇显迹的内容，它也细致再现了一个完整的道教仪式空间中的物质性和仪式表演，或许这正是一场在永乐宫举行

---

1 大约在 430 年，该坛建于北魏首都平城（今山西大同）之东南，得到北魏太武帝的支持；见《魏书》，114:37a-b；《隋书》，35:38；Mather，1979，页 115。另可参见吕鹏志，2008，页 238。早期道教造像的研究，见山田利明，1995；Kohn，2004a，页 97—102。另可参见李淞编，2008，页 67—148；斋藤龙一编，2010，页 83—94。

2 李焘（1115—1184），《续资治通鉴长编》，68:1b。另可见中国道教协会研究室编，1991，页 229—330；S. Huang，2002，页 199。

3 萧军，2008，页 239。

图4.7　露天五级道坛前举行的道教仪式（局部），永乐宫纯阳殿西壁，元代，14世纪，壁画，山西芮城

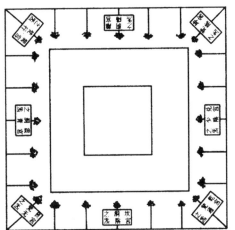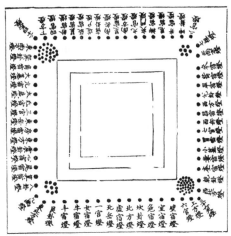

图4.8 设有二十四枚纂的外（下级）坛图，取自《无上黄箓大斋立成仪》（局部），明《道藏》（1445），木版印刷，纸本

图4.9 灯图，取自《无上黄箓大斋立成仪》（局部），明《道藏》（1445），木版印刷，纸本

的全真仪式。[1] 道场中央，一位主法师立于垫上，手执朝笏，向道坛敬拜，似乎正在上章给神灵。他的周围还有十位持笏的班众，两位立于坛前的桌案两边，两位跪于主法师身后，其余六位分别立于他的两侧。壁画上的其他人物可能是信徒和助手。

与永乐宫壁画（图 4.7）或唐代样式（图 4.5）不同，天心正法的坛图中没有任何神像（图 4.6a—b）。大概是因为神像，包括画像或造像，都被移去了主坛以外的附加仪式场地，例如其他坛图所示的主坛外的扩展区域（图 1.28，图 4.18）。

在宋代，一座典型三级坛的瞩目之处在于围绕坛场的纂和灯。一张 13 世纪的道坛截面图展示了立于外坛的"四个角落，以及平均分布在四边"的二十四枚纂（图 4.8）。[2] 这个数目象征了对道教仪式至关重要的二十四个节气组成的自然周期。[3] 同书中还收录了一件灯图（图 4.9），坛外燃灯 159 盏。[4]

1 壁画左上角有一幅小画，吕洞宾正在道观墙上书写草书；见 S. Huang，1995，页 23。对纯阳殿壁画中吕洞宾故事的经典研究，见 Katz，1993，1999。

2 这是外坛图；见《无上黄箓大斋立成仪》，《道藏》，第 9 册，页 384c—385a。可比较施舟人书中的内坛图，见 Schipper，1986，页 189—190（图 1）；《无上黄箓大斋立成仪》，《道藏》，第 9 册，页 384b。

3 Schipper，1986，页 189；1978，页 374—381。二十四节气的名称，见 Needham 等，1959，页 404—405。道教人体内丹图（图 1.45b，1.46）也将二十四节脊椎骨与二十四节气相联系；见本书第一章。

4 《无上黄箓大斋立成仪》，《道藏》，第 9 册，页 385a；Schipper，1986，页 191（图 2）。可比较

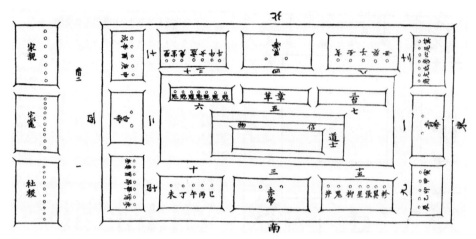

图4.10　去中心化的元辰醮仪坛图，取自《元辰章醮立成仪》（局部），明《道藏》（1445），木版印刷，纸本

这些具有象征意义的灯分别代表了天地、九狱、二十八宿和五岳，等等。[1]灯在道坛中的排列有时模仿了天界和九狱的结构（图2.30a–b）。[2]在宋代，灯仪通常在静夜于仪式正式开始前举行。[3]

　　随着越来越多的仪式在室内举行，坛场的设置逐渐"去中心化"，可容纳多张供桌，一些设在中央，另一些摆在仪式场地的边上。六朝《元辰章醮立成仪》（DZ1288）中的坛图（图4.10）与个人元辰有关[4]，掌握着个人命运。[5]坛场中央的大长桌是摆放"信物"的。它的右边是道士；北面的桌案摆放章草。东、南、西、北四边的中央分别供奉四个方位的天帝。[6]另一些案桌上的小圆圈代表着献祭给北斗和二十八宿的灯。主坛的左边有三个分坛，分别为家亲、

其他类似灯图，如《灵宝领教济度金书》，《道藏》，第7册，页26b–c；《上清灵宝大法》，《道藏》，第30册，页940c—941a；《上清灵宝大法》，《道藏》，第31册，页438c。道坛中燃灯的记录，可回溯至六朝时期；见王承文，2001；李远国，2003a。

1　《灵宝玉鉴》中有一幅《总星坛图式》，是一张在主坛以星座形式铺灯的坛图，《道藏》，第10册，页246a–b。另可参考Gesterkamp，2011，页166和图52。丸山宏重新整理了这张图（略去了外坛周边的灯），尤其可注意五方真文在坛场的位置；见丸山宏，2004，页227，241（图1）。

2　《灵宝玉鉴》，《道藏》，第10册，页143c。

3　对道教灯仪的更多研究，见Schipper，1975b；李远国，2003a；陈耀庭，2003，页93—103。

4　《道藏》，第32册，页706b。另可见Schipper和Verellen，2004，页135—136。可比较本书中的唐代醮坛图（图3.51），该坛也并非围绕着一个中心设置。

5　Schipper和Verellen，2004，页135。

6　可参看施舟人对五帝的解读，Schipper和Verellen，2004，页135。

宅灶和社稷而设。[1] 坛图后的文字列出了镇坛的信物名单：信钱、白米、白素、算子、清油、青丝线、金人、金环、书刀、纸、笔、墨和香，等等。此外，在醮仪最后，法师还要供奉好酒、白脯和五色纹缯。[2]

多幕道坛

当坛场移入室内后，主坛甚至是一座三级坛紧靠北墙，原来可绕行一周的坛只剩一边面向前方。为了弥补因此而导致的空间局限，坛场的两边新加入了一些幕，也许就是在内室的东墙和西墙。随着去中心化坛场的发展，在晚唐及宋代时，一种新的空间设计应运而生，即在主坛之外设立多个分点，用来供奉神灵和先师。这些新设置的点被称为帐、位、幄、帐幄、堂或幕。这种变化似乎是由道教仪式空间从露天渐渐转向室内而引起的，同时，人们更倾向于使用一个去中心化的坛场空间，而非一个中心化的道坛。例如，张万福与杜光庭曾提到，在三级坛两边各设帐幄（图 4.5）[3]，其内备有圆像几案。[4] 坛东设三官帐，五师位则在坛西，五师为开度之宗师。[5]

在 13 世纪的仪式文献里，装有帘幔的空间叫作幕，道场则被称为坛幕。[6] 在这里，笔者将它们统称为幕。[7] 根据仪式种类的不同，坛场上设立了各种幕，召请不同的神灵。[8] 在坛灯全部点燃，坛场因此转变成一个神圣空间后，法师通过卷帘这一存想仪式，召请神灵。[9] 卷帘仪式借鉴了宫廷仪式，即天子在龙座周围的帘幕卷起后，接受臣子的奏章，神灵则降临至他们的指定位席。[10]

幕在道坛中的形式有两种：二幕和六幕。[11] 如平常建斋，只立二幕，如建

1　Schipper 和 Verellen，2004，页 135。
2　Schipper 和 Verellen，2004，页 135。
3　《道门定制》，《道藏》，第 31 册，页 739b。
4　圆像中的"圆"字恐怕应为"图"字之误；见《道门定制》，《道藏》，第 31 册，页 739b。可比较《上清灵宝大法》，《道藏》，第 31 册，页 440a-b。
5　《道门定制》，《道藏》，第 31 册，页 739b。金允中《上清灵宝大法》中，五师为三师，他们代表了三位仪式导师：经师、籍师和度师；见《道藏》，第 31 册，页 440b-c。对于中世纪道教经师的研究，见金志玹，2011b。道教授箓仪式的研究，见丸山宏，2004，页 103—135。
6　《灵宝领教济度金书》，《道藏》，第 7 册，页 20c—31b；《无上黄箓大斋立成仪》，《道藏》，第 9 册，页 384a—387b。
7　S. Huang，2001，页 13—15；葛兆光，2002，页 75—78。
8　陈耀庭，2003，页 186—191。
9　《灵宝领教济度金书》，《道藏》，第 8 册，页 189b。
10　陈耀庭，2003，页 161—162。
11　《灵宝领教济度金书》，《道藏》，第 7 册，页 28a，45b—46a。

黄箓斋，则立六幕，后者是在宋代流行的大型度亡仪式。[1]《灵宝领教济度金书》中的一张坛图（图4.11）记录了它们相对于主坛的位置。[2]文本不仅给出了每一幕所供的神灵，还指出神像应该悬挂在幕的中央：

> 坛前立左右幕在两壁。如平常建斋，只立二幕，左六师，右三官。如建黄箓斋，则立六幕，左玄师，次天师，次监斋大法师，右五帝，次三官，次三师。每幕皆以幔围之三面，中悬圣像，香花灯烛，供养如法。[3]

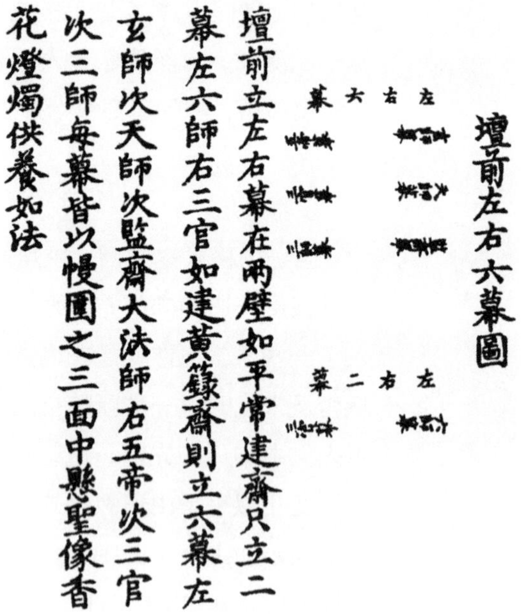

图4.11　六幕，取自《灵宝领教济度金书》（局部），明《道藏》（1445），木版印刷，纸本

从一个"悬"字，我们可以推断出神像是以绘画的形式呈现的，而非造像。[4]上文提到的六幕也见于其他13世纪的仪式文献中，说明这种做法在当时已经标准化。[5]幕的数量的新增长可能反过来促进了成套神像立轴的产量在南宋至元时期有所提高。[6]

十二个堂的增设可以方便不同仪式的准备工作。[7]堂这个名字有时可以与幕互换使用，因此堂的样子不一定是一间封闭的房间，有时或许和幕比较接近。

1　13世纪的法师金允中批评当时的做法，并坚持二幕是唯一的正统做法；见《上清灵宝大法》，《道藏》，第31册，页440b。或许金氏指的是张万福和杜光庭的做法，见《道门定制》，《道藏》，第31册，页739b。对黄箓斋的经典研究，见刘枝万，1983。

2　《道藏》，第7册，页28a；S. Huang, 2001，页14—15, 24（图5）。

3　《道藏》，第7册，页28a。玄师的研究，见金志玹，2011b。

4　S. Huang, 2001，页14—15；Gesterkamp, 2011，页160。

5　下列文献提供了相近的描述，但是没有坛图：《无上黄箓大斋立成仪》，《道藏》，第9册，页595c—596a；《灵宝玉鉴》，《道藏》，第10册，页246；《上清灵宝大法》，《道藏》，第30册，页942a-b。

6　S. Huang, 2011c，页257—260。

7　下列三部13世纪的仪式文献列出了稍有不同的各种堂：《灵宝领教济度金书》，《道藏》，第7册，页28a—29b, 31a-b；《上清灵宝大法》，《道藏》，第30册，页942b—943b；《无上黄箓大斋立成仪》，《道藏》，第9册，页596a-c。另可见田中文雄，2000，页110；丸山宏，2004，页233—234；Gesterkamp, 2011，页169。

这些空间有不少用途。例如，静默堂是供法师在仪式间隙进行存思的地方[1]，而精思阁是法师书写符箓的场所。[2] 它处于幽僻之地，奉安法师的剑、印，"悬灵宝官属圣像于后"[3]。在青华堂里，法师诵经以救度亡魂[4]，中设青玄上帝、左右真人，上安《碧落空歌图》（图 2.5）。[5] 神虎堂是为了法师召请负责追摄亡魂的神虎官将而准备的；[6] 其中设有追魂官将的牌位或神像。神虎坛也许设在堂内，中立《大浮黎土图》（图 2.6）。[7] 最后，另一个同样重要的是天医幕，召请天医尚药灵官，包括生形博士、采药童子，一众负责药物和治疗的灵官、小吏，他们能够"辨形制药"。[8] 上述神虎追魂官将和天医都是法师在度亡仪式中召请的低级天官。[9]

文化与宗教资源

道教仪式的幕所显示之帐幕结构仿自古代仪式的建筑空间，透露了浓厚的文化权威性。[10] 两者的渊源可从道教之幕在外观上，与古代墓葬所见之锦缎帐篷或拉起的帷幕有相似之处，而得到初步的证明。除了在结构上带有一丝古意，道教仪式的幕还暗示着，它继承了早期中国用帘幕指涉神圣空间的做法。[11] 比如巫鸿曾根据墓葬出土文物及墓室壁画，认为帐幕或某些汉铜镜中围

1　《灵宝领教济度金书》，《道藏》，第 7 册，页 28a-b，46a ；《上清灵宝大法》，《道藏》，第 30 册，页 942c。

2　可参考丸山宏，2004，页 233—234。明《道藏》里和当代使用的道箓样本，可见 Y. Luk, 2010，尤其是页 235—237，385，392，399—403（图 1，120，142，153—159，161）。

3　《灵宝领教济度金书》，《道藏》，第 7 册，页 28b。

4　《上清灵宝大法》，《道藏》，第 30 册，页 942b。

5　《上清灵宝大法》，《道藏》，第 30 册，页 942b。《碧落空歌图》，见《灵宝无量度人上品妙经符图》，《道藏》，第 3 册，页 64a，或本书插图 2.5。

6　有的文献称其为幕，有的称其为堂；见《上清灵宝大法》，《道藏》，第 31 册，页 441a-b ；《灵宝领教济度金书》，《道藏》，第 7 册，页 29a，47b-c。有关神虎官将，见 Davis, 2001，页 234。其他场所，如监临幕、将吏幕和章官幕，见《灵宝领教济度金书》，《道藏》，第 7 册，页 28b。虽然没有这些幕在坛场中确切位置的记录，但我们可以推断，它们就设在道场的东西两侧，北面则是最高神灵的位置。

7　《上清灵宝大法》，《道藏》，第 31 册，页 10b。

8　《灵宝领教济度金书》，《道藏》，第 7 册，页 47c—48a。另可参考丸山宏，2004，页 233，399。

9　中世纪所使用的幕至今仍保留在当代台湾的道教仪式中，它们以七彩的帘幕装饰和神灵画像著称。见苏启明，1999，页 12—15，18 ；吕锤宽，1994，页 147—148，150—152，159，166（图 2—4，13—19，45，66，70）。

10　《道门定制》，《道藏》，第 31 册，页 739。葛兆光也指出古意是道教视觉艺术中的重要元素；见葛兆光，2006。

11　《道门定制》，《道藏》，第 31 册，页 739b。

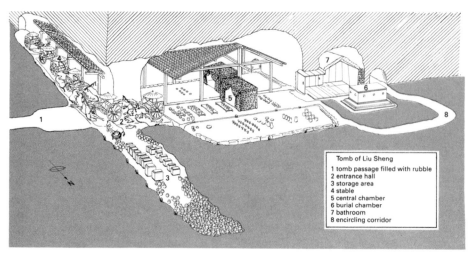

图4.12　靖王刘胜夫妇墓图，河北满城，西汉，约公元前2世纪

绕着无形老子的华盖母题，正象征性地意指了死者或圣人之位。[1] 河北满城西汉中山靖王刘胜墓室的中心，就是两个原以丝质帷帐覆盖的空座（图4.12）；[2] 它们象征着靖王夫妇之位。香炉、灯盏和器皿分列于座位的前方和两旁，这是为他们准备的礼仪性供品。[3]

　　早期佛教在构建神圣空间之时，也使用了这种视觉策略，在仪式场地中设立帷帐，象征神圣所在。修建于538年至539年的敦煌莫高窟第285窟（图4.13）中[4]，天花板和墙壁上的装饰模仿了华盖的三角旗和饰带，垂挂于四角。墙面上部边缘则饰有一圈卷帘[5]，就像一个幄帐，这是一种在南方精英中流行的装饰风格（图4.14），[6] 与洞窟作于同一时代。在中世纪小说《汉武帝内传》

1　巫鸿，2005，页515—517，599—602。早期道教中，华盖作为无形神祇所在的物质象征的相关研究，可见 Wu Hung，2002a。更多墓画中华盖的例证，见 Wu Hung，2010，页68—69，71—75，80—82（图版63，66—68，70，78—79，81—82）。柏夷提醒巫鸿注意一幅创作于清代宫廷的绘画，其中描绘了一个道教礼仪场面，这幅画在视觉上证明，华盖在晚期道教仪式中仍具有象征意义。见巫鸿，2005，页521—522。该画可见 Little 和 Eichman，2000，页190—191（图版44）。

2　W. Fong 等，1980，页326（图112）；Wu Hung，2010，页29（图18）。

3　巫鸿，2005，页600。

4　图版见段文杰，1985，页86—87（图版86）。也可参考敦煌文物研究所，1981，第一册，图版114，122，130—132，138—139。

5　卷帘的图案可追溯至汉代墓葬艺术，例如，打虎亭2号汉墓中的宴饮、舞乐场景，或是1号墓中相近的浮雕图案；见河南省文物研究所，1993，页168—171（图132—134）；彩色图版38—44（无页码）；Wu Hung，2010，页184（图172）。另可见一幅东汉宴会石刻的拓本，见 W. Yu，1997，第二册，页185—186（图版185）。

6　王树村等，1988，页18（图版13）；长广敏雄，1969，图版29（无页码），页147；古原宏伸，

图4.13　洞窟内部墙面上部边缘的卷帘状图案，取自莫高窟第285窟（局部），西魏，538年—539年，甘肃敦煌，宽6.4米，深6.3米，高4.3米（洞窟尺寸）

图4.14　贵族夫妇端坐于覆顶型幄帐内（局部），石刻拓本，北魏

（DZ292）的感性描述中[1]，汉武帝在殿堂中，以紫罗荐地，张云锦之帐，恭迎西王母[2]，这种设计意象被继承下来，并得到进一步加强。

从 10 世纪到 14 世纪，帘幕的图像在墓葬壁画中经常出现，但标示的却是世俗的空间。例如，在河南白沙发掘的墓室（1099 年）[3]，其绘画者利用了幕和卷帘作为框架，建构出一个模拟地主生前家里的室内空间（图 4.15）。有时候[4]，在墙角还可见画上去的仿木横梁和过梁等母题，营造出一种带有帘幕的舞台幻觉。

墓葬艺术中所见帘幕的处理手法也让人联想到宋元庙宇中供奉神像的高台。山西太原晋祠里供奉的 11 世纪天上圣母雕像（图 4.16），就是被架在一高台上。[5]梅晨曦（Tracy Miller）描述到，圣母"端坐在一把制作于 1087 年的椅子上"，身后绘有波纹的三扇宋代木屏风构成了一个框架。[6]这种屏风式的高台也出现在附近一座十六世纪建造的楼中。[7]同样地，山西南部水神庙里主奉的是当地的明应王[8]，他的塑像（1316 年）也设在类似的台上（图 4.17）。

2005，页 84，114（图 24—25，65）。类似的石刻图像，可见黄明兰，1987，页 83，91（图 91，99）。为佛祖而设、带有帷幔的帐篷或房屋等覆顶型空间图案也见于 6 世纪莫高窟的其他洞窟中，如第 303 窟；见 E. Wang，2005a，页 70—71（图 2.1）。

1 英语翻译见 Smith，1992。对此文本的更多研究，见 Schipper，1965；李丰楙，1986，页 21—122。汉武帝谒见西王母的画像，见内蒙古赤峰宝山 1 号辽墓，内蒙古文物考古研究所，1998，页 85（图 31）。

2 Kohn，2003a，页 167—168；《汉武帝内传》，《道藏》，第 5 册，页 47c；《传授三洞经戒法箓略说》，《道藏》，第 32 册，页 189b；Smith，1992，页 482。李丰楙认为，《汉武帝内传》成书于 4 世纪晚期至 5 世纪早期；施舟人则认为它是一部 6 世纪的作品。分别见李丰楙，1986，页 21—122，尤其是页 8；Schipper 和 Verellen，2004，页 115。由于这部作品被收录于明《道藏》之中，许多学者因而认为，这是一部道教作品，但施舟人则建议我们将它看作是"一部来自不同渊源的文学创作"，综合了道教传记和"夹杂着传说成分的断代史"。见 Schipper 和 Verellen，2004，页 116。

3 宿白，1957，图版 22；Wu Hung，1996，页 177（图 143）；Hansen，2000，页 272—275。白沙宋墓壁画的更多研究，见宿白，1957；汪小洋，2010，页 195—196，200，202—204；W.Lin，2010，尤其是页 15—18。其他 10 世纪至 11 世纪墓葬壁画中的帘幕，可见河北省文物研究所，1998，图版 1，3，6，10，13，18，23—24，26—27；冯晖墓，见咸阳市文物考古研究所，2001，页 51（图版 52）；郑州市文物考古研究所，2005，页 92—101（图 117—124）。河南登封新发现的宋墓中也有类似壁画。

4 如河南登封黑山沟宋墓壁画（1097 年），郑州市文物考古研究所，2005，页 98（图 121）。

5 图版见史岩，1988，页 92（图版 85）；Miller，2007，页 27（图 2.8）。可比较 H. Lee，2010，页 58（图版 1.11）。

6 Miller，2007，页 27，图 2.8 的图释。可比较张胜温为大理国主所作的《梵像长卷》（1180 年），其上绘有四面板组成的折叠屏风；本书插图 2.42。另可参考 Chapin，1972，图版 44，section 114。S. Huang，2002，页 458（图 5.10）。

7 Miller，2007，页 161（图 7.3）。

8 图版见 A. Jing，2002a，图 1.21。

图4.15 夫妇对坐宴饮像（局部），河南白沙宋墓，北宋，1099年，壁画

图4.16 圣母神像，晋祠圣母殿的神坛（局部），北宋，1087年，泥塑，彩绘，高228.0厘米，山西太原

图4.17 像前挂有帐幔的明应王神像，水神庙（局部），元代，1316年，山西洪洞

景安宁称，这位明应王的两侧是多重的泥塑屏风，上面饰有"山水、竹林、花草和楼阁"。[1] 两根柱子之间有一条横梁，这是在建筑设计上对卷帘的模仿，既护卫了神像，也遮住了他的部分容颜。[2] 柱子之间多悬了一条细绳，悬挂着一块帐幔，这也许是当代才加上去的。

水神庙神主台仿戏台的做法也可见于一处描绘戏台正面的壁画（图4.18）[3]，这幅画就在神庙入口处且正对主坛。[4] 画上绘有帐幔横额，横书此场表演的主题："大行散乐忠都秀在此作场。"[5] 标题后的日期表明这场演出是在1324年。舞台的背景是两幅布幔，合在一起，就是一位壮士挥舞着长剑，

1　A. Jing，2002a，页39—40。可比较克利夫兰艺术博物馆《道子墨宝》中的一些地狱官府图，两侧皆有绘图屏风；见余毅，1979。

2　可比较克利夫兰画册中的构图，余毅，1979，页2。

3　图版见金维诺，1988，页91（图版87）；A. Jing，2002a，图1.53；廖奔，1989，页215—226。该壁画所在地平阳地区现存的其他宋金元戏台的视觉资料，见廖奔，1997，页117—118。

4　此壁画也许是由当地的一组专业画师完成的，戏剧壁画上部的题铭中列出了以下名字：王彦达、胡天祥、马文远和元彦才，等等；见廖奔，1989，页224。

5　将主要演员的名字书写在帐额上，悬挂在舞台上方，这是元代常见的做法；见廖奔，1989，页223；此壁画的其他更多戏剧元素，见同书，页221—223。"忠都"是指山西南部的蒲州（今永济），"忠都秀"也许是一位在该地演出的女艺人的乐名；见廖奔，1989，页219—220；1997，页117。

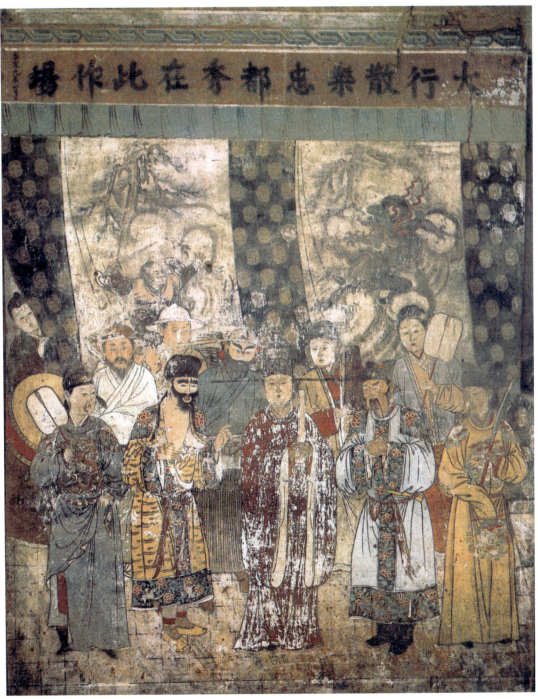

图4.18　戏台上的表演者，取自水神庙南壁东次间墙面（局部），元代，1324年，壁画，390.0厘米×312.0厘米，山西洪洞

追斗苍龙。[1] 这个生动的主题与表演舞台上将要发生的戏剧性相遇，暗暗契合。与屏风框住的圣母和明应王的静止神像不同，帐幔的戏剧背景对它产生了额外的影响：帐幔"框住"之处正是动作发生的地方。挂有帐幔的舞台具有一种动态意味，这有助于我们理解道教的帘幕。毕竟，"框住"道教神祇造像或画像的幄帐也应当被视为一个无数神灵降临并显现的场所。

亡灵的场域

去中心化的坛场设计为道场的扩张提供了空间，设置坛幕的场所不仅容纳了诸多神灵的神位，也为亡灵设置了一个单独的区域。道教度亡仪式在宋代经历了较大的发展，加入了破狱、追摄亡魂、沐浴、施食、炼度和送亡生天等仪式环节。[2] 为此，主坛以外的一个空间应运而生，与神灵所在的区域分离开来。帐幕是神位所在，而分离出来的仪式空间是为亡魂准备的，包括以灯、幡作为标志的土丘，象征着囚禁受苦亡魂的多间地狱。在解救入狱亡魂的仪式中，法师从远离主坛的区域开始行道，在将亡魂导向得救之道的过程中，渐渐接近主坛。

南宋的《九幽醮图》（图 4.19）是一张详尽的九幽醮坛图，与黄箓斋有关。[3] 九幽醮是一场普度仪式，既是为某亡灵做的功德，其目的也在于救度宇宙中的所有受苦亡魂和饿鬼。在坛场的南北纵向轴上分布着神灵、亡魂、天界和地狱等不同区域，体现出复杂的空间结构。属于神祇的区域近北端，而亡魂所在区域位于南边，圣域与幽境因而得以二分。

如坛图中所示，最神圣的地方在北面的长方形区域。中央置香案，三清位于北面中央的最尊之位，两旁配祀十二位救苦天尊。[4] 东西两边设有品阶稍低一点的神灵之位，包括五岳、三官、酆都大帝和其他祖师，六个神位对称摆放，两边各三位，也许采用的正是幕的形式。六幕旁是二十四狱官位，对

1　廖奔认为这两幅立轴的主题与二郎斩蛟有关，这是一个在元明杂剧中经常见到的剧目《灌口二郎斩蛟》；见廖奔，1989，页 217。

2　松本浩一，1990；S. Huang，2001，页 189—197；Davis，2001，页 227—236；丸山宏撰写的简介，收入 Pregadio，2008，页 510—511。

3　《黄箓九幽醮无碍夜斋次第仪》（DZ514），《道藏》，第 9 册，页 755b-c。该道经的断代，见Schipper 和 Verellen，2004，页 1001—1002。对道教和佛教普度仪式的研究，见 Orzech，2002。对当代功德仪式的研究，见大渊忍尔，2005，页 305—677。

4　对救苦天尊的研究，见游左升，1989；林圣智，2003；萧登福，2006。有关救苦天尊和佛教地藏、观音的比较研究，见 Zhiru，2007，页 212—216；Mollier，2008，页 174—208。

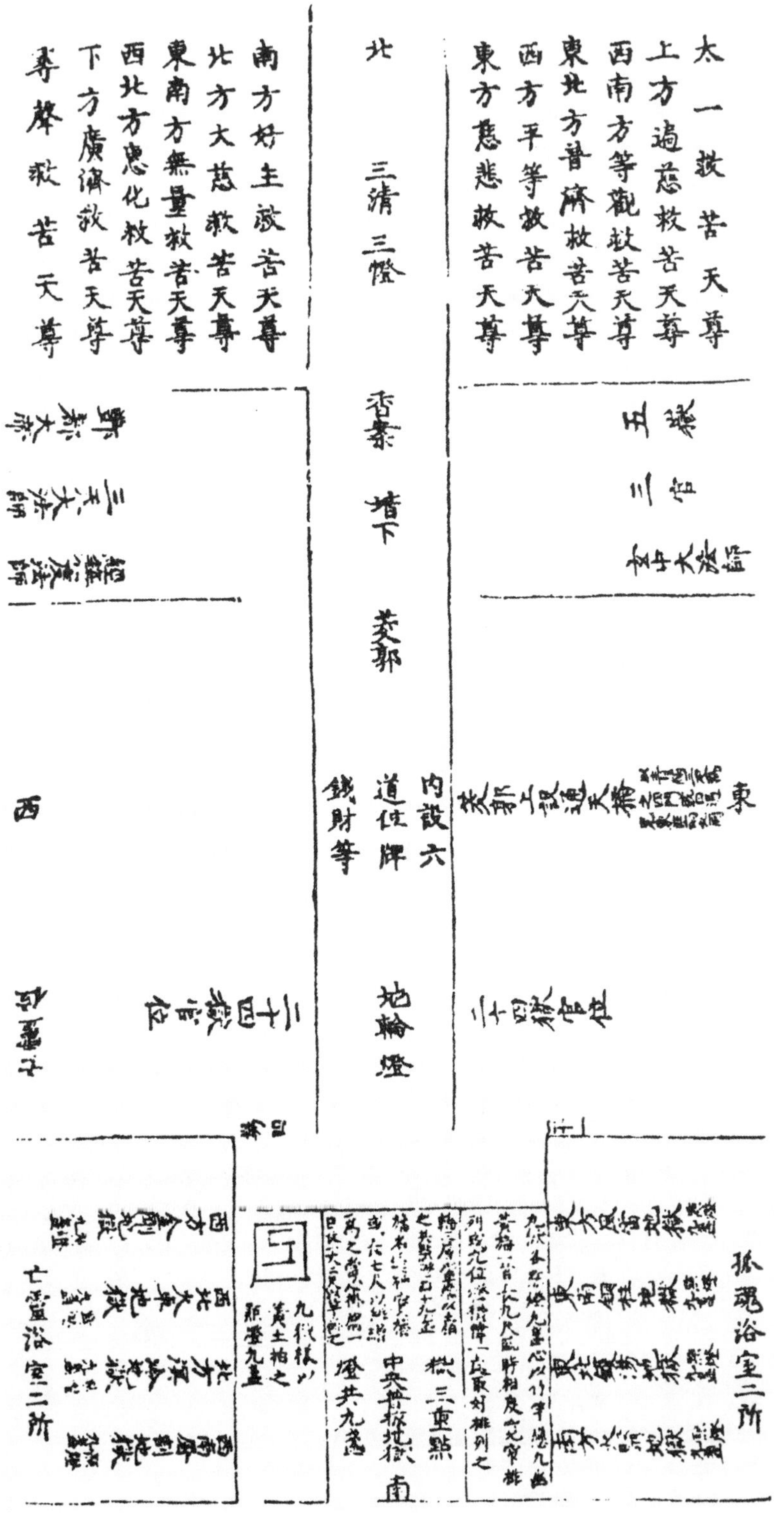

太一救苦天尊
東方慈悲救苦天尊
西方平等救苦天尊
東北方普济救苦天尊
西南方等观救苦天尊
上方过慈救苦天尊

北

三清 三览

南方好生救苦天尊
北方大慈救苦天尊
東南方无量救苦天尊
西北方惠化救苦天尊
下方广博救苦天尊
寻声救苦天尊

香素　坛下　菱郭

内设六　道伏牌　钱财等　地轮灯

西

東

孤魂浴室二所

七宝浴室二所

九代祖以黄生柏之愿灯九盏

中央普掇地狱

枨三重点

图4.19 《九幽醮图》，取
自《黄箓九幽醮无碍夜斋
次第仪》(局部)，明《道
藏》(1445)，木版印刷，
纸本

称分布在南北轴两侧，标志着负责地狱事务的神灵也会降临。每个牌位前供奉着一条净巾和鲜花等。[1]

坛图上从二十四狱官位开始到南端的空间都与救济亡魂有关。亡灵位远离主坛，在图的左下角（西方），或许意味着仪式的对象不仅是单个亡魂，而是所有囚禁在地狱里的亡魂，他们的牌位在南端。地狱的旁边共有四间浴室，两边各有两间，是新亡魂沐浴之所。[2]亡魂从这里开始踏上升入神圣空间的旅程，接着到位于中轴线上的茭郭，他们将在那里接受食物。茭郭顶上设有一座天桥，是亡魂通往天界的最后关口。

地狱在最南端，与最高神灵三清和天尊离得最远。流行的九宫格布局将一个方形分割成九个部分。九幽地狱由九个净砂半石堆组成，每个狱所安有一狱牌，上书狱名（图2.30a），插上绘有赤书符文的破狱幡（图4.20），三层木轮上设三灯照之（图4.21）。[3]九狱之外，又总围以大砂城，四方各开一门。[4]

宋代度亡仪式空间设计中的另一个要素是召魂施食的地方：茭郭。它阔六尺，高一丈，四面开门，以帘蔽之，顶用茭草盖之，因此称为茭郭。[5]在《九幽醮图》中，茭郭位于狭长道场的中央，正是在天界和地狱的交界之处（图4.19）。它的北面是神灵所在的六幕，南面立有二十四狱官位。有的文献提到茭郭要安在坛侧幽旷之处，高一丈。[6]有一张名为《茭郭式》（图4.22a）的坛图[7]显示它是一个正方形的建筑，四周四角共开八门。各门竖幡，并按分野，标九州，设令旗。内建斛食，中央摆放茶酒果、钱财和绤缎，这些都是亡魂生天必需的。[8]供品周围的牌位将亡魂分为六道：天道、人道、神道、地狱道、

---

1 《黄箓九幽醮无碍夜斋次第仪》，《道藏》，第9册，页755c。

2 可比较晚期佛教水陆法会坛场南端的浴室，见戴晓云，2009，页49（图2.24）。

3 《上清灵宝大法》，《道藏》，第31册，页3b。可比较《灵宝无量度人上经大法》，《道藏》，第3册，页900c。与九狱相关的多种幡和符图，见《灵宝领教济度金书》，《道藏》，第8册，页578—581；《无上黄箓大斋立成仪》，《道藏》，第9册，页603—609；《上清灵宝大法》，《道藏》，第31册，页65a。

4 《灵宝领教济度金书》，《道藏》，第7册，页29b；可比较《灵宝玉鉴》，《道藏》，第10册，页348a-b。可比较《灵宝无量度人上经大法》，《道藏》，第3册，页900c。

5 《灵宝领教济度金书》，《道藏》，第7册，页29b；《灵宝玉鉴》，《道藏》，第10册，页252b；《上清灵宝大法》，《道藏》，第31册，页442a-b。《无上黄箓大斋立成仪》指出，茭郭应该设在普度堂前；见《道藏》，第9册，页387b。

6 《灵宝领教济度金书》，《道藏》，第7册，页29b。

7 《灵宝玉鉴》，《道藏》，第10册，页252b。

8 《黄箓九幽醮无碍夜斋次第仪》，《道藏》，第9册，页755c。

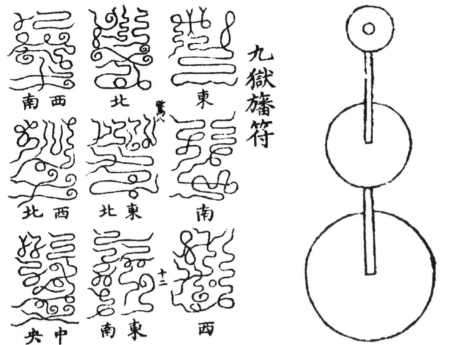

图4.20 九狱幡符，取自《上清灵宝大法》（局部），明《道藏》（1445），木版印刷，纸本

图4.21 三层木轮图，取自《上清灵宝大法》（局部），明《道藏》（1445），木版印刷，纸本

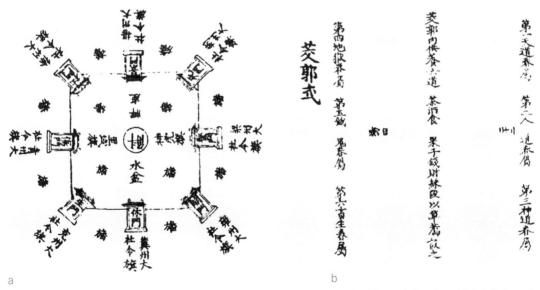

a

b

图4.22a-b 茭郭内部图，明《道藏》（1445），木版印刷，纸本：a.《茭郭式》，取自《灵宝玉鉴》（局部）；b.六道牌位和供品的位置，取自《黄箓九幽醮无碍夜斋次第仪》（局部）

饿鬼道和畜生道（图 4.22b），这些名字取自佛教。[1] 供品边上摆一个盆，象征着亡魂的洗净和治疗。

《九幽醮图》中，亡魂们在坛场度过的最后一道关就是一座人造的通天桥，设在荥郭上（图 4.19）。[2] 在其他南宋坛图中，桥出现在不同的仪式场所里。如与开度黄箓斋有关的《九炼天尊坛图》（图 4.23）中，法桥在道坛的东南角，宝华将它与西南角的九幽地狱隔离开来。[3] 在炼度幕里，升天桥与北边的主要神像直接相连（图 2.9b）。[4] 虽然桥在这些坛图中的位置不尽相同，但其存在具有重大意义，因为它与度亡仪式的最后一个环节息息相关。法师送魂生天之时，亡魂需要通过这座桥，这显然是一个得救的隐喻。因此，"度"既是度桥，也意味着救度和解脱。[5]

其他仪式文献中收录的三曲桥图像（图 4.24a-c）与之相近，这表明，在南宋时，对它们的描绘存在着一个共有的视觉格套。[6] 这些桥右边的门通常为入口，上书"升天

图4.23 《九炼天尊坛图》，取自《灵宝领教济度金书》（局部），明《道藏》（1445），木版印刷，纸本

1 《黄箓九幽醮无碍夜斋次第仪》，《道藏》，第 9 册，页 755c。佛教六道轮回图像，可见重庆大足南宋石刻，Howard，2001，页 7—8（图 9—10）；Teiser，2006，页 230（图 9.4）。对佛教转轮的更多研究，见 Teiser，2006，尤其是页 163—192，221—238。一幅道教内丹图也融入了佛教转轮，见《金液还丹印证图》，《道藏》，第 3 册，页 103c—104a。

2 《黄箓九幽醮无碍夜斋次第仪》，《道藏》，第 9 册，页 755b。

3 《灵宝领教济度金书》，《道藏》，第 7 册，页 30a。

4 《灵宝领教济度金书》，《道藏》，第 7 册，页 31b。可比较一张晚期的水陆法会坛图，其中也有一座普度桥；见戴晓云，2009，页 49（图 2.24）。

5 Hartman，1993；S. Huang，2001，页 40—41。

6 桥的图像，见《上清灵宝大法》，《道藏》，第 31 册，页 6b-c；《无上黄箓大斋立成仪》，《道藏》，第 9 册，页 607b-c；《灵宝玉鉴》，《道藏》，第 10 册，页 257b-c。另可见 Lagerwey，1987，页 236—237。可比较一部 15 世纪仪式集成中的一系列桥的图像，见《上清灵宝济度大成金书》，《藏外道书》，第 17 册，页 104—105。

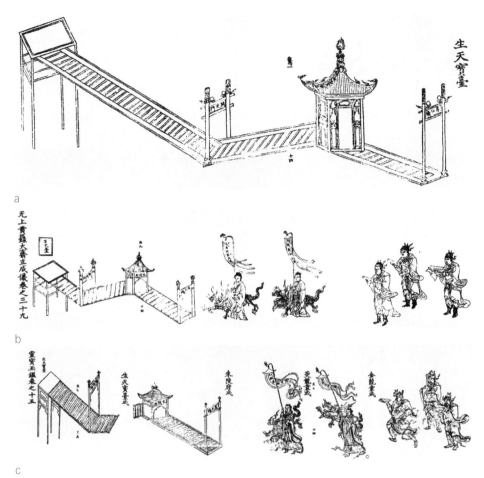

图4.24a-c 三曲桥插图，明《道藏》（1445），木版印刷，纸本：a.《生天宝台》图，取自《上清灵宝大法》（局部）；b-c.神虎使者，朱陵府和生天宝台，分别取自《无上黄箓大斋立成仪》（局部）和《灵宝玉鉴》（局部）

桥"。门后有一座亭子，有时称为"朱陵府"。接近桥末端的左边的一扇门叫做"开光门"，通向"生天宝台"。[1] 其中的两幅插图中还绘有三位持简的男使者和两位执幡驭龙的女性，一行人正朝着桥的方向行进。这些人物也许是模仿法师的行动，又或者是由行仪法师存想出的形象。永乐宫纯阳殿的 14 世纪壁画上也有一座桥，大概同样是来自这样的视觉格套（图 4.25）。[2] 在构图

---

1 《上清灵宝大法》中的图像并没有亭子的名字；生天宝台的标题出现在桥的入口处；见《道藏》，第 31 册，页 6b。可比较一个 12 世纪的三级生天台，附有详细尺寸，《太上助国救民总真秘要》，《道藏》，第 32 册，页 113a-b。

2 这幅图在大殿的北墙上；见萧军，2008，页 182—183，212；"度孙卖鱼"故事的文字，见萧军，

图4.25　遇仙之桥（局部），取自永乐宫纯阳殿北墙，元代，14世纪，壁画，山西芮城

精美的建筑群中，一座带门的三曲桥横卧于莲花池之中，它与宋代仪式文献中的那些桥非常相似。门额上写着"遇仙之桥"四字。桥的中央立有一座两层楼阁，从这里延伸出一条水平通道，连接着桥与另一栋建筑。后者又可通向远处的一个亭子，有两人正坐于其中交谈。

仪式用品

对观察道教仪式的观众而言，其设计结构和坛周的明灯也许是最吸引人眼球的，而其他在道场上展示的重要威仪和仪式用品则或是不可见的，或是可移动的，有的只是暂时出现，有的则体积甚小。它们不仅仅是坛场里静止的物品，也构成了法师所进行的物质层面的仪式活动之一部分，仪式参与者可以触碰、移动或搬运它们。正是通过行仪者的使用，这些用品的仪式效力得以激活。下文将按照观众在观看仪式表演时见到它们的可能顺序，对仪式用品进行一番探讨。由竖立在坛场的最引人注意的节和幡开始，然后是小件的物品，也许无法第一眼就看到，诸如镜子和书写工具，最后是一次性使用的物品，如上呈给神灵的文书。在上述道教仪式的物质环境里，我们也需要留意大量的仪式用品，尤其是纸制品，它们在仪式中被焚化，象征着从物质世界向非物质世界的转化。

节与幡

观众们很容易就注意到坛场上高高扬起的旌旗与节幡（图 4.6a），但他们并不容易了解不同图案之间的细微差别，更不用说这些旗幡上的多种文字和符号了。例如，在天心法坛上级（图 4.6b）竖立的"三天辟邪狮子之节"（图 4.26a）收录在 12 世纪的《玉堂大法》中，在节的样图后有一张精细的节符（图 4.26b）。[1] 辟邪节顶端设龙形挂钩，吊饰用枫木刻彩色正面狮头（图 4.26a）[2]，与一条细长青绢相连，长三尺六寸，阔一尺五寸。[3] 其他装饰物还包括四条以

2008，页 44。

1　《无上玄元三天玉堂大法》，《道藏》，第 4 册，页 15b。可比较相近的插图，《上清灵宝济度大成金书》，《藏外道书》，第 17 册，页 78a，79a。

2　《无上玄元三天玉堂大法》，《道藏》，第 4 册，页 15c。

3　《无上玄元三天玉堂大法》，《道藏》，第 4 册，页 15c。

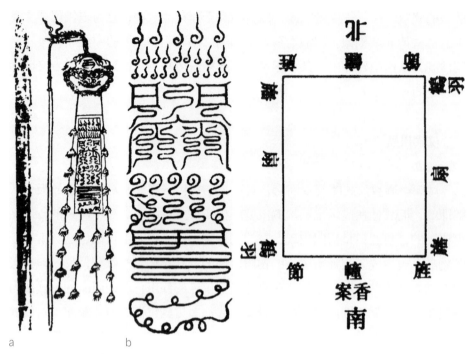

图4.26a-b　三天辟邪狮子之节，取自《无
上玄元三天玉堂大法》（局部），明《道藏》
（1445），木版印刷，纸本：a.辟邪节总体
图；b.节符

图4.27　坛外威仪图，取自《灵宝领教济度金
书》（局部），明《道藏》（1445），木版印刷，
纸本

黄线朱丝串起的银铃，垂挂在节符的下方与两侧。收录于同书中的另一幅插
图表现了节符的细节[1]，顶部是一系列垂直的螺旋形图案，就像倒置的问号一
样，底部是水平的漩涡形状，中间有一些形似"日"字和"鬼"字的文字（图
4.26b）。

　　除了一些在特定位置固定摆放的仪式用品，另一些表演用具由道士携带，
因此成为移动的用品。《灵宝领教济度金书》列出了十二种这样的物品（六对），
构成了标准的仪式威仪。需要十二个道童各执威仪，旋行坛外，守卫坛场（图
4.27）。[2] 永乐宫壁画提供了一个极佳的视觉例证（图4.28），年轻的道童们
手执扇和节，正在为道场做准备。[3]

　　各种威仪的样式不尽相同。如节以五色丝制成，上下五层，悬竹竿头，

1　《无上玄元三天玉堂大法》，《道藏》，第4册，页15b。
2　《灵宝领教济度金书》，《道藏》，第7册，页27b-c。另可参考林圣智，2003，页107（图19）。
3　文物出版社，1958，页60；萧军，2008，页270。

图4.28 道童们手执扇节为仪式做准备（局部），取自永乐宫纯阳殿南壁，元代，14世纪，壁画，山西芮城

上有金凤口衔绶带；八角幢之上覆有珠盖珠网；旌与节类似，五色丝制，有三层，但没有龙凤绶带；珠幡饰以珠锦，金凤衔着玉佩，悬在竿上；木雕的五明扇涂上了金彩，上布星斗，中列五岳，下刻海渎，用朱竿竖起；鹤羽，以木刻成鹤翅，竖在朱竿之上。[1] 上文中的这些物品没有插图留下，但是《灵宝玉鉴》提供了节、幢、扇和幡等的图像（图4.29）。[2] 除了五明羽扇[3]，其他

---

1 《灵宝领教济度金书》，《道藏》，第 7 册，页 27c。
2 《灵宝玉鉴》，《道藏》，第 10 册，页 243a–b。可比较《上清灵宝济度大成金书》里的类似插图，《藏外道书》，第 17 册，页 77—78。对该书的研究，可见张泽洪，1998；梁德华，2008。道教仪式手册中的这些威仪插图还可与道教绘画中的相近物品一起比较。可参考元代永乐宫的壁画，萧军，2008，页 270。
3 《灵宝玉鉴》，《道藏》，第 10 册，页 243a。

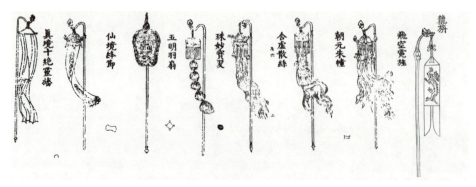

图4.29 部分道教威仪，取自《灵宝玉鉴》（局部），明《道藏》（1445），木版印刷，纸本

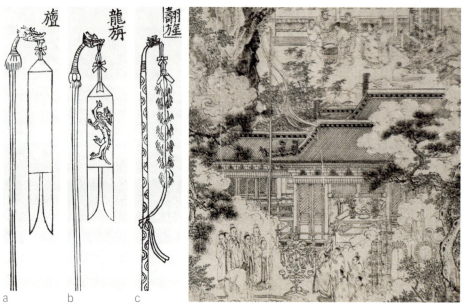

图4.30a-c 仪式中所用的幡节（局部），取自《新定三礼图》，南宋，1175年，木版印刷，纸本

图4.31 悬挂在高柱上的道幡（局部），取自梁楷《地狱救济图》，南宋，13世纪，手卷，纸本，26.0厘米×74.3厘米

威仪都有相近的设计，挂钩上悬有带状垂饰，就像道教天庭里的仪式用具（图0.4，图5.3，图5.5）。其制作者很有可能受到皇家仪仗的启发，因此其中一些图样与国家礼仪中使用的旗幡相像，部分见录于 10 世纪的《新定三礼图》（图 4.30a-c）中。[1]

---

1 《新定三礼图》，9:123，126—127。对该书的研究，见丁鼎，2006。宋代皇家仪仗的更多图像，可见北京国家历史博物馆藏北宋《卤簿图》和上海博物馆藏南宋《迎銮图》。图版见 W. Yu，1997，第三册，页 238—243（图版 245）；傅熹年，1988，第四册，页 22—23（图版 18）。对《卤簿图》

图4.32　悬挂在道观外柱子上的道幡（局部），取自永乐宫纯阳殿西壁，元代，14世纪，壁画，山西芮城

　　像节一样，道教传统中的幡能够有效"致福，延祥，期年，保寿和修龄"[1]。这也同样是仪式的目的。一些南宋（图 4.31）[2] 和元代绘画（图 4.32）[3] 展示了悬挂在户外高耸柱子上的道幡，飘舞在空中的长饰带成为道观的标志。此外，幡也是法师在度亡仪式中所需的表演工具。法师运用它们召请亡灵，拔魂出狱，并在施食沐浴后，升度亡魂。[4]

的研究，参见 Ebrey，1999b；对《迎銮图》的研究，参见 Murray，1985，1986，1990—1992。道教艺术中可供比较的更多例子，见南宋《道教天官图》和《玉枢经》元印本，Little 和 Eichman，2000，页 233，239（图版 69，73）。

1　《洞玄灵宝三洞奉道科戒营始》，《道藏》，第 24 册，页 753a。Kohn，2003a，页 168。唐代的制度文献《洞玄灵宝三洞奉道科戒营始》就记录了 21 种幡；见 Kohn，2004，页 116；李远国，2002a，页 13。对宋代道幡的更多研究，见林圣智，2003，页 101。

2　材料取自翁万戈收藏的梁楷单色手卷，描绘了道教神灵解救地狱中的亡魂，见 Little 和 Eichman，2000，页 178—179，（图版 37）；Lin，Sheng-chih，2007，页 66—67（图 1）；A. Jing，2007，页 72（图 5）。对此画的更多研究，见林圣智，2003；景安宁，2002b，页 77—79。

3　萧军，2008，页 241。材料取自永乐宫壁画，是一则有关怀孕尼姑的故事；它就在绘有五级道坛的壁画（本书图 4.7）的右边。

4　道教以外，在葬仪中使用幡的做法也有很长的历史。例如，对早期召魂和葬礼中用幡的研究，见 Wu Hung，1992；Y. Yü，1987。

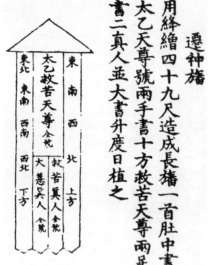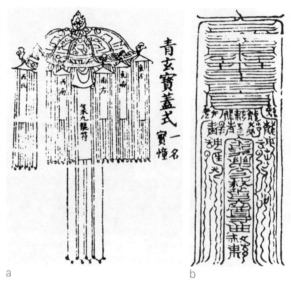

图4.33　迁神幡，取自《灵宝领教济度金书》（局部），明《道藏》（1445），木版印刷，纸本

图4.34a-b　青玄宝盖式与青宫大九龙符，明《道藏》（1445），木版印刷，纸本：a.青玄宝盖，取自《灵宝玉鉴》（局部）；b.中央大幡上的九龙符，取自《无上黄箓大斋立成仪》（局部）

　　13世纪的仪式文献收录了许多道幡，并将它们看作人形，用人体部位进行描述。[1] 幡顶的三角形部分被称为首，瘦长部分是肚，幡肚旁两条细长垂直的饰带被看作手；最后，底部两条长飘带是脚。就像人体一样，幡也有正面和背面。[2]

　　我们可以见到幡的大量图版（图4.33，图4.34a-b，图4.37）。[3] 例如，"迁神幡"[4] 用绛缯四十九尺造成，这是有记录的最大标准尺寸（图4.33）。[5] 在度

1　见《灵宝领教济度金书》，《道藏》，第8册，页577b—582a；《无上黄箓大斋立成仪》，《道藏》，第9册，页602c—605c；《灵宝玉鉴》，《道藏》，第10册，页159c—170b。

2　例如，幡的不同部分被称作肚、左手、右手、右脚和左脚，《灵宝玉鉴》，《道藏》，第10册，页161—163。日本佛幡研究者仍然沿用这些称呼：见Hickman，1973，页6—7；藏田藏，1967，图89。更多日本幡，见伊藤信二，2011。

3　两个图例分别来自《灵宝领教济度金书》，《道藏》，第8册，页577c；《灵宝玉鉴》，《道藏》，第10册，页162a-c。

4　《灵宝领教济度金书》，《道藏》，第8册，页577c。另有两首同名的幡，但幡上的文字略有差异，见《无上黄箓大斋立成仪》，《道藏》，第9册，页602c—603a；林圣智，2003，页101（图13）；《灵宝玉鉴》，《道藏》，第10册，页163a。

5　虽然《奉道科戒》提到幡的长度可以达到一千丈，但在宋代道教文献的插图中，最长的幡是四十九尺长。见李丰楙，2002a，页13。

图4.35 佛幡，绘有手持玻璃碗的菩萨像，取自莫高窟第17窟，唐代，9世纪晚期，绢本设色，172.5厘米×18.0厘米，甘肃敦煌

亡仪式中，此幡立于九幽地狱的东面。[1] 幡手与幡肚垂挂于三角形的幡首之下，与幡脚同长，幡肚与双脚同宽。该幡主要用于召魂，因此幡上的文字都是与救度亡魂有关的神灵。肚中书太乙救苦天尊，两手上书十方救苦天尊，两足上书天尊的两位侍从——二真人。[2] 最后是青玄宝盖，由多首幡构成的更为豪华的组合，称为宝盖或宝幢；于正奏时，高悬空际（图 4.34a）。[3] 这个组合包括一个十角的宝盖，每角垂挂一首四尺长小幡，中间悬大幡（长二丈四尺）。大幡幡肚中，用白粉写九龙符[4]，符下篆太乙号，手足书斋意（图 4.34b）。十首小幡上各书十方救苦天尊之号。[5]

为了更好地理解道幡的特别之处，有必要将之与佛幡进行一番比较，如收藏于大英博物馆的 9 世纪敦煌佛幡（图 4.35）。[6] 最明显的差别是道幡上更多的是书写文字，而佛幡更多绘有菩萨像。上文所讨论的宋元道幡有很多细长的幡手，与幡脚齐平（图4.31，图 4.32），而佛幡的整体感更近似人形。这种特点也见于在敦煌发现的佛教画轴中，如《引路菩萨》（图 4.36）。[7] 菩萨左手持莲花，花上悬有扬起的佛幡，我们可以从画中看出幡手并未达到与幡脚等长。最后，目前从敦煌遗书中发现的佛幡显示，它们通常有二至四只幡脚[8]，与宋元仪式书和绘画中描绘的双脚道幡并不一样。

1 《灵宝无量度人上经大法》，《道藏》，第 3 册，页 895b。
2 《灵宝领教济度金书》，《道藏》，第 8 册，页 577c。
3 《灵宝玉鉴》，《道藏》，第 10 册，页 161b。可比较《上清灵宝济度大成金书》，《藏外道书》，第 17 册，页 377b。其他各种宝盖的记录，可见李远国，2002a。
4 《无上黄箓大斋立成仪》，《道藏》，第 9 册，页 609b。更多九龙符的图像，见《上清灵宝大法》，《道藏》，第 31 册，页 111b-c；《灵宝领教济度金书》，《道藏》，第 8 册，页 295b，301b，350c，428c，480b-c。
5 《灵宝玉鉴》，《道藏》，第 10 册，页 161b-c。
6 Whitfield, 1982—1984, 页 55（图版 28）；Whitfield 和 Sims-Williams, 2004，页 157（图版 58）。更多中世纪中国佛幡的图例，见赵丰，2007，页 58—87（佛幡图解表见页 58）；2010，页 60—123。更多佛幡，见 Hickman, 1973。
7 图版见 Whitfield 和 Sims-Williams, 2004，页 241（图版 178）；可比较页 332（图版 298）。更多有着相近设计的佛幡图像，可见 10 世纪敦煌手卷《十王经》（P. 2003—3；Or. 8210/S. 3961）中的插图，Teiser, 1994，图 3a；Whitfield 和 Sims-Williams, 2004，页 306，332—333（图版 297）。
8 赵丰，2007，页 5—8。

图4.36 《引路菩萨》，取自莫高窟第17窟，甘肃敦煌，唐代，9世纪晚期，立轴，绢本设色，贴金，80.5厘米×53.8厘米，大英博物馆藏

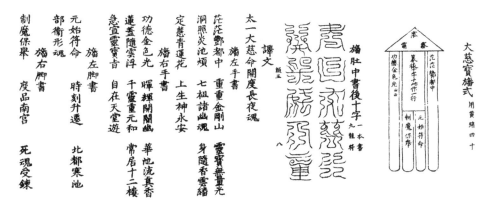

图4.37 大慈宝幡，取自《灵宝玉鉴》（局部），明《道藏》（1445），木版印刷，纸本

　　道幡图像的非形象、非偶像的显著特征显示了道教对文字的重视，而不是超自然的世界。书满文字的道幡好似移动的文本，帮助法师与神灵和亡魂沟通。[1] 以黄绢制成的大慈宝幡（图4.37）书满了符字，是道教救度亡魂仪式中所使用的典型字幡。[2] 幡肚上书有十个均匀排列的云篆符字，召请太一开度亡魂。[3] 左右幡手上各书五言律诗一首，左右幡脚则各书四言诗一首。这些诗文描写了广漠的酆都地下世界，包括重重金刚山和炎池。最重要的是，它们请来灵宝无量光，洞照幽暗的深渊，七祖诸幽魂皆可随此幡上升天堂。[4]

　　镜子

　　与坛场中夺人眼球的节和幡不同，道教仪式中使用的镜子是可以手持的小用品。[5] 在个人仪式中，道教徒利用镜子进行存思、传授和内丹修炼。在公共仪式中，镜子常与剑、灯和水盆配合使用；法师有时会用道符"激活"镜子，用来降魔。唐宋道教经典中的道鉴插图显示出，其表面装饰用的更多的是符

1　道幡上更多的道符图像，见仕宗权，2006，页177—189。
2　《灵宝玉鉴》，《道藏》，第10册，页162a-c。更多的例子，可见《灵宝领教济度金书》，《道藏》，第8册，页581a；《上清灵宝大法》，《道藏》，第31册，页65a。
3　《灵宝玉鉴》，《道藏》，第10册，页162b。
4　《灵宝玉鉴》，《道藏》，第10册，页162b。
5　有关道教镜子的更多资料，见福永光司，1973；Schafer，1978—1979；Cahill，1986；Kohn，1998a，页69—71，1998b，2007，页130—131；王育成，2000b；Little 和 Eichman，2000，页214（图版58）；刘艺，2004a，2004b，页134—200；景安宁，2008b；Louis，2009，尤其是页224—229。有关道教与密教对镜子的运用，可见 Strickmann，2002，页125，206—207，212，215，216—217，233，237，239，272，278—279。

命或文字，而非描绘人物或神像。[1]

在存思活动中，镜子是照现信徒真形的物质媒介，使他获得"逆知未来，聚神散形，以及照视神仙"的能力。[2]道教存思中使用镜子的数量从一或两面，至四面不等。例如，"老君四规明镜要诀"建议信徒凝视四面镜子，前后左右各一面。[3]就镜子的大小而言，小的直径只有三寸，大的直径可达一尺二寸[4]，并且应该毫无瑕疵。[5]当目视一面镜子时，信徒应该见到大量神灵"在四方"。[6]在一场存神参斗的个人仪式中，悬明镜八面于棚架，呈斗罡之形，使光照下，在地面形成镜光。[7]

镜子也可用于传授仪式[8]和内丹修炼中。在《人鸟山真形图》的秘传仪式中，真形图被祭醮于金镜之上。[9]这种做法或许是基于镜子的反射特性，也许有助于映现出图中仙山的真形。另一方面，在内丹理论中，镜子可与能够"杀一切魑魅"的"无价珠"相媲美。《云笈七签》中的插图（图4.38）描绘了一面悬在架子上的镜子[10]，在圆形的镜子和结胎的象征形式之间架起了一座视觉桥梁。

1　柯素芝（Suzanne Cahill）曾以弗利尔美术馆所藏的中世纪铜镜作为主要材料，研究其中具有道教意义的铭文，见Cahill，1986。

2　Kohn，1998a，页70。另可参考刘艺，2004b，页144—152。

3　《云笈七签》，48：1068—1074。可比较《太上明鉴真经》（DZ1207），《道藏》，第28册，页422b—423c；Kohn，1998a，页70。

4　与存思相关的镜子的不同尺寸，可见《云笈七签》，48：1068，1074，1076；《上清明鉴要经》（DZ1206），《道藏》，第28册，页418b；《太上明鉴真经》，《道藏》，第28册，页422b-c；《上清灵宝大法》，《道藏》，第30册，页669c。也可参考刘艺，2004b，页160。

5　《云笈七签》，48：1068；《太上明鉴真经》，《道藏》，第28册，页422b；Kohn，1998a，页69。详细记载与镜子相关的存思方法的主要唐宋道教文献，可见《云笈七签》，48：1074—1076；《洞玄灵宝道士明镜法》（DZ1245），《道藏》，第32册，页226；《洞玄灵宝道学科仪》（DZ1126），《道藏》，第24册，页775b—776a。对这些文本的研究，见刘艺，2004b，尤其是页144—158；Kohn，1998a，页69—71，2007，页130—131。更多的道教镜子，见福永光司，1973；Cahill，1986；刘艺，2004b，页134—200。将镜子比作《庄子》、禅宗和新儒家所说的心的概念，见Kohn，1998b。

6　Kohn，1998a，页69。柯素芝注意到赛克勒（Sackler）收藏中的一面中世纪早期铜镜上的铭文有一些身中神的"昵称"，如青目子和光中子，而其他2世纪至3世纪的镜子铭文里带一些短语，也许是指身神在人身中"坐中庭"。见Cahill，1986，页66，70（注20）。虽然这些昵称不见于中世纪道教经典中，但身中神与镜子之间的可能关联令人联想到，道教存思法"明照法"中唤出的明镜君官属将吏一百二十名和三位侍童、九位侍女，他们居住在人脑中，主人双目；见《云笈七签》，48：1075。可比较《上清明鉴要经》，《道藏》，第28册，页418a—b；《洞玄灵宝道学科仪》，《道藏》，第24册，页776a；《洞玄灵宝道士明镜法》，《道藏》，第32册，页226b。

7　《上清灵宝大法》，《道藏》，第30册，页669a。

8　有关镜子和道教传经、传法仪式，见刘艺，2004b，页154—156。

9　《云笈七签》，80：1838—1839。

10　《云笈七签》，72：1605。

图4.38　可杀一切魑魅的神镜，取自《云笈七签》（局部），北宋，11世纪早期，木版印刷，纸本

孔丽维认为道教在存思中使用镜子，可以追溯到与方镜有关的一个汉代故事，它能够映射出"一个人的肠胃五脏"，显示出"内部的疾病和邪心"。[1]北宋《重修宣和博古图》的编者重述了一样的故事，他还在图录中收入了宋徽宗收藏的133件早期和中古时期的镜子，令人印象深刻。[2]伊沛霞（Patricia Ebrey）留意到，这个故事中的汉镜广四尺，高五尺九寸。[3]它的巨大尺寸类似佛教绘画中经常出现的业镜，如出自宁波的南宋《十王图》。[4]在阎魔王的地下审判庭中竖立着一面椭圆形的立镜，镜前站立着屠夫，镜中揭露出他屠鹅杀鸡的罪行（图1.37）。[5]汪悦进称其为"业障之屏"（karma screen），就好像"现在的电视机屏幕一样，可以回放出我们以前所作所为的视频剪辑"[6]。佛教中业与镜的联系被吸收进了道教考召仪式："点灯立镜。"[7]14世纪的《道法会元》中记载了与之相关的咒语："明灯照出千年鬼，业镜照出万年邪。"[8]虽然佛教里的这种联系部分

1　Kohn，1998a，页70。完整的故事见刘歆（？—23），《西京杂记》，3:4a—5a。
2　Ebrey，2008，页201；《重修宣和博古图》，28:5a。可比较《太平广记》，403:3246—3247。8世纪晚期至9世纪早期的《古镜记》被誉为"与镜子有关的早前传说的宝库"，其中更多具有不可思议力量的镜子的故事，见Kofier，1995；Warner，2002—2003；J. Chen，2004；Louis，2009，页227。可比较《太平御览》，912:5b—6a；《古今图书集成》，798.228:2155c—2157c。沈括（1031—1095）记录了透光鉴和"可以在背部反射图案"的镜子；见《梦溪笔谈校证》，19:630；21:673，698；《古今图书集成》，798.226:2139a—2143b，798.227:2144a—2152c，798.228:2153a—2159b。清代小说《红楼梦》中记载了道教镜子被用作治疗工具的故事，其背面是一幅"骷髅图像"，见Rushton，1986，页64。感谢王澜臻告诉笔者这条资料。
3　Ebrey，2008，页420，注127。另可见《西京杂记》，3:4b。
4　E. Wang，2005a，页250（图5.4）。
5　奈良国立博物馆，1996，页167（图165）；2009，页90（图82）。比较W. Fong，1992，页336—337（图版74a）；Wu Hung，1996，页166（图135）。
6　E. Wang，2005a，页249。更多佛镜，见E. Wang，2005a，页247—255；H. Shen，2006；刘艺，2004b，页201—290。
7　《道法会元》，《道藏》，第30册，页75a—b。也可见刘艺，2004b，页137。
8　《道法会元》，《道藏》，第30册，页77b。

证实了镜子在道教仪式中的作用，但这些镜子本身一般并不如佛教绘画中的业镜那般巨大。

在道教仪式中运用镜子，除了上述出自文化和宗教资源的原因，它们的功用也与中古道士通过深山探险而获得的对镜子的认识有很大关系。葛洪在《抱朴子内篇》里概述了如何利用镜子分辨好神与邪魅：

> 又万物之老者，其精悉能假托人形，以眩惑人目而常试人，唯不能于镜中易其真形耳。是以古之入山道士，皆以明镜径九寸已上，悬于背后，则老魅不敢近人。或有来试人者，则当顾视镜中，其是仙人及山中好神者，顾镜中故如人形。若是鸟兽邪魅，则其形貌皆见镜中矣。又老魅若来，其去必却行，行可转镜对之，其后而视之，若是老魅者，必无踵也，其有踵者，则山神也。[1]

除了存思、传度和内丹修炼，镜子还能辨真与驱邪。道教公共仪式里的镜子时常与剑一起使用，暗示着一种防御或保护的意图。[2] 武将多是凶猛多臂，手持剑、镜的形象，如天蓬大元帅（图 4.39a）和计都星神（图 4.39b）。[3] 一部唐代道经记录了一种驱邪方法，取一把大刀横在大盆清水上，悬明镜于刀上，书制邪符于镜旁，则"百邪不敢犯"。[4] 在这里，镜子的驱邪力量主要通过符命显示出来。无独有偶，宋代天心法的建五狱法需要一面朱书"山精野怪符"的镜子，盖在水盆中央，水上浮一盏明灯，盆上横放一口法剑。[5] 上清天蓬伏

---

1 《抱朴子内篇》，《道藏》，第 28 册，页 236a。可比较《洞玄灵宝道士明镜法》，《道藏》，第 32 册，页 226b；《云笈七签》，48：1077；刘艺，2004b，页 139—140。该段英语翻译主要参考了 Kleeman，1994，页 231；Louis，2009，页 224。可比较 Ware，1996，页 281。
2 宋代道教仪式文献描写结坛时，称镜、剑等法物罗列在坛。见《翊圣保德传》（DZ1285），《道藏》，第 32 册，页 651a。另可参考刘艺，2004b，页 136—137。对道教镜与剑的经典研究，见福永光司，1973。
3 道教武将的天罚角色，可参考 Katz，2008。对天蓬的研究，见刘枝万，1987；Meulenbeld，2007，页 76，130—131，145，150，152（注 112），300，311。剑和镜子也经常出现在佛教密宗的造像中，例如南宋的《千手千眼观音图》，现藏日本岐阜永保寺；见海老根聪郎等编，1997—2001，第 6 册，页 69（图版 63）。井手诚之辅将该画与杭州南宋宫廷背景联系起来；见井手诚之辅，2000，页 125；2001，页 25—27。一张 15 世纪的水陆画里也有利用镜子制服魔鬼亡魂的场景，八热地狱中的一名狱卒正用镜子照射在火中受苦的罪魂；见山西省博物馆，1985，图版 144。
4 《摄生纂录》（DZ578），《道藏》，第 10 册，页 711c。关于该文本的简介，可参考 Despeux 撰写的简介，收入 Schipper 和 Verellen，2004，页 356。
5 《太上助国救民总真秘要》，《道藏》，第 32 册，页 79c。

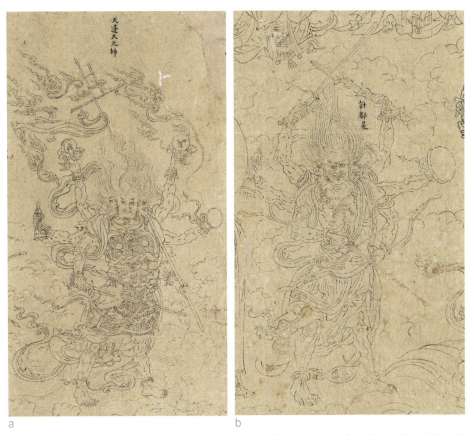

图4.39a-b　手持镜、剑的多臂武将，取自《道子墨宝》（局部），南宋，约13世纪，册页，纸本，34.4厘米×38.4厘米：a.天蓬大元帅；b.计都星神

魔大法中的立狱仪式也需要一面书有道符的镜子，并将之安在米上。[1]

　　我们需要留意一些道教仪式中的镜子和符文之间的互动关系。为了激活镜子的力量，书有符文的一面向上，行持者念咒，吹气于镜子上。[2]12世纪早期天心法经典中的"照鬼现形法"详细阐述了这种镜子在仪式中的作用[3]，逐步说明了做法，包括右手执镜，眼睛在镜子内存书符一道，放镜于案上，双手结狮子印[4]，加镜面符上，并呼神名。该经典中还收录了这道由法师存书于

1　《道法会元》，《道藏》，第30册，页76a；刘艺，2004b，页140—141。有关道教（和密教）驱邪仪式中的镜子，见Katz，1995，页84；Strickmann，2002，页125，206—207，212，215，216—217，233，237，239，272，278—279。
2　刘艺，2004b，页141—143；《灵宝无量度人上经大法》，《道藏》，第3册，页806c。
3　《太上助国救民总真秘要》，《道藏》，第32册，页93a-c；刘艺，2004b，页142—143。
4　我们不清楚这里的狮子印是什么样子的，但读者可以从任宗权的著作中了解不同的道教手印，见

镜子内的符（图 4.40）。[1] 最后，法师存想自己变身为北方阴神，右手持明镜，左手掐第二指第一节，想镜中出五色圆光。如此，所有鬼神皆出现于法镜之前。[2]

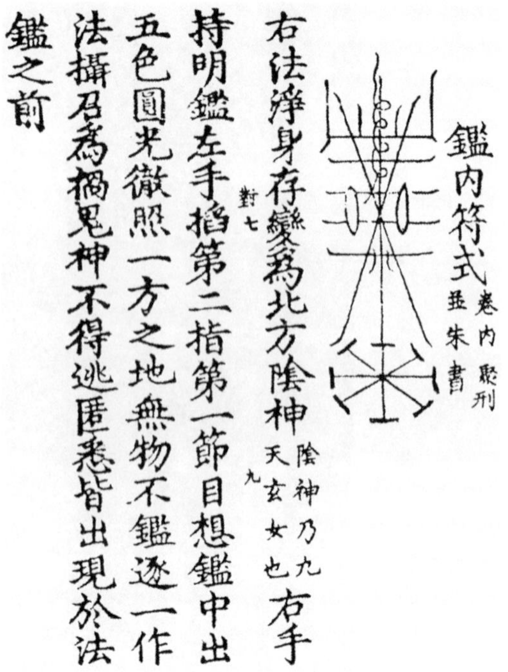

在唐宋经典的道镜图像中，镜子与道符在道教驱邪仪式中的密切联系表现得更为突出（图 4.41，图 4.42）。[3] 主要的样式就是八道条形符字从中心向外呈辐射状排列，像车轮的辐条。王育成指出河南博物院收藏的一面唐代铜镜也具有相近的设计。[4] 通常而言，镜子的装饰还会出现星宿或八卦。这些图像似乎反映了《云笈七签》中记载的"明镜图"传统，它是一种护身符，可以保人神形，别邪精魔魅。[5] 但是道镜上的主要符文样式不同于中国铜镜上的主流装饰，汉镜以其几何图案、宇宙象征和其他神灵或神物的祥瑞图像著称，而唐镜里最流行的设计则以大量的龙、海洋生物和葡萄为主。[6] 道教符镜

图4.40　鉴内符式，取自《太上助国救民总真秘要》（局部），明《道藏》（1445），木版印刷，纸本

任宗权，2004。

1　《太上助国救民总真秘要》，《道藏》，第 32 册，页 93c。

2　《太上助国救民总真秘要》，《道藏》，第 32 册，页 93c。

3　王育成将图 4.41 与河南博物院收藏的一面唐代铜镜进行了对比；见王育成，2000b，页 47—50（图 15—16）。明《道藏》里收录了约 15 张道镜图例；11 张来自唐代的上清和正一经典，其余 4 张出于宋代经典。见《上清长生宝鉴图》（DZ429），《道藏》，第 6 册，页 679c；《太上元始天尊说北帝伏魔神咒妙经》，《道藏》，第 34 册，页 424c—425a；《太上三五正一盟威箓》，《道藏》，第 28 册，页 448c。有关道教的镜与符的更多研究，见刘艺，2004b，页 197。

4　王育成，2000b，页 48—49（图 16）。

5　《云笈七签》，80:1835。其他资料中的类似引用，可见刘艺，2004b，页 157。

6　这可以从《重修宣和博古图》中徽宗所收藏的汉唐古镜中看出，见 Ebrey，2008，页 184—196；220（表 6.2）。更多汉唐古镜的图像，见孔祥星和刘一曼，1992；王育成，2000b。薛爱华曾比较过两者并指出，在唐代，镜子指涉月亮的新涵义。与此相关的是一种新种类的镜子出现，上面装饰有"月亮居民"的形象，包括"一棵月桂树，一只捣药兔，一只跳跃的蟾蜍和一位仙女"。见 Schafer，1978—1979，页 56。陆毅（Francois Louis）指出唐代铜镜与古代格套的关系；他也认为某些道镜模仿了唐代古镜；见 Louis，2009。有关中国铜镜的更多研究，见沈从文，1958；湖南省博物馆，1969；周世荣，1987，1993；王士伦，1987；洛阳博物馆，1988；颜娟英，1989；E. Wang，1994；何堂坤，1999；H. Shen，2006。陆毅还讨论了唐代对古铜的认识；见 Louis，2009。

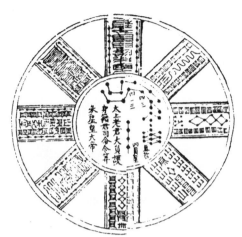

图4.41　明镜图符，取自《上清长生宝鉴图》（局部），明《道藏》（1445），木版印刷，纸本

图4.42　明镜大箓，取自《太上元始天尊说北帝伏魔神咒妙经》（局部），明《道藏》（1445），木版印刷，纸本

与辽宋佛镜的样式也有所差别，后者的一些镜子在镜面刻有佛或菩萨的图像。[1]

　　唐宋道教文献中的符镜与一面精致的"隋十六符铁鉴"有关联，这面铁鉴见录于《宣和博古图》中，曾属徽宗藏品（图4.43）。[2]编纂者解释，使用镜子上的"十六符印文字"是为了"避邪"。[3]圆形的表面被分为三个嵌套圆，内圈中有八卦，中圈里有八个拱形道符，外圈布满了八个方形道符，道符之间以不同的星群符号隔开。中圈的拱形道符旁有细小的楷书文字，它们是一些天宫的名称，如紫微、东帝老君堂、太素后堂和上清馆等等。镜子的总体设计可与许多现存唐代铜镜比较，包括在河南洛阳出土的一面镜子（图4.44）。[4]

1　E. Wang，2005a，页251（图5.5）；H. Shen，2006。其他刻有佛教咒语或契丹文字的辽元铜镜的特殊例子，见王士伦，1987，图176；周世荣，1993，页172—173（图257—258）。

2　见《重修宣和博古图》（1588年本），30:14a；Ebrey，2008，页197（图6.37）。可比较《四库全书》本；《古今图书集成》，798.226:2136a；王育成，2000b，页52（图19）。伊沛霞认为徽宗收藏镜子的独特嗜好与他对"吉兆和道教"的兴趣有关。见Ebrey，2008，页196。

3　Ebrey，2008，页201。

4　该镜出土于孟县西虢；其上的铭文与《宣和博古图》中的隋代铁镜稍有不同；见洛阳博物馆，1988，图版206（图释在页25）；周世荣，1993，页189—190（图293）。该镜的拓本可见孔祥星和刘一曼，1992，页892。故宫博物院中的相似唐镜，可见王育成，2000b，页50（图17）；何林，2007，页146—147（图版78）。同样的设计还出现在编定于1176年的南宋《古玉图谱》中，这反映了中国物质文化中的媒材转化；见王育成，2000b，页50—51（图18）。另有一面宋代铜镜，藏于故宫博物院，其上有一道很大的道符图案，顶端与两边布满星宿，而前景则是一条蛇和一只乌龟（玄帝的象征），见何林，2007，页164—165（图版87）。

图4.43　隋十六符铁鉴图，取自《重修宣和博古图》（1588年本，局部），木版印刷，纸本

图4.44　带有道符图案的镜子，洛阳附近的墓葬出土，唐代，铜质，直径 22.0厘米，河南孟县西號

　　福永光司比较了道教的镜与剑，强调它们的共同点在于两者都是充满了宇宙之气的象征物，且都是用相似的金属打造出的人工制品。[1]艾德玄（Shawn Eichman）注意到了剑与人体的相似性，它也是一个"神圣的小宇宙，体现了原始之气"[2]。镜与剑的联系并不仅仅反映在它们通常一起出现在战国、汉代和宋代墓葬里[3]，同时也表现在唐代文献中，如《上清含象剑鉴图》（DZ431）[4]，其中有三面镜子和两把剑的插图（图 4.45a，图 4.46）。司马承祯是活跃在唐代宫廷的天台山上清道士，他设计并制作了这些剑、镜，上呈给了唐玄宗 （712—756 年在位）。[5]无论是镜还是剑，都刻上了铭文，与本章之前讨论的幡和其他道教威仪具有同样的特征。

1　福永光司，1973，页 72—73。

2　艾德玄认为剑与人体的联系体现在"尸解"的概念之中，"人们相信，人体可以像脱壳或蛇皮那样，得到一个全新的身体"。当信徒死亡后，他们"用剑来代替棺材中的尸体；这把剑就像蛇蜕下的旧皮一样，变成逝者的样子，但在入葬后又会恢复原样"。见 Little 和 Eichman，2000，页 215。有关道教尸解，见 Robinet，1979；Kirkland 撰写的简介，收入 Pregadio，2008，页 896— 897。

3　战国与汉代时期的墓葬，见福永光司，1973，页 74—75；宋墓，见刘艺，2004b，页 195。

4　剑和镜的完整图像见《道藏》，第 6 册，页 683c-684b，685a-c。关于该经，见福永光司，1973；Schafer，1978—1979，页 58；Koffler 撰写的简介，收入 Schipper 和 Verellen，2004，页 617—618（图 53）；Little 和 Eichman，2000，页 214—215（图版 58）；Louis，2009，页 227，229（图 11）。

5　福永光司，1973，页 59—72；刘艺，2004b，页 161—164。许多道士同时也是制镜者，见刘艺，2004b，页 159—164；E. Wang，2005a，页 248。

4象	8明		9写	1天
12物	16灵		13洞	5日
7贞	15百		14鉴	10规
3含	11万		6月	2地

a　　　　　　　　　　　　　b

图4.45a-b　a.道镜，上有日月、星座、八卦图案、T形符号和铭文，取自《上清含象剑鉴图》（局部），明《道藏》（1445），木版印刷，纸本；b.镜上铭文阅读编码顺序表

图4.46　法剑，取自《上清含象剑鉴图》（局部），明《道藏》（1445），木版印刷，纸本

司马承祯设计的一面镜子（图4.45a）值得我们进一步研究，因为上面的图案和文字的排列很有趣。[1]镜子的外周装饰着日月和星座，中央由嵌套的方块组成，最外层方块的图案与八卦相似。中间的方块遵循了九宫格格式（3×3），可与明堂的标准宇宙模式（图2.31）相比较。五个相同的方形标志构成一个十字形，其中一个方形正位于镜子的中央，其他四个围绕着它呈水平和竖直排列，每一个方形标志由四个互相交叉的"T"组成。[2]汪悦进将这些方形标志解读为五岳。[3]九宫格中剩余的四个方格内是十六个篆字，若按照编码顺序阅读，它们可组成有意义的句子。一些现存的唐宋古镜

1　福永光司，1973；王育成，2000b，页31—38。
2　T形设计也许来自汉镜中l和t的母题；洛阳博物馆，1988，图版24—25，29—31，40。
3　E. Wang，2005a，页213；这种解读的根据是故宫博物院藏的一面相近的镜子，图版见同书，页215，图版4.17a。另可参考郭玉海，1996，图版121；何林，2007，页150（图版80）。

图4.47　饰以篆字、八卦、日月和五个交叉T字的镜子，洛阳附近墓葬出土，唐代，铜质，直径20.7厘米

上也有相似的设计[1]，如河南洛阳附近出土的唐镜（图 4.47）。[2] 这说明当时或许流传着一个标准样板。

　　若要读懂上面的文字，需要将镜子按照特定的方向旋转四次。根据镜上铭文阅读编码顺序表（图 4.45b）中的数字，首轮阅读的汉字在最外圈的四个角上（数字 1—4）。从右上角的"天"字开始，接着是右下角的"地"字，然后是左下角的"含"字，最后以左上角的"象"字结尾。第二次转动时，

1　四个可作比较的例子，见洛阳博物馆，1988，图版 81，83；孔祥星和刘一曼，1992，页 763—764；E. Wang，2005a，页 215（图 4.17）。

2　洛阳博物馆，1988，图版 83。也可参考王育成，2000b，页 33—36（图 3—4）。

读取第五到第八字："日""月""贞""明"，它们也在镜子的最外圈，并各位于第一到第四字顺时针方向的前一字。第三轮将镜子逆时针转，读取第九到第十二字："写""规""万""物"。当第一字"天"在右上方时，第九字"写"就在它的左边。当观者把镜子逆时针转到第二字"地"位于右上方时，第十字"规"就在它的左边。以此类推，当第三字"含"和第四字"象"各被逆转到右上方时，第十一字"万"和十二字"物"就会各自在它们的左边。最后，文字以镜子中间的四字"洞""鉴""百""灵"（数字 13—16）结束，与外圈并不相接。总之，这种创新的文字排列方式使得观者的视线集中向内，形成螺旋形的移动，突出了镜子洞察与揭露的神奇力量。

文房用品

传统道场中经常出现书写工具，这表明了书写在道教中的重要地位。主要工具包括笔、纸、墨和书刀[1]，2 世纪时，它们已被道教尊列为"纯洁的"供品，不同于动物血肉或金钱。[2] 就像负责文书工作的官吏一样，法师"首先是一位书记"，文书是"他向神灵世界下达指令的重要工具"。[3] 道士上呈给神灵的所有章文都是手书的文件，正如帝国行政系统中的官方文件，书有神灵和相关人员的名讳。大部分文书将在仪式结束后"被焚化，表示它们已被传达给神灵"。[4]

5 世纪早期，由于道教仪式中文书需求量的增长，天师道祭酒允许治内民户岁输文房用品作为米税，如纸三十张、笔一管和墨一挺。[5]《赤松子章历》（DZ615）是一部 3 世纪至 4 世纪的仪式文献，只限于教内流传，在多部宋代书目中都有所著录[6]，无论是为了何种目的举行章仪，从自然灾害到疾病、死亡和迁徙，纸、墨、笔、砚和书刀始终是所有章仪的必备物品。8 世纪早

1　陆修静也称书刀是静室四物之一；见《陆先生道门科略》，《道藏》，第 24 册，页 780c。

2　Strickmann，2002，页 6。

3　Strickmann，2002，页 6。对于道士同时身兼书法家的更多研究，见 Ledderose，1984；Ebrey，2008，页 244—255。

4　Strickmann，2002，页 7；Dean，2000，页 671。

5　《老君音诵诫经》（DZ785），《道藏》，第 18 册，页 212b；葛兆光，1998，页 49。

6　《道藏》，第 11 册，页 173—231。见 Schipper 撰写的简介，收入 Schipper 和 Verellen，2004，页 134—135；Kohn，2003a，页 205；Van der Loon，1984，页 110；王宗昱，2009；吕鹏志，2008，页 211—220；丸山宏，2004，页 27，42，49，69—70，77，89，92，99—100，144，168，305，445，453，590。

期的道教科律即罗列了信徒求助于法师时要缴交的纸、笔、墨的具体数量，这是必需的法信。[1] 虽然记录中的数量很庞大，但是道教墓葬中留存下来的极少。[2]

　　道教中的书刀被称为"龙头书刀"，这很独特，与仪式物品目录中的普通毛笔有分别。[3] 金允中编纂于 13 世纪的《上清灵宝大法》中记其刀长六寸，钢铁制，柄上带有银质龙头（图 4.48）。[4] 章案的左侧镇龙头书刀，右侧则镇以朱笔和金鱼、玉雁等其他小型物品。[5] 作为一种仪式用品，书刀来源于古代的一种订正工具，用来铲去竹简上刻错的部分。[6] 10 世纪以来的仪式文献中生动记录了它是为拜表或发表而准备的具有象征意义的工具。[7] 法师召来较低阶位的身中神，如传言书佐、习事小吏等，在文书被送上天庭前，做最后的校对和修订。[8] 一些书佐小吏负责磨砚，另一些则使用龙头书刀削治章表上的错误之处，然后用"长毛利笔"随误正定。[9] 13 世纪的文献又为书刀增添了一项功用，神灵用它削落登录在死簿上的信徒名籍。[10]

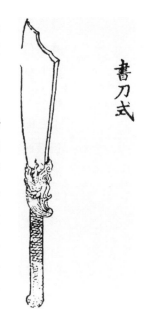

图 4.48　书刀式，取自《上清灵宝大法》（局部），明《道藏》（1445），木版印刷，纸本

1　《要修科仪戒律钞》（DZ463），《道藏》，第 6 册，页 973—976。

2　大同市文物陈列馆，1962，页 37（图 28）；浅野春二，2000，页 142（注 42）。

3　提到龙头书刀的法信名单，可见《太霄琅书琼文帝章诀》（DZ129），《道藏》，第 2 册，页 866b；《陆先生道门科略》，《道藏》，第 24 册，页 780c；《要修科仪戒律钞》，《道藏》，第 6 册，页 973a—975c；《灵宝领教济度金书》，《道藏》，第 7 册，页 33b；《无上黄箓大斋立成仪》，《道藏》，第 9 册，页 383b、495c、513b-c；《灵宝玉鉴》，《道藏》，第 10 册，页 278a。

4　《道藏》，第 31 册，页 438b，638b；《无上黄箓大斋立成仪》，《道藏》，第 9 册，页 383b；《灵宝玉鉴》，《道藏》，第 10 册，页 278a。另可参考浅野春二，2000，页 131。

5　《上清灵宝大法》，《道藏》，第 31 册，页 503c。有关金鱼玉雁的其他记录，见《太霄琅书琼文帝章诀》，《道藏》，第 2 册，页 866b；《无上黄箓大斋立成仪》，《道藏》，第 9 册，页 434a，660b，664a；《灵宝领教济度金书》，《道藏》，第 7 册，页 33b。另可参考浅野春二，2000，页 133—134。

6　郑玄（127—200），《周礼注疏》，40:14b。元代道士冯道真墓中出土的刀也许就是一把书刀；见大同市文物陈列馆，1962，页 37（图 28）。

7　《太上黄箓斋仪》，《道藏》，第 9 册，页 328a；《无上黄箓大斋立成仪》，《道藏》，第 9 册，页 383b；《上清灵宝大法》，《道藏》，第 31 册，页 638b-c；《玉箓资度解坛仪》（DZ500），《道藏》，第 9 册，页 138b。拜表是上启仪式的一部分，后者包括五个部分：净坛、请圣、召身中神、上章和送圣。对该仪式在当代台湾的研究，见 Lagerwey，1987，页 68—69，尤其是页 69。

8　《太上黄箓斋仪》，《道藏》，第 9 册，页 328a；《玉箓资度解坛仪》，《道藏》，第 9 册，页 138b；C. Liu，1991，页 770。

9　《太上黄箓斋仪》，《道藏》，第 9 册，页 328a。可比较《无上黄箓大斋立成仪》，《道藏》，第 9 册，页 513b-c。

10　《无上黄箓大斋立成仪》，《道藏》，第 9 册，页 383b。未具日期的《玉箓资度解坛仪》生动描绘了法师召出身中神使用书刀的场面，书佐、使者等身中小吏磨砚点笔，为法师及时操持表文。他们纸张是道教仪式用品中的另一独特类别，因为它是一种象征性的媒介，记录了与神灵的所有交通——从清晰可辨的文字到纯粹的神奇符号。[1]根据《赤松子章历》，每一个仪式（无论是求雨、疗疾、禳灾，或是收除火灾）平均消耗 100 至 240 张纸。[2]7 世纪早期的道观里有经坊，通常下设治纸处。[3]道观中制造的纸主要是为了写经而用，但可能也是因应仪式中纸供品的需求。宋代道教仪式需要的纸甚至更多，这部分反映了当时的造纸业更为复杂化。为了仪式的有效性，书写章文的纸必须是高质量的；绝不可以写在污秽的纸张上。[4]一位地方法师为人准备醮仪中使用的青词，在呈上文书之前，纸已破碎。天师认为这种青词不可进御而掷之。这位法师知道后，顿感羞愧，于第二日自具一醮，为其粗心向神灵谢罪。[5]

南宋《无上黄箓大斋立成仪》列举了黄箓斋需要的不同纸张。[6]书写章文需要不同尺寸和材质的状纸，总共超过一千张。[7]黄经纸经常被宋代艺术收藏家用作绘画和书法作品的标签[8]，在黄箓斋中则被用来书写九龙符和生天宝箓。[9]各种各样的纸张还包括黄纸和白熟纸。[10]最常用的道教纸张也许是青纸，用以书写各种符命，包括五方真文（图 2.3）和升天券。[11]它不同于青词纸，

也使用龙头书刀，校订章文中的错误；见《玉箓资度解坛仪》，《道藏》，第 9 册，页 138b；C. Liu，1991，页 770。

1　1 世纪后期，纸诞生在中国。有关中国纸的历史，见 Needham 等，1974；Bloom，2001，页 32—45，230，231。

2　《赤松子章历》，《道藏》，第 11 册，页 173b—174c，175b—178b。

3　《洞玄灵宝三洞奉道科戒营始》，《道藏》，第 24 册，页 745c—746a；Kohn，2003a，页 162—163。

4　例如《灵宝玉鉴》中列举的第 23 条令，《道藏》，第 10 册，页 278c。洪迈（1123—1202）《夷坚志》里的一则故事也是一个很好的例子。《夷坚志》丙，5:401。对《夷坚志》的研究，见 Hansen，1990；Inglis，2006。

5　《夷坚志》丙，5:401。

6　《道藏》，第 9 册，页 661b—662c。

7　《道藏》，第 9 册，页 661b—662c。

8　邵博（约 1122—1158），《邵氏闻见后录》，27:216；《梦溪笔谈校正》，补笔谈，2:967。

9　九龙符，见《上清灵宝大法》，《道藏》，第 31 册，页 111b；《灵宝领教济度金书》，《道藏》，第 8 册，页 295b，301b，350c，428c，480b—c；《无上黄箓大斋立成仪》，《道藏》，第 9 册，页 609b。生天箓或生天券，见《无上黄箓大斋立成仪》，《道藏》，第 9 册，页 608c—609a；《灵宝领教济度金书》，《道藏》，第 8 册，页 481a。道教生天箓类型的最新研究，可见张勋燎，2016。道箓的研究，可见丁煌，1995，1996，1997；Y. Luk，2010，尤其是页 157—198，235—237，385，392，399—403，2011。

10　《无上黄箓大斋立成仪》，《道藏》，第 9 册，页 661b—c，662b—c。书于黄纸上的破狱符，可见《无上黄箓大斋立成仪》，《道藏》，第 9 册，页 631b。松本浩一认为黄纸经常用于符命的书写，或许是因为黄色与神圣有关；见松本浩一，2001b，页 181。

11　《无上黄箓大斋立成仪》，《道藏》，第 9 册，页 661b；《灵宝领教济度金书》，《道藏》，第 8 册，页 480c。传统中国的普通人如何在日常生活以及冥世中使用契约进行协商，可见 Hansen，1995。

后者用来书写上呈给神灵的章文。[1] 一个特殊的类别"福州青纸三十八幅"，也许反映出该纸的制作有其地域特色。[2]

中世纪文献展示了纸张在道教仪式中的多种用途，尤其是在画符书章方面，但还需要注意的是，其中经常出现大批空白纸张。安保罗记录了在当代道坛中发现的白纸，它们被当作五方真文。[3] 但是，不再按照指定的方位安放，而是在预留区域摆放一个空白的纸板和书写工具，象征着有请第一代天师张道陵在上面书写秘文。

文书

施舟人指出，道教使用文书与神灵进行沟通的做法来源于 2 世纪的封禅仪式。[4] 上呈给神灵的最早的道教文书是三官手书，其中包含着一种仪式，之后又被投龙仪式吸收，后者在户外举行，通常是一场大型仪式结束的标志。[5] 除了写给三官的文书，宋代所需要的文书更为繁多，因为万神殿中的神灵增多了。仪式文献中配有纸、封、函标准样式的插图。

道教文书的历史可以追溯至所谓的三官手书，这是在 2 世纪天师道中最初发现的一种文本。[6] 为了寻求赦罪，这些忏悔文书理应手书，然后传送给天、地、水三官。忏悔仪式结束后，象征性的传递仪式在三个地方举行，第一道给天官的文书埋（或焚烧）在山上，第二道给地官的文书埋在坛场附近，第三道给水官的文书投入河或湖中。[7] 虽然没有三官手书的实物留存下来，王育成认为它们也许和墓葬中的东汉道教木简（图 4.49）类似，木简上有形似符文的朱书咒文。[8]

施舟人已经发现一篇 10 世纪的章文《道士天地水三官手书篆状章》（图

---

1 《无上黄箓大斋立成仪》，《道藏》，第 9 册，页 662a-c。青词在中世纪中国也指称皇家的敕令；见姚思廉（557—637），《陈书》（629 年），35:14b。对道教青词的研究，见丸山宏，2004，页 171—208。

2 《无上黄箓大斋立成仪》，《道藏》，第 9 册，页 662b。

3 Andersen，2005，页 16。

4 Schipper，1995b，页 100。

5 对投龙仪式的经典研究，见 Chavannes，1919。另可参考松本浩一，1983，页 222—223；刘昭瑞，2005，2007，页 235—270。

6 黎志添，2002a。

7 陈寿（233—297），《三国志·魏志》，8:26a—b；中国道教协会研究室编，1991，页 68；S. Huang，2001，页 8。

8 图版及文字释读，见王育成，2003a，页 484（图 1.1）；刘昭瑞，2007，页 135（图 38）。在敦煌和吐蕃发现的其他秦汉符文，见刘昭瑞，2007，页 70（图 21—22），354—355（图 139）。

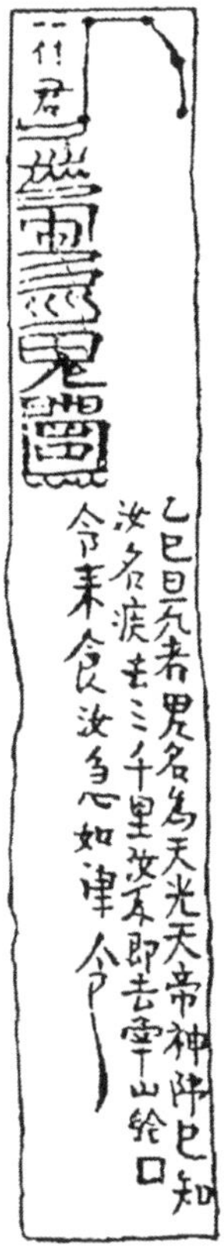

图4.49　带有咒文的简牍线描图，江苏高邮邵家沟出土，东汉，木质，28.0厘米×3.8厘米

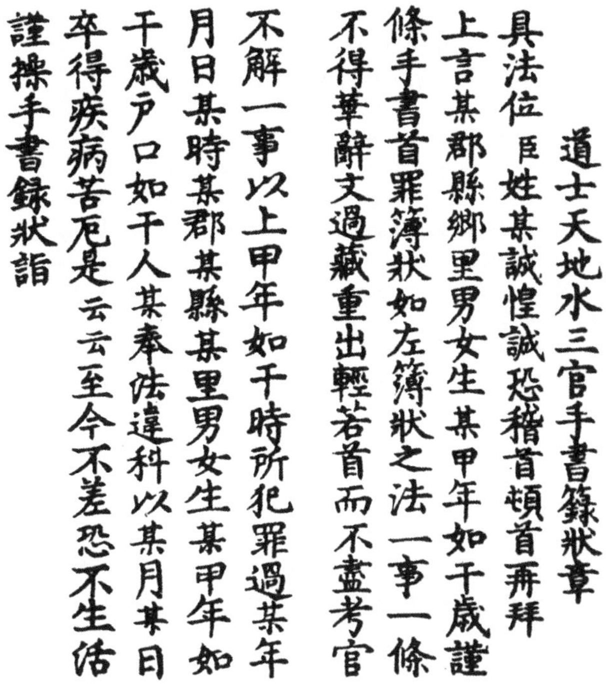

道士天地水三官手書籙狀章
具法位 臣姓某誠惶誠恐稽首頓首再拜
上言某郡縣鄉里男女生某甲年如干歲謹
條手書首罪簿狀如左簿狀之法一事一條
不得華辭文過藏重出輕若首而不盡考官
不解一事以上甲年如干時所犯罪過某年
月日某時某郡某縣某里男女生某甲年如
干歲戶口如干人某奉法違科以某月某日
卒得疾病苦厄是云云至今不差恐不生活
謹操手書錄狀詣

图4.50　《道士天地水三官手书箓状章》，取自《太上宣慈助化章》（局部），明《道藏》（1445），木版印刷，纸本

4.50）[1]，证实了三官手书仪式的长期存在。信徒必须手书自己七岁以来所犯的罪过，一事一条。[2] 章文要求信徒记录罪过的具体信息，包括地点和时间，并提醒不得华辞文过，要直接报告所有的事情。至今，考古发现中都未见到这样的章文。

5 世纪至 6 世纪时，道教文书的种类开始增多；[3] 到 13 世纪时，已有疏、申、

1 《太上宣慈助化章》（DZ617），《道藏》，第 11 册，页 319b—320a；Schipper 撰写的简介，收入 Schipper 和 Verellen，2004，页 482。对道教奏章的更多研究，见 Schipper，1974；丸山宏，2004；李志鸿，2011a，页 183—195，2011b。

2 《太上宣慈助化章》，《道藏》，第 11 册，页 319b—320a。相近的说法，可见《三天内解经》（DZ1205），《道藏》，第 28 册，页 81。

3 Benn，2000，页 313。

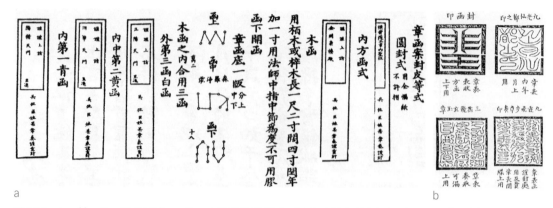

图4.51a-b　封、函、印的样式：a.封、内函和外函等式，取自《灵宝玉鉴》（局部），明《道藏》（1445），木版印刷，纸本；b.盖于文书或封函上的印，取自《上清灵宝济度大成金书》（局部），《藏外道书》，明代，木版印刷，纸本

章、表和状。[1] 例如，状是仪式开始前几天发给神灵的书面邀请函。奏状的对象是三清、北极紫微大帝、南极长生大帝、朱陵度命天尊和十方灵宝天尊等。申状的对象是三官、四圣、酆都大帝、北斗、二十八宿和五岳等。牒状的对象是地下世界的官员、狱卒和神虎使者等。[2] 由于许多文书是在仪式开始前七日内就要送出（焚烧）的[3]，道士不得不提前做好准备。书写章表前，道士必须首先沐浴、斋戒，清洁自身。[4] 然后，他将根据严格的格式，制作每一道章表或告示，每一行必须有十七个字，行阔一寸二分或二寸四分。此外，政府官员上递奏章时所用的称呼"臣"，在这里是指上奏文书的法师；它不可以出现在行头，段首也不能出现"鬼"字。[5]

　　文书一旦完成，装入封中，再放进木制或织制的函内。[6]《灵宝玉鉴》中有一些相关插图（图4.51a）。[7] 一份章文的包装包括最里面的圆封、三层内

1　松本浩一，1983，页227—228；2006，页143—153。部分不同类型文书的样式，可见《灵宝领教济度金书》，《道藏》，第8册，页646c—714a；《上清灵宝大法》，《道藏》，第31册，页513b—558c。

2　松本浩一，1983，页227—228；2006a，页143—147。

3　《灵宝领教济度金书》，《道藏》，第7册，页34b。

4　《无上黄箓大斋立成仪》，《道藏》，第9册，页433a。道教沐浴的概念，包括在沸水中加入香草和香料，沐浴的益处和择日，见《云笈七签》，41:888—901；《洞玄灵宝道学科仪》，《道藏》，第24册，页770b-c。道教沐浴的更多信息，见Kohn，2003a，页114—119；Schafer，1956。

5　《无上黄箓大斋立成仪》，《道藏》，第9册，页433a。可比较《灵宝领教济度金书》，《道藏》，第8册，页817c—818c。

6　对道教文书、封和函的研究，见任宗权，2006，页274—335。

7　《道藏》，第10册，页281b-c。也可见任宗权，2006，页281—282（图146.1，146.2，147.1）。

方函和最外层的木函。[1]封皮上面书有收函者的名字，下面则是法师的签名，头衔要使用规定的称谓。内方函分为三种颜色，内第一青函，内中第二黄函，外第三白函，函皮上的地址格式与封皮接近。外层木函长一尺二寸，阔四寸，用柏木或梓木制成。木函底部刻有星座图样。[2]有时会在文书和封上盖上额外的印章（图 4.51b）[3]，一些印于今日仍在使用，如封函印。[4]

劳格文利用当代田野调查资料，展示了道教法师在仪式开始之前的长时间里，需要完成耗时又费功夫的准备工作。[5]例如，一位台湾的法师"要提前两周准备必要的文书"[6]。他还要完成其他费力的工作，例如将众多文书折成卷后，以香熏之，并在其中插入"用长方形信封装好的三支香"[7]。而且，准备信封和纸质盒状函需要另一些技巧。为了保证仪式的有效性，法师必须独自在每一个封函上亲手书写地址并盖印。[8]在打印稿代替手写文书前，法师也自己制作封函："由两张六英寸宽，二尺长的纸开始，它们的两条长边已被黏合在一起，通过折叠，变成了一个矩形盒子，每边宽三英寸，盒子的两端再分别折叠后，形成封口。"[9]多名道士一起进行"卷、熏和折叠"，整个过程需要"至少两个小时，同时，其他道士在悬挂画轴，布置道坛"[10]。然而，所有这些精心准备的文书到最后都将被焚化。

在众多神圣的仪式文书中，呈给三官的三份独立文件是其中主要的一套；

---

1 劳格文从当代台湾的道教仪式中观察到，收到函装文书的神灵在位阶上要高于收到长方形封皮文书的神灵。见 Lagerwey，1987，页 67。

2 《灵宝玉鉴》，《道藏》，第 10 册，页 281b-c。函底所刻的更多符命图样，可见任宗权，2006，页 193。

3 《上清灵宝济度大成金书》，《藏外道书》，第 17 册，页 95—99。不同的仪式文书上使用的印章也不相同，见《灵宝领教济度金书》，《道藏》，第 8 册，页 805a—806b；《灵宝玉鉴》，《道藏》，第 10 册，页 142b-c。祭印法，见《上清灵宝大法》，《道藏》，第 31 册，页 9b。更多道印，见本书图 3.28；《道法会元》，《道藏》，第 30 册，页 123b，167b—168a；《上清灵宝大法》，《道藏》，第 31 册，页 398b—399b；《无上黄箓大斋立成仪》，《道藏》，第 9 册，页 629b—630a；Ebrey，2011，页 63（图 22）。道印的相关研究，见萧登福，1989；Strickmann，1993；张泽洪，1999，页 95—96；王育成，2000a；Wu Hung，2000，页 84（图 12），2005，页 493（图 22.11）；任宗权，2006，页 246—273；刘昭瑞，2007，页 131—174；谢世维，2010b，页 271—273。雷德侯（Lothar Ledderose）使用模块生产的概念介绍了中国印的制作，见 Ledderose，2000，页 159—160。

4 有些样式仍然保留在当代道印中；见苏启明，1999，页 178—179。

5 Lagerwey，1987，页 60—67。对当代台湾道教仪式所使用的文书的研究，见丸山宏，2002。

6 Lagerwey，1987，页 60—61。

7 Lagerwey，1987，页 67。

8 Lagerwey，1987，页 67。

9 Lagerwey，1987，页 67。

10 Lagerwey，1987，页 67。

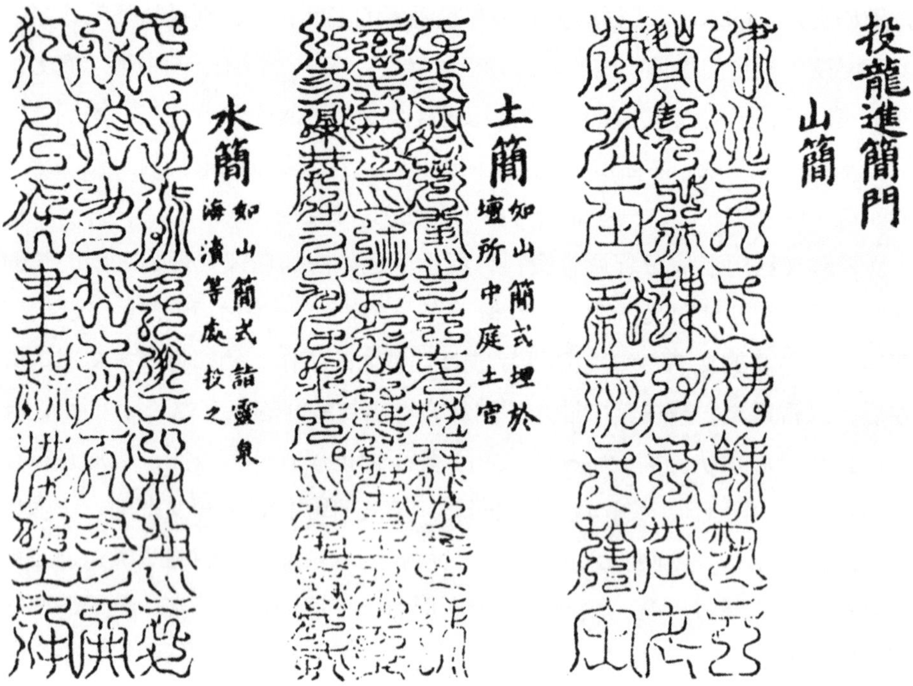

图4.52 山简、土简和水简，取自《灵宝玉鉴》（局部），明《道藏》（1445），木版印刷，纸本

在投龙简的仪式里，它们将被传递给不同的神灵。[1] 这个在所有仪式完成后才进行的活动发展至5世纪，与早期的三官手书相融合。道士将离开坛场，踏上旅程，将文书埋在山上、洞天或福地，或将它们投入圣河和湖泊之中。

《道藏》中保留了许多样本，以及所需的其他物件。13世纪时，一套标准的文书由一份山简、一份土简和一份水简组成（图4.52）；其书写格套既有楷书，也有符字。[2] 有时候，为了保护简，在它的外面多加一层其他材料的包装。首先，它们被封在三个长方形的布袋子里，其设计与封类似（图4.53，图4.51a）。[3] 其次，将袋子与青丝、金钮和不同形状的璧缠在一起，青丝和

---

1 《太上洞玄灵宝众简文》（DZ410），《道藏》，第6册，页563b—567b。另可见黎志添，2007，页51—52。

2 《灵宝玉鉴》，《道藏》，第10册，页333a-b。各种各样的样本图像，可见《灵宝玉鉴》，《道藏》，第10册，页316a-c；《灵宝无量度人上经大法》，《道藏》，第3册，页939a—941a。

3 《灵宝玉鉴》，《道藏》，第10册，页316b—317a。其他道教文书封皮的样式，包括下递给地狱官员和狱卒的文书，见《灵宝玉鉴》，《道藏》，第10册，页317b—321c。

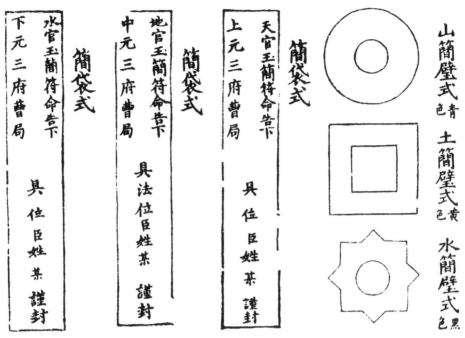

图4.53　简袋式，取自《灵宝玉鉴》(局部)，明《道藏》(1445)，木版印刷，纸本

图4.54　投龙简璧式，取自《灵宝玉鉴》(局部)，明《道藏》(1445)，木版印刷，纸本

金钮分别代替在入道告盟时所进行的割发和歃血（图 4.54）。[1] 山简与圆形苍璧相缠，象征天；土简与方形黄璧相缠，象征地；水简与六角形或八角形的玄璧相缠。[2]

与龙简一起埋于山上或投入水中的还有纯金或其他金属制成的小型金龙。[3]

1　《灵宝玉鉴》，《道藏》，第 10 册，页 334b。投龙简仪中使用的金钮数目不同，从 9 只到 27 只；见《传授三洞经戒法箓略说》，《道藏》，第 32 册，页 194a；《太上黄箓斋仪》，《道藏》，第 9 册，页 361b，《无上黄箓大斋立成仪》，《道藏》，第 9 册，页 584b—585a，659c—660a；浅野春二，2000，页 128。孔丽维将道教授箓与周代早期的军事结盟联系起来研究，见 Kohn，2003b。

2　可比较《灵宝无量度人上经大法》，《道藏》，第 3 册，页 940c—941a。也可参考浅野春二，2000，页 129—130（图 1—2）。

3　图样可见《灵宝无量度人上经大法》，《道藏》，第 3 册，页 941a；《茅山志》，《道藏》，第 5 册，页 658b；《西岳华山志》(DZ307)，《道藏》，第 5 册，页 751a。6 世纪的道经记载，投金龙三枚于水府及灵山、所住宅中，是为学仙之法信；见《无上秘要》，《道藏》，第 25 册，页 115b。20 世纪 50 年代，杭州西湖曾出土此类铜龙，一些研究者认为其与 10 世纪吴越国王的投龙仪有关。图版可见赵幼强，2002，页 35（图 6）。

龙被视为快速穿越于宇宙的神圣使者[1]，因此有"金龙驿传"的说法，就像官方邮差骑马长途传递政府文书一样。[2]金钮是为了"驭龙，犹马之衔勒也"[3]。在与龙简一起送出之前，金龙是坛上的供品之一，镇于五方真文之上，或与文房用品摆在一起。[4]也可以选用类似的物品，如金鱼和玉雁。[5]张万福解释道，玉雁标志着对次序和礼制的尊重，金鱼则是水官的使者。[6]

到了唐代，皇室和地方官员都举行过投龙简，它成为国家礼仪。[7]现存丰富的投龙简样本，或见于史料图录的记载，或出于考古发现。[8]最令人惊讶的发现之一即是 700 年的武则天金简（图 4.55）。[9]这枚原来由道官胡超（约 674—713）[10]投在中岳嵩山石缝中的简被人发现于 1982 年。另一枚在 17 世纪出土于太湖的是 928 年吴越国王钱镠（852—932）玉简，见录于 1778 年的金石目录（图 4.56）中。[11]该简精致的边框

---

1   《太上黄箓斋仪》，《道藏》，第 9 册，页 361b。
2   《无上黄箓大斋立成仪》，《道藏》，第 9 册，页 584b；陈昭吟，1994，尤其是页 172—173。在唐代，另一种金鱼或玉鱼是水官的使者，也可传驿文牒；见《传授三洞经戒法箓略说》，《道藏》，第 32 册，页 195b。
3   《传授三洞经戒法箓略说》，《道藏》，第 32 册，页 194a；陈昭吟，1994，页 176—177。
4   《无上黄箓大斋立成仪》，《道藏》，第 9 册，页 659c，663c；《灵宝领教济度金书》，《道藏》，第 7 册，页 33a-b。也可见浅野春二，2000，页 123。
5   《太霄琅书琼文帝章诀》，《道藏》，第 2 册，页 866b；《无上黄箓大斋立成仪》，《道藏》，第 9 册，页 434a，660b，664a；《灵宝领教济度金书》，《道藏》，第 7 册，页 33b。另可见浅野春二，2000，页 133—134。
6   《传授三洞经戒法箓略说》，《道藏》，第 32 册，页 195b。
7   唐代仪式的研究，见张泽洪，2007。
8   王育成，1991b，图 6—7。
9   实物藏于河南博物院。图版可见 Watt 等，2004，页 297（图 190）。也可参考 H. Lee，2010，页 70—72（图版 2.2）。金简上铭文的英语译文，可见 Barrett，2008，页 90—91。对武则天和嵩山的更多研究，见王文超和赵文润，2003。有关唐代投龙，尤其是相关的敦煌写本，见 Barrett，2002；刘昭瑞，2007，页 236—241。
10   胡超即是江西洪州游帷观道士胡惠超。他的传记见《历世真仙体道通鉴》（DZ296），《道藏》，第 5 册，页 253c，258c—259c，305c；游帷观有胡画真像壁，见页 259c。
11   张燕昌（1738—1814），《金石契》，2:587—588。另可参考 Chavannes，1919，页 64；刘昭瑞，2007，页 242（图 108）。有关吴越王室对道教的支持，见赵幼强，2002；曾国富，2008；刘昭瑞，2007，页 241—244。浙江杭州雷峰塔中出土，与吴越文化有关的佛教艺术品，见浙江省文物考古研究所，2002。

图4.55　书有祷文的简，河南登封嵩山出土，唐代，700年，金质，长36.5厘米

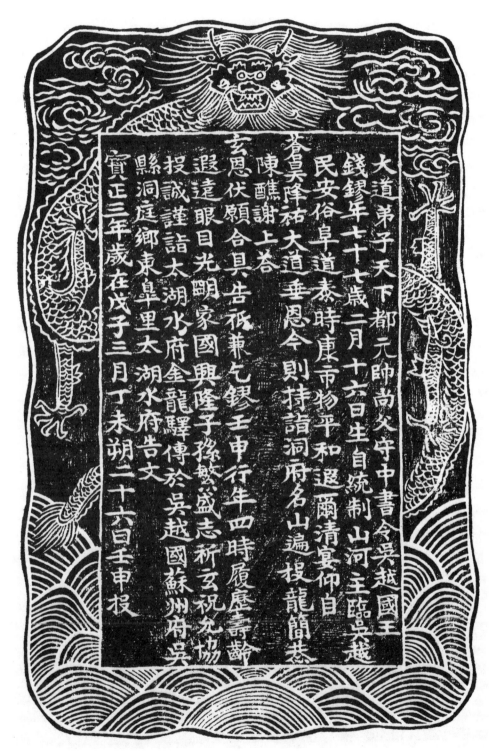

图4.56　银简之拓本，取自《金石契》(局部)，928年，吴越国

装饰很特别，上边框有一龙头装饰，盘旋的龙身从右边框横穿至左边框，下边框则饰有波涛，这些都与"投龙"这一主题相呼应。[1]

　　三幅佛教立轴也效仿了投龙仪，它们出自一套不完整的水陆画。该画由明代内廷于 1454 年奉命提督监造，这三幅受到道教影响的仪式画描绘了一位骑在马背上的使者手持分别传送给天、地、水三官的简。[2] 在向水官传递文书的画像（图 4.57）中[3]，使者出现了两次。在画的上半部分，他立于马的边上，正双手接过矩形函中的文书；在画的下半部分，他则负函于肩，驭马驰向水府，水波若隐若现于云雾之后。[4]

冥钱

　　在宋代道教仪式中，纸不仅是文房用品之一，可以书写文书，同时也可以制成冥钱，烧给神灵、鬼魂和祖先。[5] 在一场度亡仪式中，冥钱通常与其他供品摆放在一起，或是放在为孤魂准备的特定场所（图 4.22b）。仪式结束后，冥钱将被焚化。侯锦郎认为，在宋代焚烧冥钱是流行的道教和佛教活动。它象征着付款给天上的金库，这个金库由一群在天界掌管财库出纳的众官曹负责。[6] 其背后的信仰是将生命看作一场"贷款"，"出生就是获得预付款"，

1　沙畹的研究展示了吴越龙简的另一个拓本，投简的日期相同，其边框也饰有龙和波涛。这些拓本说明，当时投入太湖的龙简不只一枚；见 Chavannes，1919，页 65。也可见刘昭瑞，2007，页 241（图 107）。

2　图版见 Delacour 等，2010，页 290—293（图版 76.3a–c）。对于这个主题的研究，见 Gyss-Vermande，1991。

3　Delacour 等，2010，页 291（图版 76.3a）。

4　使者传递信息至其他神界机构的相近主题出现于北京首都博物馆所藏的多幅明清仪式画中；见韩永等，2004，页 112，115，194—195（图版 73，77，154—155）。在一幅清代绘画中，上半部有一位驭龙升天的使者，而另一位使者则骑马飞驰在地面；见页 194（图版 154）。

5　对烧纸钱和纸供品给祖先和鬼魂的传统以及当代做法的研究，见 C. Hou，1975；Laing 和 Liu，2004；Scott，2007；Blake，2011。

6　C. Hou，1975，页 14—15，34—39；Seidel，1978，页 421—425。另可见泽田瑞穗，1991，页 187—205。侯锦郎将两部写于 12 世纪至 13 世纪、与受生钱有关的道经翻译成了法文，这是人需要还给天上金库的钱。今天，人们仍在念诵这些经典；见 C. Hou，1975，页 34—39。《灵宝天尊说禄库受生经》（DZ333），《道藏》，第 5 册，页 915a—916b；《太上老君说五斗金章受生经》（DZ653），《道藏》，第 11 册，页 418a—420b。《灵宝天尊说禄库受生经》的英译，可见 Kohn，1993a，页 344—350。另可参考 Lagerwey 撰写的简介，收入 Schipper 和 Verellen，2004，页 986—987。圣彼得堡俄罗斯科学院东方学会藏有一部 12 世纪西夏佛教《金光明经》（TANG 376，Inventory 95），其中的一幅插图描绘了一男一女正在烧纸钱，为他们的家人张居道生前的罪行赎罪；Piotrovsky，1993，页 264（图版 77）；Saliceti-Collins，2007，页 90—99。当代台湾所用的纸钱，可见 C. Hou，1975，页 198—204，215—216。

图4.57 使者传简于水官（局部），取自御用监太监尚义、王勤等奉命提督建造的一组水陆画，明代，1454年，立轴，绢本设色，149.0厘米×90.0厘米

而"死亡就是耗尽了从天上的金库借贷来的钱款"。[1]通过冥钱的形式,收到"还款"后,金库的官曹或为亡者积累新的功德,或为仪式东家结清原来的欠债,为他们增算。[2]索安曾经指出,初唐时候的冥钱有多种形式,包括"金、银、像铜钱一样的纸铜钱(用纸剪成)和绢"[3]。根据侯锦郎收集的当代台湾纸钱,不同种类的纸钱似乎是按照各种纸币的不同颜色来区分。[4]

10世纪至13世纪的道教文献也使用"钱马"一词来称呼冥钱。[5]活跃在宋徽宗宫廷中的道士孙虚白(约12世纪早期)称,这类纸钱当用好纸,画马一匹和一人而已。[6]孙法师批评世人画龙鹤星像或天地神祇代替马像,不合仪格。[7]除了吉祥的寓意,这些图像都象征着可以加快"转账"的使者。

实际上,考虑到道教仪式所需冥钱的数量庞大,我们可以推测人们不再进行手工绘画,而是采用在宋代发展起来的更经济的木版印刷技术,达成大批量的图像印刷。[8]虽然缺乏这些纸钱制作者的直接信息,不过,他们很可能是宗教团体以外的商店或作坊。梁庄爱伦(Ellen Laing)对当代台湾纸糊像的研究提供了一个很有启发的比较[9],据说在以前,制作纸塑像是"黑头"道士的必修课[10],现今的大部分仪式纸制品并非由道士制作,而是由商业糊纸店里的工匠和学徒制作。他们进行剪裁和粘贴,为人物和建筑物的塑像制作竹质的架子。[11]供应道教仪式物品的宋代作坊也许采用的是相近的系统。

上文讨论过明代绘画中驭马传简的使者(图4.57),这样的主题也流行于当代,重现在单张年画(图4.58)里。[12]尽管没有宋代冥钱的实物留存下来,

---

1 焚化纸钱的仪式主要有两种,一种称为"填库",是指"由后人为先人在传统葬礼上准备的纸钱供品";另一种叫"补运",是生人在世时为自己准备的纸钱供品;见 Seidel,1978,页421。
2 C. Hou,1975,页34—40。对中古道教和佛教经典中增算的研究,见 Mollier,2008,页100—133。
3 Seidel,1978,页425。
4 当代台湾纸钱的样本,可见 C. Hou,1975,页197—204,215—216。
5 这个称呼首见于杜光庭修订的10世纪仪式文本中,《太上灵宝玉匮明真大斋言功仪》(DZ521),《道藏》,第9册,页816a。部分13世纪的仪式总集对它有引用,见《无上黄箓大斋立成仪》,《道藏》,第9册,页661c、663a、664c。
6 《道门定制》,《道藏》,第31册,页677a。
7 《道门定制》,《道藏》,第31册,页677a。
8 对宋代印刷的研究,见 Edgren,1989;S. Huang,2007。
9 Laing 和 Liu,2004。
10 Laing 和 Liu,2004,页74—75;Dean,1993,页43。
11 Laing 和 Liu,2004,页84(图22),52—55(图版50)。
12 这幅叫作《三界直符使者》的彩色年画可从以下链接观赏:http://www.columbia.edu/cu/lweb/digital/collections/eastasian/paper_gods/collection/NYCP.GAC.0001.0030a.html,2017

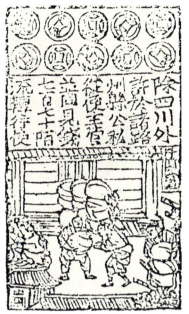

图4.58　绘有驭马传简使者的年画，近代，单张，木版印刷，纸本设色，29.5厘米×25.5厘米

图4.59　南宋会子，木版印刷，纸本印刷

它们很可能就像真的纸币那样，如南宋的会子（图4.59）。[1]根据万志英的研究，纸币上边缘有钱币图案，文字的下方有一幅叙事图像，"在一个身着官袍的人物的严密监管下，两个人正扛着稻谷，进入粮仓"[2]。

　　在 13 世纪的仪式文献里，不同种类的冥钱上都有动物的图像。除了与马有关的图像，如云马、步马、金钱云驭宝马和信钱从马，还有龙车和凤辇。[3]虽然没有直接证据可将这些物品与宋代都城中的纸马铺和当街售卖的纸马联系起来，这些文本记载却暗示着它们与生产于宋代的立体纸糊用品和平面印刷画有关。[4]新疆考古出土的唐代纸帽和纸鞋（图 4.60）证明了这种纸制用品

年 8 月 23 日查阅。与中国神灵有关的流行印刷品的研究，见 Laing，2010。

1　图版见内蒙古钱币研究会，1987，图版 1.1；Von Glahn，2006，页 93（图 3）。

2　Von Glahn，2006，页 98；S. Huang，2007，页 258（图 20）。

3　《道门定制》，《道藏》，第 31 册，页 709b，711a；《无上黄箓大斋立成仪》，《道藏》，第 9 册，页 663a–b，664c。也可参考浅野春二，2000，页 122。

4　《太平广记》，300:9a；孟元老（约 1103），《东京梦华录》，7:39；吴自牧（约 13 世纪晚期），《梦粱录》，6:181。Edgren，1989，页 33；Van Gulik，1935，页 46；张秀民，1989，页 157—158；S. Huang，2007，页 259。梁庄爱伦注意到在张择端《清明上河图》中，有一家店铺的门口展示着一个小型的纸房子；见 Laing 和 Liu，2004，页 11，181（注 4）；Hansen，1996，页 197。

图4.60 纸帽和纸鞋，新疆出土，唐代，纸制

的存在。[1] 最后，纸糊像，例如骑在瑞兽之上的英武元帅[2]，在当代台湾的道教仪式和民间葬礼中仍然存在。[3]

为道教神圣经验所创造的实用物品和空间为物质宗教的研究提供了新资源和出发点[4]，这是一个从物质文化研究成长起来的新领域。将这个概念运用到道教研究之中，上文所讨论的各种物质文化——静室、道坛、为神灵和亡魂准备的额外空间、威仪、章文、文房用具和冥钱——都成为大卫·摩根所

---

1 Needham 等，1985，页 111（图 1086）。

2 Schipper，1993，页 112—113 之间，未标页码。可比较李丰楙和谢宗荣，1999，页 15。焚烧一个纸糊亭子的照片，可见 Laing 和 H. Liu，2004，页 94（图版 46）。当代台湾仪式中纸糊用品的更多照片，见 Lagerwey，1987，页 311，313，321（图版 17，19，27）；大渊忍尔，2005，页 20，25（图 57，69）。

3 李丰楙和谢宗荣，1999，页 15。不出所料，作为通向他界的使者，它们在仪式中被焚化。C. Hou，1975；Laing 和 Liu，2004；Scott，2007；Blake，2011。

4 Morgan 编，2010；Morgan，2010。运用物质宗教概念的更多理论和实证方面的研究，可见新发行的期刊：《物质宗教：物品、艺术和信仰》（*Material Religion: The Journal of Objects, Art, and Belief*）；J. Tsai，2006；Coleman，2009；Insoll，2009；Oestigaard，2009；W. Lin，2010b。

说的"产生信仰的基质"（a matrix in which belief happens）。道教的物质性显现在多维度的宗教元素中，不仅包括具体物品，还涉及神圣空间。正如大卫·摩根提出的概念"信仰的实体"[1]，道教仪式空间绝不是一个与宗教活动"毫无关系的容器"[2]，也不是"相反的空荡的物质"[3]。相反，它是一个意义丰富的文化结构，使得某些物件变得可见，它令"未知事物变得熟悉"，"从混沌中"获得"秩序"。[4]道教对于"自我、社会和宇宙"的理念反映在这些"物质文化的使用惯例"之中。[5]

道教仪式空间从一个简单的道坛扩展为一个复杂的集合，包括不同的空间配置和多种材料的使用，并反映出道教的宇宙观。从南宋开始，在度亡仪式坛场的空间安排中，最高天宫的位置设在北面，第二等级的神灵则位于东西两侧，与南面的亡魂、地狱所在分离开来。天宫和地狱之间是人界，由正在坛场施演科仪的道教法师作为象征。来往于天宫和地狱之间，他正试图整顿宇宙秩序。道教度亡仪式不仅是空间方面的构造，也涉及时间上的建构。这表现在仪式区域的不同安排上，北面的设置主要是为了召请天上的主要神灵，南面的九狱则是法师救度亡魂的地方。并且，召请神灵的仪式在白天举行，而追魂和救度的仪式则在晚上进行。

对于道教神圣空间和仪式物品进行物质性的研究，需要考虑到它们的流动性、表演性和瞬间即逝性的特点。在一个仪式环境中，许多物品都不是静止的。相反，它们随着仪式参与者的走动而从一处移往另一处，其中一些物品对法师的仪式表演至关重要。对于道教物质性而言，物质的瞬间即逝性和宗教的有效性之间有着直接的联系：事实上，木质和纸质文书以及纸钱容易焚化的特点（因此转化为非物质）象征着它们能够轻易通往他界。因为木材和纸张是易燃品，相比其他耐火的材料，它们更易被转化。[6]尤其是纸张，它在道教仪式中贵为仪式文书、冥钱和神圣使者的主要媒介。长篇的章文和复

---

1 这是他所编的一部书的副标题，见 Morgan，2010。

2 Morgan，2010，页 8。

3 Morgan，2010，页 15。

4 Morgan，2010，页 15。

5 Morgan，2010，页 8。

6 感谢夏安（Anne Saliceti-Collins）的提醒。可比较不同文化中运用一次性使用的艺术品的各种目的，如纳瓦霍人（Dineh，美国本土印第安部落）的沙画或西藏的沙坛城；见 Plate，2004，页60—61。

杂的道箓详细叙述了仪式的目的和神灵的名字，无一不显示出中国官僚系统的特点，即繁重的文书工作。道符和文字在道教仪式场景中扮演着重要的角色，其非偶像的设计与我们在真形图中所观察到的非偶像的视觉诉求显然是一致的。最明显的就是道教幡节上的图案是道符或文字形态的，与佛幡以佛像为主要图案的做法大相径庭，这也表现在道教的镜子和众多符命、文书之中，所有这些都装饰有文字和符号群，我们称之为复合文字图。

除了这些不同种类的物品，还有另一些与行仪法师有关的"移动的物质"。法服或道衣（图 2.12）[1] 即是"最华丽的道教仪式艺术作品"之一。[2] 法师道冠上的装饰象征着天和其中的日月星；他的法服则代表地，表现为五岳。[3] 总体而言，法服展示了"宇宙结构的图像……（它们全部）在道中达到统一"[4]。此外，法师的仪式道具（令、剑、尺、印等等）[5] 是他的一部分，使他能够从事特定的仪式，令道的动态威力有形可见。仪式活动进行时，一些道士在一旁演奏钟、鼓、响板、铜锣和铙钹等打击乐器[6]，这些移动物品证明了道教仪式给人带来的表演性视觉具有非永久性的特质。

1 Wilson, 1995；Schipper, 1995b，页 103；Kohn, 2003a，页 147—159；田中文雄，2005，2010。感谢香港中文大学张丹丹博士提供的资料，她的博士论文研究的是现存明清道教法衣，见张丹丹，2016。有关中世纪道教文献中所记录的敬重道冠和法服的内容，见《洞玄灵宝道学科仪》，《道藏》，第 24 册，页 768a—769a；《三洞法服科戒文》（DZ788），《道藏》，第 18 册，页 230a—231b；Kohn, 1993a，页 336—343。山西大同附近的道士阎德源墓（12 世纪晚期）出土了一件绣有 100 多只鹤的金代法服，见大同市博物馆，1978，图版 2。清及近代道士法服的更多图像，见 Little 和 Eichman, 2000，页 190—198（图版 44—51）；苏启明，1999，页 187—191；Lagerwey, 1987，页 303—304，307，312，314，316，318（图 9—10，13，18，20，22，24），尤其是页 312。更多当代法服的研究，见大渊忍尔，1983，页 210—211，717，2005，页 52—53，559；李丰楙和谢宗荣，1999，页 16—17；丸山宏撰写的简介，收入 Pregadio, 2008，页 455—457；熊品华，2007。对佛教僧伽所着僧袍的研究，见 Kieschnick, 1999；陈悦新，2009。
2 Little 和 Eichman, 2000，页 195。可比较对非洲传统宗教的研究，它将服装突出为"一种转化身份的有力手段"。见 Morgan, 2000，页 46。
3 《三洞法服科戒文》，《道藏》，第 18 册，页 230a。
4 Little 和 Eichman, 2000，页 195。
5 Schipper, 1995b，页 103。五雷令，见《上清灵宝济度大成金书》，《藏外道书》，第 17 册，页 100；苏启明，1999，页 176。法印，见《上清灵宝大法》，《道藏》，第 31 册，页 398b—399b；《上清灵宝济度大成金书》，《藏外道书》，第 17 册，页 95—99；苏启明，1999，页 178—179；任宗权，2006。道尺，见苏启明，1999，页 177。
6 道教乐器的图像，见苏启明，1999，页 194—195，197。有关道教音乐，见蒲亨强，2000。

第五章
绘画所见动感的神明

对道教而言，绘画或许是本书所涉及的各种视觉材料中最有效用也最常见的媒材，因为它们连接了艺术和仪式。无论是在私人或公共场合中，绘画在多元的道教经验中都扮演着至关重要的角色。在私人场合中，早期的修行者在静室中悬挂身中神的图像，有助于个人的存想活动和吐纳练习。虽然这些图像并未存留下来，却已融入中世纪经典里身着官服的身中神插图之中。10世纪至13世纪，私人空间中所陈列的道教图像已不再是身中神画像，而是与内丹相关的地图式人体图，以绘有内部器官与经脉为特色。一般认为，对这些形象的正确存思，再配合呼吸练习，可以帮助信徒培育出一个自我的"真形"。与这种个人修炼传统以及对某些图像的神秘运用并行发展起来的还有仪式画，后者始于宋代，在道教仪式的公共空间中地位突出。根据多张仪式坛图中的解释，这就是星宿、五岳等神明画像可以单独立幕的原因，它们反过来"界定"了从主坛延伸出来的仪式区域（图 1.28，图 4.11）。[1] 有时，私人存想中使用的象征性图像也会作为仪式用品，放在公共场合。例如，在道教秘传经验中占有重要地位的《人鸟山真形图》（图 3.1-b）和《五岳真形图》（图 2.25，图 3.31，图 3.33c）被供奉在中世纪传授仪式道坛的桌案上（图 3.51）。[2] 同样，道场的神虎坛中央还供有《大浮黎土图》（图 2.6），其图案好似宇宙初创时

---

1 《灵宝领教济度金书》，《道藏》，第 7 册，页 27c—28a。也可见 S. Huang，2001，页 13，图 4；丸山宏，2004，页 238，243（图 4）；Gesterkamp，2011，页 160—189，图 47。
2 《醮三洞真文五法正一盟威箓立成仪》，《道藏》，第 28 册，页 493a-b。

所生之气。[1] 在以上例子中，能够直接见到这些图像的正是道士，他们在图像之前或周遭进行仪式表演，甚或在仪式中使用图像。在此道教仪式网络下所见的绘画和图像，便不再是静止的装饰品，而是充满意义的物品、极具力量的视觉容器，它们激发道士在仪式中的活动。

到了宋代，许多仪式画绘于绢上，以立轴的形式呈现。与壁画形成鲜明对比的是，立轴可以随身携带，在不同的场景都可以悬挂，因此可以适应仪式表演的多变环境。还可以将不同画家在不同时代制作的画像方便而快捷地组合起来，这种灵活的形式能够适应各种不同的仪式类型、空间和规模。所以，也难怪佛道宗教立轴在宋代皇家收藏中占据醒目地位，12 世纪早期宋徽宗的《宣和画谱》中就有最充分的记录。[2] 根据伊沛霞的统计，画谱中记录的 6397 幅绘画中，有 376 件道教绘画。[3] 朝廷收集这些绘画，可能不单单是为了鉴赏，也是出于仪式的目的。其中，也许一直流传至南宋宫廷的部分立轴亦见录于 1199 年的皇家藏品目录《中兴馆阁储藏图书记》。[4] 仪式画是一种消耗品，在仪式中反复使用后，会自然损坏。这大概就是朝廷要求宫廷画家经常临摹古画的部分原因。[5]

虽然宋代宫廷收藏的大部分道教仪式画已经遗失，但仍留存一组罕见而有价值的天、地、水三官图（图 5.1—图 5.3，下文称之为波士顿套画），它们反映了宋代皇家道教艺术制作和收藏的传统，是本章的主要研究材料。[6] 波士顿套画由三幅立轴构成，这是最古老的道教司法组合。根据其风格，以前的研究认为它们是南宋作品，可能是宫廷画。[7] 波士顿套画展示了宗教艺术中

---

1 《上清灵宝大法》，《道藏》，第 31 册，页 10b。
2 最近的研究，见 Ebrey，2008，页 257—310。
3 最多的是三官、三清、元始天尊、老子和星宿神的立轴。见 Ebrey，2008，页 262，294（表 8.1、表 8.4）。
4 1199 年，目录中登录的绘画经宫廷鉴赏家杨王休检阅。1210 年，每件藏品的背面又盖上秘书省收藏印章；见陈骙（1128—1205），《南宋馆阁录·续录》，3:10a—11a。也可参考 S. Huang，2002，页 49—56。
5 有关南宋宫廷登记、装裱和临摹宗教绘画的更多信息，见 S. Huang，2001，页 33—49。
6 S. Huang，2001，2002，2005。前人对该套画的研究，可见 S. Huang，2001，页 6（注 5）。1912 年，它们由日本传入美国博物馆收藏；一些专家推测这些画来自中国北部的寺庙；见 S. Huang，2002，页 149。更多研究，见 T. Wu，1996，第一册，页 116—121（图版 16—18），第二册，页 34—35，1997，页 63—65，149—150（图版 21—23）；Little 和 Eichman，2000，页 233—235（图版 71）；井手诚之辅，2000，页 66，124（图版 58—60）。
7 吴同（Wu Tung）和其他研究者推断它们是 12 世纪上半叶的作品；主要根据套画的景观风格及其与北宋李郭画派的联系；见 T. Wu，1997，页 63—65，149—150（图版 21—23）；Little 和

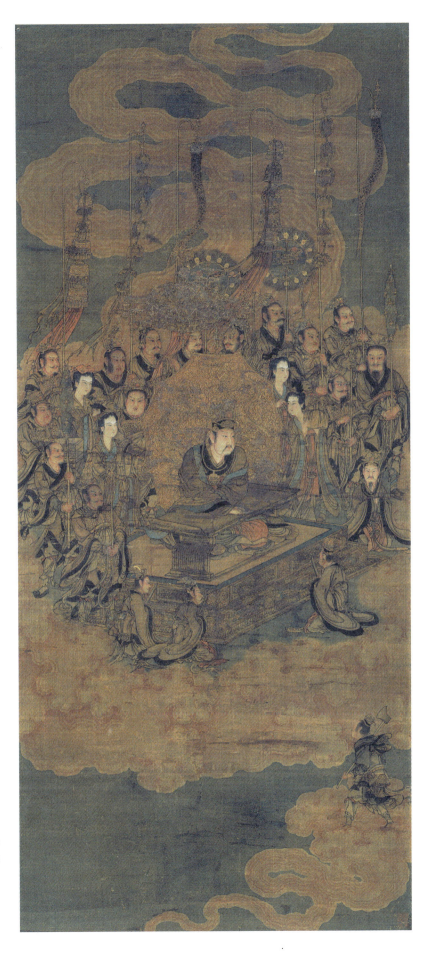

图5.1 《天官图》，南宋，
立轴，绢本设色，金粉，
125.5厘米×55.9厘米

图5.2 《地官图》，南宋，立轴，绢本设色，金粉，125.5厘米×55.9厘米

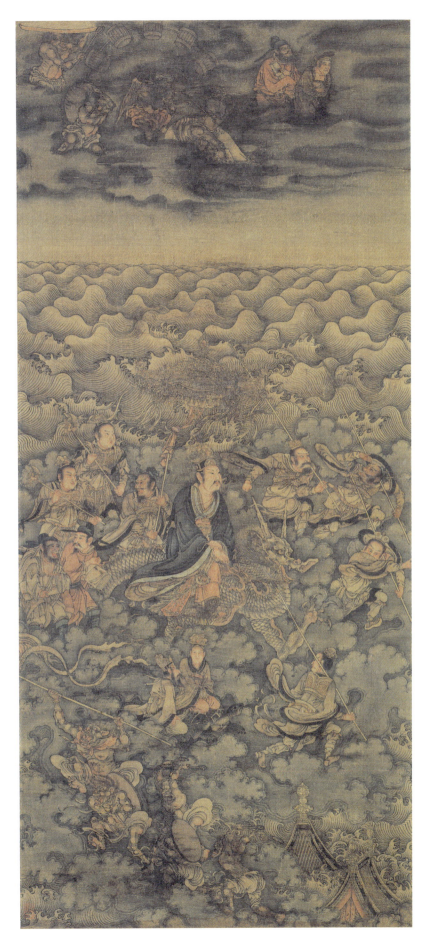

图5.3 《水官图》，南宋，
立轴，绢本设色，金粉，
125.5厘米×55.9厘米

的一股画像新潮流，融合了叙事性绘画母题和偶像式神明的描绘。套画中所表现出的具有动感的道教神灵反映了当时宗教绘画的新样式，突出了图像与仪式中受到召请和存想的"动感的神明"之间的直接的、紧密的联系。[1] 因此，对这些视觉特征作一仔细的考察，可以发掘艺术创作者在构图和文化上所吸收的各种来源，也可解释这些要素如何有助于形塑具有动感的神祇图像。

为了进行该个案研究，笔者提议使用一种研究道教绘画的步骤，从制作的最初阶段到完成及其在仪式场景中的运用。若将之运用到对道教绘画，如波士顿套画的理解，本章将从对图像制作过程的基本思考开始，然后转移到对套画的个案研究，最后的总结涉及图像观赏的角度，因为这与图像在仪式场景中的展示和使用有关。除了对套画进行细致的视觉分析，本研究还将考察更大的主题，例如绘画制作的场域是如何与仪式场景产生关系的[2]，艺术家们采用哪些绘画格套加强仪式画和仪式表演之间的关联，以及这些绘画格套又如何与道教以外更广范围的视觉文化联系起来。

道教画师的工作流程

传统而言，道教画师们需要进行一系列工序。首先，他们要参考视觉及文献记载的典范，然后要制作粉本、设计，或复制某些样本。创作壁画或套画时，他们通常以团队的形式工作。领头的艺术家，通常是监督或首席画师，将工作分配给助手或分别承担不同任务的艺术家们。

预备工作

仪式画通常描绘了神明及鬼怪。在画师开始制作绘画之前，他们会参考宗教文献，并熟悉视觉传统所使用的格套。[3] 活跃在蜀地的职业画家孙知微以宗教绘画闻名，他遵循的正是这样一套做法。在为成都一所庙宇制作九曜神

Eichman, 2000, 页 233—235（图版 71）；井手诚之辅，2000，页 66，124（图版 58—60）。另有一种不同意见认为，根据该套画的风景、人物和宗教绘画特征，它们应产生于 12 世纪下半叶或 13 世纪早期，见 S. Huang, 2002, 页 149—174。

1　S. Huang, 2005。

2　对中国艺术史中画家活动的部分研究，见 Steinhardt, 1987 ; Murray, 1993 ; Cahill, 1994 ; Baldwin, 1994 ; Fraser, 1996, 1999, 2000, 2003 ; S. Huang, 1995, 2002, 页 60—147。

3　Kohn, 2004a, 页 99。

祇壁画之前[1]，他查阅了道教典籍，根据对经典的理解，为一位侍从设计了一个手持水瓶的形象，以此象征星宿神控制水的力量。[2]孙知微以单色水墨完成草图后，另一位负责上色的助手擅自在空瓶里加上了一枝莲花。孙批评了这种做法，因为这违背了他的原意，是一种误导。[3]

　　由于文献资料通常不会提供道教图像，艺术家们需要从早期的艺术作品中寻找线索。宋代开封城中的皇家道观玉清昭应宫里的玉帝像的故事是一个生动的例子。[4]自 1008 年天书降临事件后，宋真宗开始了宏大的道观建设计划，这尊造像是其中的一部分。1015 年新年之际，朝廷庆贺玉清昭应宫竣工，它大概是中世纪中国最大的一座道观。[5]造像监造者命令宫廷艺术家们查找宋本《道藏》（已佚）和《真境录》中的参考图像[6]，但是他们找不到任何有关造像着装规定的说明。龙章是一位宗教塑像装染专家，他提到曾在一个道教村庙里见过一尊唐代玉帝像。监造者接受了他的提议，令宫廷艺术家们按照唐代造像的"九色螭罗帔"装点新造像。[7]

画稿及粉本

　　中世纪宗教画绘制的一道基础工序就是画师会使用预备好的草稿、线描、样本和画样册等——中世纪材料通称它们为"粉本"。[8]敦煌发现的粉本仍旧

1　孙知微的九曜壁画是为成都寿宁院制作的；见《宣和画谱》，4:72b。日本平安时代艺术家复制的大量残本现存于多个馆藏中，它们展示了中世纪日本九曜的样貌。现存画作制成于 1160 年之前，绘于一系列垂直的纸上；这或许也是取自通过佛教传入日本的唐宋样式；见小野玄妙，1934b，页 33—35；中野玄三，1979，页 29；S. Huang，2002，页 69、359（图 3.5）。日本僧人成寻（1001—1081）在 1073 年亲眼见到北宋皇家瑶津亭里佛教九曜七星仪式画；见平林文雄，1978，页 236。也可参考小野玄妙，1934a，页 238，1934b，页 34；中野玄三，1979，页 29；S. Huang，2002，页 69。

2　《图画见闻志》，3:479a。对孙知微的更多记录，见刘道醇（活动于 1050 年代），《圣朝名画评》，1:449b；《宣和画谱》，4:72b—73a。也可参考陈高华，1984，页 142—165。晚唐至 10 世纪时的蜀地画史，见王卫民，2005。

3　《图画见闻志》，3:479a。

4　《圣朝名画评》，2:455a。

5　对玉清昭应宫、天书事件的研究，以及真宗对道教和道教艺术的支持的相关讨论，见 Cahill，1980；汪圣铎，1996，页 87—115；A. Jing，1994a，页 193—207，2002b，页 59—90；刘静贞，1995；H. Liu，2003，页 138—139。对该观道教艺术的深入研究，见吴羽，2005。

6　《真境录》或许是一部道士所编集的道教洞天记录；见潜说友（1244 年进士），《咸淳临安志》，75:16b；邓牧（1247—1306）和孟宗宝（约 13 世纪），《洞霄图志》，23b。

7　《圣朝名画评》，2:455a。也可见吴羽，2005，页 148。

8　敦煌藏经洞中保留了丰富的多种粉本；见 Fraser，2003。对中国和日本传统艺术家所使用的粉本草图的研究，见 Cahill，1994，页 88—102；Fraser，2003，尤其是页 54—130；Murray，1993，页 140—147，特别是页 143（图 73）；浜田隆，1970；沙武田，2007。对粉本在墓葬壁画绘制中使

是现今最好的视觉资源库。[1] 虽然大部分材料明显是佛教的，但它们仍然有助于了解为道教绘画准备的中世纪粉本。

　　基于 9 世纪到 10 世纪的六十五张水墨线描图，胡素馨（Sarah Fraser）将与敦煌壁画有关的粉本划分成多种类型，并论述其所具有的不同作用。[2] 高度简略的构图草稿呈现的是绘画方案的空间布局；[3] 单个图案的随意草稿反映了画师对人体比例的尝试，或是对某个复杂图案的反复研究。[4] 此外，与壁画尤其相关的是刺孔粉本，这是在与壁画同等大小的纸上绘制形象，并用针刺出孔来。[5] 画师将粉本放在墙上，用基粉拍打，经刺孔印在墙上的粉由此而形成特定图形的一条轮廓线。在大量创作图像时，这种工具最具效率。[6]

　　虽然敦煌草稿折射出的可能只是甘肃当地艺术家的视觉产品，但是中世纪材料告诉我们，宫廷艺术家制作的，或是在更早期杰作基础上制作的一些粉本质量上乘，被后世收藏家高度赞赏为艺术作品。[7] 宋代的宫廷画家在其画作定稿之前，必须呈交一份样稿。[8] 负责壁画的宫廷画师也要在完成计划后，制作一份小样或小本。这些样本代表了较为完整的画本小样，可在将来用作参照。[9] 郭若虚的《图画见闻志》记录了在壁画原本遭到毁坏或褪色时，此类

1　Fraser, 1996, 1999, 2000, 2003 ; Drège, 1999 ; Monnet, 2004。

2　Fraser, 2003, 页 58—108。

3　例如阿弥陀佛净土变里的韦提希十六观，Fraser, 2003, 页 56, 59（图 2.2, 2.4）。

4　见 Fraser, 2003, 页 78—82（图 2.13—2.17）。

5　Fraser, 1996 ; 2003, 页 102—108, 尤其是页 102（图 2.29）和图版 14。更多例子，见 Drège, 1999, 页 103。对壁画制作程序的逐步讨论，见 Gesterkamp, 2008, 页 145—150 ; 2011, 页 208—218。对于朽画的运用，即直接在墙上绘制木炭画，见《圣朝名画评》, 1:450a ; Fraser, 2003, 页 102—103 ; Gesterkamp, 2008, 页 148, 222—223。

6　Fraser, 1996 ; 2003, 页 102。

7　例如，在朝代更替的 10 世纪，一些与早期画作相关的粉本是画家和收藏家趋之若鹜的宝物。画家赵德玄在 10 世纪中期时，从大城市移居蜀地 ; 他携带了超过 100 幅唐及唐前的绘画，其中许多是粉本或他自己的临摹作品 ; 见《益州名画录》, 192a。对四川、云南地区佛教绘画粉本的更多讨论，尤其是与张玄（约 890—930）传统有关的罗汉画和成都大圣慈寺，见李玉珉, 2010, 页 122—134。与大圣慈寺佛教艺术相关的文学渊源，见王卫民, 2005。

8　曹昭（约 14 世纪），《格古要论》，上 :8b ; 文震亨（1585—1645），《长物志》, 5:6a ;《南宋院画录》, 1:1a。

9　葛思康（Lennert Gesterkamp）区分了在准备阶段制作的小样和"为了修复壁画而制作的副本小样"。见 Gesterkamp, 2008, 页 145—164 ; 2011, 页 212, 216, 219（尤其注 41）。山西太原崇善寺收藏的小样，可见中国佛教文化研究所影印（1996）的《释迦世尊应化示迹图》和《善财童子五十三参图》（1456—1458 年间）；也可参考 Murray, 2000, 页 87—89（图 9—12）；金维诺, 1996。

小样帮助了几代北宋宫廷画师修复寺庙壁画。[1] 例如，北宋宫廷多次赞助相国寺修复壁画。[2] 原由契丹艺术家高益（约 10 世纪后半叶）领衔创作的[3]《炽盛光佛九曜》及其他寺庙甬道壁画和廊饰[4]，在原画受损后，由高文进（约950—1022 年后）重绘。[5] 他所依据的画样就是高益所作并保存在北宋内府的壁画小样。其过程包括"以蜡纸模其笔法，后移于壁"[6]，也许这就是一份刺孔粉本。多年后，高文进重绘的壁画又由更年轻的宫廷画家进行修复，而他们所依赖的也正是"内府所藏副本小样"。[7] 尽管壁画修复的一般根据是小样，但郭若虚评价称，每一次的修复都"各有新意"。[8] 直到 14 世纪，艺术收藏家们欣赏一些宋代粉本所表现出的随意自然，热心地进行收集。[9] 虽然缺乏直接的实例，不过一些在中国和日本绘制的图画反映了粉本可能的样子。

例如，一幅日本的纸质白描图《唐本北斗曼荼罗》（图 5.4）反映了唐代或宋代的粉本样式。[10] 此图描绘一佛端坐中央，两边列有星宿众神。天上的随从沿着对角线，整体上向左方移动。画面的上方有星座的象征图案。学者将其构图与敦煌绢画《炽盛光佛并五星》（897 年）作比较。[11] 然而，这幅白描

1　《图画见闻志》，477a，478b，486a，494a。该文献的英译，见 Soper，1951。对于相国寺在社会、政治、文化和艺术方面的研究，见 Soper，1948；熊伯履，1985；段玉明，2004。

2　也可参考 Gesterkamp，2008，页 152—153；2011，页 32，216。

3　Lesbre，2005，页 144，157（注 19）。

4　《图画见闻志》，3:478b。也可见 Lesbre，2005，页 146—147，151—153。高益所作的《炽盛光佛九曜》壁画也许与 897 年的敦煌卷轴《炽盛光佛并五星》（大英博物馆藏，1919.0101，0.31）相似；见 Whitfield，1982—1984，第一册，图版 27；Whitfield 和 Sims-Williams，2004，页 232（图版162）；A. Jing，1991，页 15（图 11）。

5　《图画见闻志》，3:479b。有关高文进，见陈高华，1984，页 204—208；H. Liu，2003。

6　《圣朝名画评》，450b。也可参考 Lesbre，2005，页 148—149。

7　《图画见闻志》，6:494a。也可参见李玉珉，2010，页 133。

8　《图画见闻志》，6:494a。

9　汤垕（活动于 1322—1328），《画鉴》，902a。对汤垕《画鉴》及元代早期艺术品评的研究，见 D. Y. Chou，2004，2005。由高文进设计的弥勒菩萨单张画（984 年）被放置在京都清凉寺的北宋释迦如来木像里面（由奝然上人从中国请回日本）；也许这就是更大的绢画或壁画的一个小样。图版见奈良国立博物馆，1996，页 125（图版 133）。对清凉寺佛像中物品的研究，见 Henderson 和 Hurvitz，1956；奥健夫，2009。京都仁和寺收藏的北宋宫廷画《孔雀明王像》与高文进所画的弥勒相似；见奈良国立博物馆，1996，页 155（图版 158）。更多讨论，见 S. Huang，2002，页 97—101。

10　小野玄妙认为其中国原型可能与唐文宗（827—840 年在位）在终南山见到北斗众神有关；见小野玄妙，1934b，页 31—33，尤其是页 31。滨田隆则将其中国原型推定为宋代产物；见滨田隆，1970，页 90。更多研究，见滨田隆，1970，页 48，88（图 64，122）；A. Jing，1991，页 157（图14），2002a，页 218—220 及图版 4.26；S. Huang，2002，页 68（注 22），358（图 3.4）。该图的正面和背面，见斋藤龙一，2009，页 161（图版 195）。

11　A. Jing，1991，页 156—157（图 14）；2002a，页 219—220（图版 4.23）。另可见 Whitfield，

图5.4 《唐本北斗曼荼罗》，日本平安时代，1148年，纸本，115.5厘米×51.5厘米

图5.5 道教众神朝元图，取自《道子墨宝》，南宋，约13世纪，册页，纸本，34.4厘米×38.4厘米

反映出的是宋代的特点。靠近佛祖站立的五星神——两位女性和三位男性——身着官服；他们很像日本滋贺县宝严寺所藏的南宋北斗神像（图1.25）。再循着画面向右和下方看去，绘有凶猛的力士，他们挥舞着兵器，身上飘带飞舞。根据这种绘画风格和肖像特点，这些人物与克利夫兰艺术博物馆藏《道子墨宝》中的典型星神（图5.5）类似，此克利夫兰画册代表的也许是流传于职业画坊画师间的南宋至元代画稿。[1]由于道教艺术和佛教艺术中都盛行星宿众神的视

1982—1984，第一册，页320—321（图版27）；S. Whitfield 和 Sims-Williams，2004，页232—233（图版162）；H. Lee，2010，图版2.24。莫高窟第61窟甬道中加绘的西夏壁画拥有相同的主题，见 Whitfield，1982—1984，第一册，页320。

1　余毅，1979，页21。克利夫兰画册是职业画坊使用的样本合集，见 Gesterkamp，2008，页162—164。中国画坊活动的个案研究，如擅长地狱十王组画的陆信忠画坊，见 Ledderose，1981a-b；2000，页163—185。对明代浙派画家胡聪和他的画坊，以及与之有关的马画的研究，见 Barnhart，

觉文化，克利夫兰画册可以成为它们任何一方的图像样本。不像克利夫兰画册上的题名写明了每一位星宿神的身份，《唐本北斗曼荼罗》所附的提示性文字却标明了人物服装、腰带、光晕、火焰等需上色的色标（图 5.4）。比如，站在坐佛身前的五位星辰主神旁的色标提示这些人物皆应上白肉色，其他上方的小身星宿则皆为肉色。[1] 佛及其周围星神的轮廓勾画得十分仔细，与此相反，在佛上方、立于蘑菇般云端的小组人物的形象却极简化，不带有任何脸部和身体的细节。这种简略的情况与一些敦煌的构图草稿相似，后者的主要目的在于勾勒出图像的空间布局，而并非提供每一个图案的精准样子。[2]

最为精致的存世小样可见于北宋画家武宗元（活动于 1004—1050）的道教手卷《朝元仙杖图》（图 5.6），原属王季迁家族收藏。[3] 该画水墨绢本，以手卷形式流传下来。画面上有一支长长的行进队伍，其中有三位天君，伴有一行玉女、玉童、金童、护卫和官员，场面壮观。此一天上的仪仗队伍正经过一座长桥，由右向左移动。虽然画中的大部分图像都是完整的，但仍有一些小细节反映出该画属于预备、未完成的阶段，如没有描出叶脉的荷叶轮廓[4]，威仪扇内所画的简略宇宙标志[5]，在某些段落省略了桥栏下的地砖纹饰，等等[6]。每一位神灵上方的长方框形题记写有诸神的头衔，突出了此画稿为绘画成品提供视觉指示或说明的角色[7]，而真正的绘画成品或许就不包括目前手卷上所见的这些框形题记。然而，不像大多数更粗糙而简略的预备画像，该

1993, 页 18；1998。

1 田口荣一，1976—1980，页 289；S. Huang，2001，页 68。可比较本书之前讨论的一些道教图像中的上色提示（图 1.9a，图 1.9c，图 1.12a，图 1.15，图 1.20a-b）。

2 例子可见 Fraser，2003，页 59，69（图 2.4，图 2.9a）。

3 Little 和 Eichman，2000，页 241（图版 74）。该画的标题见于《宣和画谱》，4:75a。部分研究，见徐邦达，1956；Barnhart，1983，页 50—53（图 13）；Cahill，1994，页 93—94；Fraser，2003，页 114—116；Gesterkamp，2008，页 159—161。北京徐悲鸿纪念馆收藏的另一幅传为武宗元的卷轴，见 Fraser，2003，页 115（图 3.4）；李凇，2008。武宗元的更多历史资料，见《圣朝名画评》，1:448b；《图画见闻志》，3:477a-b；陈高华，1984，页 245—262。道教朝元主题绘画的研究，见谢世维，1994；Gesterkamp，2008，2011。

4 例如，金童和玉女手执的荷花叶柄上连着的空白叶子；见中国古代书画鉴定组，1999，第二册，页 78—79，84—85（图版 62，65）。

5 扇子上的玉京山标志只有轮廓，而没有画出细节；见中国古代书画鉴定组，1999，第二册，页 79（图版 62）。可比较永乐宫壁画中道教扇子上的完整标志；见萧军，2008，页 240。

6 虽然桥底下的大部分区域都有一个三角形的砖饰图案，但某一部分却缺少装饰；见中国古代书画鉴定组，1999，第二册，页 81（图版 63）。

7 克利夫兰画册中的一些册页中也有题字，标示出神灵的身份；见余毅，1979，页 5，11—16，19，24—26。

图5.6　武宗元《朝元仙杖图》(局部)，北宋，11世纪早期，手卷，绢本水墨，44.0厘米×580.0厘米

手卷的总体处理如此精良，以至于学者将它视为道教宫观壁画的小样。[1]

　　严格说来，武宗元的手卷并不仅仅是白描[2]，尤其是长衣褶的边缘、发型和发冠等细节，都是先以轻淡的水墨晕染，再加上轮廓线定稿而成的。[3]这些细节模仿了设色画晕染的画法，例如在某　区域上实色，再用线条为上色区

1　徐邦达，1956；Barnhart，1983，页52；Fraser，2003；Gesterkamp，2008，页159—161。
2　对宋代绘画史中白描的研究，见 Barnhart，1970，1976；Barnhart 等，1993，页73—155。
3　有一些可作比较的单色画也显示出相似的画法，如同设色画或壁画，见元代专业画师王振鹏（约1270—1330 年后）的《姨母育佛图卷》，现藏于波士顿美术馆，见 T. Wu，1996，页278—281（图版107）；金代山西画家马云卿（活动于1230 年）的手卷《维摩演教图卷》，现藏于故宫博物院，讨论见 Fraser，2003，页118（图3.6a-c）；14 世纪的画卷《下元水官图》，现藏于弗利尔美术馆，讨论见 Weidner，1986，页8—9（图2）；Fraser，2003，页126（图3.11）。

域加以轮廓线描。此外,该画也反映了壁画制作的手法。比如,出现在卷末为仙仗开路的领头护卫们,全身穿戴着精密的金属甲胄。这些厚重的装备令人想起画家在模仿宗教壁画中常描绘的甲胄质感,尤其是壁画里所见的那种厚重、不透明、浮雕般突起的颜料及质地。[1] 另外,画面中盘旋着一些连绵不断的长线,气势饱满。这种笔法就像是传说中的一些中世纪壁画家的技巧,他们擅长用连续、不间断的长长一笔,在画壁上勾画出巨型人像。其自信而强劲的笔画有"如刀划"[2],如班宗华所说,似乎也保留了当时壁画风格所具有的"戏剧性和生气"。[3] 上述视觉证据显示,此幅手卷与设色画和壁画有关,若将它视为壁画小样,应当也是可行的假设。

团队合作

文献记载武宗元积极参与北宋皇家所赞助的大型道教壁画的绘制,包括现已不存、与史书所载天书降临事件有关的皇家道观,玉清昭应宫的壁画制作。[4] 在 100 位获选参与壁画制作的画师中,武氏为左部之长,与王拙所领的右部合作。[5] 据载,王拙画其中"五百灵官众天女朝元等壁"[6],由此推测,武宗元在对应的墙壁上,可能画了与其类似或可与其配对的主题。[7]

为了完成像玉清昭应宫壁画如此复杂壮观的作品,需要大量画师和工匠进行团队合作。文献资料记载了其他主要的宫廷画师,如高文进和王道真(约977—1014),他们既负责计度,同时也在壁画绘制工作中担任董督之职。[8] 寺观壁画主题广泛庞杂,需要擅长不同主题的画师来参与。除了主要的道教

1　14 世纪永乐宫壁画里浮雕般的武器,见萧军,2008,页 179。

2　这句评价源出于米芾,他批评武宗元在柔软的绢上作画时,却改不了在坚硬的壁画上作画的笔法习惯;见《画史》,981。对米芾《画史》的研究,见古原宏伸,1995;2003,页 197—250。

3　Barnhart,1983,页 52;其在书法线条的变化上制造了"一种在画锋中带有动感的新象",此技巧不见于早期壁画,见同书,页 53。

4　武氏参与玉清昭应宫壁画制作的部分史料,见《圣朝名画评》,1:448b;《图画见闻志》,3:477a;《宣和画谱》,4:75a。

5　《圣朝名画评》,1:448b,452b。在宋代,壁画画师们被分成两组,分别负责东壁和西壁的做法似乎已成为一种惯例;例如中岳庙壁画的绘制,见《图画见闻志》,3:480a。也可参考柴泽俊,1997,页 76;Gesterkamp,2008,页 141—142。

6　《圣朝名画评》,1:452a。

7　徐邦达,1956。根据武氏手卷的长宽比例,葛思康别具新意地再现了壁画的尺寸,见 Gesterkamp,2008,页 160—161。

8　《圣朝名画评》,1:450b—451a。也可参考 Gesterkamp,2008,页 146—147。

神明图像，如太一、天尊、星神、玉女、护卫和其他人物，其他壁画主题还包括山水、建筑，以及与东岳、汾阴地区之祥瑞有关的叙事画题材。[1] 可以想象在庞大的构图中，这些多样的主题可能与神灵图像融合在一起出现，也可能与之分开，以独立的画面呈现。

道士画师

在中国历史上，道士已参与大量主题绘画的制作，如神像画、道教祖师肖像画、列仙传记的叙事画，以及龙图、花鸟、竹石、山水画等。[2] 这些道士画师与多数制作道教绘画的职业画师不同。一般而言，他们将绘画视为其宗教和仪式修行中不可或缺的一部分。有时候，其绘画里的某些视觉特点反映出他们积极投身其中的其他仪式经验。例如，来自蜀地的晚唐道士画师李寿仪（约9世纪晚期至10世纪初期）在绘制道教神像画之前，要斋洁焚香。[3] 又如在9世纪至10世纪的蜀地，流传着张道陵天师画像的灵验故事。[4] 当时

1　山水画师包括燕文贵和庞崇穆；见《图画见闻志》，4:482a-b；《圣朝名画评》，2:454b；楼钥（1137—1213），《攻媿集》，78:5b。燕文贵及其弟子的山水画，见大阪市立美术馆等，1994，页22—23（图版8），330；Lee 和 W. Fong，1967；W. Fong，1975，1992，页87—91（尤其是图版10）；Barnhart，1983，页38—43；陈韵如的研究，收入林柏亭，2006，页246—251（图版40）；Ebrey，2008，页290（图8.7）。负责建筑图像的画师，见吕拙和刘文通传记后的评论；《圣朝名画评》，3:459a；《图画见闻志》，4:486a-b。与东岳和其他地方的祥瑞有关的叙事画，见《续资治通鉴长编》，70:8b—9a；《玉海》，200:35a-b。也可参考 Bickford，2006，页486。对北宋建筑画的更多讨论，见 H. Liu，2002。宋徽宗的《宣和画谱》很好地保留了北宋及之前的道教绘画名录；见 Ebrey，2008，页293—297。中国祥瑞图案的研究，见 Bickford，1999。

2　一些活跃于晚唐至10世纪四川地区的道士，如张素卿、陈若愚、李寿仪和李八师等人，以工道门神像画、肖像画和传记叙事画而著称；见《益州名画录》，190b—191a，198b，200a；《图画见闻志》，2:472a，3:481a；《图绘宝鉴》，860a。对张素卿的研究，见 Mesnil，1996—1997。据说唐代道士胡惠超（又称胡超，约674—713）也曾在道观后壁上画了一幅自画像；见《历世真仙体道通鉴》，《道藏》，第5册，页259b。一位活动于10世纪、来自江南地区的刘道士擅长董源风格的山水画，其特点是绘一道人在左，与之相对的是佛教画家巨然的山水画，绘一僧人在左；见《图画见闻志》，3:481a；《图绘宝鉴》，868a。相关研究，见 Barnhart，1989。10世纪晚期的道士吕拙为宋太宗（976—997年在位）敕建的皇家道观画了一幅建筑样图；见《圣朝名画评》，3:459a。12世纪早期，在宋徽宗周围的道士里，李德柔以从土石中提取朱铅颜料而著名，他也长于传记叙事画；见 Ebrey，2008，页296—297。徽宗身边的另一位道士徐知常可以与他比肩，徐氏擅于道家典教画和叙事画，描绘神仙的故事；见《图绘宝鉴》，861a；Ebrey，2008，页296。在元代，一些活跃于今浙江地区的道士学南宋宫廷画家李嵩和马麟（约1215—1256），工画道释人物，如杭州道士王景升和钱塘道士丁清溪，见《图绘宝鉴》，889b。元代画家黄公望（1269—1354）就是一位全真道士，他的山水画通常被归为文人画。有关研究，见 Hay，1978。

3　《益州名画录》，200a。

4　杜光庭在《道教灵验记》里用整整一卷的篇幅（卷八）记载了天师像灵验的故事；见《道藏》，第10册，页826c—829c。

图5.7　张羽材《霖雨图卷》（局部），元代，13世纪早期至14世纪，手卷，绢本水墨，26.8厘米×271.8厘米

另一位活动在蜀地的道士画师赵可言便因梦见天师而画了一幅张道陵像。他在为人治疗、举行驱邪或祈雨仪式之前，必问天师，其结果无不灵验。[1]

　　前人的研究已将道教龙图与祈雨仪式联系起来。这些龙图与活跃在南宋和元两代的龙虎山（今江西境内）正一道士特别有关。[2]一幅出自三十八代天师张羽材（或称张与材，约1295—1316）之手的罕见的《霖雨图卷》（图5.7）[3]，令人联想到南宋时代任官于龙虎山一带的陈容所绘之《九龙图》（图3.43）。[4]根据方闻的观察，这些龙图的创作者以恣意挥洒的泼墨来表现召雨的法力，"制造出闪电风雨中滚滚浪涛的景象"[5]。那些形态千变万化的龙，若隐若现地穿梭于云雾之中，有些隐于云气之间，另一些则现身而出，动感十足，使得整个画面鲜活了起来。张羽材的手卷展现出画家的灵动笔端所蕴含的充沛之气，使我们想象他摇起笔来，画召龙之道符时，或许也是处于类似此画所反映的

1　《道教灵验记》，《道藏》，第10册，页829a；Mesnil，1996—1997，页153。
2　以龙图闻名并记录在案的道士画师，包括南宋的欧阳楚翁及其子雪友，元代的吴霞以及三十八代天师张羽材和三十九代天师张嗣成（约卒于1344）。见《图绘宝鉴》，4:877a-b；5:889b。对元代龙虎山道士方从义（约1302—1393）山水画的研究，见Neill，1981；W. Fong，1992，页472—473（图版113）；黄立芸，2003。8世纪至9世纪时，龙虎山地区的一支张姓氏族自称是汉代天师道创立者张道陵的后代，该地区因此成为一个重要的道教中心。元、明、清时期编撰的山志，分别见《续修龙虎山志》和《龙虎山志》。更多研究，见Goossaert撰写的简介，收入Pregadio，2008，页702—704。与明代福建画家陈子和有关的道教水墨画研究，见石守谦，1995a；2010a，页329—350。对南宋天师的研究，见松本浩一，1982。
3　W. Fong，1992，页362—365（图版81a-b）；石守谦，2010a，页336（图版223）；Watt，2010，页148—150（图176）。对龙的更多视觉研究，见Ebrey，2011；Purtle，2016。
4　W. Fong，1992，页367；石守谦，2010a，页336。
5　W. Fong，1992，页366。四川地区玉局化里的9世纪壁画《九海神龙》由孙位创作，据说能够响应当地居民的祈雨，有所灵验；见《云笈七签》，122:2689—2690；Verellen，1989a，页118—119；Mesnil，1996—1997，页151—152。有关孙位，见《益州名画录》，1:189a。同样，据说僧人画家贯休（约832—912）的佛教罗汉画像也在祈雨方面颇为灵验；见《图画见闻志》，2:476a。

出神状态。正是这种特殊的墨和笔——道士所必备的两种物品——担当起神奇的媒材，使他在艺术活动和仪式活动之间可以随意切换。

根据石守谦的分析，在陈容和张羽材的龙图中，可以见到泼墨和快速减笔这些常用技巧，这也许反映了只在道士画家圈内所流传的地方视觉传统。若将这种想法应用到更大的范围，我们可在道教修炼者和仰慕者的山水画、花鸟画和植物昆虫画里进一步找到这种特属道教的绘画风格。[1]这在四十五代天师张懋丞（1387—1444）的《撷兰图》里显而易见，该图出土于今江苏淮安的明代王镇夫妇合葬墓中。[2]画者以快而湿润的水墨简笔画出兰叶，颇具道符的笔意趣味。

天地水三官

图像制作的总体过程涉及文本和视觉资料的查找，准备阶段的画稿使用，以及可能不止一位职业画家间的合作。这些步骤有助于我们理解波士顿藏三轴一组的套画之制作。由匿名画师们绘制——也许是南宋宫廷画家——的此套画出自上述职业绘画传统。[3]这组套画共有三轴，各幅分别描绘了天官、地官、水官及其各自的仪仗，像这种三幅一组的套画样式可参考文献所载的宋代宫廷收藏的多套道释轴画。[4]比此套画更早些的同类画作是由9世纪至10世纪的职业画家们所绘制的，如范琼、孙知微、左礼、朱繇和孙位，其中很多位都是活跃于四川蜀地的壁画大师。[5]作为一种新样式出现的轴式套画，它标志着宗教视觉艺术从壁画到可移动轴画的一个重大转变。[6]

1　石守谦，1995a。对15世纪的专业画师孙隆的花鸟画、植物昆虫画中的道教元素的研究，见林宛儒，2010。

2　此图约作于1430年；见石守谦，2010a，页341（图226）；饶宗颐，1993；徐邦达，1987；江苏省淮安县博物馆，1987，页12。

3　与波士顿套画有关的绘画活动的详细分析，见S. Huang，2002，页149—174。

4　北宋宫廷收集的成套三官画像，见《宣和画谱》，2:67b，68a，3:69b—70a，71a-b，4:72b，6:78a。南宋宫廷对同一主题的收藏，见《南宋馆录·续录》，3:10b—11a。

5　《宣和画谱》，3:70a。对这些画师的其他记录，见《图画见闻志》，1:469b，2:471b，474a；《南宋馆阁录·续录》，3:10b，12b，14a；《图绘宝鉴》，2:852a，857a，858b。明代苏州流传的三官套画传为南宋宫廷画家李嵩所作；见都穆（1458—1525），《寓意编》，11a-b。

6　以中国套画为主的一场创新展览，见大和文华馆，1995。对中国艺术史中套画的研究，尤其是对幅，见藤田伸也，2000。雷德侯对南宋宁波画坊地狱十王套画的经典研究也指出，一套十幅立轴可能是挂在拜殿两边的墙上，每边五轴。这是卷轴画的方向告诉我们的，其中五位的脸向左，另五位的脸

在美国博物馆的近期展出中，观者会看到波士顿美术馆藏《三官图》套画的陈列位置是以《天官图》（图5.1）居中，《地官图》（图5.2）位于观者的右边，《水官图》（图5.3）位于观者的左边。[1] 这种横向并置的天、地、水三种力量，对应于道教宇宙空间中纵向的天、地、水三重结构。特别是在南宋时代，三官在道教地府里所扮演的官僚角色，也反映在他们出现于《酆都真形图》里的各种地下洞府中（图2.35）。此外，黄箓斋在此时期也日渐重要，愈发突出了水官的地位[2]，进一步加强了三官在道教仪式里的中心位置。

图5.8　天官线描图（费德里克·比安奇 [Federico Bianchi] 绘）

在《天官图》（图5.1）中，天官及其天庭的朝臣们乘着云端尖尖往上翘的祥云从天而降。[3] 画中的天官正在接受一位官员的禀报。这位官员手持笏板，跪于天官的宝座前，与他呈对角线排列。这也许与法师在道教仪式中存想自己在天庭上呈章文的场景有关。天庭里装饰着华丽的台座摆设和仪仗用品。天官端坐在双层式的台座上。在他的前面有一张矮桌，象征着在存思和仪式中使用的几（图4.2，图4.31，图5.6）。[4] 天庭的各位官员、侍女和将军手执幡、扇、旗、卷状文书、箱盒、笔和包好的方印，这些物品都能与道教仪式场所里的物品对应起来。而且，此画所描绘的祥云蜿蜒曲折的图形效果（图5.8）极为特殊[5]，像极了那些用来召唤鬼神的道符中的典型

则朝右；参见 Ledderose，2000，页180。罗汉画像在家里如何悬挂以及画像前食物供品摆放的例子，见宁波画师林庭珪和周季常的《五百罗汉图》中的"画中画"，奈良国立博物馆，2011，页12（图版1）。

1　按照它们展出时的相对位置再现的《三官图》，见 S. Huang，2005，页68—69（图9a–c）；也可参见 S. Huang，2001，页5—6（尤其是注4），2002，页5。

2　《道门定制》，《道藏》，第31册，页713a。

3　背景的上色技法可与传宋徽宗《瑞鹤图》中使用的技法相比较。见井手诚之辅，2000，页124；S. Huang，2001，页169—170。

4　更多可资对比的几的图像，见河南省文物研究所，1993，黑白图版32—33，45—46；王耀庭，2010，页94—95，100—101。

5　S. Huang，2001，图10；2002，页231，503（图7.10）。笔者感谢巫鸿就此图案所给予的极富

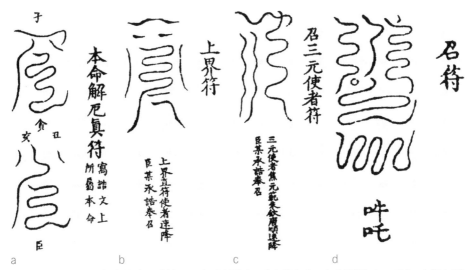

图5.9a-d　由重复曲线构成的道符，取自《道法会元》（局部），明《道藏》（1445），木版印刷，纸本：a.本命解厄真符；b.上界符；c.召三元使者符；d.召符

曲线（图5.9a-d）[1]。

　　观者在离开《天官图》的天界画境后，随之进入《地官图》中以山为主——这在视觉上提示观者，地官所控制的宇宙空间正是天地水三界中的"地界"——的一幅典型的南宋山水画构图。画家将树木与岩石集中于前景的一角，然后再向画心内及画面深处作对角线式的延伸（图5.2）。该画描绘了地官的巡查活动，他鞭打着马匹，正朝着湍流上的一座桥奔去。画中随行的鬼卒和猎鹰暗示着这场出行任务的艰巨。在桥的另一边，也就是画面前景，有一群古怪变形的鬼卒部下，领头者是一位长相凶猛的官人，身穿红袍，头戴黑色官帽，脚踏深色靴子，手持卷形文书。在他身后，跟着两个鬼卒，他们正用绳子拉扯着被逮捕的猿妖和树精。

　　当观者从《天官图》《地官图》转向《水官图》，见到的是一幅喧闹的海景（图5.3）。水官驾驭着一条龙，与带着长戟、锣鼓和文书的随行部从，从海面上奔啸而过。画面中的龙让人想起，它在道教宇宙中不仅是穿梭于天地间的神圣使者，同时也是召雨者。[2]水官之下，有两位骑着乌龟、看起来像

启发性的建议。

1　这些道符重组自《道法会元》，《道藏》，第28册，页825c，736b，760b，713a。也可参考 S. Huang，2001，图11；2002，页503（图7.10）。

2　南宋画轴中的召雨之龙，见陈容的《九龙图》（1244），T. Wu，1996，第一册，页224—235（图

是河神的官人形象。[1] 水官正下方的骑龟者正聚精会神地直视着观者，他那直勾勾的眼神在观者与画面的中心焦点之间建立起了强而有力的视觉联系。画面右下角隐现在海底的屋檐，标志着水官众部的水下总部。在画面的左上角，则是一片暗沉而污浊的天空，一群负责行雷电风雨的兽头人身的神灵正在制造一场暴风雨。在他们的前方，有一位老妪从云中浮现，她正被身旁一位手持卷状文书的官人遣送而去。

　　作为一组三联式套画，这些轴画描绘了天、地、水三个主要宇宙空间中所发生的不同叙事情节。然而，三幅画的构图互相关联的设计似乎亦显示，观者必须将此三幅画合起来，视为一有机、完整的图画设计。中幅《天官图》所描绘的天庭被安排在全套的中心轴，浮在飞云之上。从观者的角度来看，《天官图》右边的《地官图》中之人物动作，呈现由右向左的行进方向，即朝着中间的《天官图》方向行进。而与此相对应的构图安排可见于《水官图》的构图中，其中人物移动及景物布局的方向正好与《地官图》中相反，也就是人物皆由左至右，朝向中间《天官图》轴画的方向移动。地官和水官的侧向姿态及其中心聚焦的构图方向，都显示出他们在道教神系中低于天官的从属地位，以及道教神灵的位阶观乃以中间为最尊，位于观者右边的神位又高于左边的神位。[2]

早期《三官图》的格式

　　波士顿套画的许多图像母题都显示其与早期《三官图》有着视觉上的关联。例如，晚唐画家朱繇曾绘有现已不存的《三官图》套画，这在金代士大夫元好问（1190—1257）的书中[3] 有所记载。[4] 它也是由三个卷轴组成。[5] 在元好问的描述中，其每一幅轴画都具有特定细节的山水背景，《天官图》有桂树和月轮，《地官图》以山崖下的大树为背景，而《水官图》的水官则在一片"海

版83）；1997，页91—95（图版92）。也可参考本书中图3.43。

1　可比较传南宋张敦礼《九歌图》中的河神形象，T. Wu，1996，第一册，页259（图版97）；1997，页195（图91）。佛教海景画中的乌龟，见榆林窟第3窟（12世纪［？]），敦煌研究院，1997，第19册，页190（图版171）。

2　S. Huang，2002，页259—260。

3　《遗山先生文集》，34:455—456。

4　对于金人统治下的学术、文化和艺术环境的研究，见Tillman和West，1995；Laing，1988，2003。

5　《宣和画谱》，3:70a。

涛云气中"。其中的一些母题也与波士顿套画相近：三官皆具"大人相""王者服"，每一位都带领着一队扈从，包括女侍、武卫和鬼卒。[1] 天官凭几而坐，他的从官抱着文书，立于左右。[2] 地官乘白马，其队仗经过山上的大怪树下，一位功曹抱着案牍，拱揖于山崖之下。就像波士顿套画中的树怪一样，地官的队伍中也有一只赤裸的树魅，它正在倒拔一棵树。[3] 水官乘班龙，在海涛云气之中。不过，与波士顿套画中的骑龟者不同，朱繇的画里是一位挟着簿书的掾吏，骑着犀牛，从水府大门出来。[4]

此外，活动于 11 世纪开封的文人与僧侣，还见过另一幅传阎立本（约600—673）的《水官图》，现已佚失。[5] 虽然这幅画轴在当时以单幅的形式流传，但它原本或许也是一组三轴一套的套画之一。禅僧净因觉琏（1009—1090）曾经出示此画于苏轼和他的父亲苏洵（1009—1066），苏洵还为此画题赞。[6] 根据文献记载，传阎立本《水官图》的构图应与波士顿套画《水官图》相似。在一片起风的海面上，水官骑着苍龙，"龙行欲上天"；神灵下有从臣，"左右乘鱼鼋"；其余随从包括八九个长相奇特的人物，"非鬼非戎蛮"，他们分散在水面上，挥舞着长刀和旗帜。该图还表现出了空中的雷电，以及在昏尘中携带着虎囊的风师，这一点和波士顿套画《水官图》可作比较。在阎氏的画中，水官与翼从三神人正在朝天关移动。[7] 除了这些相似之处，苏洵并没有提到在官员陪同下的女鬼，以及在他们身后负责雷电风雨的那群兽头人身的神灵。波士顿套画《水官图》中生动的女鬼场景，或许与宋代的新型救度仪式有关。此外，阎画里还有一位手执雉尾扇的年轻女子侍立于神灵的身边[8]，而在波士顿套画里，没有任何一位水官的侍者是女性。

这些早期《三官图》与波士顿套画之间的联系提示我们，传统的职业画师们可能共享了一个无形的图画画样数据库。就如本书序章中所介绍的两块

---

1 《遗山先生文集》，34:455—456。
2 《遗山先生文集》，34:455。
3 《遗山先生文集》，34:455。
4 《遗山先生文集》，34:456。
5 《东坡全集》，27:13b—14b；陈高华，1987，页 49—50。
6 《东坡全集》，27:13b；陈高华，1987，页 49。有关禅师净因觉琏（又称大觉琏或大觉怀琏），见《禅林僧宝传》（X. 79.1560）：528b—529a；黄启江，1997，页 111—113，226—227，248，253，258—259，282，321—322。
7 《东坡全集》，27:14a。
8 《东坡全集》，27:14a。

6 世纪的道教造像碑是由标准化的模板雕造出来的一样，波士顿套画中的许多神明和鬼怪的形象，皆源于更早期的画作，而此套三联画的画师，以职业绘画传统所流传的定型的人物类型及构图格套为基础，这些母题在这里可能已经丧失了原先特殊的图像学特征（图 0.1，图 0.2a—b）。例如，三官的原型在此套画中就只是格套式的官僚形象，穿着长袍，戴着官帽。同理，随侍于三官身旁的长相凶猛的从官和鬼卒，便是驱鬼者一类的格套化形象。这些图像的类型化反映出，由于宗教绘画以职业作坊的制作模式延续其传统，宗教画也因此进一步地出现标准化的特质。这种用现成样式结组拼构的绘画创作模式，能帮助画师们有效地制作数十、数百，甚至数千的神像画，以满足当时仪式需要召请的神祇不断增加的需求。

图画的格套在中国以外的视觉文化圈中也得到广泛的运用。如汉斯·贝尔廷在对古典时代晚期欧洲肖像制作的研究中，就提及"人物类型"和"现成的格套"。[1] 圣母玛利亚的形象反映了一种常见的"圣像类型"，而圣约翰的形象则是来自"戏剧面具的悲剧变体"。汉斯·贝尔廷为图画格套和戏剧面具之间追加了一个联系，面具的目的在于"隐藏演员个人，而揭示出演员在舞台上表演的那个角色"。然后，他将肖像制作中使用通用类型的做法与新柏拉图主义的西方传统相连，这种哲学喜欢在个体以外寻找"一个普遍的真理"，超越"自然的单一现象"。[2] 在传统中国，虽然不存在一个"理想"类型的资料库，但用以形塑道教神灵的共通格套造成了道教神灵具有面具般的戏剧特质，这些神灵以视觉文化上的生动表演而著称。

与三官信仰有关的年庆

三官在画像中的频繁出现表明，他们在中世纪道教和民间节日中的角色愈发重要。在最早出现的有组织的汉末天师道里，三官手书是主要的道教仪式。另一个与三官有关，并且也是从早期天师道活动发展而来的仪式是三元斋[3]，分别在农历元月十五日、七月十五日和十月十五日举行（图 4.4）。[4] 在早期

1　Belting，1994，页 132。
2　Belting，1994，页 132。
3　《无上秘要》，《道藏》，第 25 册，页 189b。最近的研究，见吕鹏志，2011。
4　《无上秘要》，《道藏》，第 25 册，页 189b。也可参考 Lagerwey，1987，页 30—31；Little 和 Eichman，2000，页 19。

天师道的形成时期，这些仪式和神灵业已出现，相应的仪式也在每年举行。[1]

在 5 世纪，三官与另一组道教神灵三清会合在一起，他们是高级神灵，代表着中世纪道教的主要教派[2]，掌管着庞大的官僚机构，审视着人们的行为，决定着个人的命运。[3] 根据 5 世纪灵宝经《太上洞玄灵宝三元品戒功德轻重经》（DZ456），天、地、水三官分主上元、中元、下元世界，拥有九府、百二十官员和数以亿计的下属。[4] 三官的审判者角色为人所知，他们检查人的道德行为，并将所有行为记录于正式的簿籍里，积了功德的人被记在青簿里，做了恶事的人被记在黑簿里。[5]

到了唐宋时期，三官进一步融入国家礼仪和民间节庆中。在唐代，三元节被指定为国家节日，分别在上元日、中元日和下元日庆祝。[6] 由于前两个日子分别与元宵节（农历新年后）、佛教盂兰盆节重合，对它们的记载特别详细。

上元节在农历元月十五日，与天官赐福有关。在宋代，城中张灯，保持三至十八日不灭，皇室成员——包括皇帝——将会临幸大型的国家道观或寺庙行香。[7] 竖立在城门和主要寺观附近的无数山棚尤为壮观。[8] 例如，正对着宣德楼的山棚悉以彩结，皆画神仙故事，或坊市卖药卖卦之人。[9] 数万盏灯照亮了当地，人群在上元节夜晚蜂拥而至，争相一睹帝王的仪容。午夜后，皇帝回到大内，所有的灯一时尽灭。[10]

传出自宋徽宗之手的院体杰作《瑞鹤图》（图 5.10）已得到了很好的研究，

1　Kohn，2001，页 71。

2　《遗山先生文集》，34：456。更多研究，见 Robinet，1995；Kohn，2003a，页 32，137，217。

3　秋月观暎，1961；大渊忍尔，1985；李丰楙，1999，页 53—110。

4　《太上洞玄灵宝三元品戒功德轻重经》。也可参考 Schipper 和 Verellen，2004，页 230—231。可比较另一部相近的唐代道经；见《太上太玄女青三元品诫拔罪妙经》（DZ36），《道藏》，第 1 册，页 836a—837c，841a，844b-c。

5　青簿与黑簿，见《太上洞玄灵宝三元品戒功德轻重经》，《道藏》，第 6 册，页 875a，875c，876b，877a，879b，883a-b。三官所记载的六十项"三元品戒罪目"，见页 880a—883a。英译见 Kohn，1993a，页 100—106；2003a，页 137；2004b，页 187—194。也可参考 Schipper 和 Verellen，2004，页 230—231。

6　《太上洞玄灵宝三元品戒功德轻重经》，《道藏》，第 6 册，页 883a。对三元节的更多讨论，见李丰楙，1999，页 73—87；王秋桂，1990。

7　北宋上元节的部分记载，见徐松（1781—1848），《宋会要辑稿》，"帝系十"，1—8；"乐五"，37；"礼五一"，19—20；"礼五二"，9；"礼五七"，27—28。

8　《宋会要辑稿》，"帝系十"，1—2；"礼五七"，28。

9　《宋会要辑稿》，"帝系十"，1—2；"礼五七"，28。

10　《宋会要辑稿》，"帝系十"，1—2；"礼五七"，28。

图5.10   传宋徽宗《瑞鹤图》（局部），北宋，12世纪早期，手卷，绢本设色，51.0厘米×138.2厘米

它描绘了在 1112 年上元夜出现的非凡之鹤。[1] 毕嘉珍（Maggie Bickford）评价该画是徽宗传世的瑞图画作中，那种"不透明颜料所造成的美和引人注目的图案"，"令人印象最为深刻的"。[2]《瑞鹤图》捕捉了二十只白鹤群集北宋宫殿之上的夜间奇景，颤动的鸟鸣声与殿内的礼仪音乐融为一体，"都民无不稽首瞻望，叹异久之"[3]。一张北宋缂丝挂毯（图 5.11）与徽宗的这幅画相似[4]；也许它曾经是这幅画的原型，或者反映了由它引起的物质转变。[5] 在 1112

---

1   对于该画的研究，见 Sturman, 1990；Bickford, 2002—2003，尤其是页 81—84, 2006，页 459—464；Ebrey, 2000，页 101—102（图 4），2008，页 126（图版 21）；Barnhart, 1997，页 123—124。
2   Bickford, 2002—2003，页 82。
3   Sturman, 1990，页 33；Bickford, 2006，页 461。后记的复制品，可见傅熹年，1988，第三册，页 97（图版 47）。与徽宗朝廷有关的鹤图，见 Schafer, 1983，页 384；Ebrey, 2000，页 102—103（图 6）。
4   W. Fong 等，1996，页 248—249（图版 127）；Bickford, 2002—2003，页 82—83（图 9）。更多中国纺织品和刺绣品，见中国织绣服饰全集编辑委员会，2004—2005，第 1—2 卷。
5   可比较 1993 年在河南登封附近的王上村发掘的金墓墓顶上的鹤图；见郑州市文物考古研究所，2005，页 180—181，190—191，193—195（图版 225—226，235—236，238—240）；Wu Hung, 2010，页 58—60（尤其是图 55—56）。

图5.11　《仙山楼阁》（局部），北宋，12世纪早期，册页，缂丝挂毯，28.2厘米×35.8厘米

图5.12　瑞鹤旗（局部），取自《皇朝礼器图式》，木版印刷，纸本

年的瑞鹤奇景之后，朝廷于1116年敕令在皇家威仪中加入瑞鹤旗。[1] 虽然宋代资料中没有这种旗帜的插图，但它或许是清代皇家瑞鹤旗的原型（图5.12）。[2]

　　到了南宋，首都杭州城里仍然保留着上元节传统。如新建的皇家景灵宫里结有灯楼，也许就与北宋所建的山棚相近，用来迎接天官。[3] 另外，国家诸狱会举行特别的斋醮仪式，驱除邪灵。[4] 或许最吸人眼球的是由朝廷支持的歌舞者的游行队伍，他们化了妆，身着各色服饰，戴着不同的戏剧脸谱，穿过整个城市。除了娱乐大众，这支队伍的目的还在于赶走不幸、召来好运，延

1　《宋会要辑稿》，"舆服二"，2；"瑞异一"，23。虽然在北宋《三礼图》中有皇家旗帜的图案样本，但是并无绘有瑞鹤的旗帜；见《新定三礼图》，9：121—122，124—125。
2　爱新觉罗·允禄（1695—1767），《皇朝礼器图式》，11：11a。有关宋代皇家威仪旗帜的更多讨论，见 Ebrey，1999b，尤其是页53—54。若比较五代、宋、金、辽墓中所绘的鹤图，可见河北省文物研究所等，1998，图版1—2；河北省文物研究所，2001，图版12，15，16，31，33，47—48，79—80，83—84；郑州市文物考古研究所，2005，页180—181，190—191，193—195（图225—226，235—236，238—240）。对中世纪中国文学中记载的茅山之鹤的研究，见 Schafer，1983。在11世纪，著名的6世纪摩崖石刻书法作品《瘗鹤铭》的残石被发现，相关研究见 L. Xun，2009。
3　中国道教协会研究室，1991，页268—269。《宋史》，"礼志第六十二"，109。
4　《梦粱录》，1：140。

续着每年年初古老的驱邪传统。[1]

在农历七月十五日庆祝的中元节是向地官致敬的日子，在唐宋时期，它与佛教的盂兰盆节融合在一起，并与祭祖相连。[2]这一天，信徒们涌入道观佛寺，希望能从地府里解救鬼魂和祖先，救度他们。在道观，羽士们诵读《度人经》[3]，主持普度醮，向所有游魂施食，实现普度。[4]与此同时，佛寺举办盂兰盆会，在寺院里的戏台上演《目莲救母》。[5]禁中车马从宫殿动身，前往皇陵致祭，祠部官员则下令建立道场，为阵亡沙场的军人焚钱山。他们也会在河上放出万盏江灯，以享江河鬼神。[6]

致敬水官的下元节在农历十月十五日。与上元和中元的传统一样，皇宫里将燃灯三日，皇室成员在皇家寺院里祭祀祖先。[7]此外，百姓通常在当日沐浴斋戒[8]，大型寺观会举行醮仪。[9]开封上清宝箓宫的醮仪尤为灵验。当夜，长生大帝和青华大帝降临神霄殿。[10]下元节及其仪式的资料虽然不像上元节和中元节的记载那么丰富，但水官在道教救度仪式里占据着重要地位，他是黄箓斋中的首席神灵。[11]

图画格套

除了与三官有关的构图和传统节日，波士顿套画丰富的视觉资料库还揭示了道教绘画活动的另一面：传统中国职业画师们共享的部分绘画格套的流传和运用。从视觉的角度来看，制作一幅如波士顿套画那样的道教绘画可以

1　《梦粱录》，1:140。可比较《东京梦华录》，5:35。
2　陈元靓（约1225—1264），《岁时广记》，29:942，953，30:969—970；《咸淳临安志》，75:4，8，10；《梦粱录》，15:257。也可参考吉冈义丰，1959，页369—411；李丰楙，1999，页53—110；Teiser，1988b，页35—42。
3　《岁时广记》，10:324，29:941—942。
4　《咸淳临安志》，75:4，8，10；《梦粱录》，15:257。
5　《东京梦华录》，8:49—50。
6　《东京梦华录》，8:49—50；《梦粱录》，4:160；四水潜夫，《武林旧事》，3:381；西湖老人（约南宋），《西湖老人繁胜录》，111。
7　《岁时广记》，30:974，37:1155；《宋会要辑稿》，"帝系十"，2，8，"礼三"，1，"礼二九"，28，"礼五一"，19—20。
8　《岁时广记》，37:1154。
9　《宋会要辑稿》，"瑞异一"，23。
10　《宋会要辑稿》，"瑞异一"，23。
11　《道门定制》，《道藏》，第31册，页713。

被想象为这样一个过程：画师有意地选择、运用、再创造、编辑和重组特定的绘画格套，它们在《三官图》套画里有组织的呈现，产生了三官的"真形"。

三种主要的图画格套奠定了波士顿套画所展现的图画语汇的基础：《天官图》中的降临图模式（图 5.1），《地官图》中的出行图格套（图 5.2），以及《水官图》中的渡海图格式（图 5.3）。上述不同的图画格套之共同点乃在于，画家对描绘这些行进中的神灵动感十足之姿态的兴趣，画面中的他们正在行进之中，好像正处于某种旅程。这也见证了，无论是道教或佛教，有一股新的宗教视觉的潮流正在酝酿当中。

天界的降临

《天官图》的作者将天庭放置在一大簇沿着中央纵轴作对角线延伸出去的云团之上。云团尖尖的尾端向画面上方延伸，暗示着天庭的众仙正在由上往下下降。与之相对，出现在画面右下角的小云团，则暗示着它由下往上升的状态。那么，这整个场景就可被解读为天庭众神与正跪在他们面前的官人的一场神奇相遇，与此官人一起上朝天庭的使者，则站在大簇云团外面的小云团上等候着。

《天官图》应属于井手诚之辅所提出的"圣像降临图"模式[1]，这样的图式在南宋道释画中很流行。可作比较的其他画作，如日本宝严寺和瑞泉寺的《北斗众神像》（图 1.25）和《星宿图》（图 1.26a-b），描绘了官僚式神灵降临到地狱的《地藏十王图》，描绘了一群饿鬼从天空降临的日本新知恩院《六道绘》等。[2]最后，由宁波画坊画师林庭珪和周季常作于 1177 年和 1188 年间的百轴《五百罗汉图》中，也有多幅轴画是以罗汉的神秘降临为特色的，这些罗汉代表早期佛教中已断除生死烦恼、达到无余涅槃之至境的圣僧（图 5.13）。[3]

1　井手诚之辅，2001，页 61—66；2008。

2　这些画像都被收录在最近一次展览中，该展以与宁波相关的南宋、元代绘画为主，见谷口耕生撰写的词条，收录于奈良国立博物馆，2009，页 312—314（注 118—119，注 121—124）。

3　《五百罗汉图》中更多降临的视觉例子，见奈良国立博物馆，2009，页 115—116，120，122—125，149；铃木敬，1982—1983，第四册，页 17（JT10—001，44/100），18（JT10—001，51/100），22（JT10—001，100/100）；W. Fong，1992，页 344—345（图 145—146）；S. Huang，2002，页 433—434（图 4.34，4.35），2005，图 6，66。这 100 幅原画于 13 世纪被运到日本，之后转给京都大德寺，其中有六幅是 17 世纪画家狩野尚应的复制品，原作已散失。方闻指出，还有两幅是室町时代的早期复制品，以前没有被注意到。部分卷轴现藏于波士顿美术馆，两幅在弗利尔美术馆，其他 88 幅分别藏于日本大德

《五百罗汉图》套画反映了当时中国民间对这些佛教圣僧的信仰。[1] 它的仪式寓意特别强烈，其中有些画轴描绘了罗汉降临在俗人家中的坛场[2]，有些则描绘了罗汉降临于寺庙大殿（图5.13）。[3] 在那里，有香炉供香、供品、神像画等迎接着罗汉的降临。[4] 井手诚之辅认为，《五百罗汉图》套画与宁波东面的东钱湖地区之佛教背景有关，香火兴盛的当地天台寺院曾鼓励信众们出资建水陆法会和其他救度仪式，超度亡魂。[5]

从视觉的角度来看，这些降临图的主要构图法则就是在一个垂直的画面上，以对角线的构图配置一群人物呈向下降临的动作。此外，某些画作中，在这些降临中的群像的另一端，尚绘有与之相对应的母题，如地狱中的鬼魂、私人佛坛中的信士，或是寺观外的力士等，他们代表降临中的神明的最终目标（图5.13）。将神灵描绘成如此降临的样式，生动反映了僧人和道士在救度仪式中所实施的召请节次。

道教朝元图式

上述独具创意的降临图式与某些道教神仙图——尤其是"朝元图"，即描绘神灵列队朝觐元始的图像——有着相似的图画格套原则。[6] 如武宗元的《朝元仙杖图》（图5.6）、四川大足南山三清古洞的南宋石刻（图5.14）[7] 以及14世纪的永乐宫壁画（图1.11a-b，图2.18），都是此类道教朝元图式的最

寺、京都国立博物馆和奈良国立博物馆。更多信息，见 W. Fong, 1992, 页375—376（注21）；井手诚之辅，2001，页66，2009，页254。对这套作品的更多研究，见 W. Fong, 1958, 1992，页269，272，287，343—345，348，361，366，375—376，386（图115—116，119，144—147，149，154—155，160）；井手诚之辅，2001，页66—70；2009a；2009b；2011；S. Huang, 2002，页132—146；Levine, 2005，页287—313。

1 中世纪中国民众崇拜不同组合的罗汉，如十六罗汉、十八罗汉或五百罗汉。有关罗汉信仰，见道端良秀，1983。

2 奈良国立博物馆，2009，页114；井手诚之辅，2001，页66（图76）；S. Huang,2001，页433（图4.34），2005，页65（图4）。

3 奈良国立博物馆，2009，页120；S. Huang, 2001，页433（图4.33）。

4 有关《五百罗汉图》和佛教仪式，见 S. Huang, 2002，页134—136；井手诚之辅，2009，页256—257。

5 井手诚之辅，2000，页127—134，2001，页60，2009，页256—257；奈良国立博物馆，2009，页167。

6 对道教朝元图及其与仪式的关系的研究，见 Hsieh, 1994；Gesterkamp, 2008, 2011。也可参考张勋燎和白彬，2006，第四册，页1204，1206。

7 重庆大足石刻艺术博物馆，1999，第四册，页11（图版12）。第五洞的更多图像，见页1—13（图版1—14）。对该洞的更多研究，见胡文和，1990；李小强，2003；A. Jing, 2011。

图5.13　罗汉降临寺庙大殿（局部），取自林庭珪和周季常画坊，《五百罗汉图》，南宋，1177年—1188年，立轴，绢本设色，111.5厘米×53.1厘米

图5.14 道教众神朝元浮雕，重庆大足南山第5窟中心柱左壁（局部），南宋，160.0厘米×175.0厘米

佳图例。[1] 学界已将横向的队列图式追溯到更早期的皇家仪仗图式[2]，例如在河南龙门、巩义的一些佛教石窟寺的出口墙壁上，布满了6世纪皇家队伍出行的石刻。[3]

[1] 三清殿壁画，见萧军，2008，页84—179。更多研究，见 Hsieh，1994；A. Jing，1994b，2002b；S. Huang，1995，页7—37；Gesterkamp，2008，页173—184，2011，页76—97。

[2] 在1993年台湾大学举行的有关正仓院宝物的公开讲座上，武佩圣将武宗元卷轴中的许多物品与唐代皇室赐给圣武天皇（724—749年在位）的正仓院仪式器具相联系。最近一次的正仓院宝物展览图录，见奈良国立博物馆，2008。也可参考 S. Huang，1995，页12—13。朝元图主题与更早的视觉格套的更多比较，如与佛教奉献者和中世纪中国墓葬里的队列场景相关的格套，见 Gesterkamp，2008，页71—87；2011，页57—74。

[3] 美国大都会艺术博物馆和纳尔逊艺术博物馆（Nelson-Atkins Museum of Art）现分别藏有河南龙门宾阳中洞的北魏浮雕残片，见 Mc Nair，2007，页38—44（图2.7，图2.9）。更多刻画了类似皇家出行队伍的北魏浮雕，可见河南洛阳东北面的巩义小平津第1、第3和第4窟的南壁；见河南省文物研究所，1983，图版36—41，103，143—149，216—219。更多讨论，见 S. Huang，1995，页13—14。

图5.15a-b　道教朝元的线描图（根据道士戴知在墓南北两壁上的石刻，绘制），北宋，1094年，江西阁皂山

　　与此近似的横向队列式的人物安排可见于北宋墓葬艺术中，用来表现墓主通向他界之旅的图像。在江西阁皂山[1]北宋道士戴知的墓（1094年）里，两壁上有列队场景的石刻，并且互为镜像。考古调查报告所发表的石刻线描图（图5.15a-b）再现了两组队列，每组由七位乾道组成，他们身着官袍，手持笏板。[2]根据考古记录，队列场景出现在此墓的南北两壁上，与描绘天上宴席的后部西壁并置。[3]其整体设计突出了墓主渴望参与天上朝元的愿望。墓志铭也证明了这点，其中提到戴知在羽化之前，梦见自己"海山朝元"。[4]他受掌管生死的

1　阁皂山是道教的第三十三福地，与葛玄和灵宝相关。从晚唐至晚元时期，它一直是道教灵宝派的中心。更多资料，见 Goossaert 撰写的简介，收入 Pregadio，2008，页447—448；江西省文物考古研究所，1991，页98—99。

2　江西省文物考古研究所，1991，尤其是图5—6；张勋燎和白彬，2006，第四册，页1189—1213，尤其是页1203，1205。

3　张勋燎和白彬，2006，第四册，页1201—1202。

4　墓志铭，可见江西省文物考古研究所，1991，页97—98；张勋燎和白彬，2006，第四册，页1191，1201。

东华帝君所召，任职于帝君的宫殿。[1] 墓志铭的最后以一段发愿结尾："朝元仙岛，玉醴金草。庆及后昆，宜尔子孙。"[2]

1998 年，在河南省新密市平阳镇发现了一座俗人墓（1108 年），里面也有朝元类型的图像（图 5.16a-c）。[3] 在墓室仿木构斗拱造像上方的穹顶墙面，绘有一对夫妇正在穿越一座三曲桥，随身陪伴着一群手持小箱子和幡旗的女侍（图 5.16a-b）；相邻的图像是一座浮在云间焕发天光的天上宫殿（图 5.16c）。在《道藏》所收许多南宋仪式文献中所见之插图里，也有类似三曲式的通天桥和宫殿的表现（图 4.24a-c），我们或可据此将该墓室壁画中的渡桥图直接与宗教的"转化"或"救度"意涵联系起来。[4]

总结而言，上文所分析的朝元图像强调了人物沿着水平方向的行动。他们的横向行进与降临图中所表现的垂直或对角线行进方向形成有趣而鲜明的对比。这两种图式的差异，很可能是由不同的图像格式和媒材所造成的。武宗元手卷和永乐宫壁画所采用的水平式构图，反映的是宫观壁面的格式，其横向的宽度通常大于纵向的高度，如永乐宫三清殿两旁的壁面尺寸比例就是如此。[5] 这种水平方向的构图，与波士顿套画或其他前举之南宋降临图所突出的垂直或对角线式行进方向完全不同。后者通过立轴的垂直格式，在尺寸的极限内，以对角线的构图，达到画面的最佳利用，展示了从上至下的动感型画面。此外，朝元图和降临图的相异之处还体现在画中人物在宇宙空间中的行进方向：朝元图中的人物正在"去"天界的路上，而降临图中的神灵正从相反的方向——天界——而"来"。

存思活动

道教从中世纪早期就开始使用存思图像，因此这些图像表现的传统格式也可能成为南宋绘画的图式源流。如《道藏》所录之唐代《上清八道秘言图》

1　东华帝君是武宗元手卷中的三位男性主神之一。张勋燎认为他与东王公是同一人；见张勋燎和白彬，2006，第四册，页 1204。

2　江西省文物考古研究所，1991，页 98；张勋燎和白彬，2006，第四册，页 1191。

3　郑州市文物考古研究所，2005，页 41—54；图版，见页 48（图版 64）。

4　对早期及中世纪中国的升天图样式的研究，见 L. Tseng，2011；张倩仪，2010。

5　葛思康指出三清殿东壁壁画长 27.92 米，高 4.38 米；见 Gesterkamp，2008，页 160。对武宗元手卷与现存壁画尺寸的更多比较，见 Gesterkamp，2011，页 224—227。

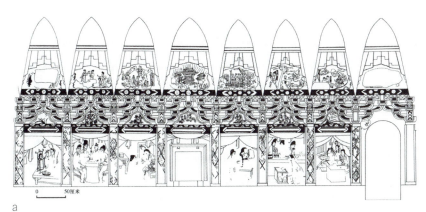

a

b

图5.16a-c 一对俗人
夫妇的单室墓的穹顶
壁画，北宋，1108年，
河南省新密市平阳
镇：a.墓葬壁画的线描
图；b.亡者夫妇的队列
通过三曲桥，东北壁
上部（局部）；c.云间
散发着天光的天上宫
殿，北壁上部（局部）

c

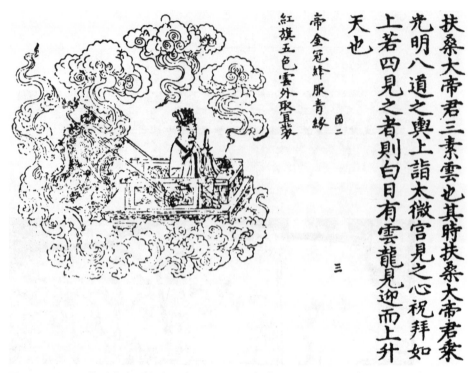

扶桑大帝君三素雲也其時扶桑大帝君乘
光明八道之輿上詣太微宮見之心祝拜如
上若四見之者則白日有雲龍見迎而上升
天也

帝金冠絳服青緣

紅旗五色雲外取其表

圖二

三

图5.17　夏至，扶桑大帝乘舆在三素云之上，取自《上清八道秘言图》（局部），明《道藏》（1445），木版印刷，纸本

（DZ430），就附有可能是此类图式原型的插图（图 5.17）。[1] 薛爱华认为，八道指八种宇宙之光，它们组成了"日月运行的神秘轨道"。他指出，存思图诀所附之插图是一种视觉辅助，借助这些插图，道教信徒可"透过（存想）盘旋在神灵车舆周围薄雾的颜色"，进而定位和辨认那些在不同时间经过这些宇宙轨道的神灵。[2] 由于颜色是存想中的重要线索，原来中世纪经典所附之插图很可能上有多种颜色。[3] 这些插图描绘道教神祇乘舆驾云而来。例如，第四幅插图与夏至的存想活动有关 [4]，官僚打扮的扶桑大帝坐在盒状的车舆里，悠行于三素云之上。

1　贺碧来认为这是一部唐代道经，并且是另一部更早的六朝道经《上清太上帝君九真中经》（DZ1376）的插图本。见 Schipper 和 Verellen，2004，页 144—145，617。另一个非插图本，见《云笈七签》，51:1127—1131。
2　Schafer，1986，页 673。
3　可比较《道藏》中的其他插图，在中世纪中国，它们可能原来也是多彩的形式；见本书中的图 1.6—1.9，1.12a-b，1.13。
4　《上清八道秘言图》，《道藏》，第 6 册，页 681b。

图5.18　云端上降临的天舆（局部），取自传李公麟《九歌图》，南宋，1190年后，手卷，纸本，33.0厘米×81.8厘米

　　类似图像的流传也可在宋画中看到，例如现藏于辽宁省博物馆的传李公麟《九歌图》白描手卷（图5.18）。[1] 研究者已将这幅画定为南宋时期的作品，约在宋光宗（1190—1194 在位）继位之后，即 1190 年前后。[2] 画中的主神也身着官服，坐在一辆精致的盒状车舆里，顶上有精美的华盖。前有双龙牵拉，四位天将陪同其旁。其他随侍官曹排列在车舆的两边，其中两位官员骑马，十位侍从手持仪仗。在云端上的他们沿着对角线而降，慢慢接近众山，从高处鸟瞰，一群建筑被众山包围着。因为克利夫兰艺术博物馆藏《道子墨宝》册页中也有相似的图像（图 5.19）[3]，显然，我们便可推测，这种从云端降临

<hr />

1　中国古代书画鉴定组，1999，第五册，页 108—115（图版 91—98）；对该画的更多讨论，见同书页 22 的图释；古原宏伸，2005，页 160。《九歌图》的研究，见 Del Gais Muller，1981，1986；古原宏伸，1974，no. 65，页 148—149，2005，页 153—191；T. Wu，1996，第一册，页 256—261（图版 97），第二册，页 87—88，1997，页 194—196（图 91）；Murray，2007，页 68—69。可比较一幅相近的图像，在李公麟《孝经图》中，有一位君王似的人物坐在战车里，周围都是他的扈从；见 Barnhart 等，1993，页 90—91（图版 1）。

2　研究者作出这样的推断有很多理由。首先，每幅插图的题记避讳了宋帝的名字，最近的就是光宗的名字。其次，就风格而言，无论是画还是题记的书法，都带有南宋时代特征。再次，画后有南宋官员洪勋的印章。感谢卢慧纹向笔者提供对题记书法风格的看法。

3　余毅，1979，页 3；S. Huang，2001，页 25（图 8）。

图5.19　道教神祇出行队伍，取自《道子墨宝》，南宋，约13世纪，册页，纸本，34.4厘米×38.4厘米

的神仙车骑图便是当时的职业画家们广泛使用的一个标准图像。

地界的出行

从职业画坊制作的角度来看《地官图》，班宗华的观点令人信服："线描、笔墨、设色和构图"全都反映了"制作图像所需的制式操作步骤"（图 5.2）。[1] 事实上，这幅画中的山水和人物极可能出自不同人的手笔。[2] 山水部分融合了北宋李成和郭熙画派的风格（状如卷云的山石和蟹爪形寒林）以及南宋院体（多瘤的树干和长而优雅的树枝）[3]，起到一个舞台布景的作用。山水部分的插入

1　Barnhart，1997，页 106。
2　S. Huang，2002，页 162。
3　对该画山水风格的更多讨论，见 S. Huang，2002，页 159—164。

为地官图的叙事情节提供了一个背景，看起来可比对 12 世纪宁波画坊画家们制作的《五百罗汉图》山水背景那种已规格化、装饰化的形式。[1] 这也表明，画家们从他们的画样或粉本里挑选了某种类型和设计，进而完成这幅画。

出巡图式

《地官图》的主要场景在画面中央，描绘了骑在马背上的地官出巡他的疆土（图 5.2），一队随从陪伴着他并手执华盖和其他威仪。这个画面正符合职业画家们所周知的一种类型，正如克利夫兰画册中的一幅道教帝王出巡册页所画的那样（图 5.20）。[2] 像地官一样，画册中的骑马帝王将头转向后方，检阅他的扈从。两位随从分别手持斧和剑，走在队伍最前端，开通道路。其中更接近观者的一位正转身，回看着其他队员。《地官图》的样式与之相若，由两位拿着斧子的武官引路。背对着观者的那位武官也在回看着他身后的队伍。相近的母题也被运用于稍晚的寺观壁画和 14 世纪、15 世纪的壁画小样中。[3]

《地官图》的出行图像也受到了绘画传统中"出巡图"主题的影响，其图像的基本格式包括一位统治者与一群护卫和使者。如巨轴《望贤迎驾图》（图5.21）足以表明这种关联。它的画风反映了刘松年（活动于 1155—1218）和李嵩的南宋院体风格，可能是一幅 13 世纪早期的宫廷画。[4] 其山水背景与《地官图》的类似，画面右边的高耸大树和右下角的岩石灌木形成了画心所描绘的皇家队伍的边框，就连这两幅画中的精致华盖都很相似。

伏魔

《地官图》中另一个突出的主题是伏魔，出现在构图的前景（图 5.22）。作画者一定非常熟悉当时所流行的钟馗图像。传说中的钟馗原是一位唐代官

---

1 S. Huang，2002，页 137—139，159—163。

2 余毅，1979，页 4。也可见 Cahill，1994，页 96（图 3.24）；S. Huang，2001，页 28（图 15），37。可比较一幅在黑水城出土的 12 世纪西夏（1038—1227）多闻天王绢画（佛教中的北方守护神）；见 Piotrovsky，1993，页 218—219（图版 54）。

3 后期壁画中仍然保留了骑马者及其扈从的图式。现存例证包括山西汾阳五岳庙壁画（1326 年）和山西太原崇善寺壁画（1483 年）的小样。五岳庙的图像，见 S. Huang，2002，页 238（图 7.15），506；刘永生和商彤流，1991；柴泽俊，1997，页 74—79；Gesterkamp，2008，页 141，144，152，259—260。1483 年的小样，见中国佛教文化研究所，1996，《释迦世尊应化示迹图》，图版 23；金维诺，1996。

4 图版，可见傅熹年，1988，第四册，页 24—25（图版 19）。对该画的更多讨论，见李霖灿，1973a；Laing，1975；S. Huang，2001，页 28（图 16），37，2002，页 87—92，165—166。

图5.20 道教众神出巡，取自《道子墨宝》，南宋，约13世纪，册页，纸本，34.4厘米×38.4厘米

图5.21 《望贤迎驾图》（局部），南宋，13世纪，立轴，绢本设色，金粉，195.1厘米×109.5厘米

图5.22 一位官员和鬼卒们正在押送树怪和猿猴,《地官图》(局部),南宋,立轴,绢本设色,金粉,125.5厘米×55.9厘米

人,死后成为冥间的捉鬼者。他的故事在中国民间传说和视觉文化中广泛流传。[1]一位历经宋元改朝换代的杭州画家龚开(1222—1307),就绘有一幅《中山出游图》(图 5.23)[2],表现了钟馗和他的鬼卒们列队出行。捉鬼者被描绘成总司令,穿戴着官帽和官靴,身后跟着其他臣服于他的鬼卒们,一起

---

1 对民间文学中的钟馗的研究,见胡万川,1980。对钟馗和大傩的研究,见 Von Glahn,2004,页 104—106,122—128。一幅以大傩为主题的南宋绘画,见孙景琛,1982;S. Huang,2002,页 78—80;孟凡玉,2011。

2 Lawton,1973,页 142—149(图版 35);Little,1985,尤其是页 95(图 26);H. Lee,2010,页 236—238(图版 E. 9)。可比较元初两位职业画家颜辉和颜庚的钟馗出行手卷,现分别藏于克利夫兰艺术博物馆和纽约大都会艺术博物馆;见 S. Lee,1962,1993;W. Fong,1992,页 368—373(图版 82a—b,图 157—158);S. Huang,2001,图 27,34。文徵明和仇英合画的《寒林钟馗》是钟馗画中独特的一类,反映了明代文人对民间文化的具有创意的回应,相关研究见石守谦,2008;2010,页 243—268。

图5.23 龚开《中山出游图》，元代，13世纪晚期，手卷，纸本水墨，32.8厘米×169.5厘米

出来捕捉那些被吊在杆子上的小鬼们。[1] 在画作末端的第八首题诗里，诗人宋无（1260—1340）将钟馗与关押着罪人的道教酆都地下世界相联系。[2] 事实上，在南宋地府绘画中，钟馗作为一名称雄于他界的凶恶、低等的官员形象，早已成为一种制式化的人物类型，例如宁波画坊出品的《十王图》[3]，以及克利夫兰艺术博物馆藏《道子墨宝》画册中所保存的诸多地府图像。[4]

　　《地官图》中的伏魔场景（图5.22）令人想起4世纪葛洪《抱朴子内篇》里提到的道教入山。他记录了众多有害的山中之怪，它们以各种形式现身。[5] 比如，有大树"能语"者，其精名为"云阳"，它躲在树干里，与行者说话来迷惑他们。另一种无害的"百岁木之精"，则隐于一种古树之中。[6] 还有其他多种多样的山怪，它们虽然是虎、狼、老狸、鹿、猿、羊、犬、猪、龟和

1　可比较宣化张文藻辽墓（1093年）前室拱门顶部的五鬼图；见Wu Hung，2010，页228（图版222）。

2　宋无题诗的英译，可见Lawton，1973，页146—148。

3　W. Fong，1992，页336—341（图版74a-g）。南宋宁波画坊制作的佛教绘画的部分研究，见Ledderose，1981a-b，2000，页163—185；W. Fong，1958，1992，页332—348；井手诚之辅，1992，1993，2001，2009a，2009b，2011；S. Huang，1995，页92—109，2002，页129—147。

4　克利夫兰画册中保存了十四张地府图像；见第27—40页，余毅，1979，页27—40。建立在钟馗形象上的制式化捉鬼者出现在新近发现的中国南方的13世纪摩尼教绘画里；见Gulácsi，2009，页118（图6）。

5　《抱朴子内篇》，《道藏》，第28册，页237c—238a；Ware，1966，页287—288。

6　《抱朴子内篇》，《道藏》，第28册，页237c；Ware，1996，页287。对这些树怪的相似描述也见于敦煌遗书中（《白泽精怪图》，P. 2682），见上海古籍出版社，1994—2005，第17册，页231。也可见陈槃，1991，页275。有关山魈的更多讨论，见Von Glahn，2004，页78—97。

鱼的精怪，却会伪装成神或人的形象来骗人。[1] 人们在山中听到它们的声音时，若知道这些树怪的名字，可直呼其名，就不会受其害了。[2]

　　与此类似的道教书写还可见于一部 4 世纪的天师道经典《女青鬼律》[3]，它传达了道教的末世观有关道教的末世论，[4] 记载了山、木、石、虎、蛇、狐和猿等大量鬼精的名字，为了揭示出它们伪装背后的原本真形。以下列举一例：

> 千年之木成人，百岁之石为僮女。百兽之形，皆有鬼形。子知其名，鬼复真形。[5]

树怪和猿妖

　　我们可将上述中世纪的鬼怪传说视为《地官图》里所见山怪和猿妖的视觉特征之基础。特别是树怪表现为一个畸形的怪物，融合了树木、女人和动物的形象；树枝状的角，人的手臂和腿，凸起的乳头和草裙都给人这样的印象。

1　《抱朴子内篇》，《道藏》，第 28 册，页 238a；Ware，1966，页 288。

2　葛洪记载的更多山怪，包括似小儿而独足向后的蚑，见 Von Glahn，2004，页 89—90。

3　对该经的研究，见 Lagerwey，1997，页 79；松本浩一，2001b，页 143—147；Lai，2002b；Strickmann，2002，页 79—88；Kohn 撰写的简介，收入 Pregadio，2008，页 780—781；Nickerson 撰写的词条，收入 Pregadio，2008，页 64；白彬和代丽鹃，2007。

4　见 Mollier 撰写的简介，收入 Pregadio，2008，页 97—98。

5　《女青鬼律》，《道藏》，第 18 册，页 242c。也可参见 Lagerwey，1997，页 79。

具有人形的身体仅仅穿了一条裙子，接近于山林野人或采药人的原型[1]，就像12 世纪晚期宁波画坊陆信忠所绘的一套《十六罗汉图》中深色肌肤、留着长指甲、全身长毛的野人形象（图 5.24）。[2]

与宁波画作中作男身的野人不同，《地官图》中的树怪有着粗糙的乳头，形似女人的身体。故宫博物院藏 14 世纪的《搜山图》中绘有奇幻的山妖精怪，其中也有女身（图 5.25a-c）。[3]《搜山图》乃中国叙事画中一个极为流行的题材，这些画卷描绘的是四川本地神二郎神搜山捉鬼的著名故事。[4] 现存版本都画有一位坐相的将军，监督着鬼卒和兵将降伏山中的怪物。[5] 通过描绘戏剧性的动作以及兵将和山妖之间的激烈对抗，这些画作所突出的主题是兵妖双方的肢体冲突。

在故宫博物院所藏手卷中，二郎神的部队拘捕了大群的山妖，它们多样的外形反映出中国视觉文化中妖魔精怪的丰富资料库（图 5.25a）。一些山妖是动物的形象，如鹿或猿猴，可与《地官图》的猿妖相比较（图 5.22）；另一些似乎是伪装的外形，或是正处于变化的阶段。例如，一些女妖看上去像是身着美服的女人，足穿小巧的橙红色鞋履，显示出这甚至是缠裹后的小脚，这种细节反映了中国独特的情色文化对女性身体特征的表现。[6] 此外，一个被鬼卒拖在地面上、身体正在发生变化的树怪，生动地表现了鬼怪变身的戏剧

1　可比较本书图 3.48 辽画中采药人的裙子。在中国和日本的晚期绘画中，古圣人神农和伏羲的着装也与之类似，见蜂屋邦夫，1995，第二册，页 74；斋藤龙一，2009，页 19，358，277—279（图版 10—11，354—357）；Delacour 等，2010，页 241（图 54）。穿着草裙的神农形象与穿着衣服的东汉神农形象不同；见 Wu Hung，2010，页 184（图 172）。

2　T. Wu，1996，第一册，页 167（图版 44），181；第二册，页 56。同一画坊出品的另一套《十六罗汉图》现藏于日本京都相国寺。感谢井手诚之辅告知这条信息。

3　傅熹年，1989，页 103—107（图版 72）；朱家溍，1983，页 108—111（图版 35）。将《搜山图》作为叙事画的更多研究，见李霖灿，1973b；黄苗子，1980；金维诺，1980；Chen Pao-chen，1984；Wu Hung，1987，页 107—108。对于该图各种版本的最综合的研究，见古原宏伸，2005，页 451—482。

4　在宋代，随着二郎神信仰传遍中国，他搜山捉鬼的图像也变得流行起来，经常出现在寺观壁画或叙事画卷中。10 世纪至 11 世纪，曾创作过《搜山图》的画家的名单，见《圣朝名画评》，1：448；《图画见闻志》，3：476b。

5　巫鸿罗列了现存的七种版本，见 Wu Hung，1987，页 108（注 56）。

6　伪装后的女性山妖的小巧缠足在手卷的另一个单元中最为明显。一只老虎正在抓捕一群女妖，一个女妖的胸部被箭射中，以一种引起性欲的方式暴露出胸部，她的手臂和腿打开，变成了长有毛发的动物躯体，也许是熊。另一个被拘留的妖怪有狐狸的上身和尾巴，但它的下身仍旧是人形，双足穿着一双小红鞋，表明这是缠足。对该画的更多研究，见李霖灿，1973b；黄苗子，1980；金维诺，1980；Chen Pao-chen，1984；Wu Hung，1987，页 108—109。

图5.24　穿着叶子裙的野人，取自陆信忠《十六罗汉图》第四轴（局部），南宋，12世纪晚期，立轴，绢本设色，金粉，80.0厘米×41.5厘米

图5.25a-c 《搜山图》（局部），元代，约14世纪，绢本设色，53.3厘米×533.0厘米：a.二郎神的鬼卒正在拘捕山妖；b.树怪；c.山妖（上身伪装成女性，下身化为爬行动物）

性时刻（图5.25b）。它集人、树、兽杂糅的外形于一身，从形似人体的手臂、腿和头上，伸出突出的树枝，其兽首则长有貌似狼嘴般尖利而残忍的牙齿。至于性别，这个树怪似乎也是女性，因为它穿着短裙，与《地官图》中树怪（图5.22）的服饰相似；而且，它周围的同伴也都乔装成女精怪。另一个正在变身的女性山妖也支持了这个假设，她所在的山洞就在树怪前面不远的树旁（图5.25c）。女精怪的上半身呈女貌，面容姣好却露出惊恐的表情，梳高的发型极为精致，低胸红装暴露出部分胸部，略带色情。然而，她的下半身则是带有鳞状的爬虫类之躯，我们可以据此推测，她可能是伪装成女体的蛇精。这幅手卷的其他地方绘有一条盘旋着的蛇。

图5.26 冥府里被审问的树怪，取自《道子墨宝》（局部），南宋，约13世纪，册页，纸本，34.4厘米×38.4厘米

　　这些树怪的形象在中国宗教画中形成了一类奇特的鬼怪图像。在克利夫兰艺术博物馆藏《道子墨宝》画册中的一开册页中[1]，地府里也有三只树怪形囚犯，正在殿阶前接受冥府判官的审问（图5.26）。其中两只站在一群花精和植物妖精的身边，位于画面右边[2]，另一只则跪在地上，位于画面左边。它们的头部生出树干和树枝；身体则多节而扭曲。就像波士顿套画中的树怪一样，它们也有凸出的乳头，穿着树叶制成的短裙。

　　然而，并不是所有中国画里的树精都是负面形象。比如，永乐宫纯阳殿后门附近出口的北壁上画着两只容易被观众忽略的树精[3]，它们是守卫着大殿出入口的门神（图5.27a—b）。北壁西侧绘的是松树精[4]，因为它的头上长出

1　余毅，1979，页40；S. Huang, 2001，页31（图22），39。

2　根据贾珞琳（Caroline Gyss-Vermande）的研究，发上簪花的女性和那些头上戴着叶子的婴儿们也许代表自然界的精灵们。它们与巴黎吉美博物馆收藏的1454年水陆画里的图像可作比较；见Gyss-Vermande, 1988，页106—122。图版见Little和Eichman, 2000，页259（图版84）；Clunas, 1997，页19（图版1）；Delacour等，2010，页141（图版13.1）。

3　萧军，2008，页266—268。

4　萧军，2008，页266—267。

a   b

图5.27a-b 作为门神的树精（局部），取自永乐宫纯阳殿北壁，元代，14世纪，壁画，山西芮城：a.北壁西侧的松树精；b.北壁东侧的柳树精

了松树枝，它身着长袍，拿着一个盒子（图 5.27a）。与之相对应，北壁东侧绘的是柳树精（图 5.27b），它那状似树干的头颅上生发出两枝柳枝，提供了树精的视觉线索。这是一个年纪稍长的武将形象，拥有浓密的白眉，手持包裹着的宝剑。在被纳入神系前，这些树精很有可能曾经被神灵降伏，从畸变有害的山中精怪摇身一变，成为天界官僚体系中为上等神服务的侍从，就如波士顿套画中为三官服务的其他鬼卒们。[1]纯阳殿壁画描写的吕洞宾度老松精和再度郭仙这两个故事，进一步证实了这个假设，这位郭仙的前世就是一个老树精。[2]

明代佛教绘画中也出现了树精的形象。[3]最有力的视觉证据，莫过于现藏于巴黎吉美博物馆的一套不完整的水陆画。[4]这原是由明朝宫廷敕令尚义和王勤提督于 1454 年所监造的一组御制水陆画（图 5.28）。在其中的一幅画中，树精出现在"旷野大将水陆空居依草附木"列众之中。在画面的正上方，有一个独眼的树干，拥有人的胸腔和手臂，一张钩状的嘴巴正在变成一根树枝。而它的下方则是一只多首多目的怪物，也许是某种土怪或石怪。它那畸形的身躯，与另一幅原由明代宫廷敕令制作于 15 世纪中期，并赐予宝宁寺的水陆画中的面目狰狞的土怪非常相似。宝宁寺水陆画中的那些土怪，正从前景土石里向外窥视（图 5.29a）。[5]同画上方的空中，有一人形的树精，出现在众鬼魂之间（图 5.29b）。正如贾珞琳（Caroline Gyss-Vermande）和其他研究者指出的那样，它们的视觉特征类似于吉美博物馆所藏画轴中的图像（图 5.28）。[6]

1　可比较 10 世纪的敦煌遗书（P. 3358）中的树神图像；见 Monnet，2004，页 56（图版 31）；Delacour 等，2010，页 301（图版 79.1）。

2　这些故事的壁画并没有画出树精的样子；见 Katz，1993，页 160（图 9）；萧军，2008，页 42，197—198。也可参考 S. Huang，1995，页 22。

3　17 世纪手卷《揭钵图》中有一组行走的树干，该画描绘了佛教叙事主题之一的鬼子母（万鬼之母），见 Murray，1982，页 264（图 20），283；S. Huang，2001，页 33（图 21），39。

4　Little 和 Eichman，2000，页 259（图版 84）；Delacour 等，2010，页 141（图版 13.1）；Clunas，1997，页 19（图版 1）；Weidner，2005，页 68（图版 4）。这个卷轴（EO684）取自吉美博物馆藏水陆画系列 A。伯希和（Paul Pelliot）在 1900 年底于北京得到了三十三轴画，这是其中之一，上面有 1454 年的纪年；1990 年，吉美博物馆得到了同一套画中的另两轴，如此，系列 A 共有三十五轴画；见 Weidner，2005，页 66。对这套水陆画的更多研究，见 Gyss-Vermande，1988，页 113—120；Barnhart，1993，页 105—106；Little 和 Eichman，2000，页 248—253，259，271；Delacour 等，2010，页 114—117，124—125，140—141，232—233，276—277。

5　山西省博物馆，1985，图版 150。宝宁寺水陆画的相关研究，见陈俊吉，2009。

6　Gyss-Vermande，1988，页 113—120；Little 和 Eichman，2000，页 259；S. Huang，2001，页 39—40；Weidner，2005，页 68。

图5.28 《旷野大将水陆空居依草附木》(局部)，取自尚义和王勤提督监造水陆画，明代，1454年，立轴，绢本设色，140.5厘米×78.6厘米

图5.29a-b 土怪和树精（局部），取自《六道四生一切有情精魂众》，水陆画之一，明代，约1460年，立轴，绢本设色，115.0厘米×60.5厘米，宝宁寺原藏；a.土怪；b.树精

　　《地官图》中被降伏的另一种妖怪是猿（图5.22）。可与之相比的图像见于克利夫兰艺术博物馆藏《道子墨宝》画册中，这是现存最早的关于搜妖主题的图像（图5.30）。[1] 巫鸿认为，《道子墨宝》里出现的猿妖与汉代四川的猿妖传说有关，它们住在山里，拐骗妇女。早期墓葬艺术中，就流行着弓箭手射杀猿妖的母题，这个母题是避邪的一个象征，在通向死后世界的路途上保护灵魂。[2] 其中的图像展示了引人遐思的猿怪，与它们一起被捉捕的还包括山里其他的动物妖怪。[3] 如在画册的第四十五开[4]，画面右边的猿妖女站在一只羊精女的旁边；在猿妖女的身后，则紧贴着另一只更年幼的猿妖，畏畏缩缩，充满恐惧（图5.30）。在画面的左边，一名鬼卒扛着一根竿子，上面绑着一只幼猿精。从整个画面来看，被羁押的山中精怪们共分为两种，一种穿得像俗人一样，另一种则是动物的样子。这种分别类似于波士顿套画《地官图》中描绘的树怪与猿妖之间的区别。此外，穿着衣服的山妖们的姿态和生理特征，都表明它们是女性。[5] 这也许反映了传统故事中的精怪们常会扮成女性，迷惑行山者。

1　余毅，1979，页41—50。

2　Wu Hung，1987，页108—109（注56—57）。

3　画册第41、42、44、45开描绘了各种各样的猿怪；见余毅，1979，页41—42、44—45。更多研究，见Wu Hung，1987，页108；S. Huang，2002，页240；古原宏伸，2005，页458（图10）。似人形的动物或像动物的人的西方表现形式，见对动物面相的讨论，Baltruaitis，1989，页1—57。

4　余毅，1979，页45；S. Huang，2001，页30（图20），38；古原宏伸，2005，页471（图29）。

5　例如，画册第44开中，老虎拖着的女性犬妖，见余毅，1979，页44；古原宏伸，2005，页469（图25）。

图5.30　协助二郎神收服山怪的鬼卒，取自《道子墨宝》，南宋，约13世纪，册页，纸本，34.4厘米×38.4厘米

　　与二郎神在山中降伏猿妖的生动图像相应，宋代还有道教法师在家中收服猿妖的故事。洪迈《夷坚志》[1]里，描述了龙虎山天师张虚靖（活动于12世纪早期）[2]曾经帮助徽宗的爱臣蔡京（1047—1126）降伏一只猿猱。这只猿猱附身于蔡京的孙媳妇身上，搞得全家鸡犬不宁。猿猱以五指及双眼放火，欲烧天师，引来满室火焰。张天师凝然不为所伤，继续焚香作法，彼此相抗良久后，天师终于将火熄灭，并控制了猿猱的"真形"，将其敕收于袖中，

1　《夷坚志》，支戊卷第九，页1120—1121。也可见 Meulenbeld，2007，页127。
2　对张虚靖的研究，见松本浩一，1982，页340。

图5.31　雷部众神与被一名官员羁押着的女性亡魂，取自《水官图》(局部)，南宋，立轴，绢本设色，金粉，125.5厘米×55.9厘米

显示了天师的神奇力量如何摧毁附身在年轻女子身上的妖祟。这个故事的重点在于，反映了宋代民众对道教法师的普遍认识，后者因能够收服经过伪装的精怪而出名。

　　总之，《地官图》里的叙事细节生动展现了道教长期关注的伏魔主题。其中不太显眼的桥的图像，以及被降伏的树怪和猿妖正在准备过桥的图像安排，暗示着救度的主题。这样的安排与地官的角色产生微妙的呼应。通过宗教的力量，地官拯救并迎接这些转化后的精怪进入圣域。低调的桥的图像，令人小心地联想到它在道教救度仪式中内在的和外在的（图4.24a–c）作用。[1]

　　渡海图

　　当画家们在图绘道教宇宙时，他们以水域的母题作为媒介，来连接或分隔超自然世界与人世。在许多人间天堂的海景中都是这种情况，如传阮郜《阆苑女仙图卷》中的女仙乐园（图2.20a），以及虞公著夫妇墓里的蓬莱石刻（图2.21）。

　　不过，《水官图》呈现了海景的另一种象征层面：这是一个救度的场所，出现了雷电风雨之神，海面上还有被押送的女性亡魂（图5.3，图5.31）。[2]然而，

1　更多讨论，见 S. Huang，2001，页40—41。
2　罗伯特·前田（Robert J. Maeda）在他对水画的研究中，讨论了该画；见 Maeda，1971，尤其是

图5.32 《八仙过海》（局部），永乐宫纯阳殿北门楣，元代，14世纪，壁画，山西芮城

救度与海景之间的微妙联系在于栩栩如生的水官及其海洋随从的活动。当他们开始"渡海"，"渡"通"度"，即"拯救"或"过桥"。因此，正如《水官图》和《地官图》里描绘的那样（图 5.2）[1]，渡海或过桥的神灵形象被视为一种有力的救赎象征。

为普济而渡

从这个角度来看，《水官图》（图 5.3）中的海景并不像道教人间天堂中的那种海景，因为它是一个极为动荡不安的"战场"，水官于此通过自身强有力的行动，力争矫正世界秩序。在宋代道教宇宙学中，水的象征意义与内丹、道教仪式密切相关。如在南宋和元代的内丹人体图里（图 1.53，图 1.54），人体山水图的下部被标示为"苦海"，这是一个带有佛教意味的术语，指的是肾以下、膀胱附近的部位，此处也被视作道教的酆都地狱（图 1.46）。与此相似，当道教法师在进行内部的炼度仪式时，他也是在身体里经历一场心

页 260，288（图版 20）。
1　对过桥作为一种救度主题的更多讨论，见 S. Huang，2001，页 40—41；2002，页 245—247。

灵之旅，拯救与转化那些迷失在水府大海中的亡魂。这片假想的身体中的大海可追溯至中世纪早期。在《老子中经》里，身中的大海由骑在鲤鱼和神龟上的女神守护[1]，风伯和雨师在肚脐和小肠附近。[2]

　　永乐宫的《八仙过海》（图 5.32）壁画展现了运用海景来表现道教救度艺术的 14 世纪版本。[3] 这幅画位于纯阳殿北门楣上[4]，该殿是整个宫观里的第二个大殿，主供吕洞宾，他既是一位广为人知的神仙，也是全真道的"祖师，导师和模范"。[5] 八仙之中，左边第二位是吕洞宾。[6] 八位神仙水平列队，就好

1　《云笈七签》，18:423，429—430，434；19:449。

2　《云笈七签》，18:425。

3　图版可见萧军，2008，页 262—265。根据北壁的题字，纯阳殿的壁画完成于 1358 年，见 S. Huang，1995，页 20。壁画中八位人物的身份鉴别，见 S. Huang，1995，页 28—31；A. Jing，1996。对戏剧、民间宗教和艺术中八仙的相关研究，见陈月琴，1992；石兆原，1982；浦江清，1936；Clart，2009；Augustin，2010。近似的渡海构图在后来被用来描绘许多神仙人物，见 15 世纪明代宫廷画家商喜的《四仙拱寿图》，W. Fong 等，1996，页 346（图版 167）。

4　《八仙过海》壁面的位置，见 Katz，1993，页 155 的平面图（图 7）。对纯阳殿壁画的更多讨论，见 Katz，1993，页 149—176。

5　Katz，1993，页 79；有关吕洞宾信仰的更多讨论，见页 52—93。对全真道中与神仙偶遇的神奇经历的研究，见 Komjathy，2007，页 216—238。全真道在金元时期的发展，见蜂屋邦夫，1992；Goossaert，2001；王宗昱，2005，2007。一部 16 世纪的全真道祖师画册，见王育成，2003b。

6　对壁画中八位人物的身份鉴别，见 S. Huang，1995，页 28—31。

图5.33 八仙腾云（局部），张家造瓷枕，磁州瓷器，金代，41.2厘米×19.0厘米×14.6厘米

像在水上行走，一路向西[1]，每位神仙都站在一种神器之上，如鼓、鱼、龟或柳枝。[2] 海的两边各有岸，这种绘画策略通过暗示神仙渡海的神力，突出了救度的主题。

常常在民间流行的戏剧、传说和艺术中担当主角的神仙故事，都可能是壁画的来源。[3] 一件金代磁州瓷枕的表面装饰着神仙腾云的图像（图5.33），与《八仙过海》有着近似的构图，也许拥有相同的来源。[4] 此外，河南和湖南出土的大量元代铜镜上重复着神仙渡海的相同设计。[5] 然而，当这个图像出现在全真道观的门额上，它则被赋予了额外的象征意义。仿佛当跨过门槛之时，

---

1 这个场景描绘的可能是民间流行的故事，八仙渡海为西王母贺寿。构图中，八仙朝着画面的左边行进，正对应着西方。

2 萧军，2008，页264—265。

3 Katz，1993，页188—189（图17）；S. Huang，1995，页28—31。

4 八仙的图像出现在枕头的枕面，其立面则绘有着色的牡丹和竹子，底部印有"张家造"戳记。见张子英，2000，页110—111（图版52）；蔡子谔和侯志刚，2008，页210（图4.10）。可比较安徽岳西出土瓷枕的镂雕戏剧人物，过去曾被学者错认为是八仙；见 Watt，2010，页62（图87）。有关其年代，陈阶晋认为是13世纪至14世纪的景德镇瓷器；见 Ebine 等，1997—2001，第7册，页358（图304）。巫鸿则认为是11世纪作品；见 Wu Hung，2010，页90（图91）。对磁州瓷器的更多研究，见 Mino 和 K. Tsiang，1980；长谷部乐尔，1996；岛田英诚和中泽富士，2000，页264—266。八仙组合或个人的后世图像，见斋藤龙一，2009，页226—227，240—241（图版285，298—299）；蜂屋邦夫，1995，第二册，页42，153，215，318—320。在一开清代册页中，桌案上的三清神位后面摆放着一个微型八仙屏风画作为背景板，道教法师则在坛前，伴随着音乐行仪，见 Little 和 Eichman，2000，页192（图版45）。

5 两件带有八仙过海场景的元代铜镜（分别出土于湖南和河南），见孔祥星和刘一曼，1992，页885—886。

道观的来访者便得到门额上八仙的护佑，从这个世界"过渡"到神仙世界。[1]
在大殿内壁上，诸多突出吕洞宾成功度化人类和妖精的叙事画中，救度的主
题得到了进一步的赞颂。[2]

　　《水官图》（图 5.3）与永乐宫壁画（图 5.32）都反映了道教以海景模式
来诠释救度主题的艺术。我们可从一些早期的佛教救度主题画中，找到图式
原型，如大英博物馆藏 9 世纪敦煌画轴（图 5.34）描绘了毗沙门天王及其随
从渡过水面的场景。[3] 就像另一张敦煌帛画（图 4.36）所表现的引路菩萨在云
上引领着信徒一般[4]，这幅画中的渡海守卫者们也共同反映了一种流行于 9 世
纪至 10 世纪、描绘行动中的神的佛教画新样，而这种新样可制作成小而易于
携带的小轴，来满足一般佛教徒之需。它们最重要的视觉特点在于，呈现出
一位正在迎接信徒到另一个世界的拯救者；两幅图反映了一个具有多重选择
性的救度系统，它们提供了多种救度通道，一种是走水路，另一种是走天上。

　　甘肃安西榆林窟第 3 窟西壁的南北两侧分别有文殊和普贤两幅佛教壁画，
从内容上来看，它们运用了规模更大的众神渡海的图画格套。[5] 壁画完成于 12

1　应该有一项系统的研究，调查与中国墓门和寺观大门有关的图式和象征意义。早在汉代，门在墓
葬艺术中就象征着"通向天堂或只能进入西王母统治的神仙世界的入口"。见 L. Tseng，2011，页
205—233（尤其是页 221）。其中一个特定的图案对中国视觉文化产生了持久的影响，即一个人站在
半掩的门旁边；见四川石棺上所刻的图像，Wu Hung，2000，页 89（图 21）；L. Tseng，2011，页
222—223（图 3.76a，3.77a），264（图 4.28b）。这个图案也许与后期辽宋金墓里的启门图的盛行有关。
或是彩绘，或是浮雕，一位侍者正透过一扇半掩的门窥视着；见宿白，1957，页 28（图 28—29）；
郑滦明，1995；刘文哲和张富林，1999；冯恩学，2005；张鹏，2006；李清泉，2008，页 68，71，
92—93，112，117，2011；Wu Hung，2010，页 229—231（图版 224—226）；河北省文物研究所，
2001，图版 31—32，47，62—63，66—67，78，82。对于宗教艺术而言，寺观的门上或入口处经常
绘有特定的图案。例如，与唐代敦煌佛教洞窟入口紧邻的壁上的绘画主题常常是维摩与文殊的辩论，
他们成对出现，如莫高窟第 103 窟；见敦煌文物研究所，1981，第 3 册，图版 154—155。洞窟入口
的侧壁上出现的其他成对图像包括文殊和普贤，见甘肃榆林窟第 3 窟，赵声良，2002，页 228—242
（图版 191—207）。山西现存的元明寺观壁画展现了当时的另一种流行，将地下监狱和饿鬼与引魂菩
萨分别绘于与入口相邻的对应墙面上。可见 16 世纪的毗卢寺壁画，康殿峰，1998。
2　例如，壁画中有吕洞宾度化老松精、郭仙和何仙姑的故事；见 S. Huang，1995，页 22。图版见
萧军，2008，页 182—270。更多讨论，见 Katz，1993，页 149—176。
3　该画历来被称为《行道天王》；见 R. Whitfield，1983，第一册，图版 16；S. Whitfield，2004，
页 190（图版 94）。胡素馨提醒我们注意一幅 9 世纪晚期的毗沙门像（P. 5018），它可能就是画作赖
以完成的样本；见 Fraser，1999，页 74（图 13）。中世纪中国的毗沙门信仰，见 Hansen，1993。
4　Whitfield 和 Sims-Williams，2004，页 241，332（图版 178，298）。
5　S. Huang，2005，页 65。图版，见赵声良，2002，页 228—242（图版 191—207）。壁画反映了
画家所提出的新颖的艺术观点。例如，山水画的背景以水墨画风为主，而山石则以带有皴法的笔墨描
绘而成，令人忆起卷轴画所继承的北宋山水传统。甚至，浅色的人物和云雾水波的线条与早期壁画
传统主流的不透明且多彩的样式都很不同。其构图来自唐代变相壁画，展示了来自不同方向的两位菩

图5.34 毗沙门渡海（局部），莫高窟第17窟，唐代，9世纪，立轴，绢本设色，金粉，37.6厘米×26.6厘米，甘肃敦煌

世纪晚期，当时的甘肃仍是西夏王国的一部分。[1] 南侧的壁画描绘了文殊驭狮渡海（图 5.35）。[2] 他的随从中有一些看上去像是道教官僚的神灵，与《唐本北斗曼荼罗》里的星神相若（图 5.4）。画面右上部几乎看不见叙事细节，却透露出救度的观念。在这里我们看到了一个类似洞天的入口，从里面射出一道金光，其敞开的大门通向山中的寺庙建筑群。[3] 山的右边，有以淡墨画成的极小的裸体人物，正走在一条升天虹桥上：他们也许代表了得到文殊护佑的升天灵魂。[4]

描绘菩萨渡海的海景图像的数量在南宋有所增长。宁波《五百罗汉图》中的多轴画卷，如京都大德寺所藏的《渡海罗汉图》证明了此点（图 5.36）。[5] 和《水官图》（图 5.3）一样，《渡海罗汉图》中的海景占据了画面的三分之二，与顶部的阴沉天空相接。罗汉们脚踏神奇的交通工具，如龙、龟和贝壳，这样的配置使我们想起永乐宫壁画上的八仙，他们也使用了类似的渡海神器（图 5.32）[6]，其间平行排列的图式化波浪和富有节奏的巨浪轮廓，都像极了《水官图》中的水波。[7] 在南宋，宁波罗汉图也许被用于召请罗汉神奇力量的佛教仪式之中。[8] 值得注意的是，在京都大德寺藏《渡海罗汉图》所绘的暗沉云层

萨的赴会图。莫高窟第 31 窟窟顶上绘有唐代文殊及其随从腾云赴会的壁画，见 S. Huang，1995，页 11（图 1—9）。河北正定北宋隆兴寺有一对文殊和普贤渡海的石刻，其构图可与之比较；见梁思成，1933，页 26—28（图 45—46）；Soper，1948，页 37。

1　对该窟的研究，见 Saliceti-Collins，2005。

2　敦煌研究院，1997，图版 165；赵声良，2002，页 228（图版 191）。也可参考 S. Huang，2002，页 465（图 5.26）。

3　林伟正认为这是五台山；见 W. Lin，2006，页 253。10 世纪时，对于文殊和五台山的想象和视觉性的相关研究，尤其是莫高窟第 61 窟，见 W. Lin，2014。

4　感谢夏安与笔者分享她在现场的观察。

5　部分例子，可见 S. Huang，2001，页 33（图 25），2002，页 395，页 456—457（图 3.68，图 5.7—5.9）；奈良国立博物馆，2009，页 116（图版 104.6），146（图版 104.66），147（图版 104.67），2011，页 17（图版 6），77（图版 66），78（图版 67），102（图版 B9）。中国艺术中的罗汉图，见李玉珉，1990a-b，2010；井手诚之辅，2000，2001，2008，2009a，2009b，2011。

6　在同一组的另一轴画里，罗汉分别站在干枯的芦苇枝上，圆形的竹垫上，地毯上和拐杖上；见 T. Wu，1996，第一册，页 144（图版 35），1997，页 78（图版 42）；奈良国立博物馆，2011，页 102（图版 B9）。也可参考 S. Huang，2002，页 152（图 5.7），456。

7　S. Huang，2001，页 42。

8　与南宋宁波画坊《五百罗汉图》有关的一幅画中的"画中画"为此提供了视觉证据。该画现藏于京都大德寺，室内供桌上的供品后挂着诸多罗汉立轴，一位僧人正在举行仪式，作陪的有两位文官及其家人，他们穿着世俗的衣服。室外，五位罗汉从天而降，驾云来临坛场，呈对角线排列。图版，见 W. Fong，1992，页 344—345（图 145—146）；奈良国立博物馆，2009，页 114（图版 104.1），2011，页 12（图版 1）。

图5.35 文殊及其随从渡海，取自榆林窟第3窟西壁北侧（局部），西夏，12世纪，壁画，甘肃安西

图5.36 《渡海罗汉图》（局部），取
自林庭珪和周季常画坊制《五百罗
汉图》，南宋，1177年—1188年，
立轴，绢本设色，111.5厘米×53.1
厘米，日本京都大德寺藏

中有一轮满月（图 5.36）。[1] 这轮满月也许就是农历十五晚上的月亮。[2] 罗汉就在这天晚上被召请到寺院中，降临参与赞颂罗汉的法会。[3]

雷部众神

《水官图》中，驱逐灵魂的任务落在了雷部众神的身上，他们由四位鬼怪般的人物组成，分别代表了雷、电、风、雨（图 5.31）。雷神站在最左边，他用棍子敲打着一组车轮状的鼓，手上还举着一个像镜子一样闪亮的东西，也许与闪电有关。鼓下面的三位神灵负责风雨，一位挥舞着长戟，带着敞开的风袋；另一位则背着一个袋子，他们是风伯。在他们中间，还有第三位人物。虽然绢画经过修补，但形象已经模糊，经过仔细辨认，我们还是可以认出这是一个熊首并带双翼的生物；他拿着一个碗，这是雨师播撒雨水的象征。[4]

雷神的形象来自古神话，他拥有人首龙身，住在雷泽里。[5] 自汉代开始，雷的形态被描述成连鼓的样子；经常与之相伴出现的是雷公，这位力士一手引鼓，一手击鼓。[6] 在中世纪中国的视觉文化中，包括佛教艺术在内，连鼓与力士的组合构成了雷的基本形象特征。3 世纪以后，"雨师雷电司空风伯神"被尊为国家祭天仪式中的一组神灵。[7] 在民间，雷电风雨等自然现象通常与超自然力量及鬼或神的显现相一致，这在唐宋的许多文学作品中有所反映。[8] 12 世纪至 13 世纪的视觉资料表明，雷部众神的图像形成了一套流行的常备母题，

1　奈良国立博物馆，2009，页 146（图版 104.66）；2011，页 77（图版 66）。

2　中国画和日本画中夜景的相关研究，见板仓圣哲，1993a，1993b。

3　S. Huang，2001，页 43。

4　中世纪中国求雨的研究，见 Capitanio，2008。

5　对道教雷神的最新研究，见 Meulenbeld，2007。

6　早在汉代，王充（27—约 100）就已记载画者画鼓"累累如连鼓之形"，雷公则是力士的样子，左手引连鼓，右手若击鼓之状；《论衡》，6:25a。这种流行的描述见于早期文献中，如《淮南子》《山海经》和《九歌》。见 S. Huang，2002，页 252（注 62）；马昌仪，2003，第 6 册，页 1231—1232。反映了王充对雷和雷公的文字描述的东汉画像，可见山东滕州的东汉画像石拓本（A04—03），京都大学人文科学研究所石刻拓本网上资料库（http：//kanji.zinbun.kyoto-u.ac.jp/db-machine/imgsrv/takuhon/type_g_b/ html/a04—03.html，2017 年 7 月 16 日查阅）；也可参考 Meulenbeld，2007，页 54（图 2.4）。张勋燎和白彬特别指出一种墓葬画像石，刻有被连鼓环绕的雷公画像；可能属于南宋的一个样品（现藏于四川绵阳博物馆），见张勋燎和白彬，2006，第一册，页 2；第六册，页 1658（图 20.17），1664。更多雷神的发展历史，见李远国，2003b，页 212—241。

7　陈梦雷（1651—1741），《古今图书集成》，490:39a。与雷部相关的更多国家礼仪，见 39b—41a。

8　可参考韦渠牟和苏轼的诗词，收入《古今图书集成》，489:31b。对唐代至元代雷神的研究，见 Meulenbeld，2007，页 44—99。

可运用于许多媒材和不同的宗教视觉文化语境中。虽然这些图像并没有呈现出完全一样的雷部众神形象，它们却遵循着共同的视觉法则。除了连鼓和击鼓者，有时还会出现电、风和雨的制造者。

雷部众神也经常出现在佛教艺术中。[1]它们频繁出现在辽宋和西夏的《妙法莲华经》的扉画里，正反映出其流行程度。[2]有时，雷神与龙一起出现，象征着佛祖降下的吉雨。[3]在其他画像中，雷与电的代理者一起出现，代表着将出现灾害和震耳欲聋的雷暴，随后观音菩萨将会驱散灾害，拯救那些

图5.37 雷神和电母制造出震耳欲聋的雷暴，王仪绘《妙法莲华经》卷第七扉画（局部），南宋，12世纪，经折装，木版印刷，纸本水墨，31.4厘米×59.5厘米

向他求救的信徒。由王仪绘制的南宋《妙法莲华经》扉画与12世纪的杭州有关[4]，手持一对类似镜子的圆形物体的人物代表电母（图5.37）。当镜子向下时，会放射出象征着闪电的条状光线，这可与《水官图》中的图像作比较（图5.31），虽然两者并不完全一样。

---

1 佛教艺术中最早出现雷神风伯的是莫高窟第249窟窟顶壁画，见敦煌文物研究所，1981，第一册，图版104。南宋宁波《五百罗汉图》中有一轴有趣的画卷，一位官僚模样的神灵手持笏板，与从天而降的雷部众神向坐在附近岩石上的罗汉致敬，出版于2009年的图录称这幅卷轴为《水官来访图》。见奈良国立博物馆，2009，页123（图版104.19），2011，页30（图版19）；Levine，2005，页292（图版133）。井手诚之辅将水官的出现与画轴的来源地东钱湖地区相联系；见井手诚之辅，2009a，页257。
2 更多讨论，见S. Huang，2011b，2011c。
3 可见辽本卷第三（乙之一）卷首画；山西省文物局，1991，页109（图17）。
4 台北故宫博物院，1995，页23（图版7）。对南宋佛教卷首画的研究，见宫次男，1983；S. Huang，2011b，2011c。可比较山西应县释迦木塔出土的辽本《妙法莲华经》卷第八。见山西省文物局，1991，页7（图版7）。也可见1189年的西夏本扉画（TK90），中国社会科学院等编，1996—2000，第二册，图版10。在杭州民间占卜印刷品里，雷神只出现在凶兆里，暗示着他处于愤怒的状态，以及即将来到的惩罚；见S. Huang，2007，页277，282（图33—34）。

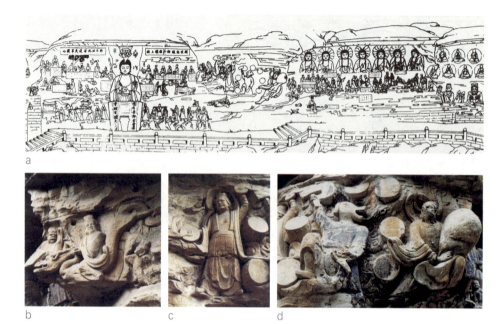

图5.38a-d 宝顶山上之雷部众神石刻（局部），南宋，12世纪晚期至13世纪中期，石制，重庆大足：a.部分石刻布局图；b.驭龙的雨师石刻；c.手持一对镜子的电母石刻；d.携带风袋的风伯和击鼓的犬首雷神石刻

　　重庆大足宝顶山摩崖上的巨型石刻造像（图5.38a-d）[1]，或许表现了与《水官图》同时代的最引人注目的雷部众神形象。对公众开放的石刻由僧人赵智凤（1159年出生）督造，完成于12世纪晚期至13世纪中期。[2] 这是一座丰富的大型造像宝库，既有佛教经典中记载的诸佛，也包括迎合普通民众的更为世俗的主题。

　　雷部成员水平排列在一处断崖上（图5.38a）。[3] 正在敲打连鼓的雷神顶着一颗犬首（图5.38d），其右是风伯，这位老人正在将风袋倒转过来，释放出风（图5.38d）。[4] 这个形象与《水官图》中携带球状风袋的两位人物相似（图5.31）。雷神的左边是电母，她高举的双手里拿着一对镜状物体，这是之前的雷部众

1　更多图版，见重庆大足石刻艺术博物馆，1999，第二册，页9（图未编号），78—81（图版86—90）。
2　宝顶山石刻的综合性研究，见 Howard，2001。也可参考 Kucera，2002。有关该地的更多信息，见重庆大足石刻艺术博物馆，1999，第二、三册。四川唐宋佛道石刻的部分研究，见胡文和，1990，1994，1999，2004；Suchuan，2007；重庆大足石刻艺术博物馆，2007；S.Lee，2009；姚崇新，2011。
3　重庆大足石刻艺术博物馆，1999，第二册，页9。
4　Howard，2001，页27。

神图像中没有出现过的新视觉元素（图 5.38c）。[1] 电母左边的老人驾驭着一条龙，左手执一碗状物体（图 5.38b）[2]，他也许就是雨师。[3] 在其旁边，另一位官员卷起在左臂上展开的文件，他或许就是一位检查人类行为记录的典型官僚。[4] 摩崖的下部有所损坏，那里原来是"一片阴暗天空的景象，满布翻滚的雨云"，何恩之（Angela Howard）指出电母和雨师中间的另外两个人物"躺在地面上，被闪电击中而亡"[5]。

　　宝顶山部分石刻的布局图（图 5.38a）显示，雷部众神的石刻位于两个佛经变相龛之间，这两个龛的首要主题是与儒家相关的孝道。[6] 右边石刻的故事是释迦牟尼佛通过各种巧妙的途径，向父母的善意报恩。[7] 左边的场景更为世俗化，细致描绘了父母照料孩子的行为。[8] 从整体来看，在两套经变石刻之间插入雷部众神，反映了赵智凤希望传达给观众的一节道德课，那些不学会对父母报恩的人将会被自然的力量惩罚。[9]

1　重庆大足石刻艺术博物馆，1999，第二册，页 79（图版 88）。负责闪电的一位或多位女性人物图像仍可见于现存的西夏、元、明绘画和印刷品中。见 1189 年的西夏佛教《妙法莲华经》扉页（TK90），中国社会科学院等编，1996—2000，第二册，图版 10。西夏佛教艺术的更多研究，见李玉珉，1996；Saliceti-Collins，2007。弗利尔美术馆藏传元何澄《下元水官图》手卷（1310 年）中有两位手持镜状物体的女性人物，见 Weidner，1986，页 8—9（图 2）。宝宁寺明代宫廷水陆画中也绘有一位手持一对镜子的女性，代表着闪电（其中一面镜子反射出了她的脸）；见山西省博物馆，1985，图版 114。无论是官方或是道教文献，早期的文学记叙都将电母与雷公配成一对，这种说法可以追溯到北宋和金代。部分宋代道教资料，见《冲虚通妙侍辰王先生家话》（DZ1250），《道藏》，第 32 册，页 390b；《太上助国救民总真秘要》，《道藏》，第 32 册，页 119c；《灵宝无量度人上经大法》，《道藏》，第 3 册，页 663a，828c—829a；《上清天心正法》，《道藏》，第 10 册，页 633c；《灵宝领教济度金书》，《道藏》，第 7 册，页 770a，第 8 册，页 637a，801b，803a，816b。南宋黄箓斋的神位中有电母的名讳：江元君；见《无上黄箓大斋立成仪》，《道藏》，第 9 册，页 685a。一张上海宫观的照片显示了近代道坛上的一幅电母立轴，神位上写着"江元君"，收入蜂屋邦夫，1995，第二册，页 15（图 68）。在北宋皇家威仪中，电母的旗帜与雷公的旗帜成对；见《宋会要辑稿》，"舆服二"，7。金代宫廷戏剧表演中有五至六位舞女涂丹粉、着艳衣，站在其他表演者身后，她们举起的双手各持镜子，镜光闪烁，"如祠庙所画电母"。见确庵（活动于 1164 年）和耐庵（活动于 1267 年），《靖康稗史笺证》，41—42；徐梦莘（1126—1207），《三朝北盟会编》，20。
2　重庆大足石刻艺术博物馆，1999，第二册，页 80（图版 89）。
3　可比较大足老君岩的雨师石刻；见重庆大足石刻艺术博物馆，1999，第四册，页 140（图版 159）。
4　可比较陈明光，重庆大足石刻艺术博物馆，1999，第二册，页 6。
5　Howard，2001，页 28。
6　Howard，2001，页 24—27，30—38。
7　以报父母恩和孝道为主题的两处经变石刻来源于《父母恩重经》和《大方便佛报恩经》；见 T. 85.2889，T. 3.156。也可参考 Howard，2001，页 26—27，30—38。与这些佛经和孝道主题有关的敦煌画像，见 Kyan，2006。
8　Howard，2001，页 30—38。
9　Howard，2001，页 28。在南宋寺庙的占卜印刷品《天竺灵签》里，鬼怪模样的雷神和连鼓单独

中世纪道教亦以雷电的示现来表达对不孝行为的惩罚[1]；然而，道教还多走了一道官僚程序，有一张写有罪行的正式书面通知。所有对国家不忠或对父母不孝的行为，首先会被三官记录下来，然后由雷部实施严酷的雷击，以作惩罚。[2]一旦实施了惩罚，天庭将会准备一份用古篆文或道教天文写成的雷文天篆或雷篆真文（图5.39）[3]。惩罚包括用雷击或电击留下文字，如一位普通人的身上就被书上"不孝父母"四字。[4]据说，在受罚对象被击中后，这些文字将出现在他的皮肤上（手臂、背部、胸部、胃部和大腿），或者在物体的表面（建筑物的柱子、墙面或煎锅的底部）。[5]

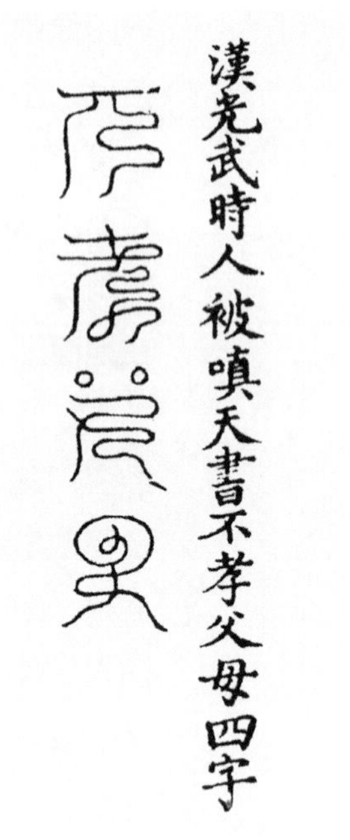

鉴于人们普遍认为雷具有巨大的惩戒威力，宋代道教的各个法派发展出了雷法，利用雷的正面力量进行治疗、驱邪和祈雨活动也就不足为奇了。[6]雷法变得太流行了，以至于僧人和巫师都吸收了这种法术。[7]道教法师尤其是那些来自雷暴猛烈而又频发的南方地区的法师们，实施雷法，召唤雷神来降雨，或降伏招致不幸和灾难的邪恶力量。[8]当时的雷部增补了许多元帅，如邓、

图5.39 雷文天篆"不孝父母"，取自《道法会元》（局部），明《道藏》（1445），木版印刷，纸本

出现在象征着厄运的签中。和宝顶山的雷部众神一样，这些占卜中出现的雷神象征着自然带来的即时惩罚。见 S. Huang, 2007，页 277（图 33—34），282。

1 《夷坚志》中记载了 1170 年，王四因对父亲不孝而死于雷震，见丁志卷第八，页 601。

2 《道法会元》，《道藏》，第 29 册，页 245c。

3 雷文，见《道法会元》，《道藏》，第 29 册，页 248b—255c。更多讨论，见李远国，1997，页 42；2003b，页 280—281。

4 《道法会元》，《道藏》，第 29 册，页 248c。

5 《道法会元》，《道藏》，第 29 册，页 245c，247a-b。《夷坚志》记录了农民邱十六在一场大雷雨中，被雷神击打而死。事后，与他共事的其他农民在其尸体的左胁上发现有字；见三志壬卷第一，页 1472—1473。

6 宋代雷法的部分研究，见松本浩一，1979，2001b，页 205—231，2006；Boltz, 1987，页 47—49，178—179，186—188，210—211，1993；Drexler, 1994；Despeux, 1994，页 138—142，173—191；Skar, 1995，1997；Skar 撰写的简介，收入 Pregadio, 2008，页 627—630；Davis, 2001，页 24—30，80—82；李远国，2002b，2003b，2007，尤其是页 202；Reiter, 2007a-b，2009；Capitanio, 2008，页 202—221；S. Chao, 2009。《道藏》中保存的主要雷法资料，见 Meulenbeld, 2007，页 376—380。

7 松本浩一，1983，页 232；1990，页 190。

8 正如刘枝万所指出的，雷法有两个主要的功用：驱鬼和祈雨。关于雷法的记述很多，如在福建福州，习清微雷法的张克真在光化寺行法，赶走庙里的妖狐；见刘枝万，1994，页 65—91，尤其是页 69—71。

辛、张和有名的关羽元帅。[1]

说起治疗，行法者召雷防治疾病，达到治愈。《清微祈祷内旨》解释道，实施雷法治疗的最有效的时间是在春雷初发之时，当然只要有雷出现的任何时候都会有效用。[2] 当听见雷声的时候，法师面向雷声的方向，捏起右手的指关节并念咒，这个步骤很像标准的发炉。同时，存想纯正的雷气进入他的内脏，通过经脉，连接起他正按着的手指关节。[3] 在治疗病人时，法师对着病人呼出自己刚刚吸入的纯气，同时重复着相同的手诀，念诵相同的咒语。整个场景与南宋天心法文献（DZ221）中存北斗入身的插图相似（图 1.22a–g）。[4] 一段典型的雷法治愈咒语如下：

> 吾受雷公之气，电母之威声，以除身中万病……令吾得使五行之将，六甲之兵，斩断百邪，驱灭万精，急急如律令。[5]

念咒完毕，法师鼻吸雷气九次，咽液九次；再口纳雷气十次十咽。[6] 此咒语中所召唤的雷神很接近视觉材料中雷部众神的多种形象。两种材料中都出现了电母（图 5.38c），也许反映了宋代道教雷部中加入了女性的力量。另一方面，《水官图》中并没有电母（图 5.3），这表明此组雷部众神图遵循的是更古老的图像模型，也许与 11 世纪时苏轼及其父亲所观赏的阎立本《水官图》接近。[7]

新形成的雷法激发了特属于雷部的道符系列图像（图 5.40a–d）[8]，这是

1　例如，邓伯温被封为雷部主帅；与他相关的其他雷神包括辛汉臣和张元伯；见 Meulenbeld，2007，页 100—127。对宋代雷法的更多研究，包括天心正法和清微法，见 Andersen，1991，页 81—131；Boltz，1987，页 33—41；Davis，2001，页 21—30，67—86；李远国，2003b，页 153—211。道教元帅的画像，见克利夫兰画册中的第十二开，余毅，1979，图 12。对关羽信仰的研究，见 Ter Haar，1999。

2　《道法会元》，《道藏》，第 28 册，页 715b-c。

3　松本浩一，1983，页 231；1990，页 188。

4　《无上三天玉堂正宗高奔内景玉书》，《道藏》，第 4 册，页 129b—130b。

5　《道法会元》，《道藏》，第 28 册，页 715c；松本浩一，1983，页 231，1990，页 188。

6　松本浩一，1983，页 230；1990，页 189。

7　《东坡全集》，27：13b；陈高华，1987，页 49。

8　道符来自《上清天心正法》，《道藏》，第 10 册，页 616b；《道法会元》，《道藏》，第 29 册，页 163c，369c，385a。绘有黑色使者图像的各种符命，见《上清天心正法》，《道藏》，第 10 册，页 616b，622a，630c，649a；《道法会元》，《道藏》，第 29 册，页 163c，168a，168c，169a，171a，173a，368c—370a，370c，372a，373b，385a，396b，397a，403a，404c，405a，407c，409c，

图5.40a-d 与雷法有关的雷神符，明《道藏》（1445），木版印刷，纸本：a.黑煞符，取自《上清天心正法》（局部）；b.歘火大神符，取自《道法会元》（局部）；c.天河取水符，取自《道法会元》（局部）；d.使者符，取自《道法会元》（局部）

道教对中国宋元雷神视觉文化的特别贡献。雷神常被描绘成供职于驱邪院的黑煞使者或元帅[1]，该院主管雷法。在一张典型的符命上，用黑色实心画出的一位或多位动态雷神，通常一腿弯曲，另一腿则呈向前跳跃状。这凸显了神灵像战士一样的行动："左脚行离，雷电起；右脚行巽，雨风生。"[2]此外，黑色人物常伴有一根螺旋线条，象征着雷电风雨的速发。[3]符命上的这位人物也拥有鸟类的特征，如喙（图5.40b-d）[4]或翼（图5.40d）[5]。有时，他们一只手握着一根写着"勅"字的棍子，另一只手握着一根长手杖（图5.40a-b，图5.40d）。[6]在其他图像中，他们手持两根钉状的短棍或是一把尖锐的刀（图

410c，411b-c，433a，572b，573c，574a，687c，688b-c，702b，703b；《道法会元》，《道藏》，第30册，页217b，220c，224a，249c，330a，381c，394a-b，396a，397a，408a-b，409c，410c，415c，416b，423c，427a，431a，437a，443a-b，459b，475a，487b，520a，580c，582a，585c，587c—588a，589c，608b，609a-c，621b。更多研究，见Boltz，1987，页48；Drexler，1994；Andersen，1996；Monnet，2004，页117，119（图80）；Despeux，2000，页510，517（图8，17）；Meulenbeld，2007，页100（图3.1）。如元帅真形符，见《道法会元》，《道藏》，第30册，页589b-c。

1 驱邪院元帅的名单，见《无上玄元三天玉堂大法》，《道藏》，第4册，页111a-b；《上清天心正法》，《道藏》，第10册，页641c—642a；《道法会元》，《道藏》，第29册，页152b-c。驱邪院印，见《道法会元》，《道藏》，第29册，页829c。

2 《道法会元》，《道藏》，第29册，页384c。

3 《道法会元》，《道藏》，第29册，页385a。

4 《道法会元》，《道藏》，第29册，页163c，369c，385a。有关雷神所具有的鸟类特征的更多讨论，见Meulenbeld，2007，第二章。

5 《道法会元》，《道藏》，第29册，页385a。

6 《上清天心正法》，《道藏》，第10册，页616b；《道法会元》，《道藏》，第29册，页163c，385a。

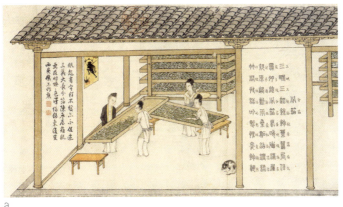

a　　　　　　　　　　　　　　　　　　　　　　　　　　　　　　b

图5.41a-b　传程棨摹楼璹《蚕织图》（局部），元代，13世纪中晚期，手卷，纸本设色，32.0厘米×1232.5厘米：a.妇女喂蚕；b.墙上贴着的雷神符图

5.40c）。[1]一道求雨符上的雷神被螺旋线条环绕，线条末端以"水"字结束；人物上方是勺状的斗星，这是雨水的来源（图5.40c）。[2]

　　传不知名画家程棨（约13世纪）临摹的元代画轴里有一幅罕见的雷神符图（图5.41a-b）。[3]这幅叙事手卷的第七部分《蚕织图》描绘了蚕织户的居所，在房屋的内墙上，贴着一张黄纸单色墨绘的雷神符图（图5.41b）。在纸的上部和左下角，可见点状和印状的朱色标记。这些红色印记也许带有激活的含义，意味着在被安上墙壁之前，这张符图其实是经过宗教人士的仪式认可的。人们很有可能认为，这张召雷的道符可以调节天气，有效地保护农民的生计。

　　除了雷神符图，神霄派文献中的其他雷神图像具有拟人形的特点，他们看起来像龟、蛇、鱼或龙（图5.42）。[4]学者们将它们与某些宋代随葬品联系起来，包括身背大鼓的守卫（图5.43a）[5]，带翼的鸟首怪物（图5.43b）[6]，

1　有一道召关羽的符，其形象是一位黑色的元帅，手握宝刀，见《道法会元》，《道藏》，第30册，页589c。

2　《道法会元》，《道藏》，第29册，页369c。

3　现藏于弗利尔美术馆，可访问弗利尔宋元绘画电子资料库，"主题一：世俗人物画"，"叙诗画和风俗画"，http://www.asia.si.edu/SongYuan/F1954.20/F1954.20.asp，2017年7月17日访问。本书中的插图属于该画卷的第七部分。该画轴属于耕织图传统；对于该传统的研究，见Hammers，2011。

4　《雷法议玄篇》（DZ1254），《道藏》，第32册，页429a。也可见张勋燎和白彬，2006，第六册，页1739（图20.64）。具有龙身和蛇身的雷神与洛阳磁涧西汉墓壁画中的古代奇特生物类似，后者具有人面和带鳞的龙身；洛阳市文物管理局和洛阳古代艺术博物馆，2010，上卷，页86（图版15）。

5　这是在四川蒲江夫妇合葬墓（1072）出土的两个相近物品之一；见张勋燎和白彬，2006，第六册，页1659（图20.12）。

6　张勋燎和白彬，2006，第六册，页1733—1735（图20.62）。

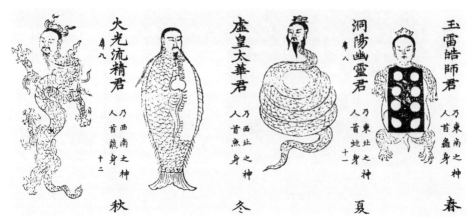

图5.42　具有龟身、蛇身、鱼身和龙身的人形雷神，取自《雷法议玄篇》(局部)，明《道藏》(1445)，木版印刷，纸本

a　　　　　b　　　　　c　　　　　d

图5.43a-d　代表雷神的宋墓随葬品：a.身背大鼓的守卫，北宋，出土于1072年的墓，瓷器，四川蒲江；b.带翼的鸟首怪物，北宋，出土于1072年的墓，瓷器，四川蒲江；c.蹲伏在鼓上的猪首人物，南宋，出土于杨家墓，瓷器，四川绵阳；d.人首鱼身的生物，南宋，出土于杨家墓，瓷器，四川绵阳

蹲伏在鼓上的猪首人物(图5.43c)[1]，以及人首鱼身的生物(图5.43d)[2]，以上物品都出土于四川地区。

女鬼

《水官图》中所有驱邪活动的对象就是站在雷部众神前的女性人物(图5.44)。[3] 一位貌似《地官图》中的钟馗且手握文卷的官员羁押着她(图5.22)。从其发型和着装、凹陷的眼睛和脸上的皱纹来看，她是一个女鬼，也许借助

1　张勋燎和白彬，2006，第六册，页1658，1662(图20.15)；何志国，1988，页71(图3.3)。四川出土的五代、宋墓中的更多猪首人物像，见白彬，2007b。

2　张勋燎和白彬，2006，第六册，页1734，1736(图20.63)。

3　可见 S. Huang，2001，页36(图30)。

图5.44 天吏押送下的女鬼，取自《水官图》（局部），南宋，立轴，绢本设色，金粉，125.5厘米×55.9厘米

于救度仪式，刚从地府里被释放出来，正在等待前往合适的安息之地。[1]她瑟缩颤抖于雷部众神带来的风雨之中，双目凝视着被押送离开的来时之路。

佛教水陆画中也有非常相近的场景，这些画被用于送亡魂去往合适的安息之处的仪式中。15世纪时，由明代宫廷敕制的山西宝宁寺仪式画（图5.45）提供了令人信服的视觉比较。[2]就像《水官图》中的女鬼一样，一位身着白色丧服的女性出现在画面顶部附近。在天吏的监察之下，一条蛇怪为她领路，三个鬼卒押送着她。画卷右上角的题字表明，她是一位凶神，主疾病死丧之事。

波士顿套画中的女性人物是一位女鬼。与在地界被抓的猿妖和树怪一样，人鬼也被看作是对生人有害的异类。鲍菊隐指出[3]，12世纪的天心法师路时中区别了两种邪：小邪和大邪。小邪是那些在地下世界等待解救的人鬼，如《水官图》里的女鬼（图5.3，图5.44）。大邪是佛道寺观中被误祀的实体，或依附在山林树木上的精怪，如《地官图》中的猿妖和树怪（图5.2，图5.22）。

女鬼代表着被水官召来道场的亡魂。这样的场景还让人想起参加黄箓斋的女鬼们和水的联系，洪迈的目击证人说道，傅三的亡母和周四的亡妻出现在亲人面前时，上下皆湿。[4]当周四亲眼见到亡妻时，还能听到她走路淌水的水声。[5]这些女鬼一定是刚刚穿越了将她们与生者隔离开来的水界。从这样的

1 可比较南宋院体画中的女性人物，傅熹年，1988，第四册，页24—25，86—87（图19，59）。鲍菊隐强调了鬼的两种概念：一种是孤魂，"无人哀悼，无人祭祀，因而被人遗忘"；另一种是滞魄，是一种"欲回归大地却受到阻碍的生命力"。见Boltz，1996，页178。
2 山西省博物馆，1985，图版132。
3 Boltz，1993b，页272。
4 《夷坚志》，三志己卷第二，2:1319。
5 戴安德提醒我们注意这个故事中死者的"真实性"和"实体性"；见Davis，2001，页180。

图5.45 《吊客丧门大耗
小耗宅龙诸神众》(局部),
水陆套画之一,明代,约
1460年,立轴,绢本设色,
117.0厘米×62.0厘米,宝
宁寺原藏

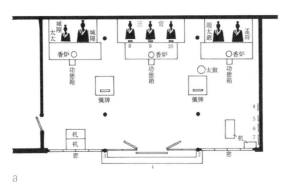

图5.46a-b　上海三元宫三官殿内部之三官坛：a.三官殿平面图（蜂屋邦夫绘）；b.三官像

宇宙结构来看，《水官图》表现的是一场由水官和他召来的雷神主持的仪式。游魂超越"苦海"，前往适合她的安息之地，不再打扰生人。

仪式环境

　　波士顿套画的结构组合不仅仅反映了美学方面的考虑，它实际也是一个移动的道坛。根据 13 世纪的仪式书《灵宝领教济度金书》[1]，黄箓斋坛上展示着可移动的三官画像，或悬于侧壁，或另外立幕（图 1.28，图 4.11）。[2] 坛图上并没有标出画轴的数目，但道教之外的文献表明，标准的三官图像包括三轴画卷。波士顿套画完全就是为了这样的仪式而制作的一组套画。

　　当我们在博物馆观赏波士顿套画时，《天官图》在中间，右边是《地官图》，左边是《水官图》，这正表现了三官在仪式环境中的等级次序。蜂屋邦夫在 20 世纪 80 年代所记录的近代中国宫观中的神像也证实了这一点。[3] 中间的位置总是为最高位的神灵所保留的，位于观者右位的神灵则高于位于观者左位的神灵。需要留意的是，三官的座次一直是如此排列的。上海三元宫供奉的三官像（图 5.46a）[4] 看上去似乎一样（图 5.46b），但是从他们的神位可以区分，并看出其次序是正确的，与波士顿套画的排列一样。

1　《道藏》，第 7 册，页 27c—28a。
2　S. Huang, 2011c，页 257—260。
3　蜂屋邦夫，1995，第一册，页 39，65，103，122，298；2005。
4　蜂屋邦夫，1995，第一册，页 39；第二册，页 20（图版 91）。

动的神明

那么，当波士顿套画出现在仪式环境中时，观众在它们的面前进行着什么样的活动呢？这些观众是谁呢？画像在真实的仪式中如何起到作用？主要的观众包括道教高功和他的副手们，仪式开始时，他们在每一个幕前邀请神灵降临。[1] 来到三官幕前，法师唱诵《三官颂》。就像波士顿套画中描绘的动感神灵一样，邀请的赞颂恳请神灵能够起驾行动，这与中世纪早期的上清道士们所做的一样。[2] 例如，《请天官颂》这样唱道："天官乘宝辇，彩仗下凡筵。"[3]《请地官颂》则是："地官来下降，旌拥五云舆。"[4] 最后，《请水官颂》邀请道："水官龙驾降，云锦起沧波。"[5] 用赞颂请来的这些神灵不仅是"被动的仪式观众"，同时也是主动的参与者。[6] 与神灵在仪式开场时受邀而降相呼应，仪式结束时，他们还要被护送回自己的领域。高功回到各幕前，向神灵献上《送三官颂》："天官还玉府，保驾入金门"，"地官回岳府，高陟五云轺"[7]，"水官归洞府，福禄赐无穷"[8]。

总之，《三官颂》突出了神明的动态，仿佛神灵在各界之间往来的能力决定了他的灵验和威力。对神灵降临场景的重复再现，生动地附和着《天官图》中的从天而降，《地官图》中的动态出行，以及《水官图》中势不可当的伏魔巡游。因此，我们可以推测，波士顿套画里神祇的整体排列是为了与观众所期待的仪式内容相对应：见到神灵受邀，发挥他们的驱邪力量，最后再次回归他们的圣域。

根据劳格文和吕锤宽所进行的当代道教仪式研究[9]，"动的神明"这个概

1　仪式步骤，见《无上黄箓大斋立成仪》，《道藏》，第 9 册，页 590a—b。

2　《请三官颂》见于以下两部文献，《无上黄箓大斋立成仪》，《道藏》，第 9 册，页 586a；《灵宝领教济度金书》，《道藏》，第 7 册，页 87b—c，123a—b。

3　《无上黄箓大斋立成仪》，《道藏》，第 9 册，页 586a；《灵宝领教济度金书》，《道藏》，第 7 册，页 87b，123a。

4　《无上黄箓大斋立成仪》，《道藏》，第 9 册，页 586a；《灵宝领教济度金书》，《道藏》，第 7 册，页 87b，123a。

5　《无上黄箓大斋立成仪》，《道藏》，第 9 册，页 586a；《灵宝领教济度金书》，《道藏》，第 7 册，页 87c，123a。

6　可比较大卫·摩根对神圣的评论，见 Morgan，2010，页 65。

7　《无上黄箓大斋立成仪》，《道藏》，第 9 册，页 587b；《灵宝领教济度金书》，《道藏》，第 7 册，页 88a，125c。

8　《无上黄箓大斋立成仪》，《道藏》，第 9 册，页 587b；《灵宝领教济度金书》，《道藏》，第 7 册，页 88b，125c—126a。

9　吕锤宽，1994，页 51—52；Lagerwey 和 Lü Chuikuan，1993。

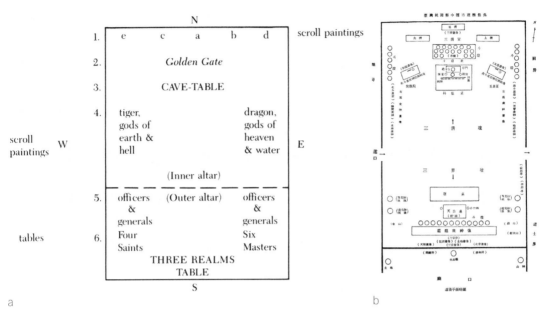

a

b

图5.47a-b　当代台湾道教仪式坛图：a.台湾道士陈荣盛的仪式坛图（劳格文绘），台湾台南；b.建醮坛图（大渊忍尔绘），台湾桃园

念与聚集在近代道场外坛中的较低等级的神灵特别有关系（图 5.47a）。[1] 一些活跃的神灵被法师，即"总指挥"[2]，"召请"过来，大半是元帅和各种各样的官员吏兵，协助执行法事。[3] 在召请这些较低等级的"动的神明"时，道教法师使用这样的指令，"疾速到坛"和"不许稽延时刻"，以催促他们立刻来临坛场。[4] 这些"动的神明"与所谓"不动的神明"形成鲜明对比[5]，后者拥有最高的阶位，因而被供奉在内坛的北壁上（图 5.47b）。[6] 这些神包括三清和天尊，法师在他们面前自称为"臣"。[7] 在近代道坛中，三官并不完全属于外坛里"动的神明"，因为他们出现在南壁三界坛和三官亭所在之处（图

1　Lagerwey，1987，页 37。对当代道场区分为内坛和外坛的更多讨论，见吕锤宽，1994，页 84；Lagerwey，1987，页 44—46。在当代台湾举行的多种仪式的坛图，见大渊忍尔，1983，页 203—204；2005，页 45—46。更多当代道坛和道教神像画，见丸山宏，2010。对拜占庭的施为图像和动态图像的研究，见 Pentcheva，2006，2010。

2　Lagerwey，1987，页 44。

3　吕锤宽，1994，页 52。

4　吕锤宽，1994，页 51。

5　吕锤宽，1994，页 52。

6　坛图，可见大渊忍尔，1983，页 204；2005，页 46。

7　Lagerwey，1987，页 44。

5.47a–b）。[1]这与南宋的做法不同，南宋时的三官处在坛场的东侧或西侧，代表第二阶层的神灵，与最高神相比，他们在人间事务上有着更积极的作用（图1.28）。虽然有这样的区别，动的神灵能够被召请到坛场，这样的近代观念仍然提供了一个有用的视角，使得我们更好地理解波士顿套画背后的视觉策略和仪式效力。

黄箓画

波士顿套画的语境研究揭示出道教仪式画在一场如黄箓斋那样的救度仪式中如何被展示、观赏和使用。对此类仪式画的初步研究带出了对这些画轴的功能的更多理解，后期文献称它们为"黄箓画"或"黄箓图"，这是与佛教水陆画相对应的道教仪式用画。

黄箓画这个说法不见于宋代资料，却频繁出现在更晚期的文献中，近代学者用它来笼统地指称道教的仪式用画。根据19世纪《续纂扬州府志》[2]，在1840年至1853年间，扬州贞一观"收得天宝观黄箓一百八轴"，这些可能是明代内府御赐的礼物。[3]这108轴画卷描绘了一组众神，从各天尊到玉帝、真武，等等。每一轴画上的题记详列了所绘神灵的位业。[4]其中的十轴画卷具款，所题年份为1637年，原由一对明代夫妇共同造立，他们是明思宗（1628—1644年在位）妃子的亲戚。[5]《续纂扬州府志》称这些画为"黄箓立轴"，似乎是指这些画的使用与道教黄箓斋有关。

在近年来关于甘肃明清时期五百余轴佛道神像画的研究中，谢生保强调了道教黄箓图与佛教水陆画对应的观点。[6]谢氏引用了清代道场画上的一则1871年题记，表明这是"黄箓神像六十二轴"之一。[7]虽然并没有直接的文

---

1 劳格文指出，三界坛被放置在坛场南端，突出了三官的审判角色。"道士在三官的眼皮底下打醮，正是在向斋仪的监督者们'汇报'他从师父那里学来的东西，因而离成仙更进了一步。"见Lagerwey，1987，页46。

2 晏端书（1800—1882），《续纂扬州府志》，5:21b。可比较Y. Luk，2010，页161；丁煌，1996，页761—764。

3 由道士徐问松募修宫观而收得这些画轴。见《续纂扬州府志》，5:21b。Y. Luk，2010，页161；丁煌，1996，页762—763。

4 丁煌，1996，页763。

5 造立者是田宏遇（约亡于1644）及其夫人吴氏。田氏是"崇祯皇帝最喜爱的贵妃的父亲"；见Y. Luk，2010，页161。也可参考丁煌，1996，页763。

6 谢生保，2008。

7 谢生保，2008，页359。

本证据显示黄箓画这个词在宋代确实被用来指称道教仪式用画，但是出于实际考虑，学者们已经采用它作为学术术语，以方便道教艺术之研究。从这个角度看，波士顿套画可以被看作是后期黄箓画的宋代对应物。

综上所述，对道教神像画的研究涵括了对不同文化语境的探究，从图像制作的过程及画家的语境，到观者活动也变得有关系的图像观看的语境。以上两种语境的研究都有助于更好地理解道教神像画的视觉特点。对波士顿套画《天地水三官图》的个案研究揭示了道教画像的视觉性及其与语境之间的相互联系。

在从前以神像为中心的画像中引入叙事元素，成为神像画制作中的另一条强大的视觉策略，这是在宋代视觉文化中产生的。[1] 通过加入特定场所的山水图像，或是将人物组合成互动的画面，营造出一个类似故事的场景等方式，以达到叙事的效果。这在波士顿套画中表现得很明显，天官与跪在空中的官员在交流，地官接收在山上被降服的猿妖树怪，水官则在监督海上的雷部众神驱鬼。在神像画中注入叙事元素的整体效果，令观者更准确地理解画家想要表达的众神的基本特色。当越来越多的叙事图像被视为图像格套，它们便会形成不同的构图类型，如神明渡海出现在以相似的救度为主题的大量佛道绘画中。

由此，运用各种图像格套拼构成多种构图类型成为道教绘画制作的有效工具。根据所绘的特定神明，或是该作品的特殊宗教或仪式功能，一些构图类型可以被合并、合成或是替换。通过自由搭配以及重组不同的构图类型，画家可以拥有无穷无尽的资源，实现新的创意。由此，复合的道教绘画应运而生，其融合了艺术和宗教，体现了多样化的动作。

当我们从仪式语境的角度看波士顿套画，这些动感的神灵传达了更多的含义。它们反映了宋代宗教绘画流行的套画形式，三幅立轴组合成一个移动的道坛：天官居中，地官于右，水官在左。它们突出了古老的道教审判组合的动的一面。其充满动感的图像是法师在坛前召请神灵的真实写照，三官画像正是摆放在这里。因此，这组三联画就是一种有效的媒材，使得法师存想中的仪式行为，无论是否能被看见，都生动了起来：见到神灵受邀，并发挥他们的驱邪力量，最后再被送走。

1　对中国叙事画的部分研究，见陈葆真，1987；Murray，1998；古原宏伸，2005。

结 语

元代学者和诗人杨维桢（1296—1370）为夏文彦（活动于 14 世纪）完成于 1365 年的《图绘宝鉴》作序，其中写道：

> 论画之高下者，有传形，有传神。传神者，气韵生动是也。如画猫者，张壁而绝鼠；大士者，渡海而灭风；翊圣真武者，叩之而响应；写人真者，即能夺其精神。若此者，岂非气韵生动，机夺造化者？[1]

杨维桢称赞那些引起观者响应的图像充满了气韵。毕竟，高级艺术并不仅仅是外表上的相似，而在于展现和超越其中看不见的气，这又会反过来对现象世界产生可见的影响。讽刺的是，杨维桢在这里赞赏的正是郭若虚在其记录中回避的"术画"。相对于中国艺术批评主流中的强音而言，杨维桢的见解是一个重要的反调。

就像杨维桢所评论的"术画"一样，能够带来力量的道教图像没有得到郭若虚和主流艺术批评家的重视，它们需要获得一种新的研究路径，不局限于美学评价、风格分析或是图像学辨识。由于它们首先是宗教物品，"与文本互相渗透"，"具有仪式用途"[2]，所以其视觉维度与存思、激活并赋予它

---

1 《图绘宝鉴》序，847a；也可见杨维桢，《东维子集》，11:13a。对《图绘宝鉴》及其流传，以及它对东亚艺术史的影响，见石守谦，2010b；杨维桢的序言以草书形式出现在元代《图绘宝鉴》中，见 267（图 3）。
2 Morgan，2000，页 51。

们力量的、变化的道教语境和经验，深深交织在一起。从这个整体性的角度去研究图像，可以激发研究者重新考虑道教视觉文化的关键词，[1] 并着手为道教图像理论起草一份问卷表。[2] 以下是一些基本的问题：

1. 视觉分析：什么构成了道教视觉文化的视觉词汇？

2. 分类：依据形式和媒材区分，图像的类型有哪些？它们之间的关系如何？

3. 图像志及其他：特定道教造像的图像志特征有哪些？对于那些不具备独特的图像志特征的偶像，它们的一般特征是什么？

4. 文字和图像：文本与图像如何塑造道教视觉及其知识系统？它们是否可以互换？

5. 艺术和实践：道教图像的宗教意义和仪式功用是什么？它们的视觉特点如何与道教的宗教和仪式经验相连接？

6. 语境：图像在何种语境下流传？

7. 观众和回应：谁是目标的／或实际的观众？他们如何对图像作出回应？

8. 可见性、物质性和移动性：我们如何处理那些对不可见、非物质和易变的道教经验至关重要的图像？

9. 比较视觉文化：是什么令道教视觉性与其他中国视觉文化，如佛教艺术相似或相异？

正如本书所揭示的那样，这些问题已经带领我们进入道教视觉文化的秘密世界。本书各章所讨论的图像貌似不同，但有一条线可以将它们串联起来，那就是"真形"这个关键概念，对理解道教视觉及相关的基本理念至为关键。在本书中，道教真形在多种形式、媒材、时间和空间中多次出现，从心灵图像、存思图像、身体和宇宙图像，到仪式用品、仪式空间和表演。就像道包含了一和多之间的双向运动一样，变化而又包容的真形并没有固定在一种单一的形式或无形之上；相反，它包括交互作用、多感知和跨媒体的经验涉及经常的变化、重塑和镜像复制。这种对暧昧图像的偏好形成了一种有效的视觉策略，通过保密、秘传和神秘主义加强了道教的力量。与此相关的是，"气"在道教图像制作理论化中的重要角色。用符号学的术语来说[3]，道教符号系统的所

1　可比较宗教、媒体和文化的关键词，Morgan，2008。
2　可比较宗教视觉文化的问卷表，Plate，2002，页 5；艺术史的问卷表，Alpers 等，1996。
3　对物质宗教研究关键词"符号"的讨论，见 W. Lin，2010b。

指（signified）就是气；它的各种不同形式就是能指（signifiers）。因此，气可以被看作是连接和跨越时空的统一性元素。

道教视觉性的另一个核心概念是内在与外在图像的分化以及两者之间的互联和张力。与内在和外在二分相比，还有一些其他的成对概念，包括秘传和外传、个人和公共、微观和宏观、心理和身体、非物质和物质、不可见和可见，等等。与内在系统相关的图像指那些在存思和吐纳中产生的私人性、心灵的图像，另外还有与这些内在经验相应的物品。它们包括身神、尸虫和登涉星宿之旅的存想图、人体内丹图，再现道教宇宙观和宇宙结构的地图和图像，以及洞天福地的真形图。与外在系统有关的图像涵盖了与仪式相关的多媒材物质和仪式空间图；仪式用品，如旗、幡、镜、书写工具、文书和冥钱；以及仪式表演的移动场景。

正如阴与阳互相依赖、彼此包容一样，来自内在和外在系统的道教图像并非绝对二分。例如，信徒在个人冥想活动中使用的存思图也会成为道教法师在举行公共仪式时的视觉辅助。在本书中，出于方便而标为"内在的"的一些材料，如与内丹有关的人体图，并不是严格意义上的秘传，因为普通人也能在医学书籍中找到它们。无独有偶，即便圣山真形图的相关文献强调其神秘授受是极其秘密并具有选择性的，但它们也广泛见录于道教以外的文献，这表明其神秘的弦外之音也许更多反映的是对道教视觉文化的流行看法，而非实际情况。相反地，外在仪式表演的许多方面，如法师的诵唱、手诀，以及他们在原地的存思活动，仍然是秘传的知识，普通观众几乎不会注意到这些。此外，在公共仪式中可以看见的仪式用品，如给神灵的文书、冥钱和纸塑，不久就会不见；通过焚化，转入神秘世界。最后但同样重要的是，法师在那些动的神灵的画像前表演仪式，与他们交流，而这些画像也反映了他们在法师脑海中的形象。以上这些"由内而外""由外而内"的例子证实了道教图像的互联性和互换性。

传统中国道教图像的繁衍表现出三种突出的类型：非偶像型、非物质/不可见型、瞬间即逝型。非偶像型指的是符命、秘字和真形图；非物质/不可见型涉及存思和心灵图像；瞬间即逝型不仅包括那些仪式文书、人工制品和在仪式中焚化的纸钱，还包括动态的仪式表演。即使每种类型都具有其独特的视觉特点，但三种类型也会有交集。例如，大部分的符命被归类于非偶像型，但它们在仪式中也会被焚化，又属于瞬间即逝型。令人惊讶的是，主流的道教视觉性并不依赖于偶像，而是非偶像的、抽象的和非写实的图像，不过，前者才是学习中国宗教艺术的学生们最为熟悉的东西。

笔者使用的是字面意义上的"非偶像"，而非诠释意义上的。非偶像指的是那些非人物形象的图像，而人物图像通常被认为是中国宗教艺术的核心。然而，这又会引起误解，归纳出所有的非偶像的道教图像缺乏"偶像的"力量。正好相反，许多非偶像的道教象征，如符、箓、秘字和真形图，也可以"形象地"出现在目标观者眼前。正是文字和图像、可识别和不可识别、具象和抽象之间的模糊性，将这些富有视觉趣味的符号从简单的文字或图像转化成了"复合文字图"的独有视觉形式，"不仅仅是暧昧不清地表示"其内容。[1] 就像偶像一样，这些复合文字图是神圣的物品，与宗教性的观看、存思和崇拜紧密相连。

由此观之，我们见识到道教视觉特色之形塑的关键。为了突出道教真形的普遍性，它贬低偶像性和具象性，发展出非偶像性和抽象性，以便更好地连接文本与图像这两个似乎分离、实际互相连锁的知识系统。对于绘制不确定的气而言，不受限于模仿原则的非具象风格也是有利的。这种利用书写元素来创造全新视觉形式的创新视觉策略展示出，长久以来道教对于书写的崇拜与执着。道教的复合文字图理论从文本与图像的简单界面进一步被提升至具备宇宙和空间维度的理论，根据道教对于世界创造的理解，复合文字图也是这个图景中的一部分。

我们需要更多的研究，对传统中国的道教与佛教视觉艺术之间作一个综合性比较。[2] 不过，一个初步的评价可以帮助我们厘清道教的特色，并引出未来的讨论。[3] 道教视觉之所以有别于佛教视觉的关键点在于，它大量使用了抽象文字图像及符号。至于神像类或人物形象的表现，较多受到来自传统主流的中国佛教艺术之启发。这在丰富的道符和秘字，道教仪式所用的幡、镜和文书的设计里可见一斑；嵌有文字的视觉形式还包括详绘了道教宇宙和神圣空间的抽象的图、表和非线性文字。所有这些例证支持了道教文本和图像之

1　对此概念的更多讨论，见本书的绪论。

2　除了佛教艺术，越来越多对儒家视觉文化的研究也许可以为道教与儒家艺术的比较研究提供更多资料。儒家视觉文化的部分研究，见 Wu Hung, 1989；Murray, 1992, 1997, 2007, 2009, 2010。更多书目，见 W. Lu 和 Murray, 2010, 页107—112。

3　对于佛道在咒、符、驱邪、占卜和其他仪式上的比较，部分研究可见 Strickmann, 2002, 2005；Robson, 2008。广泛运用视觉材料的最新比较研究，见 Mollier, 2008。

间环环相扣的关系，突出了道教在知识传授过程中对图像的依赖。

除却它们之间的不同之处，道教和佛教视觉艺术也有许多相通之处，如与救度有关的绘画艺术和仪式。它们共同关心鬼魂的救度和死后审判，就像道教黄箓斋和佛教水陆法会中所展示的那样，还有与这些仪式相关的各自的仪式用画。这种佛道会合的生动例子还有对神灵降临、地狱之旅、地府和渡海等场景的反复运用。在这两种宗教中都会受到召请的救度神灵，包括雷部众神和地狱十王。为妇女特设的血湖地狱是两者对地下世界的另一个共同想象。总的来说，这些例子所反映的是由信仰者支持的灵活的宗教团体，他们关心实际的疾病和死亡，更甚于教义正统性和对宗派的忠诚性。这也显示出，一种宗教的力量并不总是取决于它的独特性，与之同等重要的是，它具有足够的包容性，将自己融入更为广阔的各种人士的宗教生活图景中去。

道教与佛教在视觉文化上的共通之处也表明了它们互相竞争的一面。因此，这个灰色地带很值得去挖掘。对于用图来表达存想的意象，在传统中国流行的佛教图像突出了诸佛、众菩萨和日、月、水等外在的自然现象。道教的基本图像则以居住在信徒体内的身神与星、日、月等相应的宇宙力量之间的互动为特色；同时，它也聚焦于信徒在宇宙中来往的虚拟旅行。在宇宙图志方面，道教吸收了由佛教三界观而来的垂直多层宇宙，并在其上多加了几层，以超越佛教的原型。由此，道教发展出了属于自己的独有的垂直宇宙观，包括但不局限于由天、地、水构成的三重宇宙，就像在《天地水三官图》套画中所表现的那样；它们还扩展了天、地和地府的水平规模，例如三十二天的宇宙图式，地上众多的仙岛圣山和九狱，这些都反映在仪式中。精巧的洞天福地说是道教对中国宗教宇宙结构的最卓越的贡献。这种新视角以互相连接的洞天和福地而著称，它将仙境和天堂置于世俗世界，将真实的群山和假想的世界融合进一个神圣地理的庞大体系。这对中国视觉文化产生了重大的影响，在绘画和图形设计里的仙岛、神秘山洞和圣山图像中尤为明显。

有关道教视觉文化的许多问题仍需要进一步的研究。继续沿着比较研究的思路去思考，道教身体观和医学身体观之间、道教养生术（macrobiotics）和中国药物学之间的很大共性表明，从视觉和艺术史的角度研究道教、中国宗教、医学和科学是可行的。此外，独特的道教原始资料也为视觉和物质文化的一般研究提供了新议题。例如，南宋至元代编集的仪式文献提供了大量插图原材料，道教视觉文化研究的学生可以利用它们，规划新的课题，如"仪式视觉文化"（ritual visual culture）和"物质道教"（material Daoism）。反过来，新的发现可能催生出有关中国宗教视觉文化和物质宗教的全新概念模型。另外，从本书中浮现出的话题还包括道教绘画、插图、图形、图表、道符和文字之间的相互关系。它们打破了图、画、书、字和符等传统分类的界限，引导我们从中国符号这个更大的视野，重新审视这些材料。例如，图和画的相互关系可以为研究中国绘画的风格、意义和语境，提供另一个比较资料库。从这种整体和跨学科的角度而言，这些符号最终有望成为一个展示中国视觉文化样貌，且更为宏大的体系的一部分。

参考文献

缩写

DZ 《正统道藏》三家本，36 卷，北京：文物出版社；上海：上海书店；天津：天津古籍出版社，1988 年。

P. 伯希和敦煌文献，巴黎法国国家图书馆馆藏。

S. 斯坦因敦煌手稿，伦敦大英图书馆馆藏。

SKQS 文渊阁《四库全书》电子版，香港：迪志文化出版社，1999。

T. 《大正新修大藏经》，高楠顺次郎等编，85 卷，东京：大正一切经刊行会，1924—1932；另可见中华电子佛典（CBETA）：http://www.cbeta.org/index.htm。

X. 《新纂续藏经》，见中华电子佛典（CBETA）:http://www.cbeta.org/index.htm。

ZW 《藏外道书》，胡道静编，36 卷，成都：巴蜀书社，1992—1994。

注：这份参考书目分为两部分：原始资料和研究成果。在原始资料部分，主要的道教、佛教和敦煌文献合并为一组并直接呈现如下。其他原始文献从第 405 页开始。

佛道主要文献

道教文献

《正统道藏》中的文献，36 卷，北京：文物出版社；上海：上海书店；天津：天津古籍出版社，1988。道教文本的编号根据施舟人和傅飞岚编撰于 2004 年的《道藏通考》，引文则来源于三家本。

DZ 1 　　　　《灵宝无量度人上品妙经》

DZ 6 　　　　《上清大洞真经》

DZ 7 　　　　《大洞玉经》

DZ 16 　　　《九天应元雷声普化天尊玉枢宝经》

DZ 22 　　　《元始五老赤书玉篇真文天书经》

DZ 30 　　　《元始八威龙文经》

DZ 36 　　　《太上太玄女青三元品诫拔罪妙经》

DZ 55 　　　《高上太霄琅书琼文帝章经》

DZ 56 　　　《太上玉佩金珰太极金书上经》

DZ 72 　　　《元始天尊济度血湖真经》

DZ 80 　　　《云篆度人妙经》

DZ 84 　　　《上清琼宫灵飞六甲左右上符》

DZ 87 　　　《元始无量度人上品妙经四注》

DZ 90 　　　《元始无量度人上品妙经内义》

DZ 92 　　　《元始无量度人上品妙经注解》

DZ 93 　　　《太上洞玄灵宝无量度人上品经法》

DZ 97 　　　《太上灵宝诸天内音自然玉字》

DZ 103 　　　《玉清无极总真文昌大洞仙经注》

DZ 128 　　　《太上求仙定录尺素真诀玉文》

DZ 129 　　　《太霄琅书琼文帝章诀》

DZ 147 　　　《灵宝无量度人上品妙经符图》

DZ 148 　　　《无量度人上品妙经旁通图》

DZ 149 　　　《修真太极混元图》

DZ 150 　　　《修真太极混元指玄图》

DZ 151 　　　《金液还丹印证图》

DZ 155 　　　《三才定位图》

DZ 156 　　　《上清洞真九宫紫房图》

DZ 158 　　　《大易象数钩深图》

DZ 159 　　　《易数钩隐图》

DZ 167 　　　《洞玄灵宝真灵位业图》

DZ 215 　　　《地府十王拔度仪》

DZ 218 　　　《玄枢奏告仪》

DZ 219 　　　《灵宝无量度人上经大法》

DZ 220 　　　《无上玄元三天玉堂大法》

DZ 221 　　　《无上三天玉堂正宗高奔内景玉书》

DZ 240 　　　《玉清金笥青华秘文金宝内炼丹诀》

DZ 263 　　　《修真十书》

DZ 292　　　　《汉武帝内传》

DZ 296　　　　《历世真仙体道通鉴》

DZ 304　　　　《茅山志》

DZ 307　　　　《西岳华山志》

DZ 331　　　　《太上黄庭内景玉经》

DZ 332　　　　《太上黄庭外景玉经》

DZ 333　　　　《灵宝天尊说禄库受生经》

DZ 336　　　　《太上洞玄灵宝业报因缘经》

DZ 352　　　　《太上洞玄灵宝赤书玉诀妙经》

DZ 361　　　　《太上洞玄灵宝八威召龙妙经》

DZ 369　　　　《太上洞玄灵宝灭度五炼生尸妙经》

DZ 370　　　　《太上洞玄灵宝三元玉京玄都大献经》

DZ 388　　　　《太上灵宝五符序》

DZ 401　　　　《黄庭内景玉经注》

DZ 407　　　　《灵宝大炼内旨行持机要》

DZ 410　　　　《太上洞玄灵宝众简文》

DZ 425　　　　《上清太极隐注玉经宝诀》

DZ 426　　　　《上清太上八素真经》

DZ 427　　　　《上清修行经诀》

DZ 429　　　　《上清长生宝鉴图》

DZ 430　　　　《上清八道秘言图》

DZ 431　　　　《上清含象剑鉴图》

DZ 432　　　　《黄庭内景五脏六腑补泻图》

DZ 434　　　　《玄览人鸟山经图》

DZ 435　　　　《太上玉晨郁仪结璘奔日月图》

DZ 440　　　　《许太史真君图传》

DZ 441　　　　《洞玄灵宝五岳古本真形图》

DZ 456　　　　《太上洞玄灵宝三元品戒功德轻重经》

DZ 463　　　　《要修科仪戒律钞》

DZ 466　　　　《灵宝领教济度金书》

DZ 500　　　　《玉箓资度解坛仪》

DZ 507　　　　《太上黄箓斋仪》

DZ 508　　　　《无上黄箓大斋立成仪》

DZ 513　　　　《黄箓斋十洲三岛拔度仪》

DZ 514　　　《黄箓九幽醮无碍夜斋次第仪》

DZ 521　　　《太上灵宝玉匮明真大斋言功仪》

DZ 538　　　《太一救苦天尊说拔度血湖宝忏》

DZ 543　　　《太上慈悲道场消灾九幽忏》

DZ 547　　　《灵宝玉鉴》

DZ 548　　　《太极祭炼内法》

DZ 562　　　《灵宝净明新修九老神印伏魔秘法》

DZ 566　　　《上清天心正法》

DZ 578　　　《摄生纂录》

DZ 590　　　《道教灵验记》

DZ 591　　　《录异记》

DZ 598　　　《十洲记》

DZ 599　　　《洞天福地岳渎名山记》

DZ 612　　　《上清侍帝晨桐柏真人真图赞》

DZ 615　　　《赤松子章历》

DZ 617　　　《太上宣慈助化章》

DZ 623　　　《太上玄灵北斗本命长生妙经》

DZ 653　　　《太上老君说五斗金章受生经》

DZ 658　　　《太上妙始经》

DZ 671　　　《太上无极大道自然真一五称符上经》

DZ 751　　　《太上玄灵北斗本命延生真经注解》

DZ 765　　　《上清金阙帝君五斗三一图诀》

DZ 768—769　《图经衍义本草》

DZ 770　　　《混元圣纪》

DZ 774　　　《犹龙传》

DZ 785　　　《老君音诵戒经》

DZ 788　　　《三洞法服科戒文》

DZ 790　　　《女青鬼律》

DZ 795　　　《正一出官章仪》

DZ 855　　　《太清金阙玉华仙书八极神章三皇内秘文》

DZ 856　　　《三皇内文遗秘》

DZ 871　　　《太上除三尸九虫保生经》

DZ 875　　　《太上老君大存思图注诀》

DZ 876　　　《太上五星七元空常诀》

DZ 879	《上清金书玉字上经》
DZ 932	《白云仙人灵草歌》
DZ 933	《种芝草法》
DZ 1016	《真诰》
DZ 1022	《素问入式运气论奥》
DZ 1024	《黄帝八十一难经纂图句解》
DZ 1126	《洞玄灵宝道学科仪》
DZ 1032	《云笈七签》
DZ 1062	《进洞天海岳表》
DZ 1068	《上阳子金丹大要图》
DZ 1101	《太平经》
DZ 1125	《洞玄灵宝三洞奉道科戒营始》
DZ 1126	《洞玄灵宝道学科仪》
DZ 1127	《陆先生道门科略》
DZ 1138	《无上秘要》
DZ 1164	《急救仙方》
DZ 1167	《太上感应篇》
DZ 1168	《太上老君中经》
DZ 1185	《抱朴子内篇》
DZ 1187	《抱朴子外篇》
DZ 1193	《太上正一咒鬼经》
DZ 1205	《三天内解经》
DZ 1206	《上清明鉴要经》
DZ 1207	《太上明鉴真经》
DZ 1208	《太上三五正一盟威箓》
DZ 1209	《太上正一盟威法箓》
DZ 1212	《醮三洞真文五法正一盟威箓立成仪》
DZ 1219	《高上神霄玉清真王紫书大法》
DZ 1220	《道法会元》
DZ 1221	《上清灵宝大法》
DZ 1223	《上清灵宝大法》
DZ 1224	《道门定制》
DZ 1227	《太上助国救民总真秘要》
DZ 1239	《正一修真略仪》

DZ 1241　　《传授三洞经戒法箓略说》

DZ 1245　　《洞玄灵宝道士明镜法》

DZ 1250　　《冲虚通妙侍宸王先生家话》

DZ 1254　　《雷法议玄篇》

DZ 1275　　《雨旸气候亲机》

DZ 1278　　《洞玄灵宝五感文》

DZ 1281　　《五岳真形序论》

DZ 1285　　《翊圣保德传》

DZ 1288　　《元辰章醮立成历》

DZ 1365　　《上清元始谱录太真玉诀》

DZ 1366　　《上清天关三图经》

DZ 1373　　《上清外国放品青童内文》

DZ 1376　　《上清太上帝君九真中经》

DZ 1378　　《上清金真玉光八景飞经》

DZ 1384　　《上清太一帝君太丹隐书解胞十二结节图诀》

DZ 1386　　《上清大洞三景玉清隐书诀箓》

DZ 1392　　《上清曲素诀辞箓》

DZ 1396　　《上清河图宝箓》

DZ 1406　　《太上灵宝芝草品》

DZ 1407　　《洞玄灵宝二十四生图经》

DZ 1412　　《太上元始天尊说北帝伏魔神咒妙经》

DZ 1430　　《道藏阙经目录》

《藏外道书》（ZW）中的文献，36 卷，成都：巴蜀书社，1994。编号根据 Komjathy，2002，页 83—105。

ZW 314　　《性命圭旨》

ZW 323　　《金笥玄玄》

ZW 698　　《上清灵宝济度大成金书》

ZW 951　　《白云仙表》

佛教文献

《大正新修大藏经》（T.）中的文献，85 卷，高楠顺次郎等编，东京：大正一切经刊行会，1924—1932。

T. 3.156   《大方便佛报恩经》

T. 3.185   《太子瑞应本起经》

T. 3.189   《过去现在因果经》

T. 9.262   《妙法莲华经》

T. 12.365   《佛说观无量寿佛经》

T. 14.564   《佛说转女身经》

T. 16.660   《佛说宝雨经》

T. 16.685   《佛说盂兰盆经》

T. 20.1153   《普遍光明清净炽盛如意宝印心无能胜大明王大随求陀罗尼经》

T. 20.1154   《佛说随求即得大自在陀罗尼神咒经》

T. 21.1307   《佛说北斗七星延命经》

T. 21.1309   《七曜星辰别行法》

T. 21.1313   《佛说救拔焰口饿鬼陀罗尼经施食法》

T. 21.1314   《佛说救面然饿鬼陀罗尼神咒经》

T. 21.1315   《施诸饿鬼饮食及水法》

T. 21.1318   《瑜伽集要救阿难陀罗尼焰口轨仪经》

T. 29.1558   《阿毗达磨俱舍论》（Abhidharmakosa）

T. 29.1559   《阿毗达磨俱舍释论》（Abhidharmakosha）

T. 49.2035   《佛祖统纪》

T. 52.2103   《广弘明集》

T. 52.2110   《辩正论》

T. 52.2112   《甄正论》

T. 53.2122   《法苑珠林》

T. 55.2173   《智证大师请来目录》

T. 85.2889   《父母恩重经》

《新纂续藏经》（X.）中的文献，CBETA 电子资料库（http://www.cbeta.org/index.htm）

X. 1.21   《佛说预修十王生七经》

X. 1.23   《佛说大藏正教血盆经》

X. 57.961   《施食通览》

X. 74.1497   志磐（约1260），《法界圣凡水陆胜会修斋仪轨》

X. 75.1513   《释门正统》

X. 79.1560   《禅林僧宝传》

伯希和（P.）与斯坦因（S.）收集的敦煌遗书

P. 2003

P. 2440

P. 2559

P. 2682

P. 2683

P.2728

P. 2824

P. 2865

P. 3358

P. 3784 背面

P. 4523

P. 5018

S. 2404

S. 3326

S. 3750

S. 3961

S. 6216

其他原始文献

爱新觉罗·允禄（1695—1767）撰，《皇朝礼器图式》，SKQS 版。

班固（32—92）撰，《前汉书》，120 卷，SKQS 版。

不著编者，《宋大诏令集》，240 卷，北京：中华书局，1962。

不著编者，《全唐文》，收入陆心源（1834—1894）编，《唐文拾遗》，台北：文海出版社，
　　1962。

不著编者，《宣和画谱》（12 世纪早期），20 卷，收入卢辅圣等编，《中国书画全书》，
　　第 2 册，上海：上海书画出版社，1992—1999。

曹昭（约 14 世纪）撰，《格古要论》（1387），3 卷，SKQS 版。

陈骙（1128—1205）撰，《南宋馆阁录·南宋馆阁续录》，10 卷，SKQS 版。

陈梦雷（1651—1741）编，《古今图书集成》，10000 卷，台北：鼎文书局，1977。

陈寿（233—297）撰，《三国志·魏志》，SKQS 版。

陈思撰，《两宋名贤小集》（1230 年序），380 卷，SKQS 版。

陈元靓（约 1225—1264）撰，《岁时广记》，40 卷，收入《岁时习俗资料汇编》，台北：
　　艺文印书馆，1970。

（传）刘歆（？— 23）撰，《西京杂记》，6 卷，SKQS 版。

邓牧（1247—1306）、孟宗宝（约 13 世纪）撰，《洞霄图志》，SKQS 版。

都穆（1458—1525）撰，《寓意编》，SKQS 版。

范晔（398—445）撰，《后汉书》，120 卷，北京：中华书局，1971。

高似孙（1158—1231）撰，《纬略》，12 卷，SKQS 版。

葛洪（283—343）撰，《抱朴子内篇》，8 卷，SKQS 版。

葛洪撰，《神仙传》，10 卷，SKQS 版。

顾瑛（1310—1369）撰，《草堂雅集》，18 卷，SKQS 版。

郭若虚（约 1041—1098）撰，《图画见闻志》，收入卢辅圣等编，《中国书画全书》，第 1 册，
　　上海：上海书画出版社，1992—1999。

郭思（1082 年进士）撰，《林泉高致》，收入卢辅圣等编，《中国书画全书》，第 1 册，
　　上海：上海书画出版社，1992—1999。

洪迈（1123—1202）撰，《夷坚志》，北京：中华书局，1981。

忽思慧撰，《饮膳正要》（1330），3 卷，1330 年重印本，收入《中国古代版画丛刊二编》，
　　第 1 册，上海：上海古籍出版社，1994。

黄廷桂撰，《四川通志》（1729），47 卷，SKQS 版。

黄休复（约 10 世纪晚期至 11 世纪早期）撰，《茅亭客话》，SKQS 版。

黄休复撰，《益州名画录》（1006），2 卷，收入卢辅圣等编，《中国书画全书》，第 1 册，
　　上海：上海书画出版社，1992—1999。

计有功（约活动于 1126 年）撰，《唐诗纪事》，81 卷，SKQS 版。

乐史（930—1007）撰，《太平寰宇记》，200 卷，SKQS 版。

李昉（925—996）撰，《太平广记》，500 卷，SKQS 版。

李昉撰，《太平御览》，1000 卷，SKQS 版。

李昉撰，《文苑英华》，1000 卷，SKQS 版。

李诫（？—1110）撰，《营造法式》，初刊于 1103 年，收入《李明仲营造法式三十六卷》，
　　8 册，北京：北京图书出版社，2003。

李焘（1115—1184）撰，《续资治通鉴长编》，520 卷，SKQS 版

厉鹗（1692—1752）撰，《南宋院画录》（1721 年序），8 卷，SKQS 版。

厉鹗撰，《宋诗纪事》，SKQS 版。

刘道醇（活跃于 11 世纪 50 年代）撰，《圣朝名画评》，3 卷，收入卢辅圣等编，《中国
　　书画全书》，第 1 册，上海：上海书画出版社，1992—1999。

刘向（前 77—6）撰，《列仙传》，2 卷，SKQS 版。

娄近垣（1688—1776）撰，《龙虎山志》，收入《中国道观志丛刊》，第 25—26 册，南京：江苏古籍出版社，2000。

楼钥（1137—1213）撰，《攻媿集》，112 卷，SKQS 版。

陆游（1125—1210）撰，《老学庵笔记》，10 卷，SKQS 版。

陆游撰，《渭南文集》，SKQS 版。

吕大临（1044—1093）撰，《考古图》，10 卷，SKQS 版。

马端临（1254—1324［？]）撰，《文献通考》，348 卷，SKQS 版。

孟元老（活跃于 1103 年）撰，《东京梦华录》，10 卷，收入《东京梦华录（外四种）》，上海：古典文学出版社，1958。

米芾（1051—1107）撰，《画史》，收入卢辅圣等编，《中国书画全书》，第 1 册，上海：上海书画出版社，1992—1999。

聂崇义（约 10 世纪）撰，《新定三礼图》（961），20 卷，1175 年版本，收入《中国古代版画丛刊》，第 1 册，上海：上海古籍出版社，1988。

潘自牧（1195 年进士）撰，《记纂渊海》，100 卷，SKQS 版。

潜说友（1244 年进士）撰，《咸淳临安志》（1268），100 卷，SKQS 版。

权德舆（761—818）撰，《权文公集》，10 卷，SKQS 版。

确庵（活跃于 1164 年）、耐庵（活跃于 1267 年）撰，《靖康稗史笺证》，北京：中华书局，1988。

邵博（约 1122—1158）撰，《邵氏闻见后录》，30 卷，收入《唐宋史料笔记丛刊》，北京：中华书局，1983。

沈括（1031—1095）撰，《梦溪笔谈校正》，上海：中华书局，1959。

盛熙明（活跃于 1344 年）撰，《法书考》，8 卷，SKQS 版。

四水潜夫撰，《武林旧事》（13 世纪），10 卷，收入《东京梦华录（外四种）》，上海：古典文学出版社，1956。

苏鹗（886 年进士）撰，《杜阳杂编》，3 卷，SKQS 版。

苏轼（1037—1101）撰，《东坡全集》，115 卷，SKQS 版。

苏颂（1020—1101）撰，《新仪象法要》，3 卷，SKQS 版。

汤垕（活动于 1322—1328 年）撰，《画鉴》（或《古今画鉴》），收入卢辅圣等编，《中国书画全书》，第 2 册，上海：上海书画出版社，1992—1999。

汤显祖（1550—1616）撰，《牡丹亭还魂记》，收入《明代版画丛刊》，第 3 册，台北：台北故宫博物院，1988。

唐慎微（约 1056—1136）撰，《重修政和经史证类备用本草》，30 卷，1249 年重印本，北京：人民卫生出版社，1957。

唐士耻（约 1180—1240）撰，《灵岩集》，SKQS 版。

陶成（1709 年进士）撰，《江西通志》，37 卷，SKQS 版。

脱脱（1314—1355）撰，《辽史》，116 卷，SKQS 版。

脱脱编，《宋史》，496 卷，SKQS 版。

汪藻（1079—1154）撰，《靖康要录》，16 卷，SKQS 版。

王充（27—100）撰，《论衡》，30 卷，SKQS 版。

王黼（1079—1126）撰，《重修宣和博古图》，30 卷，SKQS 版；另一版本为 1588 年本。

王嘉（约 390）撰，《拾遗记》，10 卷，SKQS 版。

王介（约活动于 13 世纪早期）撰，《履巉岩本草》（1220），3 卷，收入《续修四库全书》，
　　第 990 册，上海：上海古籍出版社，1995—1999。

王圻（1565 年进士）撰，《三才图会》，106 卷，1607 年重印本，收入《续修四库全书》，
　　第 1232—1236 册，上海：上海古籍出版社，1995。

王钦若（962—1025）撰，《册府元龟》（1013），1000 卷，SKQS 版。

王俅（约活动于 12 世纪）撰，《啸堂集古录》（1176 年序），2 卷，收入《四部丛刊续编》，
　　第 12039 号，上海：商务印书馆，1934。

王尧臣（1003—1058）编，《崇文总目》，66 卷，SKQS 版。

王应麟（1223—1296）撰，《玉海》，200 卷，SKQS 版。

王恽（1227—1304）撰，《秋涧集》，100 卷，SKQS 版。

王洙（997—1057）撰，《图解校正地理新书》，1190—1195 年重印本，台北：集文书局，
　　1985。

危亦林（1277—1347）撰，《世医得效方》，19 卷，SKQS 版。

魏收（506—572）撰，《魏书》，130 卷，SKQS 版。

魏徵（580—643）撰，《隋书》，85 卷，SKQS 版。

文同（1018—1079）撰，《丹渊集》，40 卷，SKQS 版。

文震亨（1585—1645）撰，《长物志》，12 卷，SKQS 版。

吾丘衍（约活动于 14 世纪）撰，《学古编》，1 卷，SKQS 版。

吴曾（约活动于 1141 年）撰，《能改斋漫录》，18 卷，SKQS 版。

吴自牧（约 13 世纪晚期）撰，《梦粱录》（1274），10 卷，收入《东京梦华录（外四种）》，
　　上海：古典文学出版社，1956。

西湖老人（约南宋）撰，《西湖老人繁胜录》，收入《东京梦华录（外四种）》，上海：
　　古典文学出版社，1956。

夏文彦（约 1312—1370）撰，《图绘宝鉴》，6 卷，收入卢辅圣等编，《中国书画全书》，
　　第 2 册，上海：上海书画出版社，1992—1999。

徐梦莘（1126—1207）撰，《三朝北盟会编》，250 卷，上海：上海古籍出版社，1987。

徐松（1781—1848）等编，《宋会要辑稿》，460 卷，北京：中华书局，1957。

许慎（活跃于 55—125 年）撰，《说文解字》，30 卷，SKQS 版。

晏端书（1800—1882）撰，《续纂扬州府志》，24 卷，1874 年版本，南京：江苏古籍出
　　版社，1991。

杨尔曾（约 1575—1609）撰，《海内奇观》（1609），10 卷，收入《中国古代版画丛刊
　　二编》，第 8 册，上海：上海古籍出版社，1994。

杨甲（1166 年进士）撰，《六经图》，6 卷，SKQS 版。

杨维桢（1296—1370）撰，《东维子集》，30 卷，SKQS 版。

杨仲良（约 1170—1230）撰，《通鉴长编纪事本末》，150 卷，收入《宋史资料萃编》，
　　台北：文海出版社，1967。

姚思廉（557—637）撰，《陈书》（629），36 卷，SKQS 版。

尹真人撰，《性命圭旨》（1615 年序），收入《道藏精华》，第 1 册，台北：自由出版社，
　　1974。

余靖（1000—1064）撰，《武溪集》，SKQS 版。

虞世南（588—638）撰，《北堂书钞》，160 卷，SKQS 版。

元好问（1190—1257）撰，《遗山先生文集》，40 卷，收入《国学基本丛书四百种》，
　　第 301 种，台北：台湾商务印书馆，1968。

元明善（元代）、张国祥（约 1577—1612）撰，《续修龙虎山志》，6 卷，收入《中国
　　道观志丛刊续编》，第 13 册，扬州：广陵书社，2004。

曾枣庄、刘琳编，《全宋文》，360 卷，上海：上海辞书出版社，2006。

张表臣（活跃于 1142 年）撰，《珊瑚钩诗话》，3 卷，SKQS 版。

张杲（活跃于 1189 年）撰，《医说》，SKQS 版。

张华（232—300）撰，《博物志》，10 卷，SKQS 版。

张君房（1004—1007 年进士）撰，《云笈七签》，5 册，北京：中华书局，2003。

张彦远（约 820—876）撰，《历代名画记》，10 卷，收入卢辅圣等编，《中国书画全书》，
　　第 1 册，上海：上海书画出版社，1992—1999。

张燕昌（1738—1814）撰，《金石契》，2 卷，台北：文史哲出版社，1971。

张玉书（1642—1711）撰，《酉阳杂俎》，444 卷，SKQS 版。

章如愚（约 1127—1279［？］）撰，《群书考索》，SKQS 版。

赵彦卫（约 13 世纪早期）撰，《云麓漫钞》（1206），15 卷，SKQS 版。

真德秀（1178—1235）撰，《西山文集》，SKQS 版。

郑樵（1104—1162）撰，《通志》，200 卷，SKQS 版。

郑玄（127—200）撰，《周礼注疏》，42 卷，SKQS 版。

志槃撰，《佛祖统纪》，56 卷（卷 21 缺失），收入《续藏经：藏经书院版》，卷 131，台北：
　　新文丰出版公司，1977。

周密（1232—1298/1308）撰，《齐东野语》，20 卷，北京：中华书局，1983。

周密（1232—1308）撰，《癸辛杂识》，6 卷，北京：中华书局，1988。

中文研究资料

安金槐，《密县打虎亭汉墓墓道填土中残石刻画像探讨》，《华夏考古》，1994 年第 4 期。

安金槐、王与刚，《密县打虎亭汉代画像石墓和壁画墓》，《文物》，1972 年第 10 期。

白彬，《江西南昌东晋永和八年雷陔墓道教因素试析》，《南方文物》，2007 年第 1 期。

白彬，《四川五代两宋墓葬中的猪首人身俑》，《四川文物》，2007 年第 3 期。

白彬、代丽鹃，《试从考古材料看〈女青鬼律〉的成书年代和流行地域》，《宗教学研究》，2007 年第 1 期。

白适铭，《张彦远〈历代名画记〉的成书与士人绘画观之形成》，台湾大学文学硕士论文，1995。

北京图书馆，《中国版刻图录》，北京：文物出版社，1961。

北京文物鉴赏编委会编，《明清水陆画》，北京：北京美术摄影出版社，2004。

蔡子谔、侯志刚，《磁州窑造型艺术与民俗文化》，保定：河北大学出版社，2008。

曹洪欣，《海外回归中医古籍善本集萃》，北京：中医古籍出版社，2005。

柴泽俊，《山西寺观壁画》，北京：文物出版社，1997。

陈芳妹，《追三代于鼎彝之间 ——宋代从“考古”到“玩古”的转变》，《故宫学术季刊》，第 23 卷第 1 期（2005）。

陈高华，《宋辽金画家史料》，北京：文物出版社，1984。

陈高华，《隋唐画家史料》，北京：文物出版社，1987。

陈国符，《道藏源流考》，2 册，北京：中华书局，1963。

陈俊吉，《山西宝宁寺水陆道场绘画研究》，台北艺术大学文学硕士论文，2009。

陈明达，《崖墓建筑（上）：彭山发掘报告之一》，《建筑史论文集》，2003 年第 17 辑。

陈槃，《影钞敦煌写本占云气书残卷解题（古谶纬书录解题附录三）》，《“中央研究院”历史语言研究所集刊》，第 50 本第 1 分（1979）。

陈槃，《古谶纬研讨及其书录解题》，台北：台北编译馆，1991。

陈葆真，《传世〈洛神赋〉故事画的表现类型与风格系谱》，《故宫学术季刊》，第 23 卷第 1 期（2005）。

陈葆真，《从辽宁本〈洛神赋图〉看图像转译文本的问题》，《台湾大学美术史研究集刊》，第 23 期（2007）。

陈葆真，《中国画中图像与文字互动的表现模式》，收入颜娟英编，《中国史新论：美术考古分册》，台北：联经出版社，2010。

陈葆真，《洛神赋图与中国古代故事画》，台北：石头出版社，2011。

陈行一，《酆都罗山拔苦超生镇鬼真形碑考析》，《江西文物》，1989 年第 3 期。

陈耀庭，《道教礼仪》，北京：宗教文化出版社，2003。

陈垣，《南宋初河北新道教考》，北京：辅仁大学，1941。

陈垣，《道家金石略》，北京：文物出版社，1988。

陈月琴，《八仙群体的演化发展及形成》，《中国道教》，1992 年第 1 期。

陈悦新，《佛衣与僧衣概念考辨》，《故宫博物院院刊》，2009 年第 2 期。

陈昭吟，《论"龙驿"》，《道教学探索》，1994 年第 8 期。

重庆大足石刻艺术博物馆等编，《大足石刻雕塑全集》，重庆：重庆出版社，1999。

重庆大足石刻艺术博物馆等编，《2005 年重庆大足石刻国际学术研讨会论文集》，北京：
　文物出版社，2007。

戴仁君，《河图洛书的本质及其原来的功用》，《文史哲学报》，1966 年第 15 期。

戴晓云，《佛教水陆画研究》，北京：中国社会科学出版社，2009。

大同市博物馆，《大同金代阎德源墓发掘简报》，《文物》，1978 年第 4 期。

大同市文物陈列馆等编，《山西省大同市元代冯道真王青墓清理简报》，《文物》，1962
　年第 12 期。

丁鼎，《新定三礼图》，北京：清华大学出版社，2006。

丁凤萍等编，《新绛稷益庙壁画》，收入《中国寺观壁画经典丛书》，石家庄：河北美术
　出版社，2011。

丁煌，《〈正一大黄预修延寿经箓〉初研》，《道教学探索》，1995 年第 8 期。

丁煌，《〈正一大黄预修延寿经箓〉初研》，收入龚鹏程编，《海峡两岸道教文化学术研
　讨会论文》，第 2 册，台北：台湾学生书局，1996。

丁煌，《〈正一大黄预修延寿经箓〉初研（三）（录文）》，《道教学探索》，1997 年第 10 期。

段文杰编，《敦煌壁画》，第 1 册，《中国美术全集·绘画编》，第 14 册，北京：文物出版社，
　1985。

段玉明，《相国寺：在唐宋帝国的神圣与凡俗之间》，成都：巴蜀书社，2004。

敦煌文物研究所，《中国石窟：敦煌莫高窟》，5 册，北京：文物出版社，1981。

敦煌研究院，《中国石窟：安西榆林窟》，北京：文物出版社，1997。

[法] 劳格文、吕锤宽，《浙江省苍南地区的道教文化》，《东方宗教研究》，1993 年第 3 期。

[法] 劳格文著，施康强译，《中国的文字和神体》，《法国汉学》，第 2 辑，北京：清
　华大学出版社，1997。

[法] 马克著，王东亮译，《六朝时期九宫图的流传》，《法国汉学》，第 2 辑，北京：
　清华大学出版社，1997。

[法] 范华，《湖南道教艺术》，收入李淞编，《道教美术新论：第一届道教美术史国际研

讨会论文集》，济南：山东美术出版社，2008。

冯恩学，《辽墓启门图之探讨》，《北方文物》，2005 年第 4 期。

冯骥才，《绵山神佛造像上品》，北京：中华书局，2009。

傅举有等编，《马王堆汉墓文物》，长沙：湖南出版社，1992。

傅利民，《斋醮科仪天师神韵：龙虎山天师道科仪音乐研究》，成都：巴蜀书社，2003。

傅维康、李经纬编，《中国医学通史》，4 册，北京：人民卫生出版社，2000。

傅熹年编，《两宋绘画》，《中国美术全集·绘画编》，第 3—4 册，北京：文物出版社，
　　1988。

傅熹年编，《元代绘画》，《中国美术全集·绘画编》， 第 5 册，北京：文物出版社，
　　1989。

葛兆光，《"不立文字"与"神授天书"：佛教与道教的语言传统及其对中国古典诗歌的影响》，
　　收入《中国宗教与文学论集》，北京：清华大学出版社，1998。

葛兆光，《思想史研究视野中的图像》，《中国社会科学》，2002 年第 4 期。

葛兆光，《思想史家眼中之艺术史——读 2000 年以来出版的若干艺术史著作和译著有感》，
　　《清华大学学报》，2006 年第 5 期。

葛兆光，《青铜鼎与错金壶——道教语词在中晚唐诗歌中的使用》，收入《中国宗教、学
　　术与思想散论》，香港：香港三联书店，2008。

关雪玲，《清代宫廷医学与医学文物》，北京：紫禁城出版社，2008。

《故宫博物院藏画集》编辑委员会编，《故宫博物院藏画集》，第 1 册，《东晋隋唐五代
　　部分》，北京：人民美术出版社，1978。

郭玉海，《故宫藏镜》，北京：紫禁城出版社，1996。

国家文物局，《1998 中国重要考古发现》，北京：文物出版社，2000。

台北故宫博物院编，《刺绣特展图录》，台北：台北故宫博物院，1992。

台北故宫博物院编，《妙法莲华经图录》，台北：台北故宫博物院，1995。

台北故宫博物院编，《故宫书画图录》，27 册，台北：台北故宫博物院，1989—2008。

许仲毅编，《海外新发现永乐大典十七卷》，上海：上海辞书出版社，2003。

韩学宏，《鸟类书写与图像文化研究》，台北：文津出版社，2011。

韩永等编，《北京文物精粹大系·佛造像卷（下）》，北京：北京出版社，2004。

何林编，《你应该知道的 200 件铜镜》，北京：紫禁城出版社，2007。

何士骥，《古本道德经校刊》，4 册，收入严灵峰编，《无求备斋老子集成续编》，台北：
　　艺文印书馆，1970。

何堂坤，《中国古代铜镜的技术研究》，北京：紫禁城出版社，1999。

何志国，《四川绵阳杨家宋墓》，《考古与文物》，1988 年第 1 期。

何志国等，《我国最早的道教炼丹实物——绵阳双包山汉墓出土金汞合金的初步研究》，《自

　　然科学史研究》，2007 年第 1 期。

和中浚、吴鸿洲编，《中华医学文物图集》，成都：四川人民出版社，2001。

河北省文物研究所和保定市文物管理处，《五代王处直墓》，北京：文物出版社，1998。

河北省文物研究所编，《宣化辽墓壁画》，北京：文物出版社，2001。

河南省文物研究所编，《密县打虎亭汉墓》，北京：文物出版社，1993。

侯恺、冯鹏生，《应县木塔秘藏辽代美术作品的探讨》，《文物》，1982 年第 6 期。

胡同庆，《三界九地之图内容考证》，《敦煌研究》，1996 年第 4 期。

胡万川，《钟馗神话与小说之研究》，台北：文史哲出版社，1980。

胡文和，《大足南山三清古洞和石门山三皇洞再识》，《四川文物》，1990 年第 4 期。

胡文和，《四川道教佛教石窟艺术》，成都：四川人民出版社，1994。

胡文和，《安岳大足佛雕》，台北：艺术家出版社，1999。

胡文和，《中国道教石刻艺术史》，2 卷，北京：高等教育出版社，2004。

胡文和，《北朝道教老子神像产生的历史过程和造型探索》，收入李凇编，《道教美术新论：
　　第一届道教美术史国际研讨会论文集》，济南：山东美术出版社，2008。

黄坤农，《道教五行空间初探——以真文赤书为例》，收入高雄道德院编，《宗教与心灵
　　改革研讨会论文集》，高雄：高雄道德院，1998。

黄立芸，《元方从义〈神岳琼林图〉之研究》，台湾大学文学硕士论文，2003。

黄龙祥编，《中国针灸史图鉴》，2 册，青岛：青岛出版社，2003。

黄龙祥等，《明正统仿宋针灸铜人鉴定与仿制》，《中国针灸》，2004 年第 5 期。

黄龙祥等，《圣彼得堡国立艾尔米塔什博物馆藏针灸铜人研究》，《中华医史杂志》，第
　　35 卷第 2 期（2005）。

黄苗子，《搜山图》，《故宫博物院院刊》，1980 年第 3 期。

黄明兰编，《洛阳北魏世俗石刻线画集》，北京：人民美术出版社，1987。

黄敏枝，《再论宋代寺院的转轮藏》，《清华学报》，第 26 卷第 2 期（1996）。

黄启江，《北宋佛教史论稿》，台北：台湾商务印书馆，1997。

黄士珊，《从永乐宫壁画谈元代晋南职业画坊的壁画制作》，台湾大学文学硕士论文，1995。

黄士珊，《从〈道藏〉的"图"谈宋代道教仪式的空间性与物质性》，收入复旦大学文
　　史研究院编，《图像与仪式：中国古代宗教史与艺术史的融合》，北京：中华书局，
　　2017。

黄石林，《四川江油窦圌山云岩寺飞天藏》，《文物》，1991 年第 4 期。

黄雅峰，《河南汉画像石艺术》，《南都学坛》，1999 年第 5 期。

湖南省博物馆，《湖南出土铜镜图录》，北京：文物出版社，1969。

湖南省博物馆、中国科学院考古研究所编，《长沙马王堆一号汉墓》，2 册，北京：文物出版社，
　　1973。

姜生，《东岳真形图的地图学研究》，《历史研究》，2008 年第 6 期。

姜生、汤伟侠编，《中国道教科学技术史·汉魏两晋卷》，北京：科学出版社，2002。

姜生、汤伟侠编，《中国道教科学技术史·南北朝隋唐五代卷》，北京：科学出版社，2010。

蒋锡昌，《老子校诂》，4 册，收入严灵峰编，《无求备斋老子集成续编》，台北：艺文印书馆，
　　1970。

江苏省淮安县博物馆，《淮安县明代王镇夫妇合葬墓清理简报》，《文物》，1987 年第 3 期。

江西省文物考古研究所等编，《江西樟树北宋道教画像石墓》，《江西文物》，1991 年第 3 期。

靳士英、靳朴，《〈存真图〉与〈存真环中图〉考》，《自然科学史研究》，1996 年第 3 期。

金维诺，《搜山图的内容与艺术表现》，《故宫博物院院刊》，1980 年第 3 期。

金维诺，《释迦世尊应化示迹图与善财童子五十三参图》，收入中国佛教文化研究所编，《释
　　迦世尊应化示迹图·善财童子五十三参图》，2 册，香港：中国佛教文化出版有限公司，
　　1996。

金维诺编，《寺观壁画》，《中国美术全集·绘画编》，第 13 册，北京：文物出版社，
　　1988。

景安宁，《元代壁画——神仙赴会图》，北京：北京大学出版社，2002。

景安宁，《铜镜与早期道教》，收入李淞编，《道教美术新论：第一届道教美术史国际研
　　讨会论文集》，济南：山东美术出版社，2008。

康保成、孙秉君，《陕西韩城宋墓壁画考释》，《文艺研究》，2009 年第 11 期。

康殿峰，《毗卢寺壁画》，石家庄：河北美术出版社，1998。

孔祥星、刘一曼，《中国铜镜图典》，北京：文物出版社，1992。

匡远莹，《南宋虞公著夫妇合葬墓》，《考古学报》，1985 年第 3 期。

黎志添，《天地水三官信仰与早期天师道治病解罪仪式》，《台湾宗教研究》，第 2 卷第
　　1 期（2002）。

黎志添，《南宋黄箓斋研究：以金允中〈灵宝大法〉为例》，收入黎志添编著，《道教图像、
　　考古与仪式：宋代道教的演变与特色》，香港：香港中文大学出版社，2016。

李丽凉，《北宋神霄道士林灵素与神霄运动》，香港中文大学博士论文，2006。

李玉珉，《住世护法罗汉》，《故宫文物月刊》，第 91 号（1990）。

李玉珉，《神通妙变罗汉画》，《故宫文物月刊》，第 92 号（1990）。

李玉珉，《黑水城出土西夏弥陀画初探》，《故宫学术季刊》，第 13 卷第 4 期（1996）。

李玉珉，《〈梵像卷〉作者与年代考》，《故宫学术季刊》，第 23 卷第 1 期（2005）。

李玉珉，《大理国张胜温〈梵像卷〉罗汉画研究》，《台湾大学美术史研究集刊》，第 29
　　期（2010）。

雷玉华、程崇勋，《巴中石窟内容总录》，成都：巴蜀书社，2006。

李德范，《敦煌道藏》，5 册，北京：全国图书馆文献缩微复制中心，1999。

李丰楙，《不死的探求——抱朴子》，台北：时报文化，1982。

李丰楙，《六朝隋唐仙道类小说研究》，台北：学生书局，1986。

李丰楙，《六朝道教洞天说与游历仙境小说》，《小说戏曲研究》，1988 年第 1 期。

李丰楙，《敦煌道经写卷与道教写经的供养功德观》，收入《全国敦煌学研讨会论文集》，
　　嘉义县：中正大学中国文学系所，1995。

李丰楙，《严肃与游戏：道教三元斋与唐代节俗》，收入钟彩钧编，《传统与创新："中
　　央研究院"中国文哲研究所十周年纪念论文集》，台北："中央研究院"中国文哲研究
　　所筹备处，1999。

李丰楙，《道教坛场与科仪空间》，收入黄忠天编，《2006 道文化国际学术研讨会论文集》，
　　第 2 册，高雄：昶景文化出版公司，2006。

李丰楙、谢宗荣，《道教文化与文物图像》，收入苏启明编，《道教文物》，台北：台北
　　历史博物馆，1999。

李丰楙、张智雄，《书符与符号：正一符法的图像及其象征》，《清华学报》，第 40 卷
　　第 3 期（2010）。

李刚，《也论〈太平经钞〉甲部及其与道教上清派之关系》，《道家文化研究》，第四辑，
　　上海：上海古籍出版社，1994。

李刚，《形神俱妙、形神可固——道教生命哲学超越生死的理论依据之一》，in *Purposes,
　　Means, and Convictions in Daoism: A Berlin Symposium*, edited by Florian C. Reiter, Wiesbaden:
　　Harrassowitz, 2007.

李经纬，《中国古代医史图录》，北京：人民卫生出版社，1992。

李际宁，《佛经版本》，收入任继愈编，《中国版本文化丛书》，南京：江苏古籍出版社，
　　2002。

李霖灿，《南诏大理国新资料的综合研究》，台北："中央研究院"，1967。

李霖灿，《宋人望贤迎驾图》，收入《中国名画研究》，第 1 册，台北：艺文印书馆，
　　1973。

李霖灿，《搜山图的探讨》，收入《中国名画研究》，第 1 册，台北：艺文印书馆，
　　1973。

李清泉，《粉本——从宣化辽墓壁画看古代画工的工作模式》，《南京艺术学院学报（美
　　术与设计版）》，2004 年第 1 期。

李清泉，《宣化辽墓：墓葬艺术与辽代社会》，北京：文物出版社，2008。

李清泉，《空间逻辑与视觉意味——宋辽金墓"妇人启门"图新论》，收入巫鸿、郑岩编，
　　《古代墓葬美术研究》，第 1 辑，北京：文物出版社，2011。

李淞，《论〈八十七神仙卷〉与〈朝元仙仗图〉之原位》，收入李淞编，《道教美术新论：
　　第一届道教美术史国际研讨会论文集》，济南：山东美术出版社，2008。

李凇编，《道教美术新论：第一届道教美术史国际研讨会论文集》，济南：山东美术出版社，2008。

李凇编，《山西寺观壁画新证》，北京：北京大学出版社，2011。

李小强，《大足南山道教醮坛造像》，《中国道教》，2003 年第 1 期。

李远国，《论道教符箓的分类——兼及符箓与中国文字的关系》，《宗教学研究》，1997 年第 2 期。

李远国，《酆都宗教文化与圣迹的调查报告》，收入林富士、傅飞岚编，《圣迹崇拜与圣者崇拜》，台北：允晨文化，1999。

李远国，《道教咒术初探》，《宗教学研究》，1999 年第 2 期。

李远国，《符箓的种类与结构》，收入陈耀庭编，《道教仪礼》，香港：青松观香港道教学院，2000。

李远国，《道教神霄派渊源略考》，《宗教学研究》，2001 年第 1 期。

李远国，《试论灵幡与宝幢的文化内涵》，《宗教学研究》，2002 年第 1 期。

李远国，《道教雷法沿革考》，《世界宗教研究》，2002 年第 3 期。

李远国，《论道教灯仪的形成与文化功用》，《中国道教》，2003 年第 2 期。

李远国，《神霄雷法：道教神霄派沿革与思想》，成都：四川人民出版社，2003。

李远国，《论汉晋之际道教地理学的成就》，《宗教学研究》，2006 年第 3 期。

李志鸿，《天心正法与两宋道教的斋醮之变》，《世界宗教研究》，2008 年第 1 期。

李志鸿，《道教法术"家书式"考》，《中国道教》，2009 年第 5 期。

李志鸿，《道教天心正法研究》，北京：社会科学文献出版社，2011。

李志鸿，《宋元道教家书科仪研究》，收入《宋代道教研究学术研讨会论文集》（未刊本），香港：香港中文大学，2011。

梁德华，《灵宝领教济度金书与上清灵宝济度大成金书对虚皇坛的描述之比较》，《中国道教》，2008 年第 2 期。

梁思成，《正定调查纪略》，《中国营造学社汇刊》，第 4 卷第 2 期（1933）。

廖奔，《宋元戏曲文物与民俗》，北京：文化艺术出版社，1989。

廖奔，《中国古代剧场史》，郑州：中州古籍出版社，1997。

林保尧，《东魏武定元年铭石造释迦五尊立像略考——三世诸佛与二佛并坐的图像构成及其成立基础之一》，《艺术学》，1989 年第 3 期。

林保尧，《东魏武定元年铭石造释迦五尊立像略考——三世诸佛与二佛并坐的图像构成及其成立基础之二》，《艺术学》，1991 年第 5 期。

林柏亭编，《大观：北宋书画特展》，台北：台北故宫博物院，2006。

林富士，《试论〈太平经〉的疾病观念》，《"中央研究院"历史语言研究所集刊》，第 62 本第 2 分（1993）。

林富士，《试论〈太平经〉的主旨与性质》，《"中央研究院"历史语言研究所集刊》，第 69 本第 2 分（1998）。

林富士，《疾病终结者：中国早期的道教医学》，台北：三民书局，2001。

林富士，《中国早期道士的医疗活动及其医术考释：以汉魏晋南北朝时期的"传记"资料为主的初步探讨》，《"中央研究院"历史语言研究所集刊》，第 73 卷第 1 期（2002）。

林富士，《中国中古时期的宗教与医疗》，台北：联经出版事业公司，2008。

林富士，《〈太平经〉的神仙观念》，《"中央研究院"历史语言研究所集刊》，第 80 本第 2 分（2009）。

林圣智，《明代道教图像学研究：以〈玄天上帝瑞应图〉为例》，《台湾大学美术史研究集刊》，第 6 期（1999）。

林圣智，《墓葬、宗教与区域作坊——试论北魏墓葬中的佛教图像》，《台湾大学美术史研究集刊》，第 24 期（2008）。

林圣智，《近十年中国佛教美术的研究动向（1999—2008）——英文、日文部分》，《艺术学研究》，2010 年第 6 期。

林圣智，《中国中古时期的墓葬空间与图像》，收入颜娟英编，《中国史新论·美术考古分册》，台北：联经出版公司，2010。

林圣智，《东汉墓葬中的灯具——兼论道教灯仪的可能关联》，收入复旦大学文史研究院编，《图像与仪式：中国古代宗教史与艺术史的融合》，北京：中华书局，2017。

林世田，《武则天称帝与图谶祥瑞 ——以 S.6502 大云经疏为中心》，《敦煌学辑刊》，2002 年第 2 期。

林树中，《陈容画龙今存作品及其生平的探讨：兼与铃木敬先生等商榷》，《南京艺术学院学报（美术及设计版）》，1994 年第 1 期。

林树中，《陈容画龙今存作品及其生平的探讨（续）》，《南京艺术学院学报（美术及设计版）》，1994 年第 2 期。

林宛儒，《望之若仙：孙隆二十四开写生册研究》，台湾大学文学硕士论文，2010。

林伟正，《被"身体化"的舍利佛指：从法门寺地宫的"真身舍利"谈中国舍利瘗藏与墓葬》，《典藏》，第 218 期（2010）。

灵岩寺编辑委员会，《灵岩寺》，北京：文物出版社，1999。

柳存仁，《和风堂文集》，上海：上海古籍出版社，1991。

刘祥光，《宋代风水文化的扩展》，《台大历史学报》，第 45 期（2010）。

刘慧，《泰山宗教研究》，北京：文物出版社，1994。

刘静贞，《权威的象征：宋真宗大中祥符时代探析》，《宋史研究集》，第二十三辑，台北：台北编译馆，1995。

刘文哲、张富林，《平阳金墓砖雕》，太原：山西人民出版社，1999。

刘晓明，《中国符咒文化大观》，南昌：百花洲文艺出版社，1995。

刘艺，《镜文化与道教之互动》，《宗教学研究》，2004 年第 2 期。

刘艺，《镜与中国传统文化》，成都：巴蜀书社，2004。

刘屹，《敬天与崇道——中古经教道教形成的思想史背景》，北京：中华书局，2005。

刘永明，《医学的宗教化：道教存思修炼术的创造机理与渊源》，《兰州大学学报（社会科学版）》，2004 年第 5 期。

刘永明，《〈老子中经〉形成于汉代考》，《兰州大学学报（社会科学版）》，2006 年第 4 期。

刘永明、程容，《道教医学的早期传承与理论创造》，《兰州大学学报（社会科学版）》，2005 年第 5 期。

刘永生、商彤流，《汾阳北榆苑五岳庙调查简报》，《文物》，1991 年第 12 期。

刘玉权编，《动物画卷》，收入《敦煌石窟全集》，第 18 册，香港：香港商务印书馆，1999。

刘昭瑞，《秦祷病玉简、望祭与道教投龙仪》，《四川文物》，2005 年第 2 期。

刘昭瑞，《考古发现与早期道教研究》，北京：文物出版社，2007。

龙显昭等编，《巴蜀道教碑文集成》，成都：四川大学出版社，1997。

吕锤宽，《台湾的道教仪式与音乐》，台北：学艺出版社，1994。

吕鹏志，《唐前道教仪式史纲》，北京：中华书局，2008。

吕鹏志，《天师道旨教斋考（上篇）》，《"中央研究院"历史语言研究所集刊》，第 80 本第 3 分（2009）。

吕鹏志，《天师道旨教斋考（下篇）》，《"中央研究院"历史语言研究所集刊》，第 80 本第 4 分（2009）。

吕鹏志，《灵宝六斋考》，《文史》，2011 年第 3 期。

罗争鸣，《杜光庭道教小说研究》，成都：巴蜀书社，2005。

洛阳博物馆，《洛阳出土铜镜》，北京：文物出版社，1988。

洛阳市文物管理局、洛阳古代艺术博物馆编，《洛阳古代墓葬壁画》，郑州：中州古籍出版社，2010。

马昌仪，《全像山海经图比较》，7 册，北京：学苑出版社，2003。

马国权，《鸟虫书论稿》，《古文字研究》，1983 年第 10 期。

马世长，《大随求陀罗尼曼荼罗图像的初步考察》，《唐研究》，第 10 卷（2004）。

马新宇，《打虎亭汉墓壁画别论》，《史学月刊》，1995 年第 5 期。

马新宇，《打虎亭汉墓墓主为张伯雅夫妇说质疑》，《河南大学学报（科学社会版）》，2000 年第 1 期。

马子云，《谈武梁祠画像的宋拓与黄易拓本》，《故宫博物院院刊》，1960 年第 2 期。

孟凡玉，《大傩图名实新辨》，《中国音乐学》，2011 年第 1 期。

孟嗣徽，《五星及廿八宿神形图图像考辨》，《艺术史研究》，2000 年第 2 期。

孟嗣徽，《元代永乐宫与兴化寺壁画》，收入李凇编，《道教美术新论：第一届道教美术史国际研讨会论文集》，济南：山东美术出版社，2008。

孟嗣徽，《元代晋南寺观壁画群研究》，北京：紫禁城出版社，2011。

缪哲，《〈虢国夫人游春图〉旁证》，《清华大学学报（哲学社会科学版）》，2006 年第 5 期。

缪哲，《〈魏文朗造像碑〉考释》，《台湾大学美术史研究集刊》，第 21 期（2006）。

内蒙古钱币研究会等编，《中国古钞图辑》，北京：中国金融出版社，1987。

内蒙古文物考古研究所等编，《内蒙古赤峰宝山辽壁画墓发掘简报》，《文物》，1998 年第 1 期。

蒲亨强，《神圣礼乐：正统道教科仪音乐研究》，成都：巴蜀书社，2000。

浦江清，《八仙考》，《清华学报》，第 11 卷第 1 期（1936）。

饶宗颐，《跋敦煌本白泽精怪图两残卷（P. 2682，S. 6261）》，《"中央研究院"历史语言研究所集刊》，第 41 本第 4 分（1969）。

饶宗颐，《星马华文碑刻系年（纪略）》，《书目季刊》，第 5 卷第 2 期（1970）。

饶宗颐，《淮安明墓出土的张天师画》，收入《画颎：国画史论集》，台北：时报文化出版企业有限公司，1993。

饶宗颐，《符号·初文与字母——汉字树》，香港：香港商务印书馆，1998。

任继愈、钟肇鹏编，《道藏提要》，北京：中国社会科学出版社，1991。

任继愈主编，《宗教大辞典》，上海：辞书出版社，1998。

任锡光，《四川彭山发现宋墓两座》，《文物参考资料》，1958 年第 3 期。

任宗权，《道教手印研究（图文本）》，北京：宗教文化出版社，2004。

任宗权，《道教章表符印文化研究》，北京：宗教文化出版社，2006。

[日] 福井康顺等编，朱越利译，《道教》，3 卷，上海：上海古籍出版社，1990。

[日] 海野一隆著，王妙发译，《地图的文化史》，香港：中华书局，2002。

[日] 铃木敬著，魏美月译，《中国绘画史》，2 册，台北：台北故宫博物院，1987。

[日] 松本浩一，《道教和宗教礼仪》，收入福井康顺等编、朱越利译，《道教》，第 1 卷，上海：上海古籍出版社，1999。

[日] 松本浩一，《宋代的水陆斋与黄箓斋》，发表于《第一届仙道文化国际研讨会》，高雄：中山大学，2006。

[日] 丸山宏著，张泽洪译，《论台湾南部的功德礼仪——从道教仪礼史角度的考察》，《宗教学研究》，1999 年第 1 期。

[日] 下中邦彦编、戴兰村译，《书道全集》，16 册，台北：大陆书店，1989。

[日] 小林正美著，白文译，《金箓斋法与道教造像的形成与展开》，《艺术探索》，2007 年第 3 期。

沙武田，《敦煌画稿研究》，北京：中央编译出版社，2007。

陕西省考古研究院编，《壁上丹青：陕西出土壁画集》，2 册，北京：科学出版社，2008。

单国强，《梁令瓒五星二十八宿神形图》，收入上海博物馆编，《千年丹青：细读中日藏唐宋元绘画珍品》，北京：北京大学出版社，2010。

尚衍斌，《〈饮膳正要〉的特点及史料价值》，《故宫博物院院刊》，2010 年第 1 期。

上海古籍出版社等编，《法藏敦煌西域文献》，34 册，上海：上海古籍出版社，1994—2005。

山西省博物馆编，《宝宁寺明代水陆画》，北京：文物出版社，1985。

山西省文物局等编，《应县木塔辽代秘藏》，北京：文物出版社，1991。

沈从文，《唐宋铜镜》，北京：中国古典艺术出版社，1958。

圣凯，《超度亡灵放焰口》，《世界宗教文化》，2000 年第 2 期。

石夫，《介绍两件北朝道教石造像》，《文物参考资料》，1962 年第 12 期。

施萍婷编，《阿弥陀经画卷》，《敦煌石窟全集》，第 5 册，香港：香港商务印书馆，2002。

施维等编，《周易图释大典》，北京：中国工人出版社，1994。

史孝君，《论炼度仪》，《中国道教》，2004 年第 1 期。

史岩编，《五代宋雕塑》，《中国美术全集·雕塑篇》，第 5 册，北京：人民美术出版社，1988。

石兆原，《元杂剧里的八仙故事与元杂剧体例》，收入朱传誉编，《八仙研究资料》，台北：天一出版社，1982。

石守谦，《神幻变化：由福建画家陈子和看明代道教水墨画之发展》，《台湾大学美术史研究集刊》，第 2 期（1995）。

石守谦，《风格与世变——中国绘画史论集》，台北：允晨文化，1995。

石守谦，《从风格到画意——反思中国美术史》，台北：石头出版社，2010。

石守谦，《从夏文彦到雪舟——论〈图绘宝鉴〉对十四、十五世纪东亚地区的山水画史理解之形塑》，《"中央研究院"历史语言研究所集刊》，第 81 本第 2 分（2010）。

石守谦，《中国古代书法传统与当代艺术》，《清华学报》，第 40 卷第 3 期（2010）。

宿白，《白沙宋墓》，北京：文物出版社，1957。

宿白编，《墓室壁画》，《中国美术全集·绘画编》，第 12 册，北京：文物出版社，1989。

苏启明编，《道教文物》，台北：台北历史博物馆，1999。

孙景琛，《大傩图名实辨》，《文物》，1982 年第 3 期。

唐长寿，《乐山崖墓与彭山崖墓》，成都：电子科技大学出版社，1993。

童文娥，《李嵩〈婴戏货郎图〉的研究》，台湾大学文学硕士论文，2006。

曾蓝莹，《作坊格套与地域子传统——从山东董家汉墓的制作痕迹谈起》，《台湾大学美术史研究集刊》，第 8 期（2000）。

尹翠琪，《道教版画研究：大英图书馆藏〈玉枢宝经〉四注本之年代及插画考》，《道教研究学报：宗教、历史与社会》，第 2 期（2010）。

尹翠琪，《〈正统道藏〉本〈三才定位图〉研究：北宋徽宗朝的道教宇宙神谱》，《台湾大学美术史研究集刊》，第 33 期（2012）。

［英］史明理著，朱莺译，《〈读碑窠石〉——绘画主题的嬗变》，收入上海博物馆编，《千年丹青：细读中日藏唐宋元绘画珍品》，北京：北京大学出版社，2010。

王正华，《听琴图的政治意涵：徽宗朝院画风格与意义网络》，《台湾大学美术史研究集刊》，第 5 期（1998）。

王正华，《艺术史与文化史的交界：关于视觉文化研究》，《近代中国史研究通讯》，第 32 期（2001）。

王承文，《古灵宝经与道教早期礼灯科仪和斋坛法式》，《敦煌研究》，2001 年第 2 期。

王卡，《平都山道教史迹》，《世界宗教研究》，1995 年第 3 期。

王卡，《敦煌道教文献研究——综述·目录·索引》，北京：中国社会科学出版社，2004。

王卡，《道教经史论丛》，成都：巴蜀书社，2007。

王孟鸥，《古明堂图考》，收入李曰刚等编，《三礼论文集》，台北：黎明文化事业有限股份公司，1981。

王明，《太平经合校》，北京：中华书局，1960。

王秋桂，《元宵节补考》，《民俗曲艺》，第 65 期（1990）。

汪圣铎，《宋真宗》，长春：吉林文史出版社，1996。

王士伦，《浙江出土铜镜》，北京：文物出版社，1987。

王树村等编，《石刻线画》，《中国美术全集·绘画编》，第 19 册，上海：上海人民美术出版社，1988。

王素芳、石水士编，《毗卢寺壁画世界》，石家庄：河北教育出版社，2002。

王卫民，《大圣慈寺画史丛考：唐、五代、宋时期西蜀佛教美术发展探源》，北京：文化艺术出版社，2005。

王文超、赵文润，《武则天与嵩山》，北京：中华书局，2003。

汪小洋、姚义斌，《美术考古与宗教美术》，上海：上海大学出版社，2008。

汪小洋、李或、张婷婷，《中国道教造像研究》，上海：上海大学出版社，2010。

汪小洋编，《中国墓室绘画研究》，上海：上海大学出版社，2010。

王逊，《永乐宫三清殿壁画题材试探》，《文物》，1963 年第 8 期。

王耀庭，《传唐王维画〈伏生授经图〉的画里画外》，收入上海博物馆编，《千年丹青：细读中日藏唐宋元绘画珍品》，北京：北京大学出版社，2010。

王宜娥，《道教与艺术》，台北：文津出版社，1997。

王宜娥，《卧游仙云：中国历代绘画的神仙世界》，北京：五洲传播出版社，2011。

王永宽，《河图洛书探秘》，郑州：河南人民出版社，2006。

王元军，《六朝书法与文化》，上海：上海书画出版社，2002。

王育成，《东汉道符释例》，《考古学报》，1991 年第 1 期。

王育成，《唐宋道教秘篆文释例》，《中国历史博物馆馆刊》，第 15—16 期（1991）。

王育成，《文物所见中国古代道符述论》，《道家文化研究》，1996 年第 9 期。

王育成，《道教法印令牌探奥》，北京：宗教文化出版社，2000。

王育成，《唐代铜镜实物研究》，《唐研究》，第 6 卷（2000）。

王育成，《考古所见道教简牍考述》，《考古学报》，2003 年第 4 期。

王育成，《明代彩绘全真宗祖图研究》，北京：中国社会科学出版社，2003。

王宗昱，《金元全真教石刻新编》，北京：北京大学出版社，2005。

翁善良等编，《成都东郊北宋张确夫妇墓》，《文物》，1990 年第 3 期。

文物出版社编，《永乐宫壁画选集》，北京：文物出版社，1958。

文物出版社等编，《辉煌不朽汉珍宝：湖南长沙马王堆西汉墓》，《文物考古之美》，第 8 册，北京：文物出版社，1994。

巫鸿著，郑岩、王睿编，《礼仪中的美术：巫鸿中国古代美术史文编》，2 卷，北京：生活·读书·新知三联书店，2005。

巫鸿，《实物的回归：美术的"历史物质性"》，《读书》，2007 年第 5 期。

吴羽，《北宋玉清昭应宫与道教艺术》，《艺术史研究》，2005 年第 7 期。

咸阳市文物考古研究所编，《五代冯晖墓》，重庆：重庆出版社，2001。

萧登福，《汉魏六朝佛道两教之天堂地狱说》，台北：学生书局，1989。

萧登福，《道教星斗符印与佛教密宗》，台北：新文丰出版社，1993。

萧登福，《道佛十王地狱说》，台北：新文丰出版社，1996。

萧登福，《道教与民俗》，台北：文津出版社，2002。

萧登福，《道教地狱教主太乙救苦天尊》，台北：新文丰出版社，2006。

萧军编，《永乐宫壁画》，北京：文物出版社，2008。

谢明良，《鬼子母在中国——从考古资料探索其图像的起源与变迁》，《台湾大学美术史研究集刊》，第 27 期（2009）。

谢明良，《记一件带有图像榜题的六朝青瓷谷仓罐——兼谈同心鸟图像的源流》，《故宫学术季刊》，第 27 卷第 3 期（2010）。

谢生保，《甘肃道教黄箓图简介》，收入李淞编，《道教美术新论：第一届道教美术史国际研讨会论文集》，济南：山东美术出版社，2008。

谢世维，《道教朝元图之图像及宗教意涵》，台湾中国文化大学文学硕士论文，1994。

谢世维，《圣典与传译——六朝道教经典中的翻译》，《中国文哲研究集刊》，第31期（2007）。

谢世维，《道教传经神话的建立与转化——以天真皇人为核心》，《清华学报》，第38期（2007）。

谢世维，《天界之文：魏晋南北朝灵宝经典研究》，台北：台湾商务印书馆，2010。

谢世维，《梵天、梵书与梵音：道教灵宝经典中的"梵"观念》，《辅仁宗教研究》，第3期（2011）。

谢世维，《经典、灵图与授度:〈洞玄灵宝二十四生图经〉研究》，《文与哲》，第20期（2012）。

熊伯履，《相国寺考》，郑州：中州古籍出版社，1985。

熊品华，《台湾道士服饰及其图像之比较研究——以正一派、灵宝派、禅和派、全真派为例》，台北真理大学文学硕士论文，2007。

徐邦达，《从壁画副本小样说到两卷宋画:〈朝元仙仗图〉》，《文物》，1956年第2期。

徐邦达，《淮安明墓出土书画简析》，《文物》，1987年第3期。

许蔚，《净明道祖师图像研究——以〈许太史真君图传〉为中心》，《汉学研究》，第29卷第1期（2011）。

许宜兰，《道经图像研究》，成都：巴蜀书社，2009。

颜娟英，《唐代铜镜文饰之内容与风格》，《"中央研究院"历史语言研究所集刊》，第60本第2分（1989）。

姚崇新，《巴蜀佛教石窟造像初步研究：以川北地区为中心》，北京：中华书局，2011。

耀生，《耀县石刻文字略志》，《考古》，1965年第3期。

姚周辉，《神秘的符箓咒语：民间自疗法及避凶趋吉法研究》，南宁：广西人民出版社，2004。

衣若芬，《骷髅幻戏——中国文学与图像中的生命意识》，《中国文哲研究集刊》，第26期（2005）。

游子安，《书斋与道场：道教文物》，香港：香港中文大学道教文化研究中心、香港中文大学文物馆、香港道教联合会，2008。

余嘉锡，《世说新语笺疏》，2册，上海：上海古籍出版社，1993。

余毅编，《唐吴道子墨宝》，台北：中华书画出版社，1979。

袁珂，《山海经校译》，上海：上海古籍出版社，1985。

曾国富，《道教与五代吴越国历史》，《宗教学研究》，2008年第2期。

曾召南，《试析〈度人经内义〉的内丹思想》，收入赖宗贤、詹石窗编，《金丹派南宗研究》，台北：中华道教文化事业股份有限公司，2000。

张丹丹，《天上取样人间织——传世道教法衣研究》，香港中文大学博士论文，2016。

张继禹编，《中华道藏》，北京：华夏出版社，2004。

张明远，《太原龙山道教石窟艺术研究》，太原：山西科学技术出版社，2002。

张鹏，《妇人启门图试探——以宣化辽墓壁画为中心》，《民族艺术》，2006 年第 3 期。

张倩仪，《魏晋南北朝升天图研究》，北京：商务印书馆，2010。

张先得，《北京市大兴县辽代马直温夫妻合葬墓》，《文物》，1980 年第 12 期。

张秀民，《中国印刷史》，上海：上海人民出版社，1989。

张勋燎，《四川、重庆发现的明清"太上生天宝箓"遗迹考》，收入黎志添编著，《道教
　　图像、考古与仪式：宋代道教的演变与特色》，香港：中文大学出版社，2016。

张勋燎、白彬，《成都宋墓出土真文石刻与太上真元大道》，《考古》，2004 年第 9 期。

张勋燎、白彬，《中国道教考古》，6 册，北京：线装书局，2006。

张亚娜，《河南密县打虎亭汉墓及相关问题研究》，郑州大学硕士论文，2005。

张雨晴编，《李公麟揭钵图卷探究》，2 册，台北：长流美术馆，2011。

张泽洪，《周思得与〈上清灵宝济度大成金书〉》，《中国道教》，1998 年第 1 期。

张泽洪，《道教斋醮科仪研究》，成都：巴蜀书社，1999。

张泽洪，《论唐代道教的写经》，《敦煌研究》，2000 年第 3 期。

张泽洪，《道教神仙信仰与祭祀仪式》，台北：文津出版社，2003。

张泽洪，《唐代道教的投龙仪式》，《陕西师范大学学报》，第 36 卷第 1 期（2007）。

张振林，《中山靖王鸟篆壶铭之韵读》，《古文字研究》，1979 年第 1 期。

张子英，《磁州窑瓷枕》，北京：人民美术出版社，2000。

赵丰编，《敦煌丝绸艺术全集·英藏卷》，上海：东华大学出版社，2007。

赵丰编，《敦煌丝绸艺术全集·法藏卷》，上海：东华大学出版社，2010。

赵声良编，《山水画卷》，《敦煌石窟全集》，第 18 册，香港：香港商务印书馆，2002。

赵声良编，《飞天新论》，《敦煌研究》，2007 年第 3 期。

赵幼强，《唐五代吴越国帝王投简制度考》，《东南文化》，2002 年第 1 期。

浙江省文物考古研究所编，《雷峰遗珍》，北京：文物出版社，2002。

郑嘉励、郭勇，《一方刊有"酆都山真形图"的南宋墓志》，《南方文物》，2006 年第 4 期。

郑金生编，《南宋珍稀本草三种》，北京：人民卫生出版社，2007。

郑滦明，《宣化辽墓"妇人启门"壁画小考》，《文物春秋》，1995 年第 2 期。

郑州市文物考古研究所编，《郑州宋金壁画墓》，北京：科学出版社，2005。

中国道教协会研究室编，《道教史资料》，上海：上海古籍出版社，1990。

中国佛教文化研究所编，《释迦世尊应化示迹图·善财童子五十三参图》，2 册，香港：
　　中国佛教文化出版有限公司，1996。

中国古代书画鉴定组编，《中国绘画全集》，第 2—6 册，五代宋辽金，北京：文物出版社，
　　1999。

中国社会科学院等编，《中国古代天文文物图集》，北京：文物出版社，1980。

中国社会科学院等编，《俄藏黑水城文献》，12 册，上海：上海古籍出版社，1996—
　　2000。

中国社会科学院考古研究所、河北省文物管理处编，《满城汉墓发掘报告》，北京：文物
　　出版社，1980。

中国社会科学院历史研究所等编，《英藏敦煌文献：汉文佛经以外部分》，14 册，成都：
　　四川人民出版社，1990—1995。

中国织绣服饰全集编辑委员会，《中国织绣服饰全集》，4 册，天津：天津人民美术出版社，
　　2004—2005。

周世荣，《湖南出土历代铜镜》，长沙：湖南美术出版社，1987。

周世荣，《中国历代铜镜鉴定》，北京：紫禁城出版社，1993。

朱家溍编，《国宝》，香港：香港商务印书馆，1983。

祝亚平，《中国最早的人体解剖图——烟萝子〈内境图〉》，《中国科技史料》，第 13
　　卷第 2 期（1992）。

祝逸雯，《宋元时期道教炼度文献简介》，《香港中文大学道教文化研究中心通讯》，第
　　20 卷第 1 期（2010）。

庄宏谊，《道教的神秘面纱——符》，收入苏启明编，《道教文物》，台北：台北历史博物馆，
　　1999。

庄宏谊，《宋代道教医疗——以洪迈〈夷坚志〉为主之研究》，《辅仁宗教研究》，2005
　　年第 12 期。

外文研究资料

Abe, Stanley 阿部贤次 . 1996—1997. "Heterological Visions: Northern Wei Daoist Sculpture from Shaanxi Province". *Cahiers d-Extrême-Asie* 9: 69–84.

—. 2002. *Ordinary Images*. Chicago: University of Chicago Press.

Acker, William. 1954. *Some T'ang and Pre-T'ang Texts on Chinese Painting*. Westport: Hyperion.

Akizuki Kan'ei 秋月观暎 . 1961。「三元思想の展开について」，『东方学』，22: 27–40。

Alpers, Svetlana et al. 1996. "Visual Culture Questionnaire". *October* 77: 25–70。

Andersen, Poul 安保罗 . 1980. *The Method of Holding the Three Ones: A Taoist Manual of Meditation of the Fourth Century A.D.* London: Curzon Press.

—.1989—1990. "The Practice of Bugang". *Cahiers d'Extrême-Asie* 5: 15–53.

—.1990a. "The Study of the *Daozang*". *Studies in Central & East Asian Religions* 3: 81–93.

—.1990b. "Guideline to the Eight Trigrams". *Occasional Papers* 6: 13–30.

—.1991. "Taoist Ritual Texts and Tradition". Ph.D.diss., University of Copenhagen.

—.1995. "The Transformation of the Body in Taoist Ritual". In *Religious Reflections on the Human Body*, edited by Jane Marie Law, 186−208. Bloomington: Indiana University Press.

—.1996. "Taoist Talismans and the History of the Tianxin Tradition". *Acta Orientalia* 57: 141−152.

—.2001. "Concepts of Meaning in Chinese Ritual". *Cahiers d'Extrême-Asie* 12: 155−183.

—.2005. "Scripture Traditions West and East: Foundation of Belief versus Frameworks for the Transmission of Methods". In *Scriptures, Schools, and Forms of Practice in Daoism: A Berlin Symposium,* edited by Poul Andersen and Florian C. Reiter, 13−32. Wiesbaden: Harrassowitz.

Appadurai, Arjun, ed. 1986. *The Social Life of Things: Commodities in Cultural Perspective.* Cambridge: Cambridge University Press.

Arrault, Alain 华澜 . 2008. "Analytic Essay on the Domestic Statuary of Central Hunan: The Cult to Divinities, Parents, and Masters". *Journal of Chinese Religions* 36: 1−53.

Arrault, Alain, and Michela Bussotti. 2008. "Statuettes religieuses et certificats de consécration en Chine du Sud". *Arts asiatiques* 63: 36−60.

Arrault, Alain, and Jean-Claude Martzloff. 2003. "Calendriers". In *Divination et société dans la Chine médiévale*, edited by Marc Kalinowski, 85−211. Paris: Bibliothèque nationale de France.

Arrault, Alain, and Wang Yucheng 王育成 . 2010. "L'émergence de l'icône taoïste: Essai d'histoire de l'image cultuelle". In *La voie du Tao: Un autre chemin de l'être*, by Catherine Delacour et al., 37−49. Paris: Grand Palais.

Asad, Talal. 1993. *Genealogies of Religion: Discipline and Reasons of Power in Christianity and Islam.* Baltimore: Johns Hopkins University Press.

Asano Haruji 浅野春二。2000。「仪礼と供物——『无上黄箓大斋立成仪』を中心に」，收入田中文雄编，「讲座道教」系列，第 2 册，『道教の教团と仪礼』，页 116−143，东京：雄山阁出版。

—.2002. "Offerings in Daoist Ritual". In *Daoist Identity: History, Lineage, and Ritual*, edited by Livia Kohn and Harold D. Roth, 274−294. Honolulu: University of Hawai'i Press.

—.2003。『飞翔天界：道士の技法 』，东京：春秋社。

—.2005。『台湾における道教仪礼の研究 』，东京：笠间书院。

Assandri, Friederike. 2009. *Beyond the Daode jing: Twofold Mystery in Tang Daoism*. NM: Three Pines Press.

Augustin, Birgitta. 2010. "Eight Daoist Immortals in the Yuan Dynasty: Note on the Origin of the Group and Its Iconography". *Orientations* 41.6: 81−87.

Baldrian-Hussein, Farzeen. 1984. *Procédés secrets du joyau magique.* Paris: Les Deux Océans.

—.1989—1990. "Inner Alchemy: Notes on the Origin and Use of the Term Neidan". *Cahiers d'Extrême-Asie* 5: 163−190.

—.1996—1997. "Alchemy and Self-Cultivation in Literary Circles of the Northern Song Dynasty: Su Shi(1037—1101) and His Techniques of Survival". *Cahiers d'Extrême-Asie* 9: 15−53.

—.2004. "The Book of the Yellow Court: A Lost Song Commentary of the 12th Century". *Cahiers d'Extrême-Asie* 14: 187−226.

Baldwin, Michelle. 1994. "Monumental Wall Paintings of the Assembly of the Buddha from Shanxi Province: Historiography, Iconography, Three Styles, and a New Chronology". *Artibus Asiae* 54.3/4: 241−267.

Baltrušaitis, Jurgis. 1989. *Aberrations: An Essay on the Legend of Forms*, translated by Richard Miller. Cambridge: MIT Press.

Barnhart, Richard 班宗华 . 1970. "Survivals, Revivals, and the Classical Tradition of Chinese Figure Painting". In *Proceedings of the International Symposium on Chinese Painting*, edited by Taipei Palace Museum, 143−210. Taipei: Taipei Palace Museum.

—.1976. "Li Kung-lin's Use of the Past Styles". In *Artists and Traditions*, edited by Christian Murck, 51−71. Princeton: Princeton University Press.

—.1983. *Along the Border of Heaven: Sung and Yüan Paintings from the C.C.Wang Family Collection.* New York: Metropolitan Museum of Art.

—.1989. "Figures in Landscape". *Archives of Asian Art* 42: 62−70.

—.1993. *Painters of the Great Ming: The Imperial Court and the Zhe School.* Dallas: Dallas Museum of Art.

—.1995. "Fishing in an Autumn River, a Handscroll in the Freer Gallery of Art（Back to the Problem of Li Tang?）". *Ars Orientalis* 25: 87−96.

—.1997. "The Five Dynasties（907—960）and the Song Period（960—1279）". In *Three Thousand Years of Chinese Painting,* edited by Richard M. Barnhart et al., 87−137. New Haven: Yale University Press.

—.1998. "A Recent Freer Acquisition and the Question of Workshop Practices". *Ars Orientalis* 28: 78−84.

Barnhart, Richard M. et al.1993. *Li Kung-lin's Classic of Filial Piety.* New York: Metropolitan Museum of Art.

Barrett, T. H. 巴瑞特 . 2002. "Inner and Outer Ritual: Some Remarks on a Directive concerning Daoist Dragon-Casting Ritual from Dunhuang". In *Daoist Florilegium*, edited by Li Zhouran and Chan Man Sing, Hong Kong: The Commercial Press (Hong Kong).

—.2008. *The Woman Who Discovered Printing.* New Haven: Yale University Press.

Baryosher-Chemouny, Nuriel. 1996. *La quête de l'immortalité en Chine: Alchimie et paysage intérieur sous les Song.* Paris: éditions Dervy.

Bell, Catherine. 1988. "Ritualization of Texts and Textualization of Ritual in the Codification of Taoist Liturgy". *History of Religion* 27.4: 366–392.

—.1992a. "Printing and Religion in China: Some Evidence from the *Taishang ganying pian*". *Journal of Chinese Religion* 20: 174–177.

—.1992b. *Ritual Theory, Ritual Practice.* New York: Oxford University Press.

Bellman, Beryl L. 1984. *The Language of Secrecy: Symbols and Metaphors in Poro Ritual.* New Brunswick: Rutgers University Press.

Belting, Hans. 1994. *Likeness and Presence: A History of the Image before the Era of Art,* translated by Edmund Jephcott. Chicago: University of Chicago Press.

—.2005. "Toward an Anthropology of the Image". In *Anthropologies of Art,* edited by Mariët Westermann, 41–58. New Haven: Yale University Press.

Benn, Charles D. 1991. *The Cavern-Mystery Transmission: A Taoist Ordination Rite of A.D.711.* Honolulu: University of Hawai'i Press.

—. 2000. "Daoist Ordinations and Zhai Rituals in Medieval China". In *Daoism Handbook*, edited by Livia Kohn, 309–339. Leiden: Brill.

Bickford, Maggie 毕嘉珍 . 1999. "Three Rams and Three Friends: The Working Lives of Chinese Auspicious Motifs". *Asia Major*, 3rd series, 12.1: 127–158.

—.2002—2003. "Huizong and the Aesthetic of Agency". *Archives of Asian Art* 53: 71–104.

—.2006. "Huizong's Paintings: Art and the Art of Emperorship". In *Emperor Huizong and Late Northern Song China*, edited by Patricia Ebrey and Maggie Bickford, 453–513. Cambridge: Harvard University Asia Center.

Birnbaum, Raoul. 1990. "Secret Halls of the Mountain Lords: The Caves of Wu-t'ai shan". *Cahiers d'Extrême-Asie* 5:115–140.

Birrell, Anne. 1993. *Chinese Mythology: An Introduction.* Baltimore: Johns Hopkins University Press.

—.1999. *The Classic of Mountains and Seas.* London: Penguin Books.

Blake, C. Fred. 2011. *Burning Money: the Material Spirit of the Chinese Lifeworld.* Honolulu: University of Hawai'i Press.

Bloom, Jonathan M. 2001. *Paper before Printing: The History and Impact of Paper in the Islamic World.* New Haven: Yale University Press.

Bodde, Derk.1959. "The Chinese Cosmic Magic Known as Watching for the Ethers". In

Studia Serica Bernard Karlgren Dedicata, edited by Sören Edgren, 14−35. Copenhagen: E. Munksgaard.

Bokenkamp, Stephen R. 柏夷 . 1983. "Sources of the Ling-pao Scriptures". In *Tantric and Taoist Studies in Honour of R.A. Stein*, edited by Michel Strickmann, vol. 2, 434−486. Brussels: Institut Belge des Hautes Études Chinoises.

—.1986. "The Peach Flower Font and the Grotto Passage". *Journal of American Oriental Studies.* 106.1: 65−77.

—.1991. "Taoism and Literature: The Pi-lo Question". *Taoist Resources* 3.1:57−72.

—.1996—1997. "The Yao Boduo Stele as Evidence for the 'Dao-Buddhism' of the Early Lingbao Scriptures". *Cahiers d'Extrême-Asie* 9: 54−67.

—.1997. *Early Daoist Scriptures.* Berkeley: University of California Press.

—.2007a. *Ancestors and Anxiety: Daoism and the Birth of Rebirth in China.* Berkeley: University of California Press.

—.2007b. "What Daoist Body?" In *Purposes, Means, and Convictions in Daoism: A Berlin Symposium,* edited by Florian C. Reiter, 131−150. Wiesbaden: Harrassowitz.

Boltz, Judith M. 鲍菊隐 . 1983. "Opening the Gates of Purgatory: A Twelfth-Century Taoist Meditation Technique for the Salvation of Lost Souls". In *Tantric and Taoist Studies in Honour of R.A.Stein*, edited by Michel Strickmann, vol. 2, 487−511. Brussels: Institut Belge des Hautes Études Chinoises.

—.1987. *A Survey of Taoist Literature, Tenth to Seventeenth Centuries.* Berkeley: Institute of East Asian Studies.

—.1993a. "Soaring on High as the Embodiment of Mount Kunlun". Paper presented at the conference "Mountains and the Cultures of Landscape in China: Tang Dynasty, Five Dynasties Period, Song Dynasty". University of California, Santa Barbara, January 13−14, 1993.

—.1993b. "Not by the Seal of Office Alone: New Weapons in Battles with the Supernatural". In *Religion and Society in T'ang and Sung China*, edited by Patricia Ebrey and Peter N. Gregory, 1−44. Honolulu: University of Hawai'i Press.

—.1996. "Singing to the Spirits of the Dead: A Daoist Ritual of Salvation". In *Harmony and Counterpoint: Ritual Music in Chinese Context*, edited by Bell Yung, Evelyn S. Rawski, and Rubie S. Watson, 177−225. Stanford: Stanford University Press.

—.2006. "Review of *The Taoist Canon: A Historical Companion to the Daozang*, edited by Kristofer Schipper and Franciscus Verellen". *T'oung Pao*, 2nd series, 92: 495−511.

Bourdieu, Pierre. 1977. *Outline of a Theory of Practice,* translated by Richard Nice. Cambridge: Cambridge University Press.

—.1990. *The Logic of Practice*, translated by Richard Nice. Stanford: Stanford University Press.

—.1991. *Language and Symbolic Power*, edited by John B. Thompson, translated by Gino Raymond and Matthew Adamson. Cambridge: Harvard University Press.

Bray, Francesca, Vera Dorofeeva-Lichtmann, and Georges Métailié, eds. 2007. *Graphics and Text in the Production of Technical Knowledge in China: The Warp and the Weft*. Leiden: Brill.

Brinker, Helmut. 2011. *Secrets of the Sacred: Empowering Buddhist Images in Clear, in Code, and in Cache*. Seattle: University of Washington Press.

Bruun, Ole. 2008. *An Introduction to Feng Shui*. Cambridge: Cambridge University Press.

Bryson, Norman et al. 1994. *Visual Culture: Images and Interpretations*. Hanover: University Press of New England.

Bumbacher, Stephan P. 1995. "Cosmic Scripts and Heavenly Scriptures: The Holy Nature of Taoist Texts". *Cosmos* 11.2: 139–153.

—.2000. *The Fragments of the Daoxue zhuan*. Frankfurt: Peter Lang.

Bush, Susan, and Hsio-yen Shih. 1985. *Early Chinese Texts on Painting*. Cambridge: Harvard University Press.

Bussotti, Michela. 2007. "Woodcut Illustration". In *Graphics and Text in the Production of Technical Knowledge in China: The Warp and the Weft,* edited by Francesca Bray, Vera Dorofeeva-Lichtmann, and Georges Métailié, 461–483. Leiden: Brill.

Buswell, Robert E., ed. 2004. *Encyclopedia of Buddhism*. 2 vols. New York: Macmillan Reference.

Cahill, James 高居翰. 1988. *Three Alternative Histories of Chinese Painting*. Lawrence: Spencer Museum of Art, University of Kansas.

—.1994. *The Painter's Practice: How Artists Lived and Worked in Traditional China*. New York: Columbia University Press.

Cahill, Suzanne 柯素芝. 1980. "Taoists at the Sung Court: The Heavenly Text Affair of 1008". *Bulletin of Sung and Yuan Studies* 16: 23–44.

—.1986. "The Word Made Bronze: Inscriptions on Medieval Chinese Bronze Mirrors". *Archives of Asian Art* 39: 62–70.

Cahn, B. Rael, and John Polich. 2006. "Meditation States and Traits: EEG, ERP, and Neuroimaging Studies". *Psychological Bulletin* 132.2: 180–211.

Cammann, Schuyler V. R. 1990. "The Eight Trigrams: Variants and Their Uses". *History of Religions* 29.4: 301–317.

Campany, Robert 康儒博. 1991. "Notes on the Devotional Uses and Symbolic Functions of Sutra Texts as Depicted in Early Chinese Buddhist Miracle Tales and Hagiographies". *Journal of International Association of Buddhist Studies* 14.1: 28–72.

—.2002. *To Live as Long as Heaven and Earth: A Translation and Study of Ge Hong's Traditions of Divine Transcendents.* Berkeley: University of California Press.

—.2006. "Secrecy and Display in the Quest for Transcendence in China, ca. 220−350". *History of Religions* 45.4:291−336.

Capitanio, Joshua. 2008. "Dragon Kings and Thunder Gods: Rainmaking, Magic, and Ritual in Medieval Chinese Religion". Ph.D. diss., University of Pennsylvania.

Carey, James W. 1989. *Communication as Culture: Essays on Media and Society.* Boston: Unwin Hyman.

Cassidy, Brendan, ed. 1993. *Iconography at the Crossroads: Papers from the Colloquium Sponsored by the Index of Christian Art, Princeton University, 23−24, March 1990.* Princeton: Princeton University.

Cedzich, Ursula-Angelika 蔡雾溪 . 1995. "The Cult of the Wu-t' ung / Wu-hsien in History and Fiction: The Religious Roots of the Journey to the South ". In *Ritual and Scritpure in Chinese Popular Religion: Five Studies*, edited by David Johnson, 137−218. Berkeley: University of California Press.

Chao, Shin-yi 赵昕毅 . 2006. "Huizong and the Divine Empyrean Palace Temple Network". In *Emperor Huizong and Late Northern Song China*, edited by Patricia Buckley Ebrey and Maggie Bickford, 324−358. Cambridge: Harvard University Asia Center.

—.2009. "Summoning the Thunder Generals: Internal Alchemy in the Thunder Rites". In *Internal Alchemy: Self, Society, and the Quest for Immortality,* edited by Livia Kohn and Robin R. Wang, 104−120. Magdalena, NM: Three Pines Press.

—.2011. *Daoist Ritual, State Religion, and Popular Practices: Zhenwu Worship from Song to Ming.* New York: Routledge.

Chapin, Helen B. 1944. "Yünnanese Images of Avalokitesvara". *Harvard Journal of Asiatic Studies* 8.2: 131−186.

—.1972. *A Long Roll of Buddhist Images,* revised by Alexander C. Soper. Ascona: Artibus Asiae Publishers.

Chavannes, Edouard 沙畹 . 1910. *Le T'ai Chan: Essai de monographie d'un culte chinois.* Paris: Ernest Leroux.

—.1919. "Le jet des dragons". *Mémoires concernant l'Asie Orientale* 3: 53−220.

Chaves, Jonathan 齐皎瀚 .1977. "The Legacy of Ts'ao Chieh: The Written Words as Magic". *Oriental Art* 23.2: 200−215.

Cheetham, Mark A. 2008. "Review of *Potential Images: Ambiguity and Indeterminacy in Modern Art,* by Dario Gamboni". *caa. reviews.* http://www. caareviews. org/reviews/1189. DOI:10.3202/caa. reviews. 2008. 118.

Chen, Jue. 2004. "History and Fiction in the *Gujing ji*（Record of an Ancient Mirror）". *Monumenta Serica* 52: 161−197.

Chen Ming 陈明 . 2010. "Maladies infantiles et démonologie bouddhique. Savoirs locaux et exotiques dans les manuscrits de Dunhuang". In *Médecine, religion et société dans la Chine médiévale: étude de manuscrits chinois de Dunhuang et de Turfan*, edited by Despeux, Catherine, 1095—1127. Paris: Collège de France, Institut des Hautes études Chinoises.

Chen, Pao-chen 陈葆真 . 1984. "Searching for Demons on Mount Kuan-kou". In *Images of the Mind*, by Wen C. Fong et al., 323−330. Princeton: Princeton University Press.

—.1987. "The Goddess of the Lo River: A Study of Early Chinese Narrative Handscrolls". Ph.D. diss., Princeton University.

Chenivesse, Sandrine. 1997. "A Journey to the Depths of a Labyrinth-Landscape: The Mount Fengdu, Taoist Holy Site and Infernal Abyss". In *Mandala and Landscape*, edited by A.W. MacDonald, 41−74. New Delhi: D.K. Printworld.

—.1998. "Fengdu: Cité de l'abondance, cité de la male mort". *Cahiers d'Extrême-Asie* 10: 287−339.

Chia, Lucille 贾晋珠 . 2011. "The Uses of Print in Early Quanzhen Daoist Texts". In *Knowledge and Text Production in an Age of Print-China, 900—1400*, edited by Lucille Chia and Hilde de Weerdt, 167−213. Leiden: Brill.

Chou, Diana Yeongchau. 2004. "Appraising Art in the Early Yuan Dynasty: A Study of Descriptive Criteria and Their Literary Context in Tang Hou's *Huajian*（Examination of Painting）". *Monumenta Serica* 52: 256−276.

—.2005. *A Study and Translation from the Chinese of Tang Hou's Huajian（Examination of Painting）: Cultivating Taste in Yuan China, 1279—1368*. Lewiston: Edwin Mellen Press.

Clart, Philip 柯若朴 . 2009. "The Eight Immortals between Daoism and Popular Religion: Evidence from a New Spirit-Written Scripture". In *Foundations of Daoist Ritual: A Berlin Symposium*, edited by Florian C. Reiter, 84−106. Wiesbaden: Harrassowitz.

Clunas, Craig 柯律格 . 1996. *Fruitful Sites: Garden Culture in Ming Dynasty China*. Durham: Duke University Press.

—.1997. *Pictures and Visuality in Early Modern China*. Princeton: Princeton University Press.

—.2007. *Empire of Great Brightness: Visual and Material Cultures of Ming China, 1368—1644*. Honolulu: University of Hawai'i Press.

Cole, Alan 寇爱伦 . 1998. *Mothers and Sons in Chinese Buddhism*. Stanford: Stanford University Press.

Coleman, Simon. 2009. "Material Religion: A Fruitful Tautology?" *Material Religion* 5.3: 359−360.

Copp, Paul F 柏刚 . 2005. "Voice, Dust, Shadow, Stone: The Makings of Spells in Medieval Chinese

Buddhism". Ph.D. diss., Princeton University.

—.2008. "Altar, Amulet, Icon: Transformations in Dhāranī Amulet Culture, 740—980." *Cahiers d'Extrême-Asie* 17: 239−264.

—.2014. *The Body Incantatory: Spells and the Ritual Imagination in Medieval Chinese Buddhism.* New York: Columbia University.

Davidson, Richard J., and Antoine Lutz. 2008. "Buddha's Brain: Neuroplasticity and Meditation". *IEEE Signal Processing Magazine* 25.1: 171−174.

Davis, Edward L. 戴安德. 2001. *Society and the Supernatural in Song China.* Honolulu: University of Hawai'i Press.

De Weerdt, Hilde 魏希德. 2009. "Maps and Memory: Readings of Cartography in Twelfth- and Thirteenth-Century Song China". *Imago Mundi: International Journal for the History of Cartography* 61.2: 145−167.

—.2011. "The Cultural Logics of Map Reading: Text, Time, and Space in Printed Maps of the Song Empire". In *Knowledge and Text Production in an Age of Print-China, 900—1400,* edited by Lucille Chia and Hilde de Weerdt, 239−270. Leiden: Brill.

Dean, Kenneth 丁荷生. 1993. *Taoist Ritual and Popular Cults of Southeast China.* Princeton: Princeton University Press.

—.1998. *Lord of the Three in One: The Spread of a Cult in Southeast China.* Princeton: Princeton University Press.

—.2000. "Daoist Ritual Today". In *Daoism Handbook*, edited by Livia Kohn, 659—682. Leiden: Brill.

Delacour, Catherine 德凯琳 et al. 2010. *La voie du Tao: Un autre chemin de l'être.* Paris: Grand Palais.

Deng, Wenkuan 邓文宽, and Liu, Lexian 刘乐贤. 2003. "Uranomancie". In *Divination et société dans la Chine médiévale,* edited by Marc Kalinowski, 35−83. Paris: Bibliothèque nationale de France.

Denny, Joyce. 2010. "Mongol Dress in the Thirteenth and Fourteenth Centuries". In *The World of Khubilai Khan:Chinese Art in the Yuan Dynasty*, by James Watt et al., 75−83. New York: Metropolitan Museum of Art.

Deshmukh, V.D. 2006. "Neuroscience of Meditation". *Scientific World Journal* 6: 275−89.

Despeux, Catherine 戴思博.1994. *Taoïsme et corps humain: Le xiuzhen tu.* Paris: Guy Trédaniel.

—.2000. "Talismans and Sacred Diagrams". In *Daoism Handbook,* edited by Livia Kohn, 298−540. Leiden: Brill.

—.2005. "Visual Representations of the Body in Chinese Medical and Daoist Texts from the Song to the Qing Period （tenth to nineteenth centuries）". *Asian Medicine* 1: 9−52.

—.2007. "The Body Revealed: The Contribution of Forensic Medicine to Knowledge and

Representations of the Skeleton". In *Graphics and Text in the Production of Technical Knowledge in China: The Warp and the Weft,* edited by Francesca Bray, Vera Dorofeeva-Lichtmann, and Georges Métailié, 635–684. Leiden: Brill.

—.2010. "L'élixir d'immortalité l'élixir de longue vie". In *La voie du Tao: Un autre chemin de l'être,* by Catherine Delacour et al., 65–73. Paris: Grand Palais.

Despeux, Catherine, ed. 2010. *Médecine, religion et société dans la Chine médiévale: étude de manuscrits chinois de Dunhuang et de Turfan.* 3 vols. Paris: Collège de France, Institut des Hautes études Chinoises.

Despeux, Catherine, and Livia Kohn. 2003. *Women in Daoism.* Cambridge: Three Pines Press.

Dorofeeva-Lichtmann, Vera. 2004. "Spatial Organization of Ancient Chinese Text". In *History of Science, History of Text: Boston Studies in the Philosophy of Science 238,* edited by Karine Chemla, 3–47. Dordrecht: Springer.

—.2007. "Mapless Mapping: Did the Maps of the Shanhai jing Ever Exist?" In *Graphics and Text in the Production of Technical Knowledge in China: The Warp and the Weft*, edited by Francesca Bray, Vera Dorofeeva-Lichtmann, and Georges Métailié, 217–294. Leiden: Brill.

Dott, Brian R. 2005. *Identity Reflections: Pilgrimages to Mount Tai in Late Imperial China.* Cambridge: Harvard University Asia Center.

Drège, Jean-Pierre, ed. 1999. *Images de Dunhuang: Dessins et peintures sur papier des fonds Pelliot et Stein.* Paris: École Française d'Extrême-Orient.

Drexler, Monika. 1994. *Daoistische Schriftmagie: Interpretationen zu den Schriftamuletten Fu im Daozang.* Stuttgart: Franz Steiner.

Easton, Martha. 1994. "Saint Agatha and the Sanctification of Sexual Violence". *Studies in Iconography* 16: 83–118.

Ebine Toshio 海老根聪郎。1997—2001。『世界美术大全集·东洋编』, 18 册 , 东京: 小学馆。

Ebrey, Patricia Buckley 伊沛霞 . 1999a. "Introduction to a Symposium on the Visual Dimension of Chinese Culture". *Asia Major,* 3rd series, 12.1: 1–7.

—.1999b. "Taking Out the Grand Carriage: Imperial Spectacle and the Visual Culture of Northern Song Kaifeng". *Asia Major,* 3rd series, 12.1: 33–65.

—.2000. "Taoism and Art at the Court of Song Huizong". In *Taoism and the Arts of China,* by Stephen Little and Shawn Eichman, 95–111. Chicago: Art Institute of Chicago.

—.2008. *Accumulating Culture: The Collections of Emperor Huizong.* Seattle: University of Washington Press.

—.2011. "Huizong and the Imperial Dragon: Exploring the Material Culture of Imperial Sovereignty"（徽宗和皇龙：探索皇权的物质文化），收入《超越文本：物质文化研究新

视野 》,《清华学报 》,41.1: 39−70。

Ebrey, Patricia Buckley, and Peter N.Gregory, eds. 1993. *Religion and Society in T'ang and Sung China*. Honolulu: University of Hawai'i Press.

Edgren, Sören 艾思仁 . 1989. "Southern Song Printing at Hangzhou". *Bulletin of the Museum of Far Eastern Antiquities* 61: 3−204.

Egami Yasuhi 江上绥 and Kobayashi Hiromitsu 小林宏光 。 1994。『 南禅寺所藏「 秘藏诠」 の木版画 』, 东京： 山川出版社。

Eichman, Shawn 艾德玄 . 2000. "The Art of Taoist Scriptures". *Orientations* 31.12: 36−44.

Eitel, Earnest John. 1973. *Feng-shui or the Rudiments of Natural Science in China.* Reprint of the original 1873 ed. Cambridge: Coleaygue.

Eliade, Mircea. 1958. *Patterns in Comparative Religion*, translated by Rosemary Sheed. New York: Sheed and Ward.

Engelhardt, Ute. 2010. "Pharmacopées de Dunhuang et de Turfan". In *Médecine, religion et société dans la Chine médiévale: étude de manuscrits chinois de Dunhuang et de Turfan,* edited by Catherine Despeux, 185−237. Paris: Collège de France, Institut des Hautes Études Chinoises.

Fava, Patrice 范华 . 1995. "Cinéma et rituel". In *Essais sur le rituel,* edited by Anne-Marie Blondeaud and Kristofer Schipper, vol. 3, 127−138. Paris: Peeters.

—.2009. "The Body of Laozi and the Course of a Taoist Journey through the Heavens". translated by Vivienne Lo. *Asian Medicine, Tradition, and Modernity* 4.2: 515−547. Leiden: Brill.

—.Forthcoming. *Aux portes du ciel, la statuaire taoiste du Hunan: Art et anthropologie de la Chine.* Paris: École Française d'Extrême-Orient and Les Belles Lettres.

Fava, Patrice, and Marc Kalinowski. 2008. "La boussole et la théorie des neuf étoiles". In *Dans la ville chinoise: Regards sur les mutations d'un empire,* edited by Frédéric Edelmann, 168−183. Paris: Cité de l'architecture et du patrimoine.

Feuchtwang, Stephen D. R. 王斯福 . 1974. *An Anthropological Analysis of Chinese Geomancy.* Vientiane, Laos: Vithagna.

Fong, Wen C. 方闻 . 1958. *The Lohans and a Bridge to Heaven.* Washington, D.C.: Smithsonian Institution.

—.1975. *Summer Mountains: The Timeless Landscape.* New York: Metropolitan Museum of Art.

—.1976. "Archaism as a 'Primitive' Style". In *Artists and Traditions: Uses of the Past in Chinese Culture,* edited by Christian F. Murck, 89−109. Princeton: Art Museum, Princeton University.

—.1984. *Images of the Mind: Selections from the Edward L. Elliott Family and John B. Elliott Collections of Chinese Calligraphy and Painting at the Art Museum, Princeton University.*

Princeton: Art Museum, Princeton University.

—.1992. *Beyond Representation: Chinese Painting and Calligraphy, 8th-14th Century.* New York: Metropolitan Museum of Art.

—.1994. "Imperial Portraiture in the Song, Yuan, and Ming Periods". *Ars Orientalis* 25: 47–60.

—.1996. "Monumental Landscape Painting". In *Possessing the Past: Treasures from the Taipei Palace Museum*, edited by Wen Fong et al., 121–137. New York: Metropolitan Museum of Art.

Fong, Wen et al. 1980. *The Great Bronze Age of China.* New York: Metropolitan Museum of Art.

—.1996. *Possessing the Past: Treasures from the Taipei Palace Museum,* New York: Metropolitan Museum of Art.

Foong, Ping. 2000. "Guo Xi's Intimate Landscapes and the Case of Old Trees, Level Distance". *Metropolitan Museum Journal* 35: 87–115.

Foucault, Michel. 1986. "Of Other Spaces", translated by Jay Miskowiec. *Diacritics* 16: 22–27.

Fraser, Sarah 胡素馨 . 1996. "Régimes of Production: The Use of Pounces in Temple Construction". *Orientations* 37.9: 69–79.

—.1999. "The Murals and Drawings of Artists, Calligraphers, and Other Specialists from Dunhuang". In *Images de Dunhuang: Dessins et peintures sur papier des fonds Pelliot et Stein,* edited by Jean-Pierre Drège, 55–104. Paris: École Française d'Extrême-Orient.

—.2000. "Formulas of Creativity: Artist's Sketches and Techniques of Copying in Dunhuang". *Artibus Asiae* 59.3/4: 189–224.

—.2003. *Performing the Visual: The Practice of Buddhist Wall Painting in China and Central Asia, 618—960.* Stanford: Stanford University Press.

Freedberg, David. 1989. *The Power of Images: Studies in the History and Theory of Response.* Chicago and London: University of Chicago Press.

Freedberg, David et al. 2005. *Fungi.* 3 vols. London: Royal Collection in association with Harvey Miller Publishers.

Fujita Shinya 藤田伸也 。2000。「对幅考：中国绘画の成果と限界」，『人文论丛』，17: 85–99。

Fukui Kōjun 福井康顺 。1952。『道教の基础的研究 』，东京：理想社。

Fukui Kōjun 福井康顺等编 。1983。『道教』，3 卷，东京：平河出版社。

Fukunaga Mitsuji 福永光司。1973。「道教における镜と剑—その思想の源流—」，『东方学报 』， 45: 59–120。

Gamboni, Dario. 2002. *Potential Images: Ambiguity and Indeterminacy in Modern Art.* London: Reaktion Books.

Geertz, Clifford. 1973. *The Interpretation of Cultures: Selected Essays.* New York: Basic Books.

Gesterkamp, Lennert 葛思康 . 2008. "The Heavenly Court: A Study on the Iconopraxis of Daoist Temple Painting". Ph.D. diss., Leiden University.

—.2011. *The Heavenly Court: Daoist Temple Painting in China, 1200—1400.* Leiden: Brill.

Girardot, Norman. 2008. *Myth and Meaning in Early Taoism: The Theme of Chaos (Hundun).* Reprint of 1983 ed. Magdalena, N.M.: Three Pines Press.

Giuffrida, Noelle. 2008. "Representing the Daoist God Zhenwu, the Perfected Warrior, in Late Imperial China". Ph.D. diss., University of Kansas.

Glassman, Hank. 2008. "At the Crossroads of Birth and Death: The Blood-Pool Hell and Postmortem Fetal Extraction". In *Death and the Afterlife in Japanese Buddhism,* edited by Mariko Walter and Jacqueline Stone, 175−206. Honolulu: University of Hawai'i Press.

Goldschmidt, Asaf 郭志松 . 2006. "Huizong's Impact on Medicine and on Public Health". In *Emperor Huizong and Late Northern Song China*, edited by Patricia Ebrey and Maggie Bickford, 275−323. Cambridge: Harvard University Asia Center.

—.2008. *The Evolution of Chinese Medicine.* New York: Routledge.

Goodrich, L. Carrington. 1942. "The Revolving Book-Case in China". *Harvard Journal of Asiatic Studies* 7.2: 130−161.

Goossaert, Vincent 高万桑 . 2001. "The Invention of an Order: Collective Identity in Thirteenth-Century Quanzhen Taoism". *Journal of Chinese Religions* 29: 111−138.

—.2007. *The Taoists of Peking, 1800—1949: A Social History of Urban Clerics.* Cambridge: Harvard University Asia Center.

Graham, A.C. 葛瑞汉 . 1986. *Yin-Yang and the Nature of Correlative Thinking.* Singapore: Institute of East Asian Philosophies, National University of Singapore.

Granet, Marcel 葛兰言 . 1926. *Danses et légendes de la Chine ancienne.* 2 vols. Paris: Librairie Félix Alcan.

Grant, Beata and Wilt L. Idema, trans. 2011. *Escape from Blood Pond Hell: The Tales of Mulian and Woman Huang.* Seattle: University of Washington Press.

Gregory, Peter N., and Patricia Ebrey. 1993. "The Religious and Historical Landscape". In *Religion and Society in T'ang and Sung China*, edited by Patricia Ebrey and Peter N. Gregory, 1−44. Honolulu: University of Hawai'i Press.

Gregory, Richard L. 1998. *Eye and Brain: The Psychology of Seeing.* Oxford: Oxford University Press.

Gulácsi, Zsuzsanna. 2009. "A Manichaean 'Portrait of the Buddha Jesus': Identifying a Twelfth- or Thirteenth-Century Chinese Painting from the Collection of Seiun-ji Zen Temple". *Artibus Asiae* 69.1: 91−145.

Guo, Qinghua.1999. "The Architecture of Joinery: The Form and Construction of Rotating Sutra-

Case Cabinets". *Architectural History* 42: 96−109.

Gyatso, Janet. 1993. "The Logic of Legitimation in the Tibetan Treasure Tradition". *History of Religions* 33.2: 97−134.

Gyss-Vermande, Caroline 贾珞琳. 1988. "Démons et merveilles: Visions de la nature dans une peinture liturgique du XVe siècle". *Arts Asiatiques* 43: 106−122.

—.1991. "Les messagers divins et leur iconographie". *Arts Asiatiques* 46: 96−110.

—.1995. "Lettres de Song Huizong au Maître du Maoshan Liu Hunkang, ou le patronage imperial comme pratique de dévotion". *Bibliothèque de L'Institut des Hautes Études Chinoises* 30:239−253.

Hachiya Kunio 蜂屋邦夫。1992。『金代道教の研究：王重阳と马丹阳』，东京：汲古书院。

—.1995。『中国の道教：その活动と道观の现状』，2册，东京：汲古书院。

Hahn, Thomas H. 韩涛. 1988. "The Standard Taoist Mountain and Related Features of Religious Geography". *Cahiers d'Extrême-Asie* 4: 145−156.

—.2000. "Daoist Sacred Sites". In *Daoism Handbook*, edited by Livia Kohn, 683—708. Leiden: Brill.

Hamada Takashi 浜田隆。1970。『图像』，『日本の美术』，55，东京：至文堂。

Hammers, Roslyn Lee 韩若兰. 2011. *Pictures of Tilling and Weaving: Art, Labor, and Technology in Song and Yuan China*. Hong Kong: Hong Kong University Press.

Hansen, Valerie 韩森. 1990. *Changing Gods in Medieval China, 1127—1276*. Princeton: Princeton University Press.

—. 1993. "Gods on Walls: A Case of Indian Influence on Chinese Lay Religion?" In *Religion and Society in T'ang and Sung China*, edited by Patricia Buckley Ebrey and Peter N. Gregory, 75—113. Honolulu: University of Hawai'i Press.

—.1995. *Negotiating Daily Life in Traditional China: How Ordinary People Used Contracts, 600—1400*. New Haven: Yale University Press.

—.1996. "The Mystery of the Qingming Scroll and Its Subject: The Case Against Kaifeng". *Journal of Song−Yuan Studies* 26: 183−200.

—.2000. *The Open Empire: A History of China to 1600*. New York: W.W. Norton & Company.

—.2003. "The Hejia Village Horde: A Snapshot of China's Silk Road Trade". *Orientations* 34.2: 14−19.

Harley, J. B., and David Woodward, eds. 1987. *The History of Cartography, vol. 1: Cartography in Prehistoric, Ancient, and Medieval Europe and the Mediterranean*. Chicago: University of Chicago Press.

Harper, Donald 夏德安. 1985. "A Chinese Demonography of the Third Century B.C." *Harvard Journal of Asiatic Studies* 45.2: 459−498.

—.2005. "Dunhuang Iatromantic Manuscripts: P.2856 R° and P.2675 V°". In *Medieval Chinese Medicine: The Dunhuang Medical Manuscripts*, edited by Vivienne Lo and Christopher Cullen, 134–164. London: Routledge Curzon.

Harrist, Robert E., Jr. 韩文彬. 1995. "The Artist as Antiquarian: Li Gonglin and His Study of Early Chinese Art". *Artibus Asiae* 55.3/4: 237–280.

—.1998. *Painting and Private Life in Eleventh-Century China: Mountain Villa by Li Gonglin.* Princeton: Princeton University Press.

—.2003. "Mountains, Rocks, and Picture Stones: Forms of Visual Imagination in China". *Orientations* 34.10: 39–45.

—.2008. *The Landscape of Words: Stone Inscriptions from Early and Medieval China.* Seattle: University of Washington Press.

—.2011. "Strange Pictures: Images Made by Chance and Pictorial Representation in an Album by Xuezhuang". In *Bridges to Heaven: Essays on East Asian Art in Honor of Professor Wen C. Fong*, edited by Jerome Silbergeld, Dora C. Y. Ching, Judith G.Smith, and Alfreda Murck, 569—578. Princeton: P.Y. and Kinmay W. Tang Center for East Asian Art in association with Princeton University Press.

Hartman, Charles 蔡涵墨. 1993. "Mountains as Metaphors in T'ang Religious Texts and the Northern Landscape Painting of the Tenth Century". Paper presented at the conference "Mountains and the Cultures of Landscape in China: Tang Dynasty, Five Dynasties Period, Song Dynasty". University of California at Santa Barbara, January 13–14, 1993.

Hasebe Gakuji 长谷部乐尔。1996。『磁州窑』，东京：平凡社。

Hay, John 韩庄. 1978. "Huang Kung-wang's 'Dwelling in the Fu-ch'un Mountains': Dimensions of a Landscape". Ph.D. diss., Princeton University.

—.1983. "The Human Body as a Microcosmic Source of Macrocosmic Values in Calligraphy". In *Theories of the Arts in China*, edited by Susan Bush and Christian Murck, 74–102. Princeton: Princeton University Press.

—.1985. *Kernels of Energy, Bones of Earth: The Rock in Chinese Art.* New York: China House Gallery.

—.1994. "The Body Invisible in Chinese Art?" In *Body, Subject, and Power in China*, edited by Angela Zito and Tani E. Barlow, 42–77. Chicago: University of Chicago Press.

Hegel, Robert E. 何谷理. 1998. *Reading Illustrated Fiction in Late Imperial China.* Stanford: Stanford University Press.

Heinrich, Larissa N. 韩依薇. 2008. *The Afterlife of Images: Translating the Pathological Body between China and the West.* Durham: Duke University Press.

Henderson, Gregory, and Leon Hurvitz. 1956. "The Buddha of Seiryōji: New Finds and New Theory". *Artibus Asiae* 19.1: 5–55.

Henderson, John B. 1984. *The Development and Decline of Chinese Cosmology*. New York: Columbia University Press.

—.1994. "Chinese Cosmographical Thought: The High Intellectual Tradition". In *The History of Cartography.Vol. 2, book 2 of Cartography in the Traditional East and Southeast Asian Societies*, edited by J. B. Harley and David Woodward, 203–227. Chicago: University of Chicago Press.

Hendrischke, Barbara. 2000. "Early Daoist Movements". In *Daoism Handbook*, edited by Livia Kohn, 134–164. Leiden: Brill.

—.2006. *The Scripture on Great Peace: The Taiping jing and the Beginnings of Daoism*. Berkeley: University of California Press.

Hickman, Money L. 1973. "Notes on Buddhist Banners". *Boston Museum Bulletin* 71.363: 4–20.

Hirabayashi Fumio 平林文雄。1978。『参天台五台山记：校本并に研究』，东京：风间书房。

Ho, Wai-kam 何惠鉴 , and Wen. C. Fong. 1996. "Some Buddhist Images". In *Possessing the Past: Treasures from the Taipei Palace Museum*, edited by Wen C. Fong et al., 201–217. New York: Metropolitan Museum of Art.

Hong, Jeehee 洪 知 希 . 2011. "Theatricalizing Death and Society in The Skeletons' Illusory Performance by Li Song". *Art Bulletin* 93: 60–78.

—. 2001. *Summit of Treasures: Buddhist Cave Art of Dazu, China.* New York: Weatherhill.

Hou, Ching-lang 侯锦郎 . 1975. *Monnaies d'offrande et la notion de trésorerie dans la religion chinoise.* Paris: Collège de France, Institut des Hautes Études Chinoises.

—.1979. "The Chinese Belief in Baleful Stars". In *Facets of Taoism: Essays in Chinese Religion*, edited by Holmes Welch and Anna Seidel, 193–228. New Haven: Yale University Press.

Howard, Angela F. 何恩之 . 1996. "Buddhist Cave Sculpture of the Northern Qi Dynasty: Shaping a New Style, Formulating New Iconographies". *Archives of Asian Art* 49: 6–25.

—.2001. *Summit of Treasures: Buddhist Cave Art of Dazu, China.* New York: Weatherhill.

Hsieh Shu-wei 谢世维 . 2005. "Writing from Heaven: Celestial Writing in Six Dynasties Daoism". Ph.D. diss., Indiana University.

Hsu, Ya-hwei 许雅惠 . 2010. "Reshaping Chinese Material Culture: The Revival of Antiquity in the Era of Print, 960–1279". Ph.D. diss., Yale University.

Huang, Shih-shan Susan 黄士珊 . 2001. "Summoning the Gods: Paintings of Three Officials of Heaven, Earth, and Water and Their Association with Daoist Ritual Performance in the Southern Song Period (1127—1279)". *Artibus Asiae* 61.1: 5–52.

—.2002. "The Triptych of Daoist Deities of Heaven, Earth, and Water and the Making of Visual Culture in the Southern Song Period (1127—1279)". Ph.D. diss., Yale University.

—.2005. "Imagining Efficacy: The Common Ground between Buddhist and Daoist Pictorial Art in Song China". *Orientations* 36.3: 63−69.

—.2007. "Tianzhu lingqian: Divination Prints from a Buddhist Temple in Song Hangzhou". *Artibus Asiae* 67.2: 243−296.

—.2010. "Daoist Imagery of Body and Cosmos, Part 1: Body Gods and Starry Travel". *Journal of Daoist Studies* 3: 57−90.

—.2011a. "Daoist Imagery of Body and Cosmos, Part 2: Body Worms and Internal Alchemy". *Journal of Daoist Studies* 4: 32−62.

—.2011b. "Early Buddhist Illustrated Prints in Hangzhou". In *Knowledge and Text Production in an Age of Print-China, 900—1400,* edited by Lucille Chia and Hilde de Weerdt, 135−165. Leiden: Brill.

—.2011d. "Media Transfer and Modular Construction: The Printing of Lotus Sutra Frontispieces in Song China". *Ars Orientalis* 41: 135−163.

Hudson, Clarke 萧为 . 2007. "Spreading the Dao, Managing Mastership, and Performing Salvation: The Life and Alchemical Teachings of Chen Zhixu". Ph.D. diss., Indiana University.

Hurvitz, Leon 胡维兹 . 1976. *Scripture of the Lotus Blossom of the Fine Dharma.* New York: Columbia University Press.

Hwang, Ming-chong 黄铭崇 . 1996. "Ming-tang: Cosmology, Political Order, and Monuments in Early China". Ph.D. diss., Harvard University.

Hymes, Robert 韩明士 . 2002. *Way and Byway: Taoism, Local Religion, and Models of Divinity in Sung and Modern China.* Berkeley: University of California Press.

Ide Seinosuke 井手诚之辅。1992。「陆信忠考（上）：涅槃表现の变容」，『美术研究』，354: 19—34。

—.1993。「陆信忠考（下）：涅槃表现の变容」，『美术研究』，355: 28−40。

—.2000。｜南宋の道释绘画」，收入岛出英诚、中泽冨士雄编，『世界美术大全集・东洋编』，第 6 册，南宋、金，123—148，东京：小学馆。

—.2001。『日本の宋元佛画』，『日本の美术』，418，东京：至文堂。

—.2008。「诸尊降临图」，『国华』，1353: 22−28。

—.2009a。「大德寺传来五百罗汉图试论」，收入奈良国立博物馆编，『圣地宁波：日本佛教 1300 年の源流：すべてはここからやって来た』，页 254—259，奈良：奈良国立博物馆。

—.2009b。「宁波をめぐる场と美术」，收入『宁波の美术と海域交流』，页 15—33，福冈：

中国书店，2009。

—.2011。「大德寺五百罗汉图の成立背景」，收入奈良国立博物馆编，『大德寺伝来五百罗汉图铭文调查报告书』，页 240—250，奈良：奈良国立博物馆。

Inglis, Alister David. 2006. *Hong Mai's Record of the Listener and Its Song Dynasty Context.* Albany: State University of New York Press.

Inoue Ichii 井上以智为。1926。〈五岳真形图に就いて〉，收入羽田亨编，《内藤博士还历祝贺支那学论丛》，页 43—91，京都：弘文堂书房。

Insoll, Timothy. 2009. "Materiality, Belief, Ritual-Archaeology and Material Religion: An Introduction". *Material Religion* 5.3: 260–265.

Ishihara Akira 石原明。1956。「印度解剖学の成立とその流传」，『日本医史学杂志』，7.1—3: 64—87, 183—185。

—.1975a。「清凉寺释迦立像纳入の内脏模型」，*Museum* 289: 15—20。

—.1975b。「清凉寺释迦立像纳入の内脏模型（续）」，*Museum* 293: 27—34。

Ishii Masako 石井昌子。1968。「真诰成立资料的检讨——登真隐诀、真灵位业图及无上秘要との关系を中心に」，收入吉冈义丰、Michel Soymié 编，『道教研究』，第 3 卷，页 79—195，东京：昭森社。

—.1980。『道教学の研究：陶弘景を中心に』，东京：国书刊行会。

—.1987。「真诰に说く静室について」，收入秋月观暎编，『道教と宗教文化』，页 136—153，东京：平河出版社。

Itakura Masaaki 板仓圣哲。1993a。「日月と素材の关わりについて：金日・银月の渊源を求めて」，『美术史论丛』，9.3: 133—143。

—.1993b。「唐宋绘画における夕・夜景表现: その素材との关わりについて」，『美术史』，134.3: 133—148。

—.2008.「东アジアにおける死尸・白骨表现：『六道绘』と『骷髅幻戏图』」，收入小佐野重利、木下直之编，『死と死后をめぐるイメージと文化』，『死生学』，4，页 101—125，东京：东京大学出版社。

Itō Shinji 伊藤信二。2011。『幡と华鬘』，『日本の美术』，542，东京：至文堂。

Izumi Takeo 泉武夫。2006。「景教圣像の可能性栖云寺藏传虚空藏画像について」，『国华』，1330: 7—17。

Izumi Takeo 泉武夫等编。2007。『国宝六道绘』，东京：中央公论美术出版。

Jan, Yün-hua 冉云华 . 1966. *A Chronicle of Buddhism in China, 581—960 A.D.: Translations from Monk Chih-p'an's Fo-tsu T'ung-chi.* Santiniketan: Visva-Bharati.

Jang, Scarlett 张珠玉 . 1992. "Realm of the Immortals: Paintings Decorating the Jade Hall of the Northern Song". *Ars Orientalis* 22: 81–96.

Jing, Anning 景安宁 . 1991. "The Yuan Buddhist Mural of the Paradise of Bhaiajyaguru". *Metropolitan Museum Journal* 26: 147−166.

—.1994a. "Yongle Palace: The Transformation of the Daoist Pantheon during the Yuan Dynasty（1260—1368）". Ph.D. diss., Princeton University.

—.1994b. "Buddhist-Daoist Struggle and a Pair of 'Daoist' Murals". *Bulletin of the Museum of Far Eastern Antiquities* 66: 119−181.

—.1996. "The Eight Immortals: The Transformation of T'ang and Sung Taoist Eccentrics during the Yuan Dynasty". In *Arts of the Sung and Yuan*, edited by Maxwell K. Hearn and Judith K. Smith, 213−229. New York: Metropolitan Museum of Art.

—.2002a. *The Water God's Temple of the Guangsheng Monastery: Cosmic Function of Art, Ritual, and Theater*. Leiden: Brill.

—.2007. "Descent of the Holy Ancestor: A Re-Reading of Illustration of the Classic of the Yellow Court". *Orientations* 38.3: 69−72.

—.2008a. "The Longshan Daoist Caves". *Artibus Asiae* 68.1: 7−56.

—.2011. "The Three Purities Grotto at Nanshan, Dazu". In *Bridges to Heaven: Essays on East Asian Art in Honor of Professor Wen C. Fong*, edited by Jerome Silbergeld, Dora C.Y. Ching, Judith G. Smith, and Alfreda Murck, 495−510. Princeton: P.Y. and Kinmay W. Tang Center for East Asian Art in association with Princeton University Press.

Johnson, David. 1989. "Actions Speak Louder Than Words: The Cultural Significance of Chinese Ritual Opera". In *Ritual Opera, Operatic Ritual:"Mu-lian Rescues His Mother" in Chinese Popular Culture*, edited by David Johnson and Beata Grant, 1−45. Berkeley: University of California, IEAS Publications.

Kaji Arisada 加地有定。2005。『中国唐代鎮墓石の研究：死者の再生と昆仑山への升仙』，大阪市：かんぽうサービス。

Kalinowski, Marc 马克 . 2003. "Topomancie". In *Divination et société dans la Chine médiévale*, edited by Marc Kalinowski, 557−612. Paris: Bibliothèque nationale de France.

Kaltenmark, Max 康德谟 . 1960. "Ling-pao: Note sur un terme du taoïsme religieux". In *Mélangespublié par l'Institut des Hautes Études Chinoises*, vol. 2, 559−588. Paris: Presses universitaires de France.

Kanda, Fusae. 2005. "Behind the Sensationalism: Images of a Decaying Corpse in Japanese Buddhist Art". *Art Bulletin* 87.1: 24−49.

Karamustafa, Ahmet T. 1992. "Cosmographical Diagrams". In *The History of Cartography, vol.2, book 1: Cartography in the Traditional Islamic World and South Asian Societies,* edited by J.B. Harley and David Woodward, 71−89. Chicago: University of Chicago Press.

Katō Chie 加藤千惠。1996。「『老子中経』と内丹思想の源流」，『東方宗教』，87:

21—38。

—.2002。『不老不死の身体：道教と「胎」の思想』，东京：大修馆书店。

Katsuki Gen'ichirō 胜木言一郎。2006。『人面をもつ鸟—迦陵频伽の世界』，『日本の美术』，
481，东京：至文堂。

Katz, Paul R. 康豹 . 1993. "The Religious Function of Temple Murals in Imperial China-The Case
of the Yung-lo Kung". *Journal of Chinese Religions* 21: 45–68.

—.1995. *Demon Hordes and Burning Boats: The Cult of Marshal Wen in Late Imperial Chekiang*.
Albany: State University of New York Press.

—.1999. *Images of the Immortal: The Cult of Lü Dongbin at the Palace of Eternal Joy*. Honolulu:
University of Hawai'i Press.

—.2008. "Trial by Power: Some Preliminary Observations on the Judicial Roles of Taoist Martial
Deities". *Journal of Chinese Religions* 36: 54–83.

Keane, Webb. 2008. "The Evidence of the Senses and the Materiality of Religion". *Journal of the
Royal Anthropological Institute* 14: 110–27.

Kieschnick, John 柯嘉豪 . 1999. "The Symbolism of the Monk's Robe in China". *Asia Major*, 3rd
series, 12.1: 9–32.

—.2003. *The Impact of Buddhism on Chinese Material Culture*. Princeton: Princeton University Press.

Kim, Jihyun 金志玹。2006。「『大洞真经』の实修における身体—『云笈七签』释三十九
章经を踏まえて」，『东方宗教』，107: 19—41。

—.2011a。「上清经における水と火のシンボリズム：修行论と救济论」，收入武田时昌编，
『阴阳五行のサイエンス・思想编』，页 125—145，京都：京都大学人文科学研究所。

—.2011b。「玄师と经师—道教における新しい师の观念とその展开」，收入麦谷邦夫编，
『三教交涉研究论丛续编』，页 57—97。京都：京都大学人文科学研究所。

Kingery, W. David, ed. 1996. *Learning from Things: Method and Theory of Material Culture
Studies*. Washington, D.C.: Smithsonian Institution Press.

Klassen, Pamela E. 2008. "Practice". In *Key Words in Religion, Media, and Culture*, edited by
David Morgan, 136–147. New York: Routledge.

Kleeman, Terry 祁泰履 . 1994. "Mountain Deities in China: The Domestication of the Mountain
God and the Subjugation of the Margins". *Journal of the American Oriental Society* 114.2:
226–238.

—.1998. *Great Perfection: Religion and Ethnicity in a Chinese Millennial Kingdom*. Honolulu:
University of Hawai'i Press.

—.2005. "The Evolution of Daoist Cosmology and the Construction of the Common Sacred
Realm". *Taiwan Journal of East Asian Studies* 2.1: 89–110.

Kobayashi Masayoshi 小林正美。1982。「灵宝赤书五篇真文の思想と成立」，『东方宗教』，60: 23—47。

—.2006。「金箓斋法に基づく道教造像の形成と展开—四川省绵阳安岳大足の摩崖道教造像を中心に」，收入氏著，『道教の斋法仪礼の思想史的研究』，页223—279，东京：知泉书馆。

Koffler, Pauline Bentley. 1995. "The Story of the Magic Mirror（*Gujingji*）by Wang Du, Translated with an Introduction and Notes". In *Hommage à Kwong Hing Foon: etudes d'histoire culturelle de la Chine*, 165−214. Paris: Collège de France, Institut des Hautes Études Chinoises.

Kohara Hironobu 古原宏伸 . 1995. "Notes on Reading Mi Fu's 'Huashi'". *Ars Orientalis* 25: 11−18.

—.2003。『中国画论の研究』，东京：中央公论美术出版。

—.2005。『中国画卷の研究』，东京：中央公论美术出版。

Kohara Hironobu 古原宏伸编。1974。『董源巨然』，『文人画粹编』，第2册，东京：中央公论社。

Kohn, Livia 孔丽维 . 1989a. "Guarding the One". In *Taoist Meditation and Longevity Techniques,* edited by Livia Kohn and Sakade Yoshinobu, 125−158. Ann Arbor: Center for Chinese Studies, University of Michigan.

—.1989b. "Taoist Insight Meditation: The Tang Practice of Neiguan". In *Taoist Meditation and Longevity Techniques*, edited by Livia Kohn and Sakade Yoshinobu, 193−224. Ann Arbor: Center for Chinese Studies, University of Michigan.

—.1991. "Taoist Visions of the Body". *Journal of Chinese Philosophy* 20: 227−252.

—.1992. *Early Chinese Mysticism: Philosophy and Soteriology in the Taoist Tradition*. Princeton: Princeton University Press.

—.1993a. *The Taoist Experience : An Anthology.* Albany: State University of New York Press.

—.1993b. "Kōshin: A Taoist Cult in Japan, Part I : Contemporary Practices". *Japanese Religions* 18.2: 113−39.

—.1995a. "Kōshin: A Taoist Cult in Japan, Part II : Historical Development". *Japanese Religions* 20.1: 34−55.

—.1995b. "Kōshin: A Taoist Cult in Japan, Part III :The Scripture". *Japanese Religions* 20.2: 123−142.

—.1995c. *Laughing at the Tao: Debates among Buddhists and Taoists in Medieval China.* Princeton: Princeton University Press.

—.1996. "The Looks of Laozi". *Asian Folklore Studies* 55.2: 193−236.

—.1997. "Yin and Yang: The Natural Dimension of Evil". In *Philosophies of Nature: The Human*

Dimensions, edited by Robert S. Cohen and Alfred I. Tauber, 89–104. New York: Kluwer Academic Publishers, Boston Studies in the Philosophy of Science.

—.1998a. *God of the Dao: Lord Lao in History and Myth.* Ann Arbor: Center for Chinese Studies, University of Michigan.

—.1998b. "Mind and Eyes: Sensory and Spiritual Experience in Taoist Mysticism". *Monumenta Serica* 46: 129–156.

—.2000. "The Northern Celestial Masters". In *Daoism Handbook*, edited by Livia Kohn, 283–308. Leiden: Brill.

—.2001. *Daoism and Chinese Culture.* Cambridge: Three Pines Press.

—.2003a. *Monastic Life in Medieval Daoism: A Cross-Cultural Perspective.* Honolulu: University of Hawai'i Press.

—.2003b. "Medieval Daoist Ordination: Origins, Structure, and Practice". *Acta Orientalia* 56: 379–398.

—.2004a. *The Daoist Monastic Manual: A Translation of the Fengdao Kejie.* Oxford: Oxford University Press.

—.2004b. *Cosmos and Community: The Ethical Dimension of Daoism.* Cambridge: Three Pines Press.

—.2007. *Daoist Mystical Philosophy.* Magdalena, NM: Three Pines Press.

—.2008a. *Chinese Healing Exercises.* Honolulu: University of Hawai'i Press.

—.2008b. *Meditation Works: In the Hindu, Buddhist, and Daoist Traditions.* Magdalena, NM: Three Pines Press.

—.2008c. *Introducing Daoism.* New York: Routledge.

—.2010 . *Daoist Dietetics: Food for Immortality.* Dunedin, FL: Three Pines Press.

Kohn, Livia, ed. 2000. *Daoism Handbook.* 3 vols. Leiden: Brill.

Kohn, Livia, and Michael LaFargue, eds. 1998. *Lao-tzu and the Tao-te-ching.* Albany: State University of New York Press.

Kohn, Livia, and Robin Wong, eds. 2009. *Internal Alchemy.* Magdalena: Three Pines Press.

Komatsu Shigemi 小松茂美，Akiyama Ken 秋山虔。1977。『饿鬼草纸；地狱草纸；病草纸；九相诗绘卷』，东京：中央公论社。

Kominami Ichirō 小南一郎。1984。『中国の神话と物语り：古小说史の展开』，东京：岩波书店。

Komjathy, Louis 康思奇 . 2002. *Title Index to Daoist Collections.* Cambridge: Three Pines Press.

—.2007. *Cultivating Perfection: Mysticism and Self-Transformation in Early Quanzhen Daoism.* Leiden: Brill.

—.2008. "Mapping the Daoist Body, Part I: The *Neijing tu* in History". *Journal of Daoist Studies* 1: 67—92.

—.2009. "Mapping the Daoist Body, Part II: The Text of the *Neijing tu*". *Journal of Daoist Studies* 2: 64—108.

Kondō Kazunari 近藤一成。2011。「有官施入者铭文の意味すること」，收入奈良国立博物馆等编，『大德寺伝来五百罗汉图铭文调查报告书』，页 238—239，奈良：奈良国立博物馆。

Korn, Errol R., and Karen Johnson. 1983. *Visualization: The Uses of Imagery in the Health Professions.* Irvine: American Institute of Hypnotherapy.

Kosugi Kazuo 小杉一雄。1935。『飞鸟时代に于ける造山の源流に就いて』，京都：宝云刊行所。

Kubo Noritada 洼德忠。 1961。『庚申信仰の研究：日中宗教文化交涉史』，东京：日本学术振兴会。

—.1972。「老子八十一化图说について：その资料问题を中心として」，『东洋文化研究所纪要』， 58（三月）：1—74。

Kucera, Karil J. 2002. "Cliff Notes: Text and Image at Baodingshan". Ph.D. diss., University of Kansas.

Kuhn, Dieter. 1996. *A Place for the Dead: An Archaeological Documentary on Graves and Tombs of the Song Dynasty（960—1279）.* Heidelberg: Ed. Forum.

Kuo, Liying 郭丽英 . 2000. "Dessins de mandala à Dunhuang: Le manuscrit Pelliot chinois 2012". *La Sérinde, terre d'échanges, XIVes Rencontres de l'École du Louvre*: 49—78.

Kurata Osamu 藏田藏。1967。『佛具』，『日本の美术』，16，东京：至文堂。

Kuriyama, Shigehisa 栗山茂久 . 1999. *The Expressiveness of the Body and the Divergence of Greek and Chinese Medicine.* New York: Zone Books.

—.2001. "The Imagination of the Body and the History of Embodied Experience: The Case of Chinese Views of the Viscera". In *The Imagination of the Body and the History of Bodily Experience,* edited by Kuriyama Shigehisa, 17—29. Kyoto: International Research Center for Japanese Studies, 2001.

Kyan, Winston. 2006. "The Body and the Family: Filial Piety and Buddhist Art in Late Medieval China". Ph.D. diss., University of Chicago.

Lagerwey, John 劳格文 . 1981. *Wu-shang pi-yao: Somme taoïste du VIe siècle.* Paris: École Française d'Extrême-Orient.

—.1985. "The Oral and Written in Chinese and Western Religion". In *Religion und Philosophie in Ostasien(Festschrift für Hans Steininger),* edited by G. Naundorf, K. H. Pohl, and H. H.

Schmidt, 301−322. Würzburg: Königshausen und Neumann.

—.1987. *Taoist Ritual in Chinese Society and History*. New York: Macmillan.

—.1991. *Le continent des esprits: La Chine dans le miroir du taoïsme*. Brussels: Renaissance du Livre.

—.1995. "Taoist Ritual Space and Dynastic Legitimacy". *Cahiers d'Extrême-Asie* 8: 87−96.

—.2005. "Scriptures Are the Dregs of the Men of Old: Scripture and Practice in Comparative Perspective". In *Scriptures, Schools, and Forms of Practice in Daoism: A Berlin Symposium*, edited by Poul Andersen and Florian C. Reiter, 49−75. Wiesbaden: Harrassowitz.

—.2009. "Daoist Ritual from the Second through the Sixth Centuries". In *Foundations of Daoist Ritual: A Berlin Symposium*, edited by Florian C. Reiter, 135−163. Wiesbaden: Harrassowitz.

—.2011. "The Water-and-land and Yellow Register Fasts: a Comparison of Programs". Unpublished paper in *Proceedings of the International Conference of Song Daoism*, 114−125. Hong Kong: Chinese University of Hong Kong.

Lai Chi Tim 黎志添 . 2002b. "The Demon Statutes of Nüqing and the Problem of the Bureaucratization of the Netherworld in Early Heavenly Master Daoism". *T'oung Pao*, 2nd series, 88: 251−281.

—.2011. "The Daoist Identity of the Yellow Register Retreat in the Southern Song: A Case Study of Jin Yunzhong's Great Rites of Lingbao ". *Cahiers d'Extreme* 20: 63−93.

Laing, Ellen Johnston 梁庄爱伦 . 1975. "Li Sung and Some Aspects of Southern Sung Figure Painting". *Artibus Asiae* 37.1/2: 5−38.

—.1988. "Chin 'Tartar' Dynasty （1115—1234） Material Culture". *Artibus Asiae* 49.1/2: 73−126.

—.1998. "Daoist Qi, Clouds, and Mist in Late Chinese Painting". *Orientations* 11: 32−39.

—.2003. "Auspicious Motifs in Ninth- to Thirteenth-Century Chinese Tomb's". *Ars Orientalis* 33: 32−75.

—.2010. "Chinese Popular Prints of Deities from the British Museum". *Orientations* 41.4: 43−47.

Laing, Ellen Johnston, and Helen Hui-ling Liu. 2004. *Up in Flames: The Ephemeral Art of Pasted-Paper Sculpture in Taiwan*. Stanford: Stanford University Press.

Lane, Barbara G. 1984. *The Altar and the Altarpiece: Sacramental Themes in Early Netherlandish Painting*. New York: Harper & Row.

Lawton, Thomas 罗覃 . 1973. *Chinese Figure Painting*. Washington D.C.: Smithsonian Institution.

Ledderose, Lothar 雷德侯 . 1978—1979. "Some Observations on the Imperial Art Collection in China". *Transactions of the Oriental Ceramic Society* 43: 33−46.

—.1981a. "A King of Hell". 收入『中国绘画史论集：铃木敬先生还历纪念』, 31−42。 Tokyo: Yoshikawa Kōbunkan.

—.1981b. "Kings of Hell". In *Proceedings of the International Conference on Sinology: Section on Art History*, 191–219. Taipei: "Academia Sinica".

—.1983. "The Earthly Paradise: Religious Elements in Landscape Art". In *Theories of the Arts in China*, edited by Susan Bush and Christian Murck, 165–183. Princeton: Princeton University Press.

—.1984. "Some Taoist Elements in the Calligraphy of the Six Dynasties". *T'oung Pao*, 2nd series, 70: 246–278.

—.2000. *Ten Thousand Things: Module and Mass Production in Chinese Art*. Princeton: Princeton University Press.

—.2004. "Changing the Audience: A Pivotal Period in the Great Sutra Carving Project at the Cloud Dwelling Monastery near Beijing". In *Religion and Chinese Society, vol. 1, Ancient and Medieval China*, edited by John Lagerwey, 385–409. Hong Kong: Chinese University Press.

Lee, Hui-shu 李慧漱 . 2010 . *Empresses, Art, and Agency in Song Dynasty China*. Seattle: University of Washington Press.

Lee, Sherman 李雪曼 . 1962. "The Lantern Night Excursion of Chung K'uei". *Bulletin of the Cleveland Museum of Art* 49.2: 36–42.

—.1993. "Yan Hui, Zhong Kui, Demons, and the New Year". *Artibus Asiae* 53.1/2: 211–27.

Lee, Sherman, and Wen Fong. 1967. *Streams and Mountains without End: A Northern Sung Handscroll and Its Significance in the History of Early Chinese Painting*. Ascona: Artibus Asiae Publishers.

Lee, Sonya S. 2009. "The Buddha's Words at Cave Temples: Inscribed Scriptures in the Design of Wofoyuan". *Ars Orientalis* 36: 36–76.

—.2010. "Transmitting Buddhism to a Future Age: The Leiyin Cave at Fangshan and Cave Temples with Stone Scriptures in Sixth-Century China". *Archives of Asian Art* 60: 43–78.

Legeza, Laszlo. 1975. *Tao Magic: The Secret Language of Diagrams and Calligraphy*. New York: Thames and Hudson.

Lesbre, Emmanuelle. 2000. "La conversion de Hārītī au Buddha: Origine du theme iconographique et interprétations picturales chinoises". *Arts Asiatiques* 55: 98–119.

—.2005. "Étude topologique et thématique des scenes peintes dans les galleries du Xiangguo si sous les Song du Nord". 《三教文献》, 4: 141–163。

Levine, Gregory P. A. 2005. *Daitokuji: The Visual Cultures of a Zen Monastery.* Seattle: University of Washington Press.

Lewis, Mark Edward. 1999. *Writing and Authority in Early China. SUNY Series in Chinese Philosophy and Culture*. Albany: State University of New York Press.

—.2006. *The Construction of Space in Early China*. Albany: State University of New York Press.

Li Yuanguo 李远国 . 2007. "The Development of Daoist Thunder Magic and Its Background in the

Southern Song Period", In *Purposes, Means, and Convictions in Daoism: A Berlin Symposium*, edited by Florian C. Reiter, 201–220. Wiesbaden: Harrassowitz.

Liao, Hsien-huei 廖咸惠 . 2002. "Visualizing the Afterlife: The Song Elite's Obsession with Death, the Underworld, and Salvation". *Chinese Studies* 20.1: 399–439。

Lin, Li-chiang 林丽江 . 2011. "A Study of the *Xinjuan hainei qiguan*, a Ming Dynasty Book of Famous Sites". In *Bridges to Heaven: Essays on East Asian Art in Honor of Professor Wen C. Fong*, edited by Jerome Silbergeld, Dora C. Y. Ching, Judith G. Smith, and Alfreda Murck, 779–812. Princeton: P. Y. and Kinmay W. Tang Center for East Asian Art in association with Princeton University Press.

Lin Sheng-chih 林圣智。1999b。「中国北朝の天文图试论—元乂墓を例にして 」,『研究纪要 』, 京都大学文学部美学美术史学研究室， 20:173–204。

—.2003. 「 南宋の道教における地狱救济の图像学 」, 『 佛教艺术 』, 268: 93–118。

—.2007. "The Iconography of Daoist Salvation from Hell: A Thematic Re-identification of Illustration of the Classic of the Yellow Court （Huangting jing） ". *Orientations* 38.3: 66–68.

Lin, Wei-cheng 林伟正 . 2006. "Building a Sacred Mountain: Buddhist Monastic Architecture in Mount Wutai during the Tang Dynasty, 618–907 C.E.". Ph.D. diss., University of Chicago.

—.2010b. "Sign". *Material Religion* 7.1: 100–107.

—.2011. "Underground Wooden Architecture in Brick: A Changed Perspective from Life to Death in 10th- through 13th-Century Northern China". *Archives of Asian Art* 61: 3–36.

—.2014. *Building a Sacred Mountain: The Buddhist Architecture of China's Mount Wutai.* Seattle, WA: University of Washington Press.

—.Forthcoming. "Displacing and Displaying Mt. Wutai: Vision and Visuality in Mogao Cave 61". *Artibus Asiae* 74.1.

Little, Stephen 利特尔 . 1985. "The Demon Queller and the Art of Qiu Ying". *Artibus Asiae* 46.1/2: 5–128.

—.1998. "Buddhist Influence on Daoism and Early Daoist Art in China". In *In the Footsteps of the Buddha: An Iconic Journey,* 110–115. Hong Kong: University Museum and Art Gallery, University of Hong Kong.

—.2000. "Taoist Art". In *Daoism Handbook*, edited by Livia Kohn, 709–746. Leiden: Brill.

Little, Stephen, and Shawn Eichman, eds. 2000. *Taoism and the Art of China*. Chicago: Art Institute of Chicago.

Liu, Cary et al. 2005. *Recarving China's Past: Art, Archaeology, and Architecture of the "Wu Family Shrines".* Princeton: Princeton University Art Museum.

Liu, Cunren 柳存仁 . 1971. "The Taoist Knowledge of Tuberculosis in the Twelfth Century". *T'oung*

Pao, 2nd series, 57: 285–301.

Liu, Heping 刘和平. 2002. "The Water Mill and Northern Song Imperial Patronage of Art, Commerce, and Science". *Art Bulletin* 84.4: 566–595.

—.2003. "Empress Liu's Icon of Maitreya: Portraiture and Privacy at the Early Song Court". *Artibus Asiae* 63.2:129–90.

Liu, James. 1973. "The Sung Emperors and the Ming-t'ang or Hall of Enlightenment". In *Études Song in Memoriam Étienne Balazs 2*, edited by François Aubin, 45–58. Paris: Mouton & Co..

Liu, Xun 刘迅. 2004. "Visualizing Perfection: Daoist Paintings of Our Lady, Court Patronage, and Elite Female Piety in the Late Qing". *Harvard Journal of Asiatic Studies* 64.1: 57–115.

—.2009. *Daoist Modern*: *Innovation, Lay Practice, and the Community of Inner Alchemy in Republican Shanghai.* Cambridge: Harvard University Asia Center.

Liu Zhiwan 刘枝万。1983。『中国道教の祭りと信仰』，2 册，东京：樱枫社。

—.1987。「天蓬神と天蓬咒について」，收入秋月观暎编，『道教と宗教文化』，页 403–424，东京：平河出版社。

—.1994。『台湾の道教と民间信仰』，东京：风响社。

Lo, Vivienne 罗维前. 2005. "Quick and Easy Chinese Medicine: The Dunhuang Moxibustion Charts". In *Medieval Chinese Medicine: The Dunhuang Medical Manuscripts*, edited by Vivienne Lo and Christopher Cullen, 227–251. London: Routledge Curzon.

—.2007. "Imagining Practice: Sense and Sensuality in Early Chinese Medical Illustration". In *Graphics and Text in the Production of Technical Knowledge in China: The Warp and the Weft*, edited by Francesca Bray, Vera Dorofeeva-Lichtmann, and Georges Métailié, 383–423. Leiden: Brill.

Lo, Vivienne, and Christopher Cullen 古克礼, eds. 2005. *Medieval Chinese Medicine: The Dunhuang Medical Manuscripts.* London: Routledge Curzon.

Louis, François. 2003a. "The Genesis of an Icon: The 'Taiji' Diagram's Early History". *Harvard Journal of Asiatic Studies* 63.1: 145–196.

—.2003b. "Written Ornament-Ornamental Writing: Birdscript of the Early Han Dynasty and the Art of Enchanting". *Ars Orientalis* 33: 10–32.

—.2009. "Cauldrons and Mirrors of Yore: Tang Perceptions of Archaic Bronzes". *Zurich Studies in the History of Art* 13/14: 207–238.

Lu, Ling-en 陆聆恩. 2007. "Sagas, Deities, and Hells: Ming Dynasty Wall Paintings at the Temple of the Three Lords". Ph.D. diss., University of Kansas.

Lu, Wensheng, and Julia K. Murray. 2010. *Confucius: His Life and Legacy in Art*, edited by J. May Lee Barrett. New York: China Institute Gallery.

Lü Peng-zhi 吕鹏志. 2011. "The Lingbao Fast of the Three Primes and the Daoist Middle Prime Festival: A Critical Study of the *Taishang dongxuan lingbao sanyuan pinjie jing*". *Cahiers d'Extrême-Asie* 20: 35−61.

Luk, Yu-ping 陆於平. 2010. "Empresses, Religious Practice, and the Imperial Image in Ming China: The Ordination Scroll of Empress Zhang（1493）". Ph.D. diss., Oxford University.

—.2011. "Picturing Celestial Certificates in Zhengyi Daoism: A Case Study of the *Ordination Scroll of Empress Zhang*（1493）". *Daoism: Religion, History and Society* 3: 17−48.

—.2015. *The Empress and the Heavenly Masters: A Study of the Ordination Scroll of Empress Zhang(1493).* Hong Kong: Chinese University Press.

Lutz, Antoine, John D. Dunne, and Richard J. Davidson. 2007. "Meditation and the Neuroscience of Consciousness: An Introduction". In *Cambridge Handbook of Consciousness*, edited by P. Zelazo, M. Moscovitch, and E. Thompson, 497−550. New York: Cambridge University Press.

Maeda, Robert J. 1971. "The 'Water' Theme in Chinese Painting". *Artibus Asiae* 33.4: 247−290.

Maeno Naoaki 前野直彬。1975。『中国小说史考』，东京：秋山书店。

Major, John S. 1984. "The Five Phases, Magic Squares, and Schematic Cosmology". In *Explorations in Early Chinese Cosmology*, edited by H. Rosemont, Jr., 55−62. Chicago: Scholars Press.

—.1993. *Heaven and Earth in Early Han Thought: Chapters Three, Four, and Five of the Huainanzi.* Albany: State University of New York Press.

Makita Tairyō 牧田谛亮。1957。「水陆会小考」，『东方宗教』，12: 14−33。

Maruo Shōzaburō 丸尾彰三郎等编。1966。『日本雕刻史基础资料集成：平安时代·造像铭记篇一』，东京：中央公论美术出版。

Maruyama Hiroshi 丸山宏. 1995. "The Historical Traditions of Contemporary Taoist Ritual". *Acta Asiatica* 68: 84−104.

—.2004。『道教仪礼文书の历史的研究』，东京：汲古书院。

—.2010。「道坛と神画」，收入斋藤龙一、铃木健郎，土屋昌明编，『道教美术の可能性』，页 132—146，东京：勉诚出版。

Mather, Richard B. 1976. *A New Account of Tales of the World.* Minneapolis: University of Minnesota Press.

—.1979. "K'ou Ch'ien-chih and the Taoist Theocracy at the Northern Wei Court, 425−451". In *Facets of Taoism,* edited by Holmes Welch and Anna Seidel, 103−122. New Haven: Yale University Press.

Matsubara Saburō 松原三郎。1966。『中国佛教雕刻史研究』，东京：吉川弘文馆。

Matsumoto Eiichi 松元荣一。1956。「敦煌本瑞应图卷」，『美术研究』，184: 241−258。

Matsumoto Kika 松本きか。2000。「本草と道教」，收入三浦国雄编，『道教の生命观と

身体论』，页 79—98，东京：雄山阁出版。

Matsumoto Kōichi 松本浩一。1979。「宋代の雷法」，『社会文化史学』，17: 45—65。

—.1982。「张天师と南宋の道教」，收入酒井忠夫先生古稀祝贺记念の会编，『历史にお
　ける民众と文化：酒井忠夫先生古稀祝贺记念论集』，页 337—350，东京：国书刊行会。

—.1983。「道教と宗教仪礼」，收入福井康顺等编，『道教』，第 1 卷，页 191—237，东
　京：平河出版社。

—.2001a。「宋代の葬仪—黄箓斋と儒教の葬礼」，『图书馆情报大学研究报告』，20.1:
　43—72。

—.2001b。『中国の咒术』，东京：大修馆书店。

—.2006a。『宋代の道教と民间信仰』，东京：汲古书院。

Mayanagi, Makoto 真柳诚 . 2005. "The Three Juan Edition of *Bencao jizhu* and Excavated Sources",
　translated by Sumiyo Umekawa. In *Medieval Chinese Medicine: The Dunhuang Medical
　Manuscripts,* edited by Vivienne Lo and Christopher Cullen, 306−321. London: Routledge Curzon.

McCausland, Shane and Yin Hwang, eds. 2014. *On Telling Images of China: Essays in Narrative
　Painting and Visual Culture.* Hong Kong: Hong Kong University Press.

McNair, Amy. 1994. "The Engraved Model-Letters Compendia of the Song Dynasty". *Journal of
　the American Oriental Society* 114.2: 209−235.

—.1995. "Engraved Calligraphy in China: Recession and Reception". *Art Bulletin* 160.1: 106−114.

—.2007. *Donors of Longmen: Faith, Politics, and Patronage in Medieval Chinese Buddhist
　Sculpture.* Honolulu: University of Hawai'i Press.

Mesnil, Evelyne 梅尼尔 . 1996—1997. "Zhang Suqing et la peinture taoïste à Shu". *Cahiers d'Extrême-
　Asie* 9: 131−158.

Meulenbeld, Mark 梅林宝 . 2007. "Civilized Demons: Ming Thunder Gods from Ritual to Literature".
　Ph.D. diss., Princeton University.

Michihata Ryōshū 道端良秀。1983。『罗汉信仰史』，东京：大东出版社。

Miller, Tracy 梅晨曦 . 2007. *The Divine Nature of Power: Chinese Ritual Architecture at the Sacred
　Site of Jinci.* Cambridge: Harvard University Asia Center.

Mino, Yutaka, and Katherine R. Tsiang. 1980. *Freedom of Clay and Brush through Seven
　Centuries in Northern China: Tz'u-chou Type Wares, 960—1600 A.D.* Indianapolis:
　Indianapolis Museum of Art.

Mirzoeff, Nicholas. 1999. *An Introduction to Visual Culture.* London: Routledge.

Mitamura, Keiko. 2002. "Daoist Hand Signs and Buddhist Mudras". In *Daoist Identity: History,
　Lineage, and Ritual,* edited by Livia Kohn and Harold D. Roth, 235−255. Honolulu: University
　of Hawai'i Press.

Mitchell, W. J. T. 1986. *Iconology: Image, Text, Ideology.* Chicago: University of Chicago Press.

—.1994. *Picture Theory: Essays on Verbal and Visual Representation.* Chicago: University of Chicago Press.

Miura Kunio 三浦国雄。1983。「洞天福地小考」，『东方宗教』，61: 1–23。

Miya Tsugio 宫次男。1968。「目连救母说话とその绘画」，『美术研究』，255: 1–24。

—.1983。「宋元版本にみる法华经绘（上）」，『美术研究』，325: 25–35。

Miyasita, Saburō. 1967. "A Link in the Westward Transmission of Chinese Anatomy in the Later Middle Ages". *Isis* 58.4: 486–490.

Mollier, Christine 穆瑞明 . 1997. "La méthode de l'empereur du nord du mont Fengdu: Une tradition exorciste du Taoisme médiéval". *T'oung Pao*, 2nd series, 83: 329–385.

—.2003. "Talismans". In *Divination et société dans la Chine médiévale*, edited by Marc Kalinowski, 405–429. Paris: Bibliothèque nationale de France.

—.2006. "Visions of Evil: Demonology and Orthodoxy in Early Daoism". In *Daoism in History: Essays in Honour of Liu Ts'un-yan*, edited by Benjamin Penny, 74–100. New York: Routledge.

—.2008. *Buddhism and Taoism Face to Face: Scripture, Ritual, and Iconographic Exchange in Medieval China.* Honolulu: University of Hawai'i Press.

—.2010. "Iconizing the Daoist-Buddhist Relationship: Cliff Sculptures in Sichuan during the Reign of Tang Xuanzong". *Daoism: Religion, History, and Society* 2: 95–133.

Morgan, Carole. 1996. "Inscribed Stones: A Note on a Tang and Song Dynasty Burial Rite". *T'oung Pao*, 2nd series, 82: 317–348.

Morgan, David. 1998. *Visual Piety: A History of Theory of Popular Religious Images.* Berkeley: University of California Press.

—.2000. "Visual Religion". *Religion* 30: 41–53.

—.2004. "Toward a Modern Historiography of Art and Religion". In *Reluctant Partners: Art and Religion in Dialogue*, edited by Ena Giurescu Heller, 16–47. New York: Gallery at the American Bible Society.

—.2005. *The Sacred Gaze: Religious Visual Culture in Theory and Practice.* Berkeley: University of California Press.

—.2010. "Materiality, Social Analysis, and the Study of Religions". In *Religion and Material Culture: The Matter of Belief,* edited by David Morgan, 55–74. New York: Routledge.

Morgan, David, ed. 2008. *Key Words in Religion, Media, and Culture.* New York: Routledge.

—.2010. *Religion and Material Culture: The Matter of Belief.* New York: Routledge.

Muller, Deborah Del Gais. 1981. "Li Kung-lin's *Chiu-ko t'u*: A Study of the Nine Songs Handscrolls in the Sung and Yuan Dynasties". Ph.D. diss., Yale University.

—.1986. "Chang Wu: Study of a Fourteenth-Century Figure Painter". *Artibus Asiae* 47.1: 5–50.

Munakata, Kiyohiko 宗像清彦. 1991. *Sacred Mountains in Chinese Art.* Urbana: University of Illinois Press.

Murck, Alfreda 姜裴德. 2000. *Poetry and Painting in Song China: The Subtle Art of Dissent.* Cambridge: Harvard University Asia Center.

Muroga, Nobuo, and Kazutaka Unno. 1962. "The Buddhist World Map in Japan and Its Contact with European Maps". *Imago Mundi* 16: 49–69.

Murray, Julia K. 孟久丽. 1980. "Didactic Art for Women: The Ladies' Classic Filial Piety". In *Flowering in the Shadows: Women in the History of Chinese and Japanese Painting,* edited by Marsha Weidner, 27–35. Honolulu: University of Hawai'i Press.

—.1982. "Representations of Hārītī, the Mother of Demons, and the Theme of 'Raising the Alms-Bowl' in Chinese Painting". *Artibus Asiae* 43.4: 253–284.

—.1985. "Ts'ao Hsun and Two Southern Sung History Scrolls". *Ars Orientalis* 15: 1–29.

—.1986. "The Role of Art in the Southern Song Dynastic Revival". *Bulletin of Sung-Yuan Studies* 18: 41–59.

—.1990—1992. "A Southern Sung Painting Regains Its Memory". *Journal of Sung-Yuan Studies* 22: 109–24.

—.1992. "The Hangzhou *Portraits of Confucius and Seventy-two Disciples (Sheng xian tu)*: Art in the Service of Politics". *Art Bulletin* 74.1: 7–18.

—.1993. *Ma Hezhi and the Illustration of the Book of Odes.* New York: Cambridge University Press.

—.1994. "The Evolution of Buddhist Narrative Illustration in China after 850". In *Latter Days of the Law: Images of Chinese Buddhism, 850—1850,* edited by Marsha Weidner, 125–149. Lawrence: Spencer Museum of Art, University of Kansas.

—.1997. "Ilustrations of the Life of Confucius: Their Evolution, Functions, and Signi.cance in Late Ming China". *Artibus Asiae* 57.1/2: 73–134.

—.1998. "What is 'Chinese Narrative Illustration'?" *Art Bulletin* 80.4: 602–615.

—.2000. "The Evolution of Pictorial Hagiography in Chinese Art: Common Themes and Forms". *Arts Asiatiques* 55: 81–97.

—.2001. "Portraits of Confucius: Icons and Iconoclasm". *Oriental Art* 47.3: 17–28.

—.2007. *Mirror of Morality: Chinese Narrative Illustration and Confucian Ideology.* Honolulu: University of Hawai'i Press.

—.2009. "'Idols' in the Temple: Icons and the Cult of Confucius". *Journal of Asian Studies* 68.2: 371–411.

—.2010. "More than One Confucius at a Time: Teacher, Statesman, God". In Wensheng Lu and

Julia K. Murray, *Confucius: His Life and Legacy in Art*, edited by J. May Lee Barrett, 13–27. New York: China Institute Gallery.

Nagahiro Toshio 长广敏雄。1969。『六朝时代美术の研究』，东京：美术出版社。

Nagano Hitoshi 长野仁。2001。「十四经全图の世界」，收入『はりきゅうミュージアム』，第 1 册，铜人形・明堂图篇，页 50—77，大阪：森ノ宫医疗学园。

Nakamura Kikunoshin 中村菊之进。1985。「宋福州版大藏经考」，『密教文化』，152: 20—40, 153: 36—59, 154: 23—50。

Nakano Genzō 中野玄三。1979。「宋请来图像の传播」，『国华』，1026: 16—37。

Nara Kokuritsu Hakubutsukan 奈良国立博物馆编。1996。『东アジアの仏たち』，奈良：国立博物馆。

—.2008。『天马：シルクロードを翔ける梦の马』，奈良：国立博物馆。

—.2009。『圣地宁波：日本佛教 1300 年の源流：すべてはここからやって来た』，奈良：国立博物馆。

—.2011。『大德寺传来五百罗汉图铭文调查报告书』，奈良：国立博物馆。

Needham, Joseph　李 约 瑟 et al. 1956. *Science and Civilisation in China.* Vol. 2, *History of Scientific Thought.* New York: Cambridge University Press.

—.1959. *Science and Civilisation in China.* Vol. 3, *Mathematics and the Sciences of the Heavens and the Earth.* New York: Cambridge University Press.

—.1962. *Science and Civilisation in China.* Vol. 4, *Physics and Physical Technology.* Part 1, *Physics.* Cambridge: Cambridge University Press.

—.1974. *Science and Civilisation in China.* Vol. 5, *Chemistry and Chemical Technology.* Part 2, *Spagyrical Discovery and Invention: Magisteries of Gold and Immortality.* Cambridge: Cambridge University Press.

—.1976. *Science and Civilisation in China.* Vol. 5, *Chemistry and Chemical Technology.* Part 3, *Spagyrical Discovery and Invention: Historical Survey, from Cinnabar Elixirs to Synthetic Insulin.* Cambridge: Cambridge University Press.

—.1983. *Science and Civilization in China.* Vol. 5, *Chemistry and Chemical Technology.* Part 5, *Spagyrical Discovery and Invention: Physiological Alchemy.* Cambridge: Cambridge University Press.

—.1985. *Science and Civilisation in China.* Vol. 5, *Chemistry and Chemical Technology.* Part 1, *Paper and Printing.* Cambridge: Cambridge University Press.

—.1986. *Science and Civilisation in China.* Vol. 6, *Biology and Biological Technology. Part 1, Botany.* Cambridge: Cambridge University Press.

Neill, Mary Gardner. 1981. "Mountains of the Immortals: The Life and Painting of Fang

Ts'ung-I". Ph.D. diss., Yale University.

Neswald, Sara Elaine. 2009. "Internal Landscapes". In *Internal Alchemy: Self, Society, and the Quest for Immortality,* edited by Livia Kohn and Robin R. Wang, 27–53. Magdalena, NM: Three Pines Press.

Nickerson, Peter 倪辅乾 . 2000. "The Southern Celestial Masters". In *Daoism Handbook*, edited by Livia Kohn, 256–282. Leiden: Brill.

—.2005. "Attacking the Fortress: Prolegomenon to the Study of Ritual Efficacy in Vernacular Daoism". In *Scriptures, Schools, and Forms of Practice in Daoism: A Berlin Symposium,* edited by Poul Andersen and Florian C. Reiter, 117–183. Wiesbaden: Harrassowitz.

Nie, Giselle de, ed. 2005. *Seeing the Invisible in Late Antiquity and the Early Middle Ages: Papers from "Verbal and Pictorial Imaging: Representing and Accessing Experience of the Invisible, 400–1000".* Turnhout: Brepols.

Ning, Qiang 宁强 . 2004. *Art, Religion, and Politics in Medieval China: The Dunhuang Cave of the Zhai Family.* Honolulu: University of Hawai'i Press.

Nishimura Saburō 西村三郎。1995。「东アジア本草学における『 植虫类 』―西欧博物学との比较の一资料として」，收入山田庆儿编，『 东アジアの本草と博物学の世界 』，页 72—101，京都：思文阁出版。

Ñāṇamoli, Bhikkhu, trans. 1976. *The Path of Purification(Visuddhimagga).* Berkeley: Shambhala Publications.

Oestigaard, Terje. 2009. "The Materiality of Hell: The Christian Hell in a World Religion Context". *Material Religion* 5.3: 312–331.

Ōfuchi Ningji 大渊忍尔。1960。『 敦煌道经目录 』，京都：法藏馆。

—.1974. "On Ku Ling-pao-ching". Acta Asiatica 27: 33–56.

—.1978—1979。『 敦煌道经：图录编 』，东京：福武书店。

—.1983。『 中国人の宗教仪礼：佛教道教民间信仰 』，东京：福武书店。

—.1985。「道教における三元说の生成と展开」，『 东方宗教 』，66：1—21。

—.2005。『 中国人の宗教仪礼・道教篇 』，东京：风响社。

Ogawa Takuji 小川琢治。 1910。「近世西洋交通以前の支那地图に就て」，『 地学杂志 』，258：407—418。

Oku Takeo 奥健夫。2009。『 清凉寺释迦如来像 』，东京：至文堂。

Ōmura Seigei 大村西崖。1915—1920。『 支那美术史雕塑编 』，东京：佛书刊行会图像部。

Ono Genmyō 小野玄妙。1934a。「唐末五代赵宋时代佛教画（二）」，『 国华 』，517：233—238。

—.1934b。「唐末五代赵宋时代佛教画（六）」，『 国华 』，519：31—35。

Ono Shihei 小野四平。1963。「泰山から酆都へ—中国近世の短篇白话小说につける冥界—」，『文化』，27.2: 81—111。

Orzech, Charles D. 2002. "Fang Yankou and Pudu: Translation, Metaphor, and Religious Identity". In *Daoist Identity: History, Lineage, and Ritual*, edited by Livia Kohn and Harold D. Roth, 213–234. Honolulu: University of Hawai'i Press.

Osaka Shiritsu Bijutsukan 大阪市立美术馆等编。1994。『大阪市立美术馆藏・上海博物馆藏：中国书画名品图录』，大阪：『中国书画名品展』实行委员会。

Pentcheva, Bissera. 2006. "The Performative Icon". *Art Bulletin* 88.4: 631–655.

—.2010. *The Sensual Icon: Space, Ritual, and the Senses in Byzantium.* University Park: the Pennsylvania State University Press.

Piotrovsky, Mikhail, ed. 1993. *Lost Empire of the Silk Road: Buddhist Art from Khara Khoto (X-XIIIth century)*. Milan: Electa.

Plate, S. Brent. 2004. "The State of the Arts and Religion: Some Thoughts on the Future of a Field". In *Reluctant Partners: Art and Religion in Dialogue*, edited by Ena Giurescu Heller, 48—65. New York: Gallery at the American Bible Society.

Plate, S. Brent, ed. 2002. *Religion, Art, and Visual Culture: A Cross-Cultural Reader.* New York: Palgrave.

Pontynen, Arthur 潘义年. 1980a. "The Deification of Laozi in Chinese History and Art". *Oriental Art* 26.2: 192–200.

—.1980b. "The Dual Nature of Laozi in Chinese History and Art". *Oriental Art* 26.3: 308–313.

Pregadio, Fabrizio 玄英. 1996. "Chinese Alchemy: An Annotated Bibliography of Works in Western Languages". *Monumenta Serica* 44: 439–476.

—.2000. "Elixirs and Alchemy". In *Daoism Handbook*, edited by Livia Kohn, 165–195. Leiden: Brill.

—.2006a. *Great Clarity: Daoism and Alchemy in Early Medieval China.* Stanford: Stanford University Press.

—.2006b. "Early Daoist Meditation and the Origins of Inner Alchemy". In *Daoism in History: Essays in Honour of Liu Ts'un-yan*, edited by Benjamin Penny, 121–158. New York: Routledge.

Pregadio, Fabrizio, ed. 2008. *The Encyclopedia of Taoism.* New York: Routledge.

Prown, Jules D. 1982. "Mind in Matter: An Introduction to Material Culture Theory and Method". *Winterthur Portfolio* 17.1: 1–19.

Purtle, Jennifer. 2016. "The Pictorial Form of a Zoomorphic Ecology: Dragons and Their Painters in Song and Southern China". In *The Zoomorphic Imagination in Chinese Art and Culture,* edited by Jerome Silbergeld and Eugene Y. Wang, 253–288. Honolulu: University of Hawai'i Press.

Qian, Nanxiu 钱南秀 . 2001. *Spirit and Self in Medieval China: The Shih-shuo hsin-yü and Its Legacy.* Honolulu: University of Hawai'i Press.

Raffone, Antonino, and Narayanan Srinivasan. 2010. "The Exploration of Meditation in the Neuroscience of Attention and Consciousness". *Cognitive Processing* 11.1: 1–7.

Ratey, John J. 2002. *A User's Guide to the Brain: Perception, Attention, and the Four Theaters of the Brain.* New York: Vintage Books.

Raz, Gil 李福 . 2004. "Creation of Tradition: The Five Talismans of the Numinous Treasure and the Formation of Early Daoism". Ph.D. diss., Indiana University.

—.2005. "Time Manipulation in Early Daoist Ritual: The East Well Chart and the Eight Archivists". *Asia Major,* 3rd series, 18: 27–65.

—.2009. "Daoist Ritual Theory in the Work of Lu Xiujing". In *Foundations of Daoist Ritual: A Berlin Symposium*, edited by Florian C. Reiter, 119–133. Wiesbaden: Harrassowitz.

Reiter, Florian C. 常志静 . 1988. "The Visible Divinity: The Sacred Icon in Religious Taoism". *Nachrichten der Gesellschaft für Natur und Völkerkunde Ostasiens* 144: 51–70.

—.1990. "Some Remarks on the Chinese Word T'u, Chart, Plan, Design". *Orient* 32: 308–327.

—.2007a. "The Management of Nature: Convictions and Means in Daoist Thunder Magic（Daojiao leifa）". In *Purposes, Means, and Convictions in Daoism: A Berlin Symposium*, 183–200. Wiesbaden: Harrassowitz.

—.2007b. *Basic Conditions of Daoist Thunder Magic.* Wiesbaden: Harrassowitz.

—.2009. "Daoist Thunder Magic（*Wulei fa*）: Some Aspects of Its Schemes, Historical Positions, and Development". In *Foundations of Daoist Ritual: A Berlin Symposium*, edited by Florian C. Reiter, 27–46. Wiesbaden: Harrassowitz.

Reiter, Florian C., ed. 2011. *Exorcism in Daoism: A Berlin Symposium.* Wiesbaden: Harrassowitz.

Robinet, Isabelle 贺碧来 . 1979. "Metamorphosis and Deliverance from the Corpse in Taoism". *History of Religions* 19.1: 37–70.

—.1983. "Le Ta-tung chen-ching: Son authenticité et sa place dans les texts du Shang-ch'ing ching". In *Tantric and Taoist Studies in Honour of R. A. Stein*, edited by Michel Strickmann, vol. 2, 394–433. Brussels: Institute Belge des Hautes Études Chinoises.

—.1984. *La révélation du Shangqing dans l'histoire du taoïsme.* 2 vols. Paris: École Française d'Extrême-Orient.

—.1989. "Visualization and Ecstatic Flight in Shangqing Taoism". In *Taoist Meditation and Longevity Techniques*, edited by Livia Kohn and Sakade Yoshinobu, 125–158. Ann Arbor: Center for Chinese Studies, University of Michigan.

—.1993. *Taoist Meditation: The Mao-Shan Tradition of Great Purity,* translated by Julian F. Pas and Norman J. Girardot. Albany: State University of New York Press.

—.1995. "Un, deux, trois: Les différentes modalités de l'Un et sa dynamique". *Cahiers d'Extrême-Asie* 8: 175−220.

—.1997. *Taoism: Growth of a Religion,* translated by Phyllis Brooks. Stanford: Stanford University Press.

—.2002. "Genesis and Pre-Cosmic Eras in Daoism". In *A Daoist Florilegium*, edited by Li Zhouran and Chan Man Sing, 144−184. Hong Kong: The Commercial Press (Hong Kong).

—.2011. *The World Upside Down: Essays on Taoist Internal Alchemy,* edited and translated by Fabrizio Pregadio. Mountain View: Golden Elixir Press.

Robinson, Kenneth R. 2010. "Daoist Geographies in Three Korean World Maps from the Sixteenth Century". *Journal of Daoist Studies* 3: 91−116.

Robson, James 罗伯松. 2008. "Signs of Power: Talismanic Writing in Chinese Buddhism". *History of Religions* 48.2: 130−169.

—.2009. *Power of Place: The Religious Landscape of the Southern Sacred Peak （Nanyue） in Medieval China.* Cambridge: Harvard University Asia Center.

Rubia, Katya. 2009. "The Neurobiology of Meditation and Its Clinical Effectiveness in Psychiatric Disorders". *Biological Psychology* 82: 1−11.

Rushton, Peter 罗士敦. 1986. "The Daoist's Mirror: Reflections on the Neo-Confucian Reader and the Rhetoric of Jin Ping Mei". *Chinese Literature: Essays, Articles, Reviews* 8.1/2: 63−81.

Ryūkoku Translation Center. 2004. *The Sutra of Contemplation on the Buddha of Immeasurable Life as Expounded by Sakyamuni Buddha.* Kyoto: Ryūkoku University, 1984.

Sadakata, Akira. 1997. *Buddhist Cosmology: Philosophy and Origins.* Tokyo: Kōsei Publishing.

Saitō Ryūichi 斋藤龙一编。2009。『道教の美术』，大阪：大阪市立美术馆。

Saitō Ryūichi 斋藤龙一, Suzuki Takeo 铃木健郎 and Tsuchiya Masaaki 土屋昌明编。2010。『道教美术の可能性』，东京：勉诚出版。

Sakade Yoshinobu 坂出祥伸。1991。「内景图とその沿革」，收入山田庆儿编，『中国古代科学史论・续编』，页45—85，京都：京都大学人文科学研究所。

Sakade Yoshinobu 坂出祥伸等编。2005。『道教的密教的辟邪咒物的调查研究』，东京：星云社。

Sakanishi, Shio. 1935. *An Essay on Landscape Painting.* London: John Murray.

Saliceti-Collins, Anne. 2005. "The Xi Xia Buddhist Cave No. 3 in Yulin: Iconography, Style, and Patronage". Unpublished paper.

—.2007. "Xi Xia Buddhist Woodblock Prints Excavated in Khara Khoto: A Case Study of Transculturation in East Asia, Eleventh-Thirteenth Centuries." M.A. thesis, University of

Washington, Seattle.

Saso, Michael R. 苏海涵 . 1990. *Taoism and the Rite of Renewal*. 2nd ed. Pullman: Washington State University Press.

Sawada Mizuho 泽田瑞穂。1991。『修订地地狱变 : 中国の冥界说 』，东京：平河出版社。

Scafi, Alessandro. 2006. *Mapping Paradise: A History of Heaven on Earth.* London: British Library.

Schafer, Edward H. 薛爱华 . 1956. "The Development of Bathing Customs in Ancient and Medieval China and the History of the Floriate Clear Palace". *Journal of the American Oriental Society* 76.2: 57–82.

—.1977. *Pacing the Void: T'ang Approaches to the Stars.* Berkeley: University of California Press.

—.1978—1979. "T'ang Taoist Mirror". *Early China* 4: 56–59.

—.1983. "The Cranes of Mao Shan". In *Tantric and Taoist Studies in Honour of R. A. Stein,* edited by Michel Strickmann, vol. 2, 372–393. Brussels: Institut Belge des Hautes Études Chinoises.

—.1986. "Empyreal Powers and Chthonian Edens: Two Notes on T'ang Taoist Literature". *Journal of the American Oriental Society* 106.4: 667–677.

Schama, Simon. 1995. *Landscape and Memory.* New York: Knopf.

Schipper, Kristofer M. 施舟人 . 1965. *L'empereur Wou des Han dans la legend taoïste.* Paris: Ecole Française d'Extrême-Orient.

—.1967。「五岳真形图の信仰」，收入吉冈义丰、Michel Soymié 编 ，『 道教研究 』，第 2 册 , 页 114—162，东京：昭森社。

—.1974. "The Written Memorial in Taoist Ceremonies". In *Religion and Ritual in Chinese Society,* edited by Arthur P. Wolf, 309–324. Stanford: Stanford University Press.

—.1975a. *Concordance du Houang-t'ing king.* Paris: École Française d'Extrême-Orient.

—.1975b. *Le Fen-teng: Rituel taoïste.* Paris: École Française d'Extrême-Orient.

—.1978. "The Taoist Body". *History of Religions* 17: 355–387.

—.1985. "Vernacular and Classical Ritual in Taoism". *Journal of Asian Studies* 45.1: 21–57.

—.1986. "Progressive and Regressive Time Cycles in Taoist Ritual". In *Time, Science, and Society in China and the West*, edited by J. T. Fraser et al., 185–205. Amherst: University of Massachusetts Press.

—.1993. *The Taoist Body,* translated by Norman Girardot. Berkeley: University of California Press.

—.1995a. "The Inner World of the Lao-tzu chung-ching". In *Time and Space in Chinese Culture,* edited by Chun-chieh Huang and Erik Zürcher, 89–131. Leiden: E. J. Brill.

—.1995b. "An Outline of Taoist Ritual". In *Essais sur le rituel,* edited by Anne-Marie Blondeau and Kristofer Schipper, 97–126. Paris: Peeters.

—.2005. "The True Form: Reflections on the Liturgical Basis of Taoist Art".《 三教文献 》, 4:

91—113。

Schipper, Kristofer, and Franciscus Verellen, eds. 2004. *The Taoist Canon: A Historical Companion to the Daozang*. 3 vols. Chicago: University of Chicago Press.

Schulz, Dorothea E. "Soundscape". In *Key Words in Religion, Media, and Culture*, edited by David Morgan, 172–186. New York: Routledge.

Scott, Janet Lee. 2007. *For Gods, Ghosts and Ancestors: The Chinese Tradition of Paper Offerings*. Seattle: University of Washington Press.

Seidel, Anna 索安 . 1978. "Buying One's Way to Heaven: The Celestial Treasury in Chinese Religions". *History of Religions* 17.3/4: 419–432.

—.1983. "Imperial Treasures and Taoist Sacraments: Taoist Roots in the Apocrypha". In *Tantric and Taoist Studies in Honour of R. A. Stein,* edited by Michel Strickmann, vol. 2, 291–371. Brussels: Institut Belge des Hautes Études Chinoises.

—.1984. "Le sūtra merveilleux du Ling-pao Suprême, traitant de Lao tseu qui convertit les barbares （manuscript S.2081） ". In *Contributions aux études de Touen-houang*, edited by Michel Soymié, vol. 3, 305–352. Paris: École Française d'Extrême-Orient.

—.1987. "Post-Mortem Immortality, or: The Taoist Resurrection of the Body". In *Gilgul: Essays on Transformation, Revolution, and Permanence in the History of Religions, Dedicated to R. J. Zwi Werblowsky*, edited by S. Shaked, D. Hulman, and G. G. Stroumsa, 223–237. Leiden: E. J. Brill.

—.1989—1990. "Chronicle of Taoist Studies in the West, 1950—1990". *Cahiers d'Extrême-Asie* 5: 223–347.

Sellman, James. 2008. "Establishing the Altar: The Realized Writ of the Suqi Rite in the Grand Jiao". *Journal of Daoist Studies* 1: 124–144.

Sena, Yun-Chiahn Chen. 2007. "Pursuing Antiquity: Chinese Antiquarianism from the Tenth to the Thirteenth Century". Ph.D. diss., University of Chicago.

Shen, Hsüeh-man 沈雪曼 . 2001. "Realizing the Buddha's Dharma Body during the Mofa Period: A Study of Liao Buddhist Relic Deposits". *Artibus Asiae* 61.2: 263–303.

—.2003. "Pictorial Representations of the Buddha's Nirvana in Chinese Relic Deposits". *East Asian Journal* 1.1: 25–48.

—.2005. "Body Matters: Presentation of the Body in the Liao Tombs at Xuanhua, Hebei Province". *Artibus Asiae* 65.1: 99–141.

—.2006. "Image in a Mirror, Moon in the Water: Liao Period Bronze Mirrors Incised with Buddhist Images". *Orientations* 37.6: 58–64.

—2006. *Gilded Splendor: Treasures of China's Liao Empire （907—1125） *. New York: Asia Society.

Shih, Shou-chien 石守谦. 1984. "Eremitism in Landscape Painting by Ch'ien Hsuan（ca.1235—before 1307）". Ph.D. diss., Princeton University.

—.2008. "Wen Zhengming, Zhong Kui, and Popular Culture". In *The History of Painting in East Asia: Essays on Scholarly Method*, edited by Naomi Noble Richard and Donald E. Brix, 363−392. Taipei: Rock Publishing International Company.

Shimada Hidemasa 岛田英诚, Nakazawa Fujio 中泽富士雄编. 2000.『世界美术大全集・东洋编』, 第 6 册, 南宋、金, 东京: 小学馆。

Shin, Jeongsoo. 2011. "From Paradise to Garden: The Construction of Penglai and Xuanpu". *Journal of Daoist Studies* 4: 1−31.

Shirai Jun 白井顺。2004。「『性命圭旨』书志考」, 『东方宗教』, 104: 1—22。

Shōsō-in Jimusho 正仓院事务所编。1976。『正仓院の金工』, 东京: 日本经济新闻社。

—.1995。『正仓院宝物』, 第 7 册, 南仓 1, 东京: 每日新闻社。

Sirén, Osvald 喜仁龙. 1970. *Chinese Sculpture from the Fifth to the Fourteenth Century*. 4 vols. Reprint of the 1925 ed. New York: Hacker Art Books.

Skar, Lowell 斯卡. 1995. "Ethical Aspects of Daoist Healing: The Case of Song and Yuan Thunder Rites". In *East Asian Science: Tradition and Beyond*, edited by Keizō Hashimoto, Catherine Jami, and Lowell Skar, 221−229. Osaka: Kansai University Press.

—.1997. "Administering Thunder: A Thirteenth-Century Memorial Deliberating the Thunder Rites". *Cahiers d'Extrême-Asie* 9: 159−202.

Smith, Richard J. 司马富. 1991. *Fortune-Tellers and Philosophers: Divination in Traditional Chinese Society.* Boulder: Westview Press.

—.2009. *Fathoming the Cosmos and Ordering the World: The Yijing（I Ching, or Classic of Changes）and Its Evolution in China*. Charlottesville: University of Virginia Press.

Smith, Thomas E. 1990. "Record of the Ten Continents". *Taoist Resources* 2: 87−119.

—.1992. "Ritual and the Shaping of Narrative: The Legend of the Han Emperor Wu". Ph.D. diss., University of Michigan, Ann Arbor.

Soper, Alexander C. 索佩尔. 1948. "Hsiang-Kuo-Ssŭ: An Imperial Temple of Northern Sung". *Journal of the American Oriental Society* 68.1: 19−45.

—.1951. *Kuo Jo-Hsü's Experiences in Painting (T'u-hua chien-wên chih): An Eleventh Century History of Chinese Painting Together with the Chinese Text in Facsimile.* Washington, D.C.: American Council of Learned Societies.

—.1966. "Imperial Cave-Chapels of the Northern Dynasties: Donors, Beneficiaries, Dates." *Artibus Asiae* 28.4: 241−270.

Soymié, Michel 苏远鸣。1965。「血盆经の资料的研究」, 收入吉冈义丰、Michel Soymié 编,

『道教研究』，第 1 册，页 109—166，东京：昭森社。

Starr, Kenneth. 2008. *Black Tigers: A Grammar of Chinese Rubbings.* Seattle: University of Washington Press.

Stein, Rolf A. 石泰安 . 1979. "Religious Taoism and Popular Religion from the Second to Seventh Centuries". In *Facets of Taoism,* edited by Holmes Welch and Anna Seidel, 53–81. New Haven: Yale University Press.

—.1990. *The World in Miniature: Container Gardens and Dwellings in Far Eastern Religious Thought,* translated by Phyllis Brooks. Stanford: Stanford University Press.

Steinhardt, Nancy Shatzman 夏南悉 . 1987. "Zhu Haogu Reconsidered: A New Date for the ROM Painting and the Southern Shanxi Buddhist-Daoist Style". *Artibus Asiae* 48: 5–38.

—.1990. "Yuan Period Tombs and Their Decoration: Cases at Chifeng". *Oriental Art* 36.4: 198–221.

—.1997. *Liao Architecture.* Honolulu: University of Hawai'i Press.

—.1998. "The Temple to the Northern Peak in Quyang". *Artibus Asiae* 58. 1/2:69–90.

Steinhardt, Nancy Shatzman, ed. 2002. *Chinese Architecture.* New Haven: Yale University Press.

Stevenson, Daniel. 2001. "Text, Image, and Transformation in the History of the Shuilu fahui, the Buddhist Rite for Deliverance of Creatures of Water and Land". In *Cultural Intersections in Later Chinese Buddhism,* edited by Marsha Weidner, 30–70. Honolulu: University of Hawai'i Press.

Stewart, Susan. 1993. *On Longing: Narratives of the Miniature, the Gigantic, the Souvenir, the Collection.* Durham: Duke University Press.

Stiegler, Bernard. 1996. "L'image discrete". In *Echographies de la télévision,* edited by Jacques Derrida and Bernard Stiegler, 165–182. Paris: Éditions Galilée.

Strassberg, Richard E. 2002. *A Chinese Bestiary: Strange Creatures from the Guideways through Mountains and Seas.* Berkeley: University of California Press.

Strickmann, Michel 司马虚 . 1966. "Notes on Mushroom Cults in Ancient China". Unpublished manuscript, Rijksuniversiteit Gent.

—.1977. "The Mao-Shan Revelations: Taoism and Aristocracy". *T'oung Pao*, 2nd series, 63: 1–64.

—.1978. "The Longest Taoist Scripture". *History of Religions* 17: 331–354.

—.1979. "On the Alchemy of T'ao Hung-ching". In *Facets of Taoism: Essays in Chinese Religion,* edited by Holmes Welch and Anna Seidel, 123–192. New Haven: Yale University Press.

—.1980. "Review Article: History, Anthropology, and Chinese Religion". *Harvard Journal of Asiatic Studies* 40.1: 201–248.

—.1993. "The Seal of the Law: A Ritual Implement and the Origins of Printing". *Asia Major*, 3rd series, 6.2: 1083.

—.1996. *Mantras et mandarins: Le bouddhisme tantrique en Chine.* Paris: Gallimard.

—.2002. *Chinese Magical Medicine,* edited by Bernard Faure. Stanford: Stanford University Press.

—.2005. *Chinese Poetry and Prophecy: The Written Oracle in East Asia,* edited by Bernard Faure. Stanford: Stanford University Press.

Stuart, Jan and Evelyn S. Rawski. 2001. *Worshiping the Ancestors: Chinese Commemorative Portraits.* Washington, D.C.: Freer Gallery of Art.

Sturman, Peter 石慢 . 1990. "Cranes above Kaifeng: The Auspicious Image at the Court of Huizong". *Arts Orientalis* 20: 33−68.

—.1995. "The Donkey Rider as Icon: Li Cheng and the Early Chinese Landscape Painting". *Artibus Asiae* 55.1/2:43−97.

Suchan, Tom. 2007. "The Cliff Sculpture of Stone-Gate Mountain: A Mirror of Religious Eclecticism in the Art of Twelfth-Century Sichuan". *Archives of Asian Art* 57: 51−94.

Sullivan, Michael 苏立文 . 1980. *Chinese Landscape Painting in the Sui and T'ang Dynasties.* Berkeley: University of California Press.

Suzuki Kei 铃木敬编。1982—1983。中国绘画总合图录，东京：东京大学出版会。

Taguchi Ei'ichi 田口荣一。1976—1980。「北斗曼荼罗图像」，收入东京艺术大学编，『东京艺术大学藏品图录』，东京：东京艺术大学。

Takasu Jun 鹰巢纯。1996。「六道十王图のコスモロジー」，收入立川武藏编，『マンダラ宇宙论』，页 271—303，京都：法藏馆。

—.1999。「新知恩院本六道绘の主题について—水陆画としての可能性—」，『密教图像』，18:69—85。

—.2009。「地狱十王思想と道教」，收入斋藤龙一编，『道教の美術』，页 334—336，大阪：大阪市立美术馆。

Takemi Momoko. 1983. "'Menstruation Sutra' Belief in Japan", translated by W. Michael Kelsey. *Japanese Journal of Religious Studies* 10.2−3: 229−245.

Tanaka Fumio 田中文雄。2000。「仪礼の空间」，收入田中文雄编，「讲座道教」系列，第 2 册，『道教の教团と仪礼』，页 93—115，东京：雄山阁出版。

—.2002。『仙境往来：神界と圣地』，东京：春秋社。

—.2005。「道教法服考」，收入『福井文雅博士古稀记年论集：アジア文化の思想と仪礼』，页 351—370，东京：春秋社。

—.2010。「中世道教の法服と法具」，收入斋藤龙一、铃木健郎、土屋昌明编，『道教美术の可能性』，页 95—106，东京：勉诚出版。

Teiser, Stephen 太史文 . 1988a. "Having Once Died and Returned to Life: Representations of Hell in Medieval China". *Harvard Journal of Asiatic Studies* 48. 2: 433−464.

—.1988b. *The Ghost Festival in Medieval China.* Princeton: Princeton University Press.

—.1993. "The Growth of Purgatory". In *Religion and Society in T'ang and Sung China*, edited by Patricia Ebrey and Peter N. Gregory, 115−145. Honolulu: University of Hawai'i Press.

—.1994. *The Scripture of the Ten Kings and the Making of Purgatory in Medieval Chinese Buddhism.* Honolulu: University of Hawai'i Press.

—.2006. *Reinventing the Wheel: Paintings of Rebirth in Medieval Buddhist Temples.* Seattle: University of Washington Press.

Ter Haar, Barend 田海 . 1999. "The Rise of the Guan Yu Cult: The Daoist Connection". In *Linked Faiths: Essays on Chinese Religions and Traditional Culture in Honour of Kristofer Schipper,* edited by Jan A. M. DeMeyer and Peter M. Engelfriet, 183−204. Leiden: Brill.

Tōbu Bijutsukan 东武美术馆等编。1998。『ブッダ展：大いなる旅路』，东京：NHK。

Toda Teisuke 户田祯佑。1997。『日本美术の见方：中国との比较による』，东京：角川书店。

Tokuno, Kyoko 德野京子 . 1990. "The Evaluation of Indigenous Scriptures in Chinese Buddhist Bibliographical Catalogues". In *Chinese Buddhist Apocrypha*, edited by Robert E. Buswell, Jr., 31−74. Honolulu: University of Hawai'i Press.

Tsai, Julius 蔡南亭 . 2003. "In the Steps of Emperors and Immortals: Imperial Mountain Journeys and Daoist Meditation and Ritual". Ph.D. diss., Stanford University.

—.2006. "Opening Up the Ritual Casket: Patterns of Concealment and Disclosure in Early and Medieval Chinese Religion". *Material Religion* 2.1: 38−67.

Tseng, Liuian Lan-ying 曾蓝莹 . 2001. "Picturing Heaven: Image and Knowledge in Han China". Ph.D. diss., Harvard University.

—.2003. "Visual Replication and Political Persuasion: The Celestial Image in Yuan Yi's (486—526) Tomb". In *Between Han and Tang: Art and Material Culture in a Transformative Period*, edited by Wu Hung, 377−424. Beijing: Cultural Relics Publishing House.

—.2011. *Picturing Heaven in Early China.* Cambridge: Harvard University Asia Center.

Tseng, Yuho 曾佑和 . 1993. *A History of Chinese Calligraphy.* Hong Kong: Chinese University Press.

Tsiang, Katherine R. 蒋人和 . 2005. "Embodiments of Buddhist Texts in Early Medieval Chinese Visual Culture". In *Body and Face in Chinese Visual Culture*, edited by Wu Hung and Katherine R. Tsiang, 49−78. Cambridge: Harvard University Asia Center.

—.2010. "Buddhist Printed Images and Texts of the Eighth-Tenth Centuries: Typologies of Replication and Representation". In *Esoteric Buddhism at Dunhuang: Rites and Teachings for This Life and Beyond*, edited by Matthew T. Kapstein and Sam van Schaik, 201−252. Leiden: Brill.

Tsien Tsuen-Hsuin 钱存训 . 1984. "Technical Aspects of Chinese Printing". In *Chinese Rare Books in American Collections*, edited by Sören Edgren, 16–25. New York: China House Gallery, China Institute in America.

Tsuchiya Masaaki 土屋昌明。2010。「道教美术における文字の问题」，收入斋藤龙一、铃木健郎、土屋昌明编，『道教美术の可能性』，页 71—82，东京：勉诚出版。

Unschuld, Paul U. 文树德. 2000. *Medicine in China: Historical Artifacts and Images*. New York: Prestel.

—.2010. *Medicine in China: A History of Ideas*. 25th anniversary ed. Berkeley: University of California Press.

Urban, Hugh B. 1997. "Elitism and Esotericism: Strategies of Secrecy and Power in South Indian Tantra and French Freemasonry". *Numen* 44.1: 138.

—.1998. "The Torment of Secrecy: Ethical and Epistemological Problems in the Study of Esoteric Traditions". *History of Religions* 37.3: 209–248.

Van der Loon, Piet 龙彼得. 1984. *Taoist Books in the Libraries of the Sung Period*. London: Oxford Oriental Institute.

Van Gulik, Robert Hans 高罗佩. 1935. *Hayagrīva: The Mantrayanic Aspect of Horse-Cult in China and Japan*. Leiden: E. J. Brill.

Verellen, Franciscus 傅飞岚. 1989a. *Du Guangting (850—933): Taöiste de cour à la fin de la Chine médiévale*. Paris: Mémoires de l'Institut des Hautes Études Chinoises 30.

—.1989b. "Liturgy and Sovereignty: The Role of Taoist Ritual in the Foundation of the Shu Kingdom (906—925)". *Asia Major*, 3rd series, 2.1: 59–78.

—.1992. "Evidential Miracles in Support of Taoism: The Inversion of a Buddhist Apologetic Tradition in Late Tang China" . *T'oung Pao*, 2nd series, 78.4/5: 217–263.

—.1995a. "The Beyond Within: Grotto-Heavens (Dongtian 洞天) in Taoist Ritual and Cosmology". *Cahiers d 'Extrême-Asie* 8: 265–290.

—.1995b. "Taoism". *Journal of Asian Studies* 54.2: 322–346.

—.2006. "The Dynamic Design: Ritual and Contemplative Graphics in Daoist Scriptures". In *Daoism in History: Essays in Honour of Liu Ts 'un-yan*, edited by Benjamin Penny, 159–186. New York: Routledge.

Vinograd, Richard 文以诚. 1979. "Some Landscapes Related to the Blue-and-Green Manner from the Early Yüan Period". *Artibus Asiae* 41.2/3: 101–131.

Von Glahn, Richard 万志英. 2004. *The Sinister Way: The Divine and the Demonic in Chinese Religious Culture*. Berkeley: University of California Press.

—.2006. "Re-Examining the Authenticity of Song Paper Money Specimens". *Journal of Sung-Yuan Studies* 36: 93–98.

Wan, Chui-ki Maggie 尹翠琪 . 2003. "Motifs with an Intention: Reading the Eight Trigrams on Official Porcelain of the Jiajing Period (1522—1566)". *Artibus Asiae* 63.2: 191–221.

Wang, David Teh-Yu 王德育 . 1991—1992. "Nei Jing Tu, a Daoist Diagram of the Internal Circulation of Man". *Journal of the Walters Art Gallery* 49/50: 141–158.

Wang, Eugene Y. 汪悦进 . 1994. "Mirror, Death, and Rhetoric: Reading Later Han Chinese Bronze Artifacts". *Art Bulletin* 76.3: 511–534.

—.2000. "Watching the Steps: Peripatetic Vision in Medieval China". In *Visuality Before and Beyond the Renaissance: Seeing As Others Saw*, edited by Robert Nelson, 116–142. New York: Cambridge University Press.

—.2005a. *Shaping the Lotus Sutra: Buddhist Visual Culture in Medieval China.* Seattle: University of Washington Press.

—.2005b. "Of the True Body: The Famen Monastery Relics and Corporeal Transformation in Tang Imperial Culture". In *Body and Face in Chinese Visual Culture,* edited by Wu Hung and Katherine R. Tsiang, 79–118. Cambridge: Harvard University Asia Center.

—.2007. "Patterns Above and Within: The Picture of the Turning Sphere and Medieval Chinese Astral Imagination". In *Books in Numbers*, edited by Wilt L. Idema, 49–89. Cambridge: Harvard-Yenching Library and Harvard University Press.

—.2009. "Why Pictures in Tombs ? Mawangdui Once More". *Orientations* 42.2: 76–83.

Wang Shumin. 2005. "The Dunhuang Manuscripts and Pharmacology in Medieval China ". In *Medieval Chinese Medicine: The Dunhuang Medical Manuscripts*, edited by Vivienne Lo and Christopher Cullen, 293–305. London: Routledge Curzon.

Wang Yucheng 王育成。 2006。「道教文物の概说」，收入小林正美编，『道教の斋法仪礼の思想史的研究』，页 187—221，东京：知泉书馆。

Wang Zongyu 王宗昱 . 2007. "The Relationship between Quanzhen Daoism and Local Cults". In *Purposes, Means, and Convictions in Daoism: A Berlin Symposium*, edited by Florian C. Reiter, 231–250. Wiesbaden: Harrassowitz.

—.2009. "The Period of Compilation of the Book *Chisongzi zhangli*". In *Foundations of Daoist Ritual: A Berlin Symposium,* edited by Florian C. Reiter, 207–216. Wiesbaden: Harrassowitz.

Ward, Julian. 1995. "Cave Paradise and Talismans: Voyage through China's Sacred Mountains". Unpublished paper presented at Leeds University, Leeds.

Ware, James R. 魏楷 . 1933. "The *Wei Shu* and the *Sui Shu* on Taoism". *Journal of the American Oriental Society* 53: 215–294.

—.1966. *Alchemy, Medicine, and Religion in China of A.D.320: The Nei P'ien of Ko Hung.* Cambridge: M. I. T. Press.

Warner, Ding Xiang 丁香 . 2002—2003. "Rethinking the Authorship and Dating of 'Gujingji' 古镜记". *T'ang Studies* 20–21: 1–38.

Watanabe Kōzō 渡边幸三。1956。「清凉寺释迦胎内五藏の解剖学的研究—中国传统医学よりの研究」，『日本医史学杂志 』, 7.1–7.3: 30–63。

Waterbury, Florence. 1952. *Bird-Deities in China. Artibus Asiae: Supplementum 10.* Ascona: Artibus Asiae.

Watt, James. 2010. *The World of Khubilai Khan: Chinese Art in the Yuan Dynasty.* New York: Metropolitan Museum of Art.

Watt, James et al. 2004. *China: Dawn of a Golden Age, 200—750 AD.* New Haven: Yale University Press.

Weidner, Marsha 魏玛莎 . 1986. "Ho Ch 'eng and Early Yuan Dynasty Painting in Northern China". *Archives of Asian Art* 39: 6–22.

—.2005. "Two Ming Ritual Scrolls as Harbingers of New Directions in the Study of Chinese Painting". *Orientations* 36.1: 64–73.

Weidner, Marsha, ed. 1994. *Latter Days of the Law: Images of Chinese Buddhism, 850—1850.* Lawrence: Spencer Museum of Art, University of Kansas.

—.2001. *Cultural Intersections in Later Chinese Buddhism.* Honolulu: University of Hawai'i Press.

Whitfield, Roderick 韦陀。1982—1984。『西域美术：大英博物馆スタイン・コレクション 』, 3 册， 东京：讲谈社。

Whitfield, Susan 魏泓 , and Ursula Sims-Williams, eds. 2004. *The Silk Road: Trade, Travel, War, and Faith.* Chicago: Serindia.

Wilson, Liz. 1996. *Charming Cadavers: Horrific Figurations of the Feminine in Indian Buddhist Hagiographic Literature.* Chicago: University of Chicago Press.

Wilson, Verity. 1995. "Cosmic Raiment: Daoist Tradtions of Liturgical Clothing". *Orientations* 26.5: 42–49.

Wong, Dorothy. 2004. *Chinese Steles: Pre-Buddhist and Buddhist Use of a Symbolic Form.* Honolulu: University of Hawai'i Press.

—.2008. "The Mapping of Sacred Space: Images of Buddhist Cosmographies in Medieval China". In *The Journey of Maps and Images on the Silk Road*, edited by Philippe Forêt and Andreas Kaplony, 51–79. Leiden: Brill.

Wu, Hung 巫鸿 . 1987. "Pictorial Representations of Ape Tales" . *T'oung Pao*, 2nd series, 73: 86–113.

—.1989. *The Wu Liang Shrine: The Ideology of Early Chinese Pictorial Art.* Stanford: Stanford University Press.

—.1992. "Art in a Ritual Context: Rethinking Mawangdui". *Early China* 17: 111–144.

—.1996. *The Double Screen: Medium and Representation in Chinese Painting*. Chicago: University of Chicago Press.

—.2000. "Mapping Early Taoist Art: The Visual Culture of Wudoumi Dao". In *Taoism and the Arts of China,* by Stephen Little and Shawn Eichman, 77–93. Chicago: Art Institute of Chicago.

—.2002a. "A Deity Without Form: The Earliest Representation of Laozi and the Concept of *Wei* in Chinese Ritual Art". *Orientations* 34.4: 38–45.

—.2002b. "On Rubbings: Their Materiality and Historicity". In *Writing and Materiality in China: Essays in Honor of Patrick Hanan*, edited by Judith T. Zeitlin and Lydia H. Liu, with Ellen Widmer, 29–72. Cambridge: Harvard University Asia Center.

—.2007a. "Picturing or Diagramming the Universe". In *Graphics and Text in the Production of Technical Knowledge in China: The Warp and the Weft,* edited by Francesca Bray, Vera Dorofeeva-Lichtmann, and Georges Métailié, 191–214. Leiden: Brill.

—.2010. *The Art of the Yellow Springs: Understanding Chinese Tombs.* Honolulu: University of Hawai'i Press.

Wu, Tung 吴同. 1996. *Masterpieces of Chinese Painting from the Museum of Fine Arts, Boston: Tang through Yuan Dynasties.* 2 vols. Boston: Museum of Fine Arts, Boston.

—.1997. *Tales from the Land of Dragons: 1,000 Years of Chinese Painting.* Boston: Museum of Fine Arts, Boston.

Xue, Lei. 2009. "The Elusive Crane: Memory, Metaphor, and a Stone Monument from Sixth Century China". Ph.D. diss., Columbia University.

Yamada Keiji 山田庆儿。1997。『本草と梦と炼金术と：物质的想象力の现象学』，东京：朝日新闻社。

Yamada, Toshiaki 山田利明. 1989. "Longevity Techniques and the Compilation of the *Lingbao wufu xu"*. In *Taoist Meditation and Longevity Techniques,* edited by Livia Kohn and Sakade Yoshinobu, 99–124. Ann Arbor: Center for Chinese Studies, University of Michigan.

—.1995。「道教神像の崇拜」，『中国哲学文学纪要』，3.17: 17–33。

—.2000。「仪礼の理论」，收入田中文雄编，「讲座道教」系列，第2卷，『道教の教団と仪礼』，页74—92，东京：雄山阁出版。

Yamato Bunkakan 大和文华馆。1995。『対幅：中国绘画の名品を集めて：开馆35周年纪念特别展』，奈良：大和文华馆。

—.2011。『信仰と绘画：开馆五十周年纪念特别企画展』，奈良：大和文华馆。

Yang, Liu. 2001a. "Images for the Temple: Imperial Patronage in the Development of Tang Daoist Art". *Artibus Asiae* 61.2: 189–261.

—.2001b. "Origins of Daoist Iconography". *Ars Orientalis* 31: 31–64.

Yasui Kōzan 安居香山, Nakamura Shōhachi 中村璋八编。1971—1992。「重修纬书集成」，6 册，东京：明德出版社。

Yonezawa Yoshiho 米泽嘉圃, Nakata Yūjirō 中田勇次郎。1971。『请来美术（绘画・书）』，『原色日本の美术』，第 29 册，东京：小学馆。

Yoshikawa Tadao 吉川忠夫。1987a。「静室考」，『东方学报』，59: 125–162。

—.1987b。『书と道教の周边』，东京：平凡社。

—. 编。1998。『六朝道教の研究』，东京：春秋社。

Yoshioka Yoshitoyo 吉冈义丰。1959。『道教と佛教』，第 1 册，东京：日本学术振兴会。

—.1966。『道教经典史论』，东京：道教刊行会。

—.1975。「中国民间の地狱十王信仰について—玉历至宝钞を中心として」，收入『佛教文化论集』，『川崎大师教学研究所研究纪要』，第 1 册，页 143—355。

Yu, Weichao 俞伟超, ed. 1997. *A Journey into China's Antiquity: National Museum of Chinese History.* 4 vols. Beijing: Morning Glory Publishers.

Yü, Chün-fang 于君方. 2001. *Kuan-yin: The Chinese Transformation of Avalokiteśvara.* New York: Columbia University Press.

Yü, Ying-shih 余英时. 1987. "'O Soul, Come Back!' A Study in the Changing Conceptions of the Souls and Afterlife in Pre-Buddhist China". *Harvard Journal of Asiatic Studies* 42.2: 363–395.

Yusa Noboru 游佐升。1989。「唐代に见えらる救苦天尊信仰について」，《东方宗教》，73: 19–40。

Zhiru 智如. 2007. *The Making of a Savior Bodhisattva: Dizang in Medieval China.* Honolulu: University of Hawai'i Press.

Zhou, Chuncai 周春才. 1996. *The Yellow Emperor's Medicine Classic: Treatise on Health and Long Life.* Asiapac comic series. Singapore: Asiapac, 1996.

Zürcher, Erik 许理和. 1980. "Buddhist Inuence on Early Taoism: A Survey of Scriptural Evidence". *T'oung Pao*, 2nd series, 66: 84–147.

插图引用

0.1　照片由北京中国国家博物馆提供。

0.2　（a—b），© 波士顿美术馆，10.311。

0.3　照片由日本京都真正极乐寺 / 京都国立博物馆提供。

0.4　照片由翁万戈提供，原翁万戈藏，今藏上海博物馆。

0.5　照片由日本甲府栖云寺提供。

1.1　《大洞玉经》，1：558a。

1.2　（a—d），《大洞真经》，1：517a，1：518a，1：539c，1：537a。

1.3　© 大英图书馆（ORB 99/161）。

1.4　© 大英图书馆（15111.e.7）。

1.5　照片由日本京都知恩院 / 奈良国立博物馆提供。

1.6　《上清太一帝君太丹隐书解胞十二结节图诀》，34：98a。

1.7　（a—f），《上清琼宫灵飞六甲左右上符》，2：171b，2：172b，2：173a，2：174a，2：175a，2：176a。

1.8　（a—d），《玉堂大法》，4：74c—75b。

1.9　（a—c），《正一盟威箓》，28：465a，28：466c，28：430a。

1.10　重庆大足石刻艺术博物馆，1999，第四册，页68（图版71）。该照片的翻印已获得重庆出版社许可。

1.11　（a—b），金维诺，1988，图版90，93。

1.12　（a—b），《太上老君大存思图注诀》，18：720c—721a，18：722a—b。

1.13　中国社会科学院，1980，页51（图49）。

1.14　© 大英图书馆（Or. 8210/S. 2404）。

1.15　《上清金阙帝君五斗三一图诀》，17：219a。

1.16　《太上助国救民总真秘要》，32：103c。

1.17　《太上五星七元空常诀》，18：725a—b。

1.18　《上清河图宝箓》，34：245a。

1.19　《上清灵宝大法》，30：673a。

1.20　（a—b），《上清洞真九宫紫房图》，3：128b—129b。

1.21　《上清金书玉字上经》，18：743c。

1.22　（a—g），《无上三天玉堂正宗高奔内景玉书》，4：133b—134c。

1.23　（a），由作者重组自《无上三天玉堂正宗高奔内景玉书》，4：129b—130b；（b），由作者重组自《无上玄元三天玉堂大法》，4：10a—11a；（c），由作者重组自《太上玄灵北斗本命延生真经注解》，17：53a—54a。

1.24 《佛说北斗七星延命经》。

1.25 照片由日本滋贺县宝严寺／奈良国立博物馆提供。

1.26 （a–b），照片由日本爱知瑞泉寺／奈良国立博物馆提供。

1.27 （a–b），照片由大阪市立美术馆提供。

1.28 《灵宝领教济度金书》，7：27c—28a。

1.29 （a–c），由作者重组自《太上除三尸九虫保生经》，18：700a—701c。

1.30 窪德忠藏品。窪德忠，1961，页481。

1.31 由作者重组自《太上除三尸九虫保生经》，18：698a，18：699c。

1.32 何志国，1988，页71。

1.33 （a–b），《七曜星辰别行法》：456。

1.34 © 大英图书馆（Or. 8210/S. 6216）。

1.35 马昌仪，2003，第二册，页149。

1.36 照片由法国国家图书馆提供（P. 2683）。

1.37 照片由日本滋贺永源寺／奈良国立博物馆提供。

1.38 （a），由作者重组自《金笥玄玄》，9：791b—794b；（b），由作者重组自《急救仙方》，26：646b—647c；（c），由作者重组自《世医得效方》，9：13b—15b。

1.39 《玉堂大法》，4：7b–c。

1.40 《修真十书》，4：690a。

1.41 （a），《金液还丹印证图》，3：107a；（b），Little 和 Eichman，2000，页347。该照片的翻印已获得北京白云观许可。

1.42 《修真太极混元指玄图》，3：102a。

1.43 《金液还丹印证图》，3：107b。

1.44 （a–b），《修真太极混元指玄图》，3：100c，3：101c。

1.45 （a–d），《修真十书》，4：690a–b。

1.46 《黄帝八十一难经纂图句解》，21：595a。

1.47 李经纬，1992，页85（图版200）。中国医史博物馆。

1.48 文物出版社，1958，图113。

1.49 （a–b），由作者重组自靳士英和靳朴，1996，页275。

1.50 （a–b），由作者重组自 Miyasita，1967，页489。伊斯坦布尔索菲亚图书馆。

1.51 黄龙祥，2003，第1册，页219。圣彼得堡隐士庐博物馆。该照片的翻印已获青岛出版社许可。

1.52 照片由京都清凉寺提供。

1.53 《元始无量度人上品妙经内义》，2：334b。

1.54 《上阳子金丹大要图》，24：71a。

1.55　（a），《无上三天玉堂正宗高奔内景玉书》，4:124b；（b），《无上玄元三天玉堂大法》，4:6b-c。

1.56　照片由台北故宫博物院提供。

2.1　照片由东京艺术大学美术馆提供。

2.2　照片由法国国家图书馆提供（P. 2728）。

2.3　《五老赤书玉篇真文天书经》，1:783b。

2.4　Bokenkamp, 1983, LP#7，页 463（根据《太上灵宝诸天内音自然玉字》，《道藏》，第 2 册，页 532a-b 制作的图表）。该照片的翻印已获柏夷（Stephen Bokenkamp）许可。

2.5　《灵宝无量度人上品妙经符图》，3:64a。

2.6　《灵宝无量度人上品妙经符图》，3:64a-b。

2.7　照片由法国国家图书馆提供（P. 2683）。

2.8　《大易象数钩深图》，3:168a。

2.9　（a），《上清灵宝大法》，30:733a；（b），《灵宝领教济度金书》，7:31b。

2.10　照片由法国国家图书馆提供（P. 2824）。

2.11　© 大英图书馆（ORB 99/161）。

2.12　照片由明尼阿波利斯艺术学院（Minneapolis Institute of Arts）提供。The John R. Van Derlip 基金会捐赠，42.8.293。

2.13　（a），《三才定位图》，3:125a；（b），《上清灵宝大法》，30:733b。

2.14　重组的示意图，根据《灵宝无量度人上经大法》，3:972c。

2.15　李丰楙，1986，页 133。

2.16　《灵宝无量度人上经大法》，3:628b。

2.17　（a），照片由何恩之（Angela Howard）提供；（b），黄石林，1991，页 25（图 8）；（c），照片由何恩之提供。

2.18　萧军，2008，页 115。该照片的翻印已获北京文物出版社许可。

2.19　《海中三岛十洲之图》，3:96c。

2.20　（a-b），照片由故宫博物院提供。

2.21　匡远莹，1985，页 6（图版 18）。

2.22　Robson, 2009，页 26（地图 1）。该照片的翻印已获罗伯松（James Robson）许可。

2.23　（a），日本正仓院事务所编，1995，页 217。该照片的翻印已获得正仓院许可。（b），《重修宣和博古图》，28:21b。

2.24　Chavannes, 1910，图 55。

2.25　《洞玄灵宝五岳古本真形图》，6:740c—741a。

2.26　照片由故宫博物院提供。

2.27　美国纽约大都会艺术博物馆展品：王季迁家族藏品，唐骝千家族捐赠，2005

（2005.494.1）。© 大都会艺术博物馆提供。

2.28　照片由故宫博物院提供。

2.29　《许太史真君图传》，6：722a–b。

2.30　（a），《灵宝领教济度金书》，7：29b；（b），《上清灵宝大法》，31：2c—3a。

2.31　《文献通考》，73：14b。

2.32　《佛祖统纪》，305a。

2.33　《佛祖统纪》，316c–d。

2.34　《上清天关三图经》，33：812a。

2.35　《无上黄箓大斋立成仪》，9：609c。

2.36　陈行一，1989，页 86（图 1）。

2.37　《无上玄元三天玉堂大法》，4：67c—68a

2.38　（a–b），© 克利夫兰艺术博物馆。为纪念周汝式博士，John L. Severance 基金会等捐
　　　赠于亚洲艺术部门（交换展品），2004.1.39。

2.39　《灵宝玉鉴》，10：350b。

2.40　《上清灵宝济度大成金书》，17：283a。

2.41　（a–c），© 克利夫兰艺术博物馆。为纪念周汝式博士，John L. Severance 基金会等
　　　捐赠于亚洲艺术部门（交换展品），2004.1.11。

2.42　照片由台北故宫博物院提供。

3.1　（a），《玄览人鸟山经图》，6：697c；（b），《云笈七签》，22：575b。

3.2　《抱朴子内篇》，28：241a。

3.3　北京图书馆，1961，图版 1。

3.4　安金槐和王与刚，1972，页 58（图 8）。

3.5　（a），《云笈七签》，22：575b；（b），照片由法国国家图书馆提供（P. 2865）；（c），
　　　翁善良，1990，页 9。

3.6　《玄览人鸟山经图》，6：697c。

3.7　湖南省博物馆，1973，图版 77。

3.8　照片由大阪市立美术馆提供。

3.9　敦煌研究院，1997，页 109（图表 112）。该照片的翻印已获北京文物出版社许可。

3.10　（a–b），《图解校正地理新书》，页 118—119。

3.11　《海内奇观》，6：25a。

3.12　敦煌文物研究所，1981，第二册，图版 72。

3.13　© 克利夫兰艺术博物馆。John L. Severance 基金会，1970.64。

3.14　© 大英图书馆（Or. 8210/S. 3326）。

3.15　《上清曲素诀辞箓》，34：169c。

3.16　（a），《灵宝无量度人上品妙经符图》，3：82a；（b），《上清曲素诀辞箓》，34：172c。

3.17　（a），《太上灵宝五符序》，6：338c；（b–c），《元始五老赤书玉篇真文天书经》，1：780c—781a。

3.18　© 克利夫兰艺术博物馆。为纪念周汝式博士，John L.Severance 基金会等捐赠于亚洲艺术部门（交换展品），2004.1.11。

3.19　由作者截图自网站视频：http://www. youtube. com / watch?v=XH-groCeKbE&feature= fvw。

3.20　《高上神霄玉清真王紫书大法》，28：562a。

3.21　《云篆度人妙经》，2：150b。

3.22　《灵宝玉鉴》，10：244a。

3.23　（a），由作者重组自张振林，1979，页 167；（b），《云麓漫钞》，15：2b。

3.24　下中邦彦，1989，图版 66。

3.25　《道法会元》，28：688c。

3.26　（a），由作者重组《道法会元》，28：688c；（b），由作者重组自《玄览人鸟山经图》，6：697c；（c），由作者重组自《上清曲素诀辞箓》，34：169c。

3.27　由作者重组自《啸堂集古录》，下：70a–b。

3.28　照片由法国国家图书馆提供（P. 2559）。

3.29　（a–c），《灵宝无量度人上经大法》，3：877a–b。

3.30　由作者重组自《三皇内文遗秘》，18：584c–585b。

3.31　《洞玄灵宝五岳古本真形图》，6：737c–738a。

3.32　© 大英图书馆（Or. 8210/S. 3750）。

3.33　（a–b），小川琢治，1910，页 413；（c），《洞玄灵宝五岳古本真形图》，6：740c—741a。

3.34　海野一隆，2002，页 27（图4.1）。

3.35　De Weerdt，2009，页 151（图 2）。西安碑林博物馆藏品。

3.36　重庆大足石刻艺术博物馆，1999，第 4 册，页 86（图版 90）。该照片的翻印已获重庆出版社许可。

3.37　© 克利夫兰艺术博物馆。为纪念周汝式博士，John L. Severance 基金会等捐赠于亚洲艺术部门（交换展品），2004.1.29。

3.38　王树村等编，1988，页 161（图版 149）。

3.39　（a），《洞玄灵宝五岳古本真形图》，6：737b；（b），《灵宝无量度人上经大法》，3：778a；（c），《上清大洞三景玉清隐书诀箓》，34：131a；（d），照片由台北故宫博物院提供。

3.40　（a–b），© 大英图书馆（Or. 14446）。

3.41　© 大英图书馆（Or. 14446）。

3.42　《三才图会・地理》，16:52a。

3.43　照片，©2012，波士顿美术馆。Francis Gardner Curtis 基金会，17.1697。

3.44　Needham 等编，1974，图 1335。

3.45　（a–d），《图经衍义本草》，17:289b，303a，290c，290a。

3.46　（a–c），《白云仙人灵草歌》，19:330a，329a，333a–b。

3.47　金维诺，1988，图版 103，107。

3.48　山西省文物局，1991，页 10。

3.49　照片由费城艺术博物馆提供。由博物馆基金会购自 Simkhovitch 藏品，1929。

3.50　（a–c），《太上灵宝芝草品》，34:316b，319a，322c；（d），《重修政和经史证类备用本草》，12:17a。

3.51　《醮三洞真文五法正一盟威箓立成仪》，28:493a。

4.1　《无量度人上品妙经旁通图》，3:91b。

4.2　《灵宝玉鉴》，10:281c。

4.3　《新定三礼图》，8:114。

4.4　《无上秘要》，25:189b。

4.5　《道门定制》，31:739c。

4.6　（a–b），由作者分别重组自《无上玄元三天玉堂大法》，4:117c，14c。

4.7　萧军，2008，页 239。该照片的翻印已获北京文物出版社许可。

4.8　由作者重组自《无上黄箓大斋立成仪》，9:384c—385a。

4.9　《无上黄箓大斋立成仪》，9:385a。

4.10　《元辰章醮立成仪》，32:706b。

4.11　《灵宝领教济度金书》，7:28a。

4.12　W. Fong 等编，1980，页 326（图 112）。

4.13　段文杰，1985，页 86—87（图版 86）。

4.14　王树村等编，1988，页 18（图版 13）。

4.15　宿白，1957，图版 22。

4.16　史岩，1988，页 92（图版 85）。

4.17　照片由景安宁提供。

4.18　金维诺，1988，页 91（图版 87）。

4.19　《黄箓九幽醮无碍夜斋次第仪》，9:755b–c。

4.20　《上清灵宝大法》，31:65a。

4.21　《上清灵宝大法》，31:3b。

4.22 （a），《灵宝玉鉴》，10:252b；（b），《黄箓九幽醮无碍夜斋次第仪》，9:755c。

4.23 《灵宝领教济度金书》，7:30a。

4.24 （a），《上清灵宝大法》，31:6b-c；（b），《无上黄箓大斋立成仪》，9:607c—608a；（c），《灵宝玉鉴》，10:257b-c。

4.25 萧军，2008，页212。该照片的翻印已获北京文物出版社许可。

4.26 （a-b），《无上玄元三天玉堂大法》，4:15c，15b。

4.27 由作者重组自《灵宝领教济度金书》，7:27b-c。

4.28 文物出版社，1958，页60。

4.29 《灵宝玉鉴》，10:243a-b。

4.30 《新定三礼图》，9:123，126，127。

4.31 照片由翁万戈提供。原翁万戈藏，今藏上海博物馆。

4.32 萧军，2008，页241。该照片的翻印已获北京文物出版社许可。

4.33 《灵宝领教济度金书》，8:577c。

4.34 （a），《灵宝玉鉴》，10:161b；（b），《无上黄箓大斋立成仪》，9:609b。

4.35 © 大英博物馆（1919，0101，0.120）。

4.36 © 大英博物馆（1919，0101，0.47）。

4.37 《灵宝玉鉴》，10:162a-c。

4.38 《云笈七签》，72:1605。

4.39 © 克利夫兰艺术博物馆。为纪念周汝式博士，John L. Severance 基金会等捐赠于亚洲艺术部门（交换展品），2004.1.11 和 2004.1.21。

4.40 《太上助国救民总真秘要》，32:93c。

4.41 《上清长生宝鉴图》，6:679c。

4.42 《太上元始天尊说北帝伏魔神咒妙经》，34:425a。

4.43 《重修宣和博古图》（1588年本），30:14a。

4.44 洛阳博物馆，1988，图版206。

4.45 （a），《上清含象剑鉴图》，6:683c—684a；（b），作者自制。

4.46 《上清含象剑鉴图》，6:685a-b。

4.47 洛阳博物馆，1988，图版83。

4.48 《上清灵宝大法》，31:638b。

4.49 王育成，2003a，页484（图1-1）。

4.50 《太上宣慈助化章》，11:319b—320a。

4.51 （a），《灵宝玉鉴》，10:281b-c；（b），《上清灵宝济度大成金书》，17:95—99。

4.52 《灵宝玉鉴》，10:333a-b。

4.53 由作者重组自《灵宝玉鉴》，10:316b-317a。

4.54　《灵宝玉鉴》，10:334c。

4.55　照片由河南博物院提供。

4.56　《金石契》，2:587—588。

4.57　巴黎法国吉美博物馆（EO681）。照片由 Réunion des Musée Nationaux / Art Resource，NY 提供。

4.58　照片由哥伦比亚大学提供，傅路德夫人（Anne S. Goodrich）藏品，史带东亚图书馆（NYCP.GAC.0001.03a）。

4.59　内蒙古钱币研究会等编，1987，图版 1.1。

4.60　由作者重组自 Needham 等编，1985，页 111（图 1086）。

5.1　照片，©2012，波士顿美术馆。中国和日本特别基金（Special Chinese and Japanese Fund），12.881。

5.2　照片，©2012，波士顿美术馆。中国和日本特别基金（Special Chinese and Japanese Fund），12.880。

5.3　照片，©2012，波士顿美术馆。中国和日本特别基金（Special Chinese and Japanese Fund），12.882。

5.4　照片由东京艺术大学提供。

5.5　© 克利夫兰艺术博物馆。为纪念周汝式博士，John L.Severance 基金会等捐赠于亚洲艺术部门（交换展品），2004.1.21。

5.6　照片由王季迁家族提供。

5.7　纽约大都会艺术博物馆。Dillion 捐赠，1985（1985.227.2）。图像 © 大都会艺术博物馆。

5.8　S. Huang，2001，图 10。

5.9　（a–c），《道法会元》，28:825c，736b，760b，713a。

5.10　照片由辽宁省博物馆提供。

5.11　照片由台北故宫博物院提供。

5.12　《皇朝礼器图式》，11:11a。

5.13　照片由京都大德寺 / 奈良国立博物馆提供。

5.14　重庆大足石刻艺术博物馆，1999，第四册，页 11（图版 12）。该照片的翻印已获重庆出版社许可。

5.15　（a–b），江西省文物考古研究所等编，1991，图 5—6。

5.16　（a–c），郑州市文物考古研究所，2005，页 43（图 54），48（图版 64），48（图版 63）。

5.17　《上清八道秘言图》，6:681b。

5.18　照片由辽宁省博物馆提供。

5.19　© 克利夫兰艺术博物馆。为纪念周汝式博士，John L. Severance 基金会等捐赠于亚洲艺术部门（交换展品），2004.1.3。

5.20 © 克利夫兰艺术博物馆。为纪念周汝式博士，John L. Severance 基金会等捐赠于亚洲艺术部门（交换展品），2004.1.4。

5.21 傅熹年，1988，第四册，页 24—25（图版 19）。该照片的翻印已获上海博物馆许可。

5.22 照片，©2012，波士顿美术馆。中国和日本特别基金（Special Chinese and Japanese Fund），12.880。

5.23 华盛顿特区史密森学会弗利尔美术馆，F1938.4。

5.24 照片，©2012，波士顿美术馆。William Sturgis Bigelow 藏品，11.6130。

5.25 （a−c），照片由故宫博物院提供。

5.26 © 克利夫兰艺术博物馆。为纪念周汝式博士，John L. Severance 基金会等捐赠于亚洲艺术部门（交换展品），2004.1.40。

5.27 （a−b），萧军，2008，页 266，268。上述照片的翻印已获北京文物出版社许可。

5.28 巴黎法国吉美博物馆（EO684）。照片由 Réunion des Musée Nationaux / Art Resource, NY 提供。

5.29 （a−b），山西省博物馆，1985，图版 150。

5.30 © 克利夫兰艺术博物馆。为纪念周汝式博士，John L. Severance 基金会等捐赠于亚洲艺术部门（交换展品），2004.1.45。

5.31 照片，©2012，波士顿美术馆。中国和日本特别基金（Special Chinese and Japanese Fund），12.882。

5.32 萧军，2008，页 262—263。该照片的翻印已获北京文物出版社许可。

5.33 张子英，2000，图版 52。

5.34 © 大英博物馆（1919，0101，0.45）。

5.35 敦煌研究院，1997，图版 165。该照片的翻印已获北京文物出版社许可。

5.36 照片由京都大德寺 / 奈良国立博物馆提供。

5.37 照片由台北故宫博物院提供。

5.38 （a−c）重庆大足石刻艺术博物馆，1999，第二册，页 9，80（图版 89），79（图版 88）。上述照片的翻印已获重庆出版社许可。（d），Howard，2001，页 27。照片由何恩之提供。

5.39 《道法会元》，29:248c。

5.40 （a），《上清天心正法》，10:616b；（b−d），《道法会元》，29:163c，369c，385a。

5.41 （a−b）照片由华盛顿特区史密森学会弗利尔美术馆提供，F1954.20。

5.42 《雷法议玄篇》，32:429a。

5.43 （a−d），张勋燎和白彬，2006，第六册，页 1659，1735，1662，1736。上述照片的

翻印已获白彬许可。

5.44　照片 ©2012，波士顿美术馆。中国和日本特别基金（Special Chinese and Japanese Fund），12.882。

5.45　山西省博物馆，1985，图版132。

5.46　（a），蜂屋邦夫，1995，第一册，页39；（b），蜂屋邦夫，第二册，页20（图版91）。

5.47　（a），Lagerwey，1987，页37；（b），大渊忍尔，1983，页204